ポスト モダンの50人

Fifty Key Postmodern Thinkers
Stuart Sim

思想家からアーティスト、建築家まで

スチュアート・シム
田中裕介＋本橋哲也 訳

青土社

ポストモダンの50人　目次

はじめに　7
テオドール・W・アドルノ　19
ポール・オースター　26
ジョン・バース　32
ロラン・バルト　39
ジャン・ボードリヤール　46
ジグムント・バウマン　52
ダニエル・ベル　58
ホミ・K・バーバ　64
ニコラ・ブリオー　70
ジュディス・バトラー　76
ジョン・D・カプート　83
エレーヌ・シクスー　89
ギー・ドゥボール　96
ジル・ドゥルーズ／フェリックス・ガタリ　102
ジャック・デリダ　113
ウンベルト・エーコ　119
ポール・K・フェイアーベント　125
ミシェル・フーコー　131

クリフォード・ギアツ 137
ケネス・J・ガーゲン 143
ウィリアム・ギブスン 149
フィリップ・グラス 155
スティーヴン・グリーンブラット 161
ピーター・ハリー 167
ダナ・ハラウェイ 173
デヴィッド・ハーヴェイ 180
リンダ・ハッチオン 186
リュス・イリガライ 193
フレドリック・ジェイムスン 200
チャールズ・ジェンクス 207
レム・コールハース 213
トマス・S・クーン 220
エルネスト・ラクラウ／シャンタル・ムフ 226
デヴィッド・リンチ 237
ジャン＝フランソワ・リオタール 243
ブライアン・マクヘイル 250
ブノワ・B・マンデルブロ 257
スティーヴ・ライヒ 263

リチャード・ローティ 269
エドワード・W・サイード 275
シンディ・シャーマン 281
ガヤトリ・チャクラヴォルティ・スピヴァク 287
クエンティン・タランティーノ 293
ルネ・トム 299
ロバート・ヴェンチューリ 305
グラハム・ワード 311
ヘイドン・ホワイト 317
スラヴォイ・ジジェク 323

謝辞 329
訳者あとがき 331
生年順一覧 viii
索引 i

ポストモダンの50人

思想家からアーティスト、建築家まで

はじめに

文化の光景の一部に近来なっているポストモダニズムだが、それと結びつけられる主要理論家の多くがここ数年の間に物故したこともあり（たとえば、ジャン・ボードリヤール、ジャック・デリダ、ジャン＝フランソワ・リオタール）、彼らの仕事の再評価だけでなく、この現象の歴史について語る上で欠かせない人物は誰なのかについての再検討の機も熟していると思われる。社会と経済の運動であったモダニティそのものに厳しい試練を課したのは二〇〇七年から〇八年にかけての金融危機であり、そこで疑問視されたのが社会経済の進歩を説きつづけるモダニティの力であったのは、進歩こそがモダニティの推進力でありその社会浸透の根拠でもあったからだ。そのためにますます時宜にかなっているのは、世界文化へのモダニティの強い拘束力、一般的には「啓蒙のプロジェクト」に対して批判的であった人びとについて再考することであるが、彼らの活動時期にあたる数十年の間に、グローバル経済を深刻に脅す、これを書いている現在いまだ未解決の危機であるものが導き出されてしまった。それゆえに『ポストモダンの五〇人』が焦点を絞るのは、幅広い分野の二〇世紀後半の人物たちとなるが、この時代に現在理解されているようなポストモダニズムが大衆文化と一般人の意識に浮上するようになったのである。

四六の通常の長さの項目と二つの長めの項目がある。後者で扱われる思想家は、共著で有名であるが、また各々の名前で刊行した著作も一定量ある。もちろんエルネスト・ラクラウとシャンタル・ムフ、そしてジル・ドゥルーズとフェリックス・ガタリだ。各項目は以下のような内容を含んでいる。その思想家の重要概念の提示。主要著作への言及とその影響についての考察。そして主要著作に絞った書誌情報（最大一〇点に限定したのは、項目の記述範囲を不当に切り詰めないための配慮による）。加えてその項目で言及されている他の書目の一覧である。全項目はアドルノからジジェクにいたるまで、人名のアルファベット順に配列されている。

本書の対象となるのは、哲学、政治学、社会理論、心理学、人類学、宗教、フェミニズム、科学、そして芸術一般であり、思想運動としてのポストモダニズムの射程と、それが二〇世紀後半そして二一世紀にいたるまでの文化批評に与えた刺激を明らかにする。この運動の主要人物によって示された批判が、一般社会に初めに登場した一九七〇年代および一九八〇年代と同じ有効性を今日ももっていること、それが生命のもはや尽きている短命の文化潮流などとはつねに程遠いものであることを示すのが本書の目的である。もちろん、扱われている思想家たちの考えは、古典ギリシャ哲学の時代以来の反権威主義と対抗文化の傾向を顕著に帯びており、文化現象としての懐疑主義の歴史へのひとつの重要な貢献になっている（むしろポストモダニズムの側に懐疑主義への負債があるという論点は、Sim 2001, 2006 参照）。誰よりもポストモダニストたちは態度と精神において懐疑的であった。懐疑が向けられるのは、モダニティとモダニズムを唯一至高の社会の原理とする主張に対してであり、政府当局一般によってなされてどこにおいても自らを大衆の関心の的とするためになされる主張に対してである。

ここで扱われている人物は、特定の分野を代表する存在として選ばれているが、決してポストモダンという括りに含まれるような人物だけに尽きているわけではない。他の多くの名前が、本書全体を通して言及されるが、明らかに取捨選択が必要不可欠であったため、これはまず年代上の原則に関してなされた。テオドール・W・アドルノは、この選択においてもっとも昔の人物であるが、とりわけ経歴の後半における彼の考えは、ポストモダンをみごとに先取りしており、その理論家たちの間の議論で使用されるいくつかの用語を確かにすでに提供している。アドルノは同じフランクフルト学派の一員であるマックス・ホルクハイマーとともに、『啓蒙の弁証法』(一九四四)において、とりわけ啓蒙運動の影響と達成に対して疑義を突きつけ、二〇世紀後半のポスト構造主義とポストモダニズムの理論家たちによる啓蒙に対する一斉批判の先鞭をつけた。アドルノの『否定弁証法』(一九六六)もまたポストマルクス主義の展開における主要作品としての地位を占めているのは、思想体系としてのマルクス主義の礎石のひとつである目的論的弁証法の脱構築と実質いえる作業によってである。全項目の先陣をきるのがアドルノであるのはそれゆえまことに適切なのである。

二〇世紀に集中し、アドルノ以前の過去に遡らないという決定がなされたのは、きわめて強い影響をポストモダン思想に与えたそれ以前の人物たちがいて(イマニュエル・カント、カール・マルクス、フリードリヒ・ニーチェがこの文脈でたちどころに思い浮かぶ)、ただし彼らは正確に言えば別の思想の伝統に属するからである。本書にそのような人びとを含めることは、ポストモダンの思想家たちが自らの目的に合わせて何度もたっぷり再解釈してきた著作を残した重要人物を取り上げることはできても、この企画のポストモダンに特化した傾向を薄めてしまうことだった。ポストモダンの理論家たちは、その哲学と政治の主義主張において、概してマルクス主義者であるよりはポストマルクス主義者であり、カントがポストモダンの共同体によって解釈されたように自らの思想が評価されることは認めなかっただろうと思われるのは、人間が関わる事象における理性の役割が強化されるどころか毀損されているからである。ひとつの項目を与えられている誰もが、私たちがポストモダン思想と称しているものの形成にあたって直接的な役割を果たしたと主張できる存在であるが、文化史における彼らの発想の源泉については適宜言及がなされることになる。選択の二番目の原理として、学問、思想、芸術の分野にできるかぎり広く網を張って、ポストモダン思想の広大さを明示しようとしたが、その思想の含意は、芸術分野の人びとから科学分野の人びとまでの文化の全域を通してすぐに明らかになった。ここで取り上げるべく選ばれた芸術家、音楽家、作家は、たまたまその作品においてポストモダン美学の特徴をいくらか示すことになっている孤立した人物ではなく、当該分野の主導的人物として見なされることになる。

さらに指摘しておきたい点としては、ここで扱っている人物のうち多くが「ポストモダニスト」という名前を拒絶していること、明確なポストモダン運動といったものは、建築の分野をおそらく例外として（これについては以下で詳細に述べるが、読者はまたチャールズ・ジェンクスの項目を参照されたい）存在しないことである。しかしながら、ポストモダニティとして定義可能な状況は存在し、本書に含まれるすべての人物がこの現象に対する私たちの理解に意義深い貢献を果たしているとともに、その先行者としてのモダニティに対して何らかの批判的関係にある。これは私がたいへん重要と考える批判的関係であり、モダニティについての意見表明を通じて、ここで扱う思想家たちは、各々のやり方で私たちがポストモダニティとポストモダンという言葉で意味しているものを、つまりそれらの内容を明確化してきた部分がある。思想家たちの間のクロス・レファレンスを行なうためにあらゆる工夫を凝らし、彼らの間に設定しうる結びつきを示すことで、その作品を通して浮かび上がる共通の関心の組み合わせが明らかになるようにした。

ポストモダンの定義と文脈化

ポストモダンという考えは一九世紀後半以降流通していたが、二〇世紀後半になってはじめて、モダニティとモダニズムに対する反発という現行の意味を担うようになり、ある面では反モダニズムを構成するまでになった。早期の段階での使用は、この言葉で超モダンなものを示すのが普通で、大衆の最高の利益が生じるようにはならない望まれざる文化の発展であるという含みをしばしば伴っていた。このようにして歴史家アーノルド・トインビーにとっては、ポストモダニティは文化の衰退を指し示していた（Toynbee 1954 参照）。神学者バーナード・イディングズ・ベル（Bell 1926, 1939 参照）にとっては、これは精神の衰退を意味していた。しかしながら二〇世紀の半ばまでに、ポストモダンは、建築の分野でかなり好ましい意味を帯びてきており、ただしまだ超モダニティの状況を含んでいたことは、建築家で大学教授であったジョセフ・ハドナットの例を見れば明らかで、彼にとってそれは第二次世界大戦後のすばらしき新世界における未来が見せる顔であったのだ。住宅がその所有者が全面的に支持する「集住と産業に配慮した生活計画」(Hudnut 1949: 119) の産物である世界であることがポストモダンであった。

この建築の分野のなかで、特定のスタイルと文化形成に対する反発というポストモダニズムの現行の意味が最終的に発生した。この建築における転回を主導した主要な理論家のひとりであるチャールズ・ジェンクスが「ダブル・コーディング」(Jencks 1991: 12) という概念の採用を推奨し、それによって建築家は、単に建築家仲間を超えて一般大衆に訴えかける努力を意識的に行なうようになり、両方の集団の関心にかなうものを何らか含んだ建物を設計するようになった。この流れが自ずと引き寄せた自覚的な折衷主義によって、旧いスタイルと新しいスタイルが、ユーモアにあふれつつ皮肉以上のものがこもったやり方をしばしば伴って自由に交わるようになると、この建築スタイルが当時の業界内を席捲し、その模範例が世界の主要都市の中心部とその周辺部全体に波及した。パスティーシュがポストモダンの実務建築家にとって褒め言葉となったが、一方モダニズムの先行者たちであったら、伝統からの断絶の失敗に由来する創作家としての怠惰を示しているとして代わりに痛烈な批判と受け取られたであろう。そして当然後者のような論拠からの不満が生じることとなる。「ポストモダニズムの名の下に、建築家たちがバウハウスの計画をお払い箱にし、機能主義の産湯に浸かっている実験という嬰児を遺棄しているのを読んだばかりだ」(Lyotard 1984: 71)。ここで不満を述べているのは、『ポストモダンの条件』の著者として名高いジャン゠フランソワ・リオタールであり、彼のポストモダンとの関係は一筋縄では捉えられないが、新興のポストモダン美学における新しいものを追い出す悪魔祓いに関してそれがどんなものであれ憂慮を示しているのだ。

リオタールの、そして文学理論家ブライアン・マクヘイルらの留保にかかわらず（マクヘイルは「後期モダニスト」［McHale 1992: 206］という語の方がより正確にジェンクス理論のもとでポストモダン的と分類されるテクストについて述べているのではないかと論じた）、ダブル・コーディングはたちどころに他の芸術分野に広まって、ポストモダン美学の主要素となった。芸術家たちは過去との対話を設定するのに必要なものとしてそれを取り上げ、そのかなり多くが熱狂してその方法に没入した。一方で、モダニズムの美学が過去のスタイルの拒絶へと向かったのは、オリジナリティと実験の名の下においてであり、それらこそが個人の芸術観の中核にあると捉えられていたのである。ポストモダニズムの芸術家たちは旧い様式を復活させ模倣することに熱心に取り組んだが、時代が変化し、過去をそのまま模倣するのは当を得ていないということを理解していると示すためにここでもまたユーモアと皮肉が少し加えられることが多かった。パスティーシュがかなり顕著であり、複数のスタイルが互いに自由に重なってその芸術家のダブル・コーディングの資格証明を見せつけていた。しかしながらその目的は建築家の場合と同じで、一般大衆に彼らが容易に同定できる親しみやすいものを与えてその芸術家の作品が届く範囲を広げることであった。芸術家のその仲間たちに向けた訴えかけは今や、一般大衆にはしばしば神秘めかした難解なものに映っていたオリジナルの新形式の創造にではなく、形式を混在させ処理するその手際に求められることになったのである。

しかしポストモダンは単なる美学運動以上のものであった。西洋における生活のほとんどあらゆる領域にその反響は認められるのであり、権威とそれがもつことを求める権力に挑むという特定の政治的意味を担うことになった。政治の確然たるポストモダン形式について語ることは完全に可能であり、リオタールの「小さな物語」(Lyotard 1984: 60) という考えがそこで大きく浮上する。小さな物語とは、いかにして関係する個人が、堅固な制度の権力基盤とともにある「大きな物語」ないしは「メタナラティヴ」(Lyotard 1984: xxiii, xxiv) の圧倒的な力への抵抗をはじめることができるのかという問いに対するリオタール流の回答であり、「大きな物語」はイデオロギー権力の中心を構成し、社会を機能させる法則と規制を設定する。「小さな物語」はゆるやかに組織された集団であり、大きな物語による権力の濫用に対して抗議を行なうのだが、長期ではなく特定の短期の目的のために設計された、永続的ではなく一時的な組織として捉えられる。ここでもまた認められるのは、中央集権に対する懐疑主義に基づく拒絶であり、社会的束縛である権力はもっと一般的にその権限を他に譲り渡し、いつでも異見と議論に開かれていることが求められるのであって、伝統的規範にしたがった権利を有するものとして認定されはしない。

しかしながら、ポストモダンは一過性の文化の幻想にすぎず、その時代は束の間であったとも論じられてきた。たぶんいまや公式に死が宣告される可能性があるとさえいえる(たとえば Kirby 2006 参照)。しかしポストモダンの死は、芸術のスタイルとしては、やや陳腐化し決まりきったものになっているというのが正当であるかぎり、間違いないのかもしれない一方で、話がイデオロギーということになれば明らかにそうは言えない。金融危機という失敗の責任が帰せられるのは、単に新自由主義経済のみではなく、プロジェクトとしてのモダニティであり、さらに細かく言えば、啓蒙のプロジェクト(この問題が詳細に論じられているのは Sim 2010 および Bourriaud 2009) の基礎である「解放という物語」（Lyotard 1984: 37）にまで遡って認められるモダニティの背後にある支配権力であったと解釈されるのである。リオタールが『ポストモダンの条件』においてきわめて大胆に述べているように、そのようなメタナラティヴに私たちは「もはや頼ることはできない」（Lyotard 1984: 60）。その信頼性は徹底的に疑われなければならない。グローバル経済に対する現在進行中の審判を踏まえて、ポストモダニズムによって示された批判は反響を呼びつづけているし、確かに本書において注目した五〇人の仕事もいまだそうであり、各々の分野全体に大きな影響を与えるまでになっている。それゆえにポストモダンの条件はいまだ私たちとともにあるのだが、一方でそれはリオタールがより公平な新世界のイデオロギー秩序の基礎として基本的に楽観的に捉えていた際に考えていたよりもずっと問題含みであることが明白になってきている。リオタールが『ポストモダンの条件』において傑出した基準提示者となったその懐疑的見解は、政治家たちが進歩に依拠するモダニティのプログラムへの信仰を唯一の前進の道筋として手放しているようには見えない状況においては、いまだかなり必要とされるものである。これが正しいといえるかぎり、ポストモダンの思想はより大きな文化の場において重要な貢献を果たしてゆくことになる。

私が再度強調しておきたいのは、ポストモダンを扱うに際しての多様性という要因である。美学という観点を除けば、ポストモダンは正確な方針を伴った運動にはならず、イデオロギー（これに大きな物語は奉仕する）が現状維持の政治を継続するために捧げられた抑圧的なメカニズムになっている世界に対する反発という意味合いがより強かった。この反発から生じる共通の特徴がある一方で、だからといってそうした多様な思想家の間に、文化の変化をもたらすやり方について合意があるということにはならない。ポストモダンに関しては分散があることを認めなければならない。複数の「モダニズム」があるのと同様に、複数の「ポストモダニズム」があるということ、そしてモダニティとモダニズムに対して反発するその方針と方法において微妙な違いがあることを認めなければならない。それにもかかわらず、その反発はきわめて現実的であり、このすべての思想家たちは権威主義とそれを支える体制への嫌悪において一致している。それを頭に置くことで、五〇人の卓越した人物たちが、このわずか数十年の間に自身の固有の領域においてこの問題にどのように取り組んだのか、そしてなぜそうする必要を感じたのかを私たちは考えることができる。

参照文献

Adorno, Theodor W., *Negative Dialectics* [1966], trans. E. B. Ashton, London: Routledge and Kegan Paul, 1973.（テオドール・アドルノ、木田元訳『否定弁証法』作品社）

Adorno, Theodor W. and Max Horkheimer, *Dialectic of Enlightenment* [1944], trans. John Cumming, London: Verso, 1979.（テオドール・アドルノ&マックス・ホルクハイマー、徳永洵訳『啓蒙の弁証法』岩波文庫）

Bell, Bernard Iddings, *Postmodernism and Other Essays*, Milwaukee, WI: Morehouse, 1926.

——, *Religion for Living: A Book for Postmodernists*, London: John Gifford, 1939.

Bourriaud, Nicolas, 'Introduction', *Altermodern: Tate Triennial*, London: Tate Publishing, 2009, pp.11-24.

Hudnut, Joseph, *Architecture and the Spirit of Man*, Cambridge, MA: Harvard University Press, 1949.

Jencks, Charles, *The Language of Post-Modern Architecture* [1975], 6th edition, London: Academy Editions, 1991.（チャールズ・ジェンクス、竹山実訳『ポストモダニズムの建築言語』エー・アンド・ユー）

Kirby, Alan, 'The Death of Postmodernism and Beyond', *Philosophy Now*, 58 (November/December, 2006), pp.34-7.

Lyotard, Jean-François, *The Postmodern Condition: A Report on Knowledge* [1979], trans. Geoff Bennington and Brian Massumi, Manchester: Manchester University Press, 1984.（ジャン＝フランソワ・リオタール、小林康夫訳『ポストモダンの条件』水声社）

McHale, Brian, *Constructing Postmodernism*, London and New York: Routledge, 1992.

Sim, Stuart, Contemporary Continental Philosophy: The New Scepticism, Aldershot and Burlington, VT: Ashgate, 2001.

———, *Empires of Belief Why We Need More Doubt and Scepticism in the Twenty-First Century*, Edinburgh: Edinburgh University Press, 2006.

———, *The End of Modernity: What the Financial and Environmental Crisis Is Really Telling Us*, Edinburgh: Edinburgh University Press, 2010.

Toynbee, Arnold, *A Study of History*, vols I-IV, abridged by D. C. Somervell, New York and Oxford: Oxford University Press, 1954.（アーノルド・トインビー、「歴史の研究」刊行会訳『歴史の研究』全25巻、経済往来社）

テオドール・W・アドルノ

Theodor W. Adorno
1903-69

アドルノはフランクフルト社会学研究所の中心人物のひとりで、このフランクフルト大学を拠点とした、マルクス主義の影響を受けた研究者集団は、一九二〇年代と一九三〇年代のドイツで華々しく活動したが、一九三三年のナチス支配確立によってアドルノとその同僚たちが亡命を強いられる状況に陥ると、アメリカに移転した。第二次世界大戦後、研究所はドイツに戻ったけれども、別の主要所員であるヘルベルト・マルクーゼはアメリカにとどまることを選び、たちどころに彼は『一次元的人間』などの著作を通じて、新しい世代の政治的ラディカルにとっての注目の的となった。この学派は「批判理論」という分析手法を編み出し、その哲学と社会学を混ぜ合わせた手法を幅広い文化的事象に適用した。結果として、彼らは後に「カルチュラル・スタディーズ」として知られることになるものの先駆けとなった。たとえば、研究所の同僚マックス・ホルクハイマーとの共著が多かったアドルノの著作は、哲学、社会理論、美学を折衷したものだった。マルクス主義に対してきわめて批判的なアドルノの後期の著作の多くは、ポストマルクス主義の方向性を帯びていると評しうるものであって、これを発想源とした初期のポスト構造主義やポストモダンの思想家たち（ジャック・デリダがこれにあたる）は、マルクス主義の権威主義的な政治体制と絶対主義的な思想傾向に対するアドルノの深い不信に着目した。このような反権威主義、反絶対主義をやがて本質とすることになるポストモダンの見解は、次第にマルクス主義から距離をとり、マルクス主義は歴史的な出来事によって乗り越えられると捉えるようになる。マーティン・ジェイが示した「少なくとも自らが提起する問いに対するゆるぎない確答を求める人びとの見方からすれば、アドルノは野心的な失敗者である」(Jay 1984: 163) という意見は、ポストモダンにとってひとつの決定的な源泉としての彼を見事に浮き彫りにしている。

アドルノとホルクハイマーのもっとも有名な共著は、第二次世界大戦期に書かれた『啓蒙の弁証法』である。この本が当然のことながら鋭い批判の対象とするのは、世界の現況についてであり、とりわけ大戦間に発展したファシズムと共産主義という権威主義的な社会と政治の体制についてである。それらは持続的な人間の進歩という啓蒙のプロジェクトの論理的帰結を示すものとされ、著者たちが辛辣に述べるように、「進歩思想のもっとも普通の意味において、啓蒙はつねに人間を恐怖から解放し、人間の卓越性を確立することを目指してきた。ところが十分に啓蒙化された地球は、圧倒的な災厄をまき散らしている」(Adorno and Horkheimer 1979: 3)。事実上、この第一声につづいて、啓蒙のプロジェクトが展開した方法に反対する、具体的には一八世紀以降の西洋文化におけるその累積的影響を受けて発生した「大きな物語」(いわばイデオロギーの体制) に反対するポスト構造主義とポストモダンにおいて維持された運動となるものが現れるのである。

アドルノとホルクハイマーにとって、解放と進歩への加担が、代わりに全体主義へと行き着いたのは、人類の側に立って目標に達する手段がよくわかっているというその思い込みゆえである (より特定して言えば、ヒトラーやスターリンといったその指導者たちはよくわかっており、それを根拠として自分たちのプログラムへの服従を強いた)。アドルノもホルクハイマーも西洋のリベラル・デモクラシーが提示する別の選択肢にはさほど楽観的というのでもなく、そのような権威主義体制とさして変り映えがしないと見なしているのは、それが私たちの社会と政治の欲求に対する究極の回答、つまりそれだけで万能の大きな物語であると強く打ち出しているからである。あらゆるそのような体制は、その大義への追随者による完全な加担と献身を求め、あらゆる他の体制の妥当性を検討する余地を残さない。「共産主義の綱領かファシズムの綱領かの個々の市民による選択は、その人に影響を与えるのが赤軍か西洋の研究室かによって決定される。……疑いを抱く人間はそれだけで離脱者として排除される」(Adorno and Horkheimer 1979: 205)。このような結末は、一八世紀ヨーロッパにおいて抑圧的な旧体制の倒壊運動に着手した啓蒙の擁護者たちには思いもよらぬことであったが、啓蒙のプロジェクトに対する同様の否定的見解が、ポストモダン思想の特徴となっている。最終的にアドルノは、啓蒙が「アウシュヴィッツ」に責任を有するとする。「アウシュヴィッツ」という言葉で、ホロコーストにおいて具現したいっさいのおぞましさが表されている。

アドルノにすれば、アウシュヴィッツが啓蒙のプロジェクトの深刻な象徴であるかぎり、後世の啓蒙の擁護者たちがその目的の追求において表しかねない非人間性の度合いは、この上ない蛮行にいたるものであることは明らかだ。彼の考えでは、この重大事の後では、芸術創作のような活動に携わるのはまったくの不可能事である。人間性という高邁な理想が決定的に損なわれたとすれば、以前と同じようにやっていけると装うのは不誠実である。「文化批評は、文化と蛮行の弁証法の最終段階に直面している。アウシュヴィッツの後に詩を書くことは野蛮である。そしてこの出来事が現在詩を書くことがなぜ不可能であるのかを解き明かす認識さえも蝕んでいる」(Adorno 1981: 34)。アウシュヴィッツは西洋文明に永久に残る傷痕を残したのであり、アドルノは「人はアウシュヴィッツの後に生きることができるのかどうか」(Adorno 2003: 435)という問いを抱えるまでにいたるのである。続いて彼は、このような蛮行の再発を防ぐため手段を講じなければならないと論じる。「あらゆる教育に対する至上の要請は、アウシュヴィッツが再び起こってはならないということだ。他のあらゆる条件よりそれが優先されるべきことについて、私がそれを弁じる必要も義務もないと思っている」(Adorno 2003: 19)。(後に『ハイデガーと「ユダヤ人」』などの著作において、ホロコーストの衝撃について同様の結論に達したリオタールが論じるのは、このような出来事が起こったことを「忘却」しようとするのはまさしく欺瞞行為であり、多くのドイツ人がまさにこの罪を負っているのは間違いないということである —— とりわけリオタールの見解では、戦後フランス哲学に重大な影響力を振るった哲学者マルティン・ハイデガーである。)

芸術に関しても幅広く著作を残したアドルノはとくに音楽を多く論じ、『新音楽の哲学』では、アルノルト・シェーンベルクの音楽のスタイルを、イーゴリ・ストラヴィンスキーのような他の同時代の作曲家のそれに対して強く擁護した。シェーンベルクの作曲法であるセリー音楽(通称「十二音技法」)は、アドルノにとっては革命的な方法である一方で、『ペトルーシュカ』や『春の祭典』といったストラヴィンスキーの初期バレエ作品は、イデオロギーにおいてではなく、存在の根元において疎外された存在として人類を描き出し、その物語展開が政治変革の可能性を締め出しているようであるために反動的と捉えられる(ただしバレエのスコアとシェーンベルクの概してより抽象的なオーケストラ用楽曲の比較に疑問をもつ向きもあろう)。最終的に、ふたりの作曲家を比べれば、ストラヴィンスキーの方が断然人気があるということになっているが、七音階によって規定された調性の体系から逃れ出ることで西洋古典音楽から意図的に離脱して、代わりに「無調性」を開発した音楽技法としてセリー音楽を擁護するアドルノは、ポストモダンの先駆者というよりもモダニズムの同調者であるシェーンベルクを浮き彫りにする。(マーティン・ジェイは、批判を向けられることも多いアドルノの稠密で複雑な著作について、「無調性哲学」[Jay 1984: 56] と述べている。) 標準的な調性を用いることで満足しているポストモダンの作曲家は (たとえばフィリップ・グラスやスティーヴ・ライヒの作品のように) もはやセリー音楽に思い入れを示すこともない聴衆とあらためてつながるための手段として調性を見なしている。確かに、セリー音楽は音楽スタイルとしては死に絶えたのも同然であり、その代表的作曲家が、コンサートのプログラムで大々的に採り上げられることもない。

セリー音楽を擁護する見解によってアドルノが大きく距離をとることになったマルクス主義美学の当時の主流派は、たとえば社会主義リアリズムで、形式的実験への反対を鼓吹し、より明瞭に大衆への影響を与えやすい旧来の様式の使用を主唱していた。そのような伝統にとっては、シェーンベルクのスタイルは高尚で、プロレタリア革命の大義を推し進めるには何の役にも立たないものであったため、ソヴィエトの作曲家たちは、セリー音楽の採用を禁じられ、あらゆる自作において標準的な調性を用いるように求められたのだった。ごくかすかな不協和音もソヴィエト当局には認められず、シェーンベルクと彼の作曲の弟子であるアルバン・ベルクとアントン・ヴェーベルンのいわば新ウィーン楽派の作品に絶えず現れる不協和音は言うまでもなかった。しかしアドルノの見解に従えば、シェーンベルクは「進歩」(Adorno1973: 29) を体現しているのであり、西洋の旧套な音楽作法からの決然たる断絶を行ない、斬新な作曲の方法を創出したのだった。アドルノのマルクス主義も劣らず偶像破壊的で、弁証法の本質といったマルクス主義理論の根幹をなす原理を問い直す必要を彼が感じるにいたるゆえんを理解するのはさほど困難ではない。

他のいかなる著作よりもポストモダン思想に向かう方向性を示している『否定弁証法』は、マルクス主義を筆頭にあらゆる全体性を志向する哲学への猛攻であり、ポストモダニズムの中心問題のひとつを先取りしている。マルクス主義はヘーゲル哲学から全体性の概念を引き継ぎ、もちろん形而上学的ではなく唯物論的傾向をもつマルクス主義はヘーゲル主義とはかなり異なっているのではあるが、同様に弁証法をある特定の目的を備えるものと捉えている。ヘーゲルにとって、世界精神が最終的に完全な社会（彼にとっては自分がベルリン大学哲学教授として高い公的職位にあったプロイセン国家に象徴される）において実現するのだとすれば、マルクスにとっては、階級闘争が、マルクス主義のユートピアである「プロレタリアート専制」に到達すれば、その時に弁証法の使命は完遂されるのである。しかしながら、アドルノの読解によれば、弁証法は閉じた構造も、終局の目標ももたないのであり、この考えは、一般的には目的論的な志向をもつ体系、特定すればマルクス主義をそれぞれ拒絶したポスト構造主義とポストモダンの思想家との類似性がきわめて強いことは明瞭である。アドルノは『否定弁証法』において一貫して、世界で起こるすべての物事はひとつの体系には還元できず、また出来合いの体系に押し込めることはできないと考える。彼の的確な言葉を借りれば、弁証法の「非理念的な形式」はずいぶん以前より「ひとつのドグマに堕して」（Adorno 1973: 7）しまっている。この著作は、翻訳者E・B・アシュトンが述べるように、ひとりのマルクス主義者の仮面をつけた思想家による「逸脱の弁明」（Adorno 1973: xi）となっている。

　絶対的な同一性がなければ、ヘーゲルとマルクスがともに構想していたような目的論はありえないとアドルノは論じ、その思想的可能性を退ける。「絶対的な同一性の原理は自己矛盾を抱えている。それは、抑圧され損なわれた形式の非同一性を永遠に温存する」（Adorno 1973: 318）。ポストモダンの思想家たちに関するかぎり、歴史のなかには、マルクス主義によって措定された「プロレタリアート専制」に向かう不可避の行程はいうまでもなくいかなるパターンも認められず、未来は完全に定めなきものと考えられる。『否定弁証法』に認められる、統一性という考えに対する批判は、ポストモダン思想を通じて何度も耳にすることとなる。

アドルノの主要著作

Adorno, Theodor W., *Negative Dialectics* [1966], trans. E. B. Ashton, London: Routledge and Kegan Paul, 1973.（木田元訳『否定弁証法』作品社）

——, *Philosophy of Modern Music* [1948], trans. Anne G. Mitchell and Wesley Bloomster, London: Sheed and Ward, 1973.（龍村あや子訳『新音楽の哲学』平凡社）

——, *Minima Moralia: Reflection from a Damaged Life* [1951], trans. E. F. N. Jephcott, London: Verso, 1974.（三光長治訳『ミニマ・モラリア』法政大学出版局）

——, *Prisms*, trans. Samuel and Shierry Weber, Cambridge, MA: MIT Press, 1981.（渡辺祐邦・三原弟平訳『プリズメン』ちくま学芸文庫）

——, *Aesthetic Theory* [1970], ed. Gretel Adorno and Rolf Tiedemann, trans. C. Lenhardt, London: Routledge and Kegan Paul, 1984.（大久保健治訳『美の理論』河出書房新社）

——, *The Culture Industry: Selected Essays on Mass Culture*, London: Routledge, 1991.（渡辺裕編集『アドルノ音楽・メディア論集』平凡社）

——, *Critical Models*, trans. Henry W. Pickford, New York: Columbia University Press, 1998.（大久保健治訳『批判的モデル集』法政大学出版局）

——, *Metaphysics: Concept and Problems*, ed. Rolf Tiedemann, trans. Edmund Jephcott, Stanford, CA: Stanford University Press, 2001.

——, *Can One Live After Auschwitz?: A Philosophical Reader*, ed. Rolf Tiede-mann, trans. Rodney Livingstone et al., Stanford, CA: Stanford University Press, 2003.

Adorno, Theodor W. and Max Horkheimer, *Dialectic of Enlightenment* [1944], trans. John Cumming, London: Verso, 1979.（マックス・ホルクハイマーとの共著、徳永洵訳『啓蒙の弁証法』岩波文庫）

参照文献

Jay, Martin, *Adorno*, London: Fontana, 1984.（マーティン・ジェイ、木田元・村岡晋一訳『アドルノ』岩波現代文庫）

Lyotard, Jean-François, *Heidegger and 'The Jews'* [1988], trans. Andreas Michel and Mark Roberts, Minneapolis, MN: University of Minnesota Press.（ジャン＝フランソワ・リオタール、本間邦雄訳『ハイデガーと「ユダヤ人」』藤原書店）

Marcuse, Herbert, *One Dimensional Man: Studies in the Ideology of Advanced Industrial Society*, London: Routledge

and Kegan Paul, 1964.（ヘルベルト・マルクーゼ、生松敬三・三沢謙一訳『一次元的人間』河出書房新社）
Stravinsky, Igor, *Petrushka*, 1911.（イーゴリ・ストラヴィンスキー『ペトルーシュカ』）
——, *The Rite of Spring*, 1913.（イーゴリ・ストラヴィンスキー『春の祭典』）

ポール・オースター

Paul Auster
1947-

オースターは典型的なポストモダン作家のひとりで、その作品中もっともよく知られ、彼の名声を確立した『ニューヨーク三部作』などの小説で、アイデンティティの本質のような、ポストモダニズム特有の関心とこだわりを表現する。批評家たちからも好評を得た一連の作品のなかで、彼はこの主題を追究し、現代作家のなかでももっとも卓越し想像力に富んだひとりという評判を獲得してきたのである。

『ニューヨーク三部作』は、三つの小説でアイデンティティに関する問いを巧妙に扱いながら、同時に探偵小説の形式を使うことで広範な読者層に訴えるというダブル・コーディングの流儀にのっとっている。最初の巻『ガラスの街』の主人公ダニエル・クインは、ウィリアム・ウィルソンという筆名でマックス・ワークという私立探偵が出てくる探偵小説を書いている。クインは自らの身元を自分の編集者やエージェントにも教えないような引きこもり人格で、「作者の死」（Barthes 1977: 148）という言説を固く信じているかのようだ。自分の探偵小説について、「彼は自らのことを自分が書いたものの作者であるとは考えておらず、それに対する責任も感じていなかった」（Auster 1988: 4）というわけだ。深夜に何本か謎めいた電話がかかってきた後で、彼は電話の声に応えてその声の主の言うとおりにしようとする。なぜ自分がこうしてわずらわされているのかを知るためだ。声の主がポール・オースター探偵事務所に連絡を取ろうとしたがっていることがわかると、クインは自分がオースターであると言う。そうなるといつのまにか彼は、声の主とも会って、さらには私立探偵として仕事を請け負うことも合意してしまう。これがどういう中身を伴う仕事なのか、マックス・ワークという小説中の探偵の活躍を書いているとことから推し量るよりほか彼にはよくわからない。人間存在のあまりの偶然性という、オースターが何度も立ち戻るテーマがここでも前面に出ている。状況によって私たちは、自分が思ってもみなかった不思議な方向へと押しやられることがあるのだ。

この作品はさらに、オースターが物語のなかで、自分を登場人物として導入するに至って、いよいよ奇怪さを増してくる。クインは案件が全く解決しそうもないので、電話帳でオースターの住所を探し、実際に訪ねて行き、ポール・オースター探偵事務所を探し当てたことを説明する。オースターはこのことをとても面白がるが、自分は探偵ではなく作家で、この件で助けてあげられることは何もなさそうだと言う。小説の最後でオースターはもう一回登場して、今度は「作者」と対面する。こう書くと、あまりに知的に凝りすぎているように聞こえるかもしれないが、この作品は探偵小説としてもよく出来ており、この点で読者はプロットに引き付けられるのだ。クインはまた三部作の第三部『鍵のかかった部屋』でもカメオ出演していて、私立探偵として登場し、ソフィー・ファンショーという登場人物の失踪した夫を探し出す手伝いをする。この失踪が実は自ら仕組んだものであることがわかるのは、そのことをこの夫の幼馴染である物語の語り手が彼から手紙を受け取ったときで、そこには元の生活にけっして戻りたくないので見つけないでほしいと書いてあった。そのときまでにクインは、公式にはこの件から手を引いていたのだが、最後に私たちが知らされるのは、その後も何らかの理由で、彼がファンショーの後を追い続けており、結局また姿を消してしまうことだ。語り手はそれ以前にある出版社によってファンショーの伝記を書くために雇われており、そこに含まれる細部を何とか理解しようとして、最後にこう言う、「概して人生とは突然あっちからこっちへと曲がったり、進んだりぶつかったり、もがいたりするようだ」(Auster 1988: 251)。そしてこういった人生こそは、オースターが小説のなかでもっとも描きたいものなのである。

『偶然の音楽』もまた、隠喩的な解釈をしたくなる作品で、人間の努力のまったき無意味さや存在の不条理に注目せざるを得ないような小説だ。この点ではサミュエル・ベケットやフランスの実存主義の香りもある(実際オースターは、作家としての初期にフランスに住んでいたことがある)。この作品はまた資本主義批判、つまりアメリカ式生活のまさに根幹にある「アメリカン・ドリーム」という大きな物語に対する批判としても読める。アメリカン・ドリームとは、体制にしばらく協力すればいつか将来の自由を約束することで、労働者を巧妙に資本主義の奴隷化する手段だからだ。ここでの問題はそうした自由がつねに未来へと繰り延べされているように見えることである。話はふたりの放浪する男、ジム・ナッシュとジャック・ポッツィを中心に展開する。ふたりはフラワーとストーンという大金持ちを相手にしたカード・ゲームで大金を失い、ストーンの屋敷で五〇日間、壁を作る労働という、まさに意味のない活動をして借金を返さざるを得なくなる。予定通り「解放」される少し前、ふたりは宴会を開くことを許され、お祝いに一晩娼婦を招いて、高価な酒とご馳走を大量に注文する。彼らはこれを主人の恩恵だと考えているのだが、この宴会の費用とこれまでの食費などすべてが彼らの借金に足されて、さらに三〇日間の労働延長が課されることになり、そのことでポッツィの心が萎えてしまう。ナッシュはポッツィが逃亡できるようにと助けるが、次の朝、自分の住むトレーラーハウスのドアの外に撲られて瀕死のポッツィを発見する。ポッツィはどうやら病院に連れていかれたようだけれども、彼が入院したという記録はあとで探しても見つからず、ナッシュとしては彼が死んだと考えるしかない。

ナッシュがやっと解放される日が来ると、彼はナッシュとポッツィが壁を作る工事を指示していた使用人マークスと、その義理の息子フロイド(ポッツィを殺したのはこのふたりのどちらかだろうと疑われている)と一緒に、拘束期間の終了を祝って町に繰りだす誘いを受ける。その帰りにナッシュはマークスとフロイドの必死の嘆願にもかかわらず、すさまじい速度で車を運転し、劇的な復讐行為として、車を衝突させて全員死ぬか重傷を負わせようとする。この出来事が起きる寸前で、次のように小説は終わる。

もう止まる余裕はなかった、これから起きることを防ぐ時間はなかったのだ。だからブレーキに足をおくのではなく、彼はますますアクセルをふかし続けた。マークスとその義理の息子が遠くで叫ぶ声が聞こえる。だが彼らの声はぼやけていて、頭のなかで沸騰する血の叫びに消されてしまった。そこで光が目の前に迫り、ナッシュは目を閉じた、もう見ていられなくなって。

(Auster 1991: 216-17)

映画化された『偶然の音楽』はこの物語の結末に興味深いひねりを加えている。それはオースターが『ニューヨーク三部作』で行なっていることに照らせば、十分に納得のいくものだ。車が衝突寸前、明朝の場面に切り替わり、どうやら生き延びたらしいナッシュが車の残骸から這いだしてきて、そこにスポーツカーで通りかかった運転手が彼に、大丈夫かと尋ねる。その運転手を演じているのはポール・オースターであり、そこで映画が終わるのだ。

オースターは、複雑なプロットが内側に折り重なるような物語を作ることに長けており、その才能は『幻影の書』や『オラクル・ナイト』にも見てとることができる。『幻影の書』ではヘクター・マンというサイレント映画の喜劇役者が名声の絶頂でハリウッドに背を向け、放浪生活のあいだに出合った娼婦とともに性行為を生で見せて生計を立てることとなる。マンが何者かが知れてしまうと、彼は失踪してしまい（オースターの作品に繰り返し現れる行動だ）、のちになって自宅で高度に洗練された映画を作る監督となっているのだが、その映画は一度も公開されることがない。ここでのアイデンティティはジャン＝フランソワ・リオタールが推奨したような「しなやかな」流儀、つまり他者と付き合う柔軟さをつねに発揮することで状況に従ってひとつの役割から違う役割へと変化していく能力ともいえるだろう（Lyotard 1993: 25-9 参照）。さらにこの内側の物語の外に、現在のアメリカでマンについての著作を書いている研究者であるデヴィッド・ジンマーの話があり、自分の研究対象である男の複雑な人生を彼に語ってくれるこの俳優の妻とやや込みいった関係に陥るのである。

『オラクル・ナイト』では、重病から回復しつつある小説家シドニー・オアが、ブルックリンの自分のアパートの近くにオープンしたばかりの、M・R・チャンという名の謎めいた中国人が経営する店で、一冊の青いノートを買ったことから、自分の人生がひっくりかえるような経験をする。オアは、ニック・ボウエンというニューヨークの文芸編集者に関する新しい小説を書こうとしており、ボウエンが、シルヴィア・マックスウェルという今は亡くなった小説家が書いた『オラクル・ナイト』という小説の、一九二七年以来行方が分からなくなっていた原稿を受け取るという設定から始める。オースター小説にはよくあることだが、ボウエンは失踪を決意し、ほんの思いつきでかつての生活と結婚に別れを告げる。予想された進路から「突然曲がる」人生が、また始まるというわけだ。そうやって進んでいく本は、ひとつの物語が他の物語に突然変わって行ったり来たりする。オースターはまたしばしば長大な注を本文に付けて、主人公の人生や、彼が創作したニック・ボウエンについての情報を付け加えもする。こうしたことがときに数頁も続くので、物語の連続性は途切れ、この作品にさらに複雑な層が加えられることになる。いわば、物語のなかの物語のなかの物語、というわけである。

『鍵のかかった部屋』の語り手である作者その人は、あるところで、「私たちの誰もが話を聞きたがっており、自分が幼かった頃と同じ仕方でそれを聞いている」（Auster 1988: 247）と言っており、このことはポストモダン小説についてきわめて重要なことを示してもいる。モダニズムの作者たちもしばしば物語から逸脱して、語りの形式について見事で巧妙な実験を行なうことで読者を魅了しようとしてきたのだが、物語そのものの魅力は決して揺るがず、私たち読者のなかに深く根づいているように思える。オースターの小説は、予期しない展開やけっして解決されない謎に満ちており、終わり方も物語の結末をほとんど提供してくれない。しかし彼の本のストーリーの進行自体はどれも強く私たちを捉えて、登場人物たちの運命に思いを馳せさせる。「人生は意味を持たない」（Auster 1988: 250）と『鍵のかかった部屋』の語り手が友だちであるファンショーの伝記を書こうとして言うが、オースターのような人が描く曲がりくねった道を進んでいくのは、読者にとってもつねに興味を引かれることなのである。

オースターの主要著作

Auster, Paul, *The New York Trilogy (comprising City of Glass, Ghosts and The Locked Room)*, London and Boston: Faber and Faber, 1988.（柴田元幸訳『ガラスの街』新潮文庫、『幽霊たち』新潮文庫、『鍵のかかった部屋』白水ｕブックス）

——, *In the Country of Last Things*, London: Faber and Faber, 1988.（柴田元幸訳『最後の物たちの国で』白水ｕブックス）

——, *The Music of Chance*, London: Faber and Faber, 1991.（柴田元幸訳『偶然の音楽』新潮文庫）

——, *Leviathan*, London and Boston: Faber and Faber, 1992.（柴田元幸訳『リヴァイアサン』新潮文庫）

——, *The Book of Illusions*, London: Faber and Faber, 2002.（柴田元幸訳『幻影の書』新潮文庫）

——, *Oracle Night*, London: Faber and Faber, 2004.（柴田元幸訳『オラクル・ナイト』新潮社）

———, *The Brooklyn Follies*, London: Faber and Faber, 2005.（柴田元幸訳『ブルックリン・フォリーズ』新潮社）

———, *Travels in the Scriptorium*, London: Faber and Faber, 2006.（柴田元幸訳『写字室の旅』新潮社）

———, *Man in the Dark*, London: Faber and Faber, 2008.（柴田元幸訳『闇の中の男』新潮社）

———, *Invisible*, London: Faber and Faber, 2009.

参照文献

Barthes, Roland, *Image-Music-Text*, ed. and trans. Stephen Heath, London: Fontana, 1977.（ロラン・バルト、花輪光訳『物語の構造分析』みすず書房）

Haas, Philip, *The Music of Chance*, IRS Media, Transatlantic Entertainment, 1993.

Lyotard, Jean-François, 'A Svelte Appendix to the Postmodern Question', in *Political Writings*, trans. Bill Readings and Kevin Paul Geiman, London: UCL Press, 1993, pp.25-9.

ジョン・バース

John Barth
1930-

バースは重要な小説家というだけでなく、ポストモダニズム文学の美学について、とくにサミュエル・ベケットのような作家の作品に典型的な後期モダニズムの無味乾燥さをどう克服するかをめぐって、理論を展開してきたひとりである。バースにとって、ベケットがモダニズムの終わりを象徴するのは、その作品がこれ以上内容を切り詰められないほど縮減されたものとなっているからだ――「ベケットはまるで寡黙な詩人のようにほぼ何も語ろうとしない。……この時期のベケットにとって、創作をやめてしまうことこそが意味ある行ないなのであろう。それが彼の至上の作品、『最後の言葉』なのだ。何と安易な逃げ場であろうか！」(Barth 1977: 73, 74)。ベケットは創作の最後期にふたつのマイム劇（『言葉なき行為』I・II）と、登場人物も動きもない劇（『息』）を書いたが、どれもが二五秒ほどしか続かないので、バースの言いたいことも納得できる。こうした時点で演劇は目の前で消滅してしまい、純粋なヴィジョンを求める作者のなかへと消えていく。そうしたことは、物議をかもしたモダニズム芸術家カシミール・マレヴィッチの絵画で、「モノクロ」絵画を創始したと言われる『白地に描かれた白い四角』（一九一八年）にも見られる現象だろう。バースがこの文章を書いたのは一九六七年で、それ以前には建築理論の分野で端緒があったとはいえ、ポストモダニズム文学の美学について広く議論が行なわれるはるか前である。よってこうしたバースの議論は、その後の新しい世代の作家たちにとっての行動の呼び水ともなった。

バースの意見では、ベケットが生産していたような書き物は「消尽の文学」というか、より正確には「可能性が消尽した文学」とも言うべきものだ (Barth 1977: 70)。

こうした傾向に対抗するためバースは、ベケットのような作者が実験した後では何も実験するものは残っていないし、書くという営みから剥ぎとるものは何もないのだから、文学の伝統的な要素である文法と句読法、プロットと人物造形に帰ることを呼びかけた。バースよりもベケットのほうに同調する者たちも、ベケットの作品のこうした側面には同意する。たとえばジル・ドゥルーズも「ベケットの全作品が」消尽した感性を示す「一連の疲れた行動に侵されている」と言っている（Deleuze 1998: 154）。なかには、こうした作品に形而上学の反響を聴き取る者もいたが（ドゥルーズはそのひとりだ）、バースの議論によれば、文学のひとつの発展方向がベケットによって究めつくされてしまったのだから、作家たちはモダニズムがどうやら内破してしまった後の廃墟で、自らの芸術をどのように追究するかを考え直さなくてはならなくなるのである。

　バースはベケットを尊敬していたが、その作品は新しい世代の作家たちにとっての挑戦であり、ベケットが自らを追い込んだ出口なしの状況を脱して、何かを生み出す必要があると考える。その例としてバースは、ベケットと同じ世代の作家であるホルヘ・ルイス・ボルヘスの例を挙げ、彼がそのことに成功したと述べる。ベケットもボルヘスも「究極の時代、『最終解決』の時代を生きていたのであり、武器から神学まで、社会が人間を人間とはみなさなくなり、小説の歴史も終わって、すべてが極限にいたったと少なくとも感じられた時代」に活動していた（Barth 1977: 73）。しかし、ベケットがそのような文化的な傾向によって「寡黙」を余儀なくされた一方で、ボルヘスはそうした社会の関心をその創作へと振り向けることができた。その一例が「『ドン・キホーテ』の著者、ピエール・メナール」（Borges 2000）だ。主人公ピエール・メナールはフランス・サンボリズムの作家だが、自分がセルバンテスの『ドン・キホーテ』を一字一句完璧に書けることがわかって、「小説の終わり」――おそらく「文学の終わり」とさえ言える――の時代に独創的なものを書くことの困難について書く代わりに、ボルヘスはそうした時代に「独創的な文学作品を書くことの困難、というかおそらく不必要」を発見した主人公を創り出した（Barth 1977: 76）。バースにとって、このことは文学をベケットのやり方で閉じてしまうのではなく、その領域を広げることになるのだ。

　バースは、一九六〇年代の後期モダニズムの時代に現れた他の実験のいくつかにはかなり手厳しい。つまり一方で、そうした技芸は活発に研究されるにはふさわしく、たとえば創作を教えるクラスでの会話の役には立つだろう。つまりそこは、箱のなかで一緒くたになっている、誰かのまだ装丁前で頁数も振られていない小説が話題になったり、『フィネガンズ・ウェイク』を長大な紙タオルのロールに印刷したらどうなるかなどということが議論されるところなのだ。芸術を創るよりも技術について話すことの方が、より容易で社会的にも受け入れられやすいからである。(Barth 1977: 71)

そのような実験によって無視されているのは読者や聴衆である。またバースが不満なのは、「もっとも伝統的な芸術家の概念とは、テクニックと技によって芸術的効果を発揮する自覚的な主体であるというアリストテレスの定義」が無視されていることだ(Barth 1977: 71)。この定義には選良主義の香りがあるが、にもかかわらずバースはこの概念を恥じらうことなく採用し、もしこうした自覚的な主体の可能性が芸術家たちによって見捨てられてしまえば、文学も芸術一般もいったいどうなってしまうのかと憂慮する。バースはまた、彼が「インターメディア」芸術と呼ぶものにも批判的である(Barth 1977: 70)。一九六〇年代に目立ってきたこの芸術形式は、「ハプニング」のような偶然性を重視し、バースによれば自覚的主体としての芸術家の使命を放棄しているとみなされる。現代ではパフォーマンス・アートとかインスタレーション・アートとかが似たような問題を提起すると言えるかもしれない——ユーチューブのような新しいメディア現象によって開かれた機会は、ここではおくとしても。

バースが憧れる伝統的な要素は、大衆小説の分野ではけっしてなくなったわけではないが、たしかにより洗練された純文学ではたしかに使われなくなっていたので、バースが当時こういったことを主張するのは、逆説的にもきわめて偶像破壊的な行ないと見られた。そして作者がときにアイロニーをまじえながら伝統に回帰しようとする姿勢は、ポストモダニズム小説のなかで、バースをはじめとする創作家たちが率先して派手な言語を駆使した幻想的な作品で実践してきたものである。純文学の光景のなかでプロットや人物造形、そして物語がふたたび重視されるようになり、作者たちも前の世代の方法に戻ることを恐れなくなった。バースによれば、それ以外の方策は自分のような新進作家にはなかったのである。

このような後期モダニズムの伝統からの逸脱を、バースは「補充の文学」と規定し、総じてこの方向で、過去のモデルに依拠しながらも、古い形式を摂取する過程で独自のひねりを付け加えることで、ポストモダン小説はしばらくの間発展してきた。その目的は、「消尽の文学」を実践することで乖離してしまっていた広範な文学読者層とふたたび繋がりをつけ、モダニズムが二〇世紀後半に到達していたものよりも、現代をよりよく表現できる何かを見出すことだ。バースは次のように説明する。「私の意見では、モダニズム美学が今世紀前半の代表的な美学であったことは疑いえない。ただし私見ではそれは二〇世紀前半に属するものだ。それに対する現在の反発は十分に理解できるものであり、共感されるべきだ」(Barth 1997: 202)。バースによれば、「ポストモダン作家の理想は」、後期モダニズムが達成してきたことよりも「より誰にも伝わる魅力をもった小説を作ること」(Barth 1997: 203) であり、彼にとってそれこそが「補充の文学」ということになる。チャールズ・ジェンクスの「ダブル・コーディング」という概念(『ポストモダニズムの建築言語』で提唱された)が、そのような補充を基本としたアプローチを積極的に後押ししたのだが、二〇世紀を通して、ジェイムズ・ジョイスやベケットのような輝かしい作家たちの作品が文学界に吹き込み、モダニズムが築き上げてきた独創性信仰に基づき、仲間たちの作品とはとにかく違うものを作ろうとして形式上の実験を繰り返して大衆から遊離するのではなく、芸術活動において大衆の関心をふたたび掴むことが大事だとされたのである。プロットや人物造形といったものは過去の文学実践から再生されるものなので、それらをダブル・コーディングとして考えようとするバースの見解はやや皮肉なこととも言える。その『びっくりハウスの迷子』の序文で、嘲りを含んだ言い方でバースは「物語だ。物語に入ろう」(Barth 1969: x) と書いているが、これこそが小説家としてのバースのモットーと言えるかもしれない。

『酔いどれ草の仲買人』という作品では、一貫性を欠いた複雑なかたちではあれ、読者に物語やプロットや人物の性格、語りの構造などがかなり提供されており、きわめて滑稽な効果を醸しだしている。バースが目指しているのはあきらかにベケット風のミニマリズムとは逆の方向だ。プロットは、一七世紀終わりに父親のタバコ農園を経営するためにメリーランドの植民地へと向かうエベニーザー・クックの冒険が中心となる。この植民地は腐敗と退廃の温床で、揺籃期の大英帝国が掲げていたような メタナラティヴとして期待される理想とは大違いである。『やぎ少年ジャイルズ』という作品は、ある意味でソヴィエト連邦と西側諸国とのあいだに当時起きていた冷戦に対する風刺で、その不毛さを暴くものと言える。ここでもプロットは錯綜しており迷宮のようだ。『旅路の果て』の登場人物たちは、絶対と見なされる価値観のない世界で、なんとかまともな自己を築こうとしてもがく。主人公のひとりジョー・モーガンが、妻のレニーを説得しようとしてこう言う。「俺が言おうとしているのは、あることが絶対じゃないからといって、その価値が現実的でないと思うべきじゃないということなんだ。俺たちには絶対に届かないものしかありはしないんだからな」（Barth 1969: 39）。しかしこうした「絶対に届かないもの」も、三人の主人公たちが囚われている感情の綻びを解くのには不十分で、レニーも小説の語り手であるジェイコブ・ホーナーとの不倫関係に陥った結果、堕胎を試みようとして死んでしまう。滑稽に入り組んだ形而上的な議論が、現実の人間の悲劇によって断ち切られてしまうのである。

　モダニズム後に小説家たちが実践できる方策を提示しながらも、バースはポストモダンの運動そのものの理念にはきわめて懐疑的で、その名称についてこう述べている。「変な言い方でちょっとひとりよがり、物語るという古くからの技芸を活性化したり、興味深い新たな方向に導いたりするのではなく一過性のもので、なんとなく以前の試みを引き継ぐだけだ」（Barth 1997: 196）。このように感じるのはバースだけではなく、ニコラ・ブリオーによるポストモダニズム評価も「悼みの哲学」（Bourriaud 2009: 19）というもので、それはモダニズムがきわめて類似したことを強調していたからである。だからこそブリオーにとっては、「オルターモダニズム」という新しい語を代わりに採用して、自らの創作にモダニズム美学の最良の特性を取り入れる必要がある。バースは「補充の文学」において、ポストモン的なものの概念により好意的であるように見えるが、彼も「オルターモダン」という概念をある程度、予期していたともいえるだろうし、個々の作家がそれぞれの実践においてどのように文学の志向と関心をシフトさせていったかを象徴する存在として、バースの作品は研究に値するだろう。

バースの主要著作

Barth, John, *The Floating Opera*, New York: Doubleday, 1956.（田島俊雄訳『フローティング・オペラ』サンリオ文庫）

———, *The Sot-Weed Factor*, London: Martin Seeker and Warburg, 1961.（野崎孝訳「酔いどれ草の仲買人」『集英社ギャラリー　世界の文学18』）
———, *Giles Goat-Boy or, The Revised New Syllabus*, London: Seeker and Warburg, 1967.（渋谷雄三郎・上村宗平訳『やぎ少年ジャイルズ』全2巻、国書刊行会）
———, *The End of the Road* [1958, 1967], New York: Grosset and Dunlap, 1969.（志村正雄訳『旅路の果て』白水uブックス）
———, *Lost in the Funhouse: Fiction for Print, Tape, Live Voice* [1968], London: Martin Secker and Warburg, 1969.（沼澤洽治訳「びっくりハウスの迷子」『アメリカ短篇24』集英社）
———, 'The Literature of Exhaustion' [1967], in Malcolm Bradbury, ed., *The Novel Today: Writers on Modem Fiction*, Manchester: Manchester University Press, 1977, pp.70-83.
———, *The Tidewater Tales*, New York: Putnam, 1987.
———, *The Last Voyage of Somebody the Sailor*, London: Little, Brown, 1991.（志村正雄訳『船乗りサムボディ最後の冒険』講談社）
———, 'The Literature of Replenishment' [1980], in *The Friday Book: Essays and Other Non-Fiction* [1984], Baltimore, MD and London: Johns Hopkins University Press, 1997, pp.193-206.（志村正雄訳『金曜日の本』筑摩書房）

参照文献

Beckett, Samuel, *Play Without Words, I and II, in The Complete Dramatic Works*, London and Boston: Faber and Faber, 1986.（サミュエル・ベケット、安堂信也・高橋康也訳「言葉なき行為」『ベケット戯曲全集2』白水社）
———, *Breath, in The Complete Dramatic Works*, London and Boston: Faber and Faber, 1986.（サミュエル・ベケット、高橋康也訳「息」『ベケット戯曲全集3』白水社）
Borges, Jorge Luis, 'Pierre Menard, Author of the Quixote', in *Labyrinths: Selected Stories and Writings*, ed. Donald A. Yates and James E. Irby, London: Penguin, 2000, pp.62-71.（ホルヘ・ルイス・ボルヘス、鼓直訳「『ドン・キホーテ』の著者、ピエール・メナール」『伝奇集』岩波文庫）
Bourriaud, Nicolas, 'Altermodem', in Nicolas Bourriaud (ed.), *Altermodern: Tate Triennial*, London: Tate Publishing,

2009, pp.11-24.
Deleuze, Gilles, *Essays Critical and Clinical* [1993], trans. Daniel W. Smith and Michael A. Greco, London and New York: Verso, 1998.（ジル・ドゥルーズ、守中高明・谷昌親訳『批評と臨床』河出文庫）
Jencks, Charles, *The Language of Post-Modern Architecture* [1975], 6th edition, London: Academy Editions, 1991.（チャールズ・ジェンクス、竹山実訳『ポストモダニズムの建築言語』エー・アンド・ユー）
Joyce, James, *Finnegans Wake* [1939], ed. Robert-Jan Henkes et al., Oxford: Oxford University Press, 2012.（ジェイムズ・ジョイス、柳瀬尚紀訳『フィネガンズ・ウェイク』全3巻、河出文庫）
Malevich, Kasimir, *White Square on a White Ground*, 1918.

ロラン・バルト

Roland Barthes
1915-80

ロラン・バルトは、構造主義の代表的理論家のひとりだが、後の著作ではポスト構造主義寄りの方向性を採るようになり、とりわけそれが顕著な『S／Z』は、オノレ・ド・バルザックの中篇小説『サラジーヌ』の分析の書で、多岐にわたる解釈が適用できるようにこの小説を一連の物語のコードに分解する。上記ふたつの理論の伝統を架橋する存在とも見られるバルトは、構造主義がその普遍性の装いが問われてしかるべき安直な方法となっているとジャック・デリダのような新世代の批評と文化の理論家には見えた状態からいかに移行するのかその実演を示した（この点でのちにウンベルト・エーコがバルトと同様の役割を果たすことになる）。構造主義は、デリダのような思想家にとっては、すでに擦り切れて、いずれ哲学として疑わしいものとなっていた。バルトの構造主義者としての出自は『S／Z』にもまだ認められるが（たとえばコードの用法において）、デリダはすでにこの伝統から離れ全面的なポスト構造主義へと入る完全な切断を成し遂げる過程にあった（たとえば Derrida 1978 参照）。

『S／Z』以前には、バルトはひとつの文化の価値体系としての構造主義に基づいたきわめて細緻にして大きな影響力を及ぼした著作をいくつか書き上げたが、そこで扱われたのは、芸術から広告、ファッションまで多岐にわたり、大幅に依拠していたのはフェルディナン・ド・ソシュールの言語理論で、この分野のその業績は、構造主義の分析を支えた記号論の基礎を作った（ソシュール『一般言語学講義』参照）。ソシュールにとって、言語はシニフィアンとシニフィエからなる記号によって構成され、両者が組み合わされているひとつの記号を、聞き手ないしは読み手が理解すると正しく反応することができるのである。そのような記号がその枠内に組織立てられる文法は、関連する複数の記号のあいだの相互関係の性質のあるべきかたちを規定する。この捉え方によっていわゆる「言語学モデル」の基礎が形成され、様々な学問領域に幅広く応用されたのであり、それはルイ・アルチュセールとその追随者たちの「構造主義的マルクス主義」といったかたちでマルクス主義のような他の理論の伝統に引き入れられさえしたのである（たとえばAlthusser and Balibar 1970参照）。

　言説の各領域において、バルトにとって重要なのは、そこで適用された個別の文法であり、その分析は主にいかなる要素がそうした文法を形成することになるのか、いかにしてそのような要素がひとつの体系として機能するのかを実演すること、いかに私たちがそのような相互関係に含まれる多様な記号を「読む」ようにさせられているのかを描き出すことに集中していた。彼の論文「物語の構造分析」では、私たちの眼前にあるいかなる物語の文法をも解読の対象とするいくつかの一般原則を素描し、そして世界は私たちが分析するのを待っている物語に満ちていると論じる。

> 世界に物語は数知れずある。物語は何よりもまずじつに多様なジャンルに広がり、様々な器に分散している。……物語が存在するのは、神話、伝説、寓話、読物、小説、叙事詩、歴史書、悲劇、劇詩、喜劇、道化芝居、絵画（カルパッチオの『聖女ウルスラ伝』が好例）、ステンドグラス、飾り窓、映画、漫画、報道、会話。……物語はどの時代にも、どの場所にも、どの社会にも存在する。（Barthes 1977: 79）

　こうした数々の物語が意味するものを確定できる希望を示したのが体系の文法へのバルトの探究だったのであり、それは体系の内部の機能を、すなわちあらゆる物語に伏在し精読者の発見を待つものとして構造主義者に措定された「深層構造」を明るみに出す解釈の鍵を与えるものであったのだ。こうした深層構造は、いかなる既成の分野の他のテクストにおいても機能して、それらが示す共通の特徴を通じてテクスト群をつないでいるのである。たとえばクロード・レヴィ＝ストロースは、そのような共通の特徴を、たとえば世界創造の主題のように、一連の様々な神話を横断して発見したのであり、こうして私たちは人類の文化の内部にある深層構造の表現としてそれらの特徴を見ることができるようになった（Lévi-Strauss 1963）。

　構造主義者は、間違いなく普遍主義の装いをもっており、その実践者たちは、構造主義をあらゆるものに通用する理論と見なし、人間が関わるほとんどの分野に随所でそれを適用してきた。ところがバルトは、もっとも構造主義の色が濃い段階においてさえ、正統的な構造主義の規範に合致するものより柔軟な分析のスタイルの可能性を示してきたのであり、たとえばその「作者の死」という概念によって、テクストの意味は、作者から離れて個別の読者の側にとどまるようになる。バルトが主張するように「読者の誕生は、作者の死との引き換えでなければならない」(Barthes 1977: 148)。こうして意味の複数性への道が開かれる。「テクストは、単一の神学的な意味(神としての作者のメッセージ)を伝える言葉の連なりではないということがもはや私たちにはわかっている」(Barthes 1977: 146)。このような意味の複数性によって、批評の妥当性に関する問いがおのずと生じ、批評は多くの解釈のなかでの単にもうひとつの解釈にすぎず、それゆえ自らの解釈に関して特殊の権威を主張しえなくなった。構造主義の手法に対するデリダの攻撃は、まさにこのような地点から出発して、さらに強烈に複数性を打ち出し、あらゆるものに通用する理論という考え方に決然と反対するものであった。デリダにとって、構造主義とは、誰もそれが実際に存在するといえないところに秩序と形式を押しつけようとする試みであり、想定されている図式にはなじまないはずのいくつかのものに関して、共通の特徴(いずれ分析者がそのように捉えるということなのだが)が明白にあると言い立て、それを正当性ある行為とみなすものだ。記号は、大方の構造主義の理論家と批評家が考えているように単純に解釈できるものでは到底ないのである。

バルトは、彼の言葉を用いれば「読むための」テクストと「書くための」テクストを峻別する。前者は読者にあるひとつの特定の読みを強要し、バルトの言葉に従えば、読者には「せいぜいそのテクストを受容するか拒絶するかの乏しい自由しか与えられず、読むことは『投票』のようなものでしかない」(Barthes 1975: 4)。たいていの一九世紀小説が、この「読むための」テクストという範疇に入ると思われるのは、作者が読者に対して統御する地位を有しており、自らが絶対と考える物語の読みの方向へと読者を押し込むからである。それに対して、「書くための」テクストは、読者の側の積極的な参加を求め、「読者をもはやテクストの消費者ではなく、生産者とすることが」目的となる。大雑把に言えば、モダニズムのテクストを、「書くための」テクストと評価しうるのは、そのテクストを解釈する際に読者の側に多大な想像力の行使が求められるからであり（ジェイムズ・ジョイス『フィネガンズ・ウェイク』は、このとくに際立った例である）、物語の流れにおいて、熟考を要する空白がより多く存在するからである。バルトにとって、「書くための」テクストは、無数の解釈に自らの身をゆだねる。

この理想のテクストにおいて、ネットワークは数多く、また相互に関連しあうのだが、そのいずれかが他を制圧することはない。テクストはシニフィアンの銀河であって、シニフィエの構造ではない。それは始まりをもたない。行きつ戻りつができる。いくつもの入口から入ることができるし、そのいずれかが主要玄関であるとお墨付きをもらうことはありえない。それが起動するコードは、視界いっぱいに広がっている。
(Barthes 1975: 4-5)

このように可能な解釈が多数あり、読者が貢献する余地が生じるということであれば（これと同じ最近の考え方はニコラ・ブリオーの「関係性の美学」という理論に見出すことができよう。Bourriaud 2002 参照）、バルトは「そのテクストの全体性は存在しない」（Barthes 1975: 6）と言い切る方に傾斜していることになる。これが絶対性よりも複数性に肩入れするポスト構造主義とポストモダンの言説を一貫して支える感情である。いかなるテクストにも付与される決定的な意味はなく、そのテクストが読まれつづけるかぎり未来へと延びてゆく解釈の連鎖に加わるまたひとつの意味があるばかりというのが、作者の死という考えから引き出される論理的な帰結である。「読むことは複数の意味を見つけること」とバルトは考えるが、そのような意味は、「生成」（Barthes 1975: 11）の果てしないパターンに従って、別の意味を産み出す、別の言い方をすれば、呼び起こすのである。このような「生成」の一連の展開に巻き込まれることは、全体性の可能性の芽を摘むことである。

とはいえ、「書くための」テクストが、バルトが述べるように実際開かれており、作者の統御から逃れられているのか否かは、大いに疑問が生じるところである。結局のところテクストに認められるいかなる「空白」もそれを配置する場所を決めるのは作者なのであり、作者こそが読者を他のどれでもない、ある決まった解釈へと導くことになるのである。皮肉めいたことに、デリダさえ何度か自らのテクストをめぐる誤読に不満を述べたことがある。同様に、「読むための」テクストが完全に解釈を閉め出してしまうことはありえず、実際、過去の一応は

「読むための」テクストが、作者の存命時とはかなり異なる解釈が現在なされていることも多い。これはテクストが読者をもちつづけるかぎりつづいてゆくプロセスである。ひとつだけ例を挙げると、ジョン・バニヤンの宗教寓意詩『天路歴程』（一六七八）は、一七世紀の王政復古期の思想闘争について多くを伝えてくれる政治寓意詩として現在は広く読まれている。「読むための」と「書くための」というのは、デリダのようなポスト構造主義者が嬉々として脱構築を適用する二項対立の類であるが、それらは実際には互いにからみあっており、意図されているようにすっきり機能しないことは明らかである。しかし意味の主要な生産者としての読者への移行は、ある一定の非決定性を、少なくともポスト構造主義の方に向かっている状況へと導き入れる意味深い移行である。

『S／Z』は、『サラジーヌ』を、解釈学的、象徴的、文化的といった一連のコードに分解する力業であったが、バルトが強調したかったのは、ひとつのコードはひとつの「リスト」としてではなく「いくつかの引用の配列、いくつかの構造の幻影」（Barthes 1975: 20）として捉えられるべきであるということだった。このように間テクスト性を規定することは、全体性という考えを問題視することであり、そしてそれは、たとえ作者が旧来の書き方で解釈の閉ざされた状態を実現しようとしてみても、「書くための」テクストだけでなく「読むための」テクストにも当てはまる。「よい物語作品」とは、「非決定性」（Barthes 1975: 178）という特徴をもっているとバルトは論じるのであり、この要素こそがテクストを絶えざる解釈と再解釈へと開かれたままにする。意味に関してそのような開放性と非決定性があると想定できるかぎり、私たちはポスト構造主義の枠組のなかにいるのだ。

バルトの主要著作

Barthes, Roland, *Writing Degree Zero* [1953], trans. Annette Lavers and Colin Smith, London: Jonathan Cape, 1967.（石川美子訳『零度のエクリチュール』みすず書房）

——, *Elements of Semiology* [1964], trans. Annette Lavers and Colin Smith, London: Jonathan Cape, 1967.（渡辺淳・沢村昂一訳『零度のエクリチュール　付・記号学の原理』みすず書房）

——, *Mythologies* [1957], trans. Annette Lavers, London: Jonathan Cape, 1972.（下沢和義訳『現代社会の神話』みすず書房）

———, *S/Z: An Essay* [1970], trans. Richard Miller, London: Jonathan Cape, 1975.（沢崎浩平訳『S／Z』みすず書房）

———, *The Pleasure of the Text* [1973], trans. Richard Miller, London: Jonathan Cape, 1976.（沢崎浩平訳『テクストの快楽』みすず書房）

———, *Image-Music-Text*, ed. and trans. Stephen Heath, London: Fontana, 1977.（花輪光訳『物語の構造分析』みすず書房）

———, *A Lover's Discourse: Fragments* [1977], trans. Richard Howard, New York: Hill and Wang, 1978.（三好郁郎訳『恋愛のディスクール・断章』みすず書房）

———, *The Empire of Signs* [1970], trans. Richard Howard, London: Jonathan Cape, 1983.（石川美子訳『記号の国』みすず書房）

———, *Camera Lucida: Reflections on Photography* [1980], trans. Richard Howard, London: Jonathan Cape, 1983.（花輪光訳『明るい部屋』みすず書房）

———, *The Fashion System* [1967], trans. Matthew Ward and Richard Howard, London: Jonathan Cape, 1985.（佐藤信夫訳『モードの体系』みすず書房）

参照文献

Althusser, Louis and Etienne Balibar, *Reading Capital* [1968], trans. Ben Brewster, London: NLB, 1970.（ルイ・アルチュセール他『資本論を読む』全3巻、ちくま学芸文庫）

Bourriaud, Nicolas, *Relational Aesthetics* [1998], trans. Simon Pleasance and Fronza Woods, Dijon: Les Presses du Reel, 2002.

Bunyan, John, *The Pilgrim's Progress* [1678], ed. James Blanton Wharey, rev. Roger Sharrock, Oxford: Clarendon Press, 1960.（ジョン・バニヤン、竹友藻風訳『天路歴程』岩波文庫）

Derrida, Jacques, *Writing and Difference* [1967], trans. Alan Bass, Chicago: University of Chicago Press, 1978.（ジャック・デリダ、合田正人・谷口博史訳『エクリチュールと差異』法政大学出版局）

Joyce, James, *Finnegans Wake* [1939], ed. Robert Jan Henkes et al., Oxford: Oxford University Press, 2012.（ジェイムズ・ジョイス、柳瀬尚紀訳『フィネガンズ・ウェイク』全3巻、河出文庫）

Lévi-Strauss, Claude, 'The Structural Study of Myth', in *Structural Anthropology*, vol.1, trans. Clair Jacobson and Brooke Grundfest Shoepf, New York: Basic Books, 1963, pp.206-31.（クロード・レヴィ＝ストロース、荒川幾男訳『構造人類学』みすず書房）

Saussure, Ferdinand de, *Course in General Linguistics* [1916], ed. Charles Bally, Albert Sechehaye and Albert Reidlinger, trans. Wade Baskin, London: Peter Owen, 1960.（フェルディナン・ド・ソシュール、小林英夫訳『一般言語学講義』岩波書店）

ジャン・ボードリヤール

Jean Baudrillard

1929-2007

ボードリヤールの一般的評価は、ポストモダン思想の「恐るべき子供たち」のひとり、自意識の強い一匹狼的人物というもので、彼が発する計算づくの挑発的言辞には、湾岸戦争（一九九〇―九一）は起こらなかった、とか、テレビとディズニーランドが二〇世紀後半のアメリカの「現実」であり、それは私たちが従来理解していたような現実よりもいっそう「リアル」なのである（この概念はボードリヤールの図式では「ハイパーリアル」となる）、といった悪名高い言葉がある。振り返れば一九九〇年代後半の論文でもその題名通り「二〇〇〇年は起こらない」と主張して、「仮説を極端にまで推し進めることで、その批評的参照枠から取り外し、帰還不能点を越えさせる」(Baudrillard 1986: 19) ボードリヤールの露わな欲望が実践に移されていた。彼は自分の読者の仮定に挑むやり方として、明白なものを否定する衝動を抱えているかのようだ。ボードリヤール自身がポストモダニストという名前を拒絶したが（これはそうしたカテゴリーに通常分類される人びとの間で珍しい反応ではない、と言っておくべきだろう）、「ハイパーリアリティ」といった彼の概念は、他のポストモダンの思想家や芸術家が広く取り上げてきている。

ボードリヤールの初期の著作は、社会学者としてのものので、まもなく明確なポストマルクス主義への転回を成し遂げると、たとえば『生産の鏡』という著作では、人類解放の手段としての生産に囚われているとしてマルクス主義に非難を浴びせた。ジャン＝フランソワ・リオタールの『リビドー経済』やジル・ドゥルーズ&フェリックス・ガタリの『アンチ・オイディプス』と並んで、『生産の鏡』は、学生と労働者が主導する革命勢力に対して政府の側についたフランス共産党（ＰＣＦ）への反応として、一九六八年の五月革命後のフランス知識人の側にあった、マルクス主義に対峙する流れに棹さすものである。ボードリヤールに言わせれば、この生産への執着は、人びとを解放するよりも隷属させるもので、それはすなわち人類の向上へといいたる革命理論というマルクス主義の主張を損なう。「生産力の量的な発展は、社会関係の革命に結びつきうるのだろうか。このような主張に基づく革命の希望は『モノ』として扱われ、望みも薄い」(Baudrillard 1975: 59)。生産手段を有するのは誰か、資本家か労働者かという問題には、この思想家は無関心だ。その体制自体が問題なのである。この方向性をとるということは、生産量の向上が人類全体の生活の質の改善に欠かせない要素だとする原則に基づく、文化現象としてのモダニティから距離をとることである。それは西洋の民主主義国家に適用されたのと同じく、共産圏でも適用された原理であり、それによって西洋の政治支配を乗り越えることができると思われていたのだった。

本質的にはいまだに変わらず、そうした生産に対する圧倒的な関心が、西洋の政治の主流派を突き動かしている。国内総生産（GDP）が年々着実に成長しなければ、その国は使命を果たしているとはいえず、政治家は有権者に対して約束を果たしているとはいえない。選挙は主に経済実績が争点となる。政府は国民の経済生活の面に間違いなく固執しているのであり、経済が落ち込んだり、沈滞したり、たとえ上昇傾向にあっても失速が観測されたりするだけであっても、野党勢力からの攻撃をたちどころに受けることになる。

ボードリヤールのハイパーリアリティの概念は、多くの人にとって、メディアが支配し、メディアが浸透した世界における現代人の本質を映し出すものであった。彼はそれを「現実での起源を欠いたリアルなものの複数のモデルによって産み出されたもの」(Baudrillard 1983: 2)と述べており、ディズニーランドのような現象において私たちが直面するのがまさしくそれである。そうした考えがまたすんなりと当てはまる現実過剰なテレビは、すぐにそれ自体の生命を得て自らの泡のなかで生起するようになるが、その一方で視聴者にはリアルなものとして扱われる。実際、ボードリヤールは、このリアルなもののシミュレーションを、メディアの世界に蔓延する病として捉える。「あらゆるメディアとニュース放送が存在するのは、現実性という幻想を、実際の社会関係や確固とした事実があるという幻想を維持するためだけなのである」(Baudrillard 1983: 71)。シミュレーションが私たちの文化において規範となる。ディズニーランドは実際には生じなかったひとつの「歴史」をシミュレートし（この点でどうしようもなく夢見られた歴史である）、私たちにハイパーリアルなものを提供している。このようなラディカルな捉え方は、私たちの伝統的な信仰の体系が、こうした世界ではもはやいかなる基盤ももちえないということを含意し、リオタールの『ポストモダンの条件』における「大きな物語」批判ときわめてよく似通っているのだが、ボードリヤールは現在の情勢から概してよりニヒリスティックなメッセージを引き出しているという違いがある。

シミュラークルという概念の反響は、批評家と芸術家の双方の業界に認められる。芸術界においては、たとえば、ネオ・ジオ・ムーヴメントとしても知られるその名もシミュレーショニストといった二〇世紀後半のニューヨークを活動の場としていた様々な芸術家たちに、シミュラークルは感化を与えた。シミュレーショニズムに数え上げられるのは、ピーター・ハリーやジェフ・クーンズといった芸術家たちだが、それはボードリヤールとともに、ミシェル・フーコーやギー・ドゥボールといった現代フランスの思想家たちからも影響を受けた。シミュレーショニズムの背後にある思想は、消費の体制が、二〇世紀後半の社会秩序を支える価値観を決定しており、それゆえにこの体制がいかに国際的にイメージの文化を形成しているのかを暴き出すのが芸術家の役割となるというものだ。現代文化への批評を遂行するために幾何学的形態を用いたハリーは、「フーコーに教えられて広場に監獄を、現代社会の神話学の背後に独房と導管の隠されたネットワークを見る」（Halley 2000: 25）。しかしながら皮肉なことに、ボードリヤールの方は、シミュレーショニストの作品に無関心であった。

ボードリヤールの後期の著作は、『アメリカ』や『クール・メモリーズ』に見られるように、アフォリズムの性質をもつことが多く、批判者たちは真剣度が足りないとして不快感を覚えた。上記二著とも「コーヒーテーブル」本（大型豪華本）として刊行されたという事実は（前者にはアメリカの都市や自然の風景の写真が満載されている）何の弁明の役にも立たなかった。これは哲学者としての真摯さを伝えるものではなく、単に、著作の読者層を拡げるための試みにおけるダブル・コーディングへの志向と見なせよう。『アメリカ』は基本的には旅行記で、時にアメリカの活力と伝統の欠落を礼賛し、また時にジョギング愛好（今や全世界的な現象となってはいるが当時はそうではなかったのだ）などといったアメリカ文化のもつ習癖を揶揄してみせる。旅行記という手法は、大衆文化と高級文化の境目を曖昧にするポストモダニストの傾向に対する目配せと見られ、ボードリヤールの特徴である言い捨ての文が満載されている。たとえば「ここで正統的なのはディズニーランドなのだ。映画とテレビはアメリカの現実である」（ハイパーリアリティの実例として）とか「明日は余生最初の日である」など（Baudrillard 1988: 104, 11）。

最終的にいかなるメッセージにも到りつかない感覚の集積としてアメリカを扱うボードリヤールは、体験から目立った結論を引き出すことをできるかぎり避ける距離を置いた観察者の役割を選ぶのだが、それはヨーロッパ人が伝統的に習慣としている行為である（たとえば、フランス人によるアメリカ旅行記の先駆けであるアレクシ・ド・トクヴィルの『アメリカのデモクラシー』（一八三五、一八四〇）がそうである）。ボードリヤールは、自分の旅行を何らかの大きな物語によって枠づけることをかなりあからさまに拒絶する。「この旅における唯一の問いは以下のごとし。意味の抹殺において私たちはどこまで行くことができるのか」（Baudrillard 1988: 10）。この文句を別様に読むならば導き出される「解釈の抹殺」は、典型的なポストモダンのスタンスであり、意味を無限にといえるほどに遅延させる一連の戦略を採るジャック・デリダの著作との共通点は明白である。おそらくはそれこそが、「参照という批評の圏域から」自らの仮説を「引き離す」必要があるとボードリヤールがかつて語ったときに示そうとしていたことなのだ。つまり、批評の議論のゲームに加わることを拒絶するのである。そのようなゲームに加われば、言説の確固たる基礎づけへの信仰が求められるのだが、ポストモダンの思想はこれを妥当とは考えないのだ。この立場が反基礎づけ主義といわれるのは、それがありとあらゆる言説の基礎づけに疑義を突きつけるからである。もっとも華々しいと思われる疑義の対象は、私たちが思考の大部分を負っている西洋哲学の言説全体である。この立場をとるなかでもかなり極端な人物のひとりとも思われるボードリヤールは論じている。「厳密に言えば、何かを根拠づけるものは私たちにはまったく残されていない。私たちの手にあるのは、ただ思想の暴力、死に至るまでの思索であり、その唯一の方法は仮説の徹底化である」（Baudrillard 1993: 5）。

『誘惑の戦略』という著作の議論でフェミニストのなかに敵を作ることになったボードリヤールは、誘惑の技術が奨励されなければならないのは、権力構造を掘り崩すその力のゆえであると述べている。「誘惑は、象徴世界への支配を表している一方で、権力は現実世界への支配のみを表すにすぎない。誘惑は、政治や性の権力の所有と比べて比較にならないほど卓越している」（Baudrillard 1990b: 8)。ボードリヤールによれば、体制は、直接の対峙とは別の手段によって倒壊しうる。「なぜ基礎づけを掘り崩すことにこだわるのか、表面の軽やかな操作で間に合うというこの時に」(Baudrillard 1990b: 10)。これはまさに「差異のフェミニスト」リュス・イリガライの著作に依拠しているアプローチであり(たとえばIrigaray 1985参照)、これによって、ボードリヤールは、女性性は「不確実性の原則」(Baudrillard 1990b: 12)として見なすべきであると主張するのである。しかしそれは、フェミニズム一般を喜ばせることが想定されている結論ではない。

挑発的な言葉を弄するボードリヤールを嘲るのは簡単だが、彼が現代の意識に生じているきわめて深刻な変化に私たちの注意を向けさせることに成功していることは間違いない。マスメディアは、私たちの生活において非常に大きな役割を演じるようになってきており、それなしでは世界を捉えることがほとんどできないのではないかと思わされることもある。メールを書く、あるいはツイッターでつぶやく、ゆえに我あり、となっており、テレビで見るまでは何ごとも現実ではない。同様に、体制は武力とは異なる方法で倒壊しうるというのは、私たちが一九八〇年代後半にソヴィエト連邦が崩壊したときに目撃したことである——たとえそれがより革命的な勢力が聞きたがっているような種類のメッセージではないとしても。

ボードリヤールの主要著作

Baudrillard, Jean, *The Mirror of Production* [1973], trans. Mark Poster, St Louis, MO: Telos, 1975.(宇波彰・今村仁司訳『生産の鏡』法政大学出版局)

——, *For a Critique of a Political Economy of the Sign* [1972], trans. Charles Levin, St Louis, MO: Telos, 1981.(今村仁司他訳『記号の経済学批判』法政大学出版局)

——, *In the Shadow of the Silent Majorities* [1978], trans. Paul Foss, Paul Patton and John Johnston, New York: Semiotext (e), 1983.

——, *Simulations*, trans. Paul Foss, Paul Patton and Philip Beitchman, New York: Semiotext (e), 1983.

——, 'The Year 2000 Will Not Take Place', in E. A. Grosz *et at., Futur*Fall: Excursions into Post-Modernity,*

Sydney: Power Institute, 1986, pp.18-28.

———, *Forget Foucault* [1977], trans. Nicole Dufresne, New York: Semiotext (e), 1987.（塚原史訳『誘惑論序説』国文社）

———, *America* [1986], trans. Chris Turner, London and New York: Verso, 1988.（田中正人訳『アメリカ』法政大学出版局）

———, *Cool Memories* [1987], trans. Chris Turner, London and New York: Verso. 1990a.

———, *Seduction* [1979], trans. Brian Singer, London and Basingstoke: Macmillan, 1990b.（宇波彰訳『誘惑の戦略』法政大学出版局）

———, *Symbolic Exchange and Death* [1976], trans. Iain Hamilton Grant, London: Sage, 1993.（今村仁司訳『象徴交換と死』ちくま学芸文庫）

参照文献

Deleuze, Gilles, and Félix Guattari, *Anti-Oedipus: Capitalism and Schizophrenia* [1972], trans. Robert Hurley, Mark Seem and Helen R. Lane, Minneapolis, MN: University of Minnesota Press, 1983.（ジル・ドゥルーズ&フェリックス・ガタリ、宇野邦一訳『アンチ・オイディプス』全2巻、河出文庫）

de Tocqueville, Alexis, *Democracy in America: And Two Essays on America* [1835, 1840], trans. Gerald Bevan, London: Penguin, 2003.（アレクシ・ド・トクヴィル、松本礼二訳『アメリカのデモクラシー』全4巻、岩波文庫）

Halley, Peter, *Collected Essays 1981-87* [1988], Zurich and New York: Bruno Bischofberger Gallery and Sonnabend Gallery, 2000.

Irigaray, Luce, *This Sex Which Is Not One* [1977], trans. Catherine Porter, with Carolyn Burke, Ithaca, NY: Cornell University Press, 1985.（リュス・イリガライ、棚沢直子他訳『ひとつではない女の性』勁草書房）

Lyotard, Jean-François, *The Postmodern Condition: A Report on Knowledge* [1979], trans. Geoff Bennington and Brian Massumi, Manchester: Manchester University Press, 1984.（ジャン゠フランソワ・リオタール、小林康夫訳『ポストモダンの条件』水声社）

———, *Libidinal Economy* [1974], trans. Iain Hamilton Grant, London: Athlone Press, 1993.（ジャン゠フランソワ・リオタール、杉山吉弘・古谷啓次訳『リビドー経済』法政大学出版局）

ジグムント・バウマン

Zygmunt Bauman

1925-

バウマンはポストモダン状況についてのもっとも深い省察を行なう著作家のひとりとして、過去数十年の社会政治状況の変化が齎した利点と欠点を細心に分析する。この変化の兆しのうち最大のもののひとつとして、一九八〇年代に共産主義がヨーロッパにおける政治勢力として凋落したことがあげられる。バウマン自身はソヴィエト連邦の政治には概してきわめて批判的だったが（彼はポーランド生まれで共産主義時代に英国に移住した）、ソヴィエト連邦の崩壊が第二次世界大戦後の世界における資本主義秩序に対する数少ない規制を取り除いてしまったと考える。冷戦時代の資本主義は、国内では民衆の支持を得るために、また国外から魅力的なイメージで見られるために、できるかぎり良い面を見せておく必要があった。しかしソヴィエト・ブロックの存在によって生じるチェックがなくなってしまうと、政治面では「別の選択肢がない」という望ましくない状況のなかで生きるほかなくなる（Bauman 1992: 175）。一九八〇年代にソヴィエト帝国がかなりあっけなく崩壊した後でフランシス・フクヤマが述べたように、西側の体制は主要な敵がいなくなって完全な勝利を収め、かくして歴史は今や「終わった」とされたのである（Fukuyama 1992）。

世界全体ではとくにイスラム神政政治の傾向が強い宗教的原理主義の擡頭をのぞけば、資本主義の危機を示した金融危機以降の時代にあっても、私たちはいまだに「別の選択肢がない」状況にあると言っていいだろう。そこではリベラル・デモクラシーが自由市場経済体制に支えられて、支配層から国民国家の政治機構のモデルと見なされている。ソヴィエト連邦崩壊後の時代における違いは、困難な状況に陥ってしまうかもしれない人びとに対する福祉のセーフティネットが、以前よりも体制内にいちじるしく減少してしまったことだ。権力者はどんな危機が起きても（最近の金融危機のような）、それを体制の責任とはせず、それを少数の企業や個人のやり過ぎのせいだとしてしまう。自由市場モデル以外に成功を保証する方法はないという前提があって、この体制は基本的に健全なのだから、ときどき細部の綻びを繕えばいいとだけ考えられているのである。

『ポストモダン状況とその不満』でバウマンは市場経済に基づくポストモダン世界の個人主義に標的を定め、そこでの主要な要請が「消費者市場によってもたらされる無限の可能性と、終わることなき刷新に誘惑される能力をもつこと」にあるとする（Bauman 1997: 14）。なんらかの理由で（元手がないとか）この「消費主義のゲーム」に参加できない者は、ポストモダン社会の「新たな『不純物』」（Bauman 1997: 14）となって、部外者の位置に押しやられ、国家による様々な処罰の対象となるのだ。バウマンは、超個人主義社会がもたらした富の不均衡を非難して、この「持つ者と持たざる者との深い断絶」を社会不満の主要な源のひとつと見なす（Bauman 1997: 204）。彼が『ポストモダン状況とその不満』を書いて以降、この断絶はますます目立つようになり、二〇〇七年から〇八年の金融危機がこの問題をさらに悪化させた。

著書のタイトルのいくつかが示すように、バウマンは私たちが現在「流動《リキッド》」時代を生きているという発想に衝かれている。題名に『リキッド・モダニティ』、『リキッド・ラブ』、『リキッド・ライフ』、『液状不安』、『リキッド・タイムズ』、『リキッド化する世界の文化論』などとあるとおりだ。こうした文化動向を彼は是認しておらず、近代が「流動《リキッド》」段階に入ると私たちの多くが根無し草のようになると言う――「『リキッド・モダニティ』とは社会の成員の活動状況が、人びとの行動が習慣や決まりとなるよりも速く変化する社会である。……リキッド・モダン社会における生活は、残酷な椅子取りゲームが現実に起きているようなものだ」（Bauman 2005: 1, 3）。こうした根無し草状態とそれがもたらす不安によって齎される効果は、私たちがますます、何か予期しない出来事が人生に起きるかもしれないという「液状不安」（Bauman 2006: 21）に襲われることである。生活のすべてがこうした流動性に深く影響され、それは人間関係にまで及んで、人と人との感情的な結びつきも長続きしなくなることが多い。その結果、人間同士の絆は「きわめてゆるく結ばれることとなり、状況が変わればすぐに解かれることとなって、流動する近代では何度でも結んでは解かれることになる」（Bauman 2003: vii）。バウマンの表現はやや極端に響くかもしれないが、それでもこうした主張が思考を誘発することに変わりはないだろう。

「流動」という主題を初めて導入した本『リキッド・モダニティ』で、バウマンは「液状化」とか「流動性」という概念が私たちの到達した近代の発展段階にとくに当てはまることを指摘し、そこでの人間関係は「過去の世代が経験も想像もできなかったくらいに、他者に影響されやすい順応性の高いものになっている」と言う(Bauman 2000: 8)。バウマンによればモダニティとは当初から「確固とした」過去(それを「伝統」と言ってもよい)から決別することに熱心だったのだが、現在ではそのプロセスの速度がきわめて速くなっていることに特徴がある。近代生活の流動性が益をもたらすのは社会の特権層だけで、自らの力や権威を行使するのに障害となるものを取り除く既得権益を有しているために、企業活動や金融の規制自由化が、西洋諸国において過去数十年間さかんに喧伝されてきた。たとえばグローバリゼーションの名で目指されてきたのは、国境に邪魔されずに資本や商品が流通することで、それが地域経済や文化伝統に及ぼす影響など一顧だにしない。経済を独占的に支配するのは市場であり、市場の言語が法となるのだ。だがバウマンはこうして創られてきた新世界秩序を厳しく批判し、携帯電話のようなテクノロジーは「オーウェルやハックスリーが予言した悪夢を塗り替えるような、恐怖に満ちた」幻滅のディストピアをもたらす可能性があると言う(Bauman 2000: 15)。

バウマンはこうした状況をきわめて深刻に捉えているが、一般にポストモダンの思想家たちはこうした流動性を歓迎する傾向があり、これを柔軟性と同義に捉えて、人びとが伝統の束縛からの解放を信じることが可能となると考える――たとえばジル・ドゥルーズとフェリックス・ガタリが『千のプラトー』で「ノマド的な」存在を称揚したように。バウマンが現代社会における「人間の絆の弱さ」(Bauman 2003)を嘆き、それを市民の大半が社会的関心を失っていることの憂うべき証拠と見なすのに対し、ポストモダニストたちは関係がうまくいかなくなった時いつでも再構築する自由があると捉え、そのことはどんな社会でもどの時代でも可能なのだと考える。この問題に関しては、過去に対する間違った憧れが生じる恐れがある。それが誤っているのは、実際、人間の悲劇の多くは厳正な社会的絆帯に即した礼節を保つべきだとする仲間からの圧力が原因となってきたからだ。また現実が期待にそぐわないとなると、少なくとも礼節を表面的に繕おうとする偽善も生まれてくる。それでもバウマンに首肯せざるを得ない点は、ノマド的モデルのあまり望ましくない側面に私たちの注意を促したことで、それというのも、ドゥルーズとガタリが勧めるように行動を「流動的」にしたとして、どれだけノマドの言うことを信用したらいいかが決してわからないからである。そしてバウマン自身も、これを満足すべき状態とは見なさない。

しかしバウマンにとって不幸なことに、私たちの文化が進んでいる方向、とくに最近の新しい電子テクノロジーの発展は（ソーシャル・ネットワークがそのもっとも顕著な例だろうが）、私たちの存在をさらに流動的にしていくことだろう。なるほどバウマンによれば、こうした状況をもたらした責任は、ポストモダニティというよりはモダニティにあるのだが。またバウマンは欠点しか見ないようだが、このような不確定性には魅力もあるという議論もできるだろう。ポストモダニストが個人レベルでは流動的生活を肯定していたとしても、それは彼らが経済生活の全側面で流動性をうながす新自由主義政策に全面合意していることを意味しないからだ。ここでも問われるべきは、グローバリゼーションの内実だろう。

バウマンはたしかにグローバリゼーションを声高に非難し、それが西洋諸国のエリート、すなわち西洋諸国の企業、とりわけ多国籍企業にだけ有利であると言う。これらエリート層はほとんど何の罰も受けずに自らの利益を追求する。規制がますます少なくなった自由市場体制において、彼らは世界中で経済を支配する権力を獲得できるからだ。西洋諸国の企業は、発展途上国にきわめて安価に生産をアウトソーシングしてこうした国々を例外なく搾取するので、これら貧しい国々は注文を得るために、互いに単価を削りあって競争するように追い込まれている。

> そしてもちろんその地域で物事がうまくいかなくなれば、企業はいつでも他へ移っていく。エリートにとって「グローバル」とは移動を意味する。そして移動とは逃亡し回避する能力のことだ。何か問題が起きても、地域の有力者たちが見て見ぬふりをしてくれる場所はいくらでもあるのだ。(Bauman 1998: 125)

こういった国々にアウトソーシングされた生産が、そうした国々の労働者の利益になっているという証拠はほとんどない。労働者は仕事を得るために、西洋諸国では決して受け入れられず、違法でさえあるような給料や労働状況を受け入れるほかないのだ（こうした地域での企業活動の詳細については、ナオミ・クラインの『ブランドなんか、いらない』（Klein 2001）参照）。グローバリゼーションとは、近代というプロジェクトの中核にある資本主義秩序の論理的帰結であって、その搾取の姿勢を考え直させるには、なんらかの別の選択肢が必要だと論じることもできるだろう。

概してバウマンは私たちの文化がここ数十年間発展してきた方向に否定的な見方をしており、その著作のトーンはますます悲観的になりつつあるようだ。『リキッド化する世界の文化論』も市場主導の文化が芸術の世界にもたらす影響を嘆いており、現代の市場倫理に対するもっとも辛辣な批判者のひとりという評判を保つ著作となっている。バウマンにとってポストモダンとは、市場が社会正義を掘り崩すまでに社会を席捲し、そこで生み出される「ポストモダンの倫理」（Bauman 1993）が、倫理的責任を回避することと同じであるような状況なのである。

バウマンの主要著作

Bauman, Zygmunt, *Intimations of Postmodernity*, London: Routledge, 1992.

——, *Postmodern Ethics*, Oxford and Cambridge, MA: Blackwell, 1993.

——, *Postmodernity and Its Discontents*, Cambridge and Oxford: Polity Press and Blackwell, 1997.

——, *Globalization: The Human Consequences*, Cambridge and Oxford: Polity Press and Blackwell, 1998.（澤田眞治・中井愛子訳『グローバリゼーション』法政大学出版局）

——, *Liquid Modernity*, Cambridge and Oxford: Polity Press and Blackwell, 2000.（森田典正訳『リキッド・モダニティ』大月書店）

——, *Liquid Love: On the Frailty of Human Bonds*, Cambridge and Oxford: Polity Press and Blackwell, 2003.

——, *Liquid Life*, Cambridge and Malden, MA: Polity Press, 2005.（長谷川啓介訳『リキッド・ライフ』大月書店）

——, *Liquid Fear*, Cambridge and Malden, MA: Polity Press, 2006.（澤井敦訳『液状不安』青弓社）

——, *Liquid Times: Living in an Age of Uncertainty*, Cambridge and Malden, MA: Polity Press, 2007.

——, *Culture in a Liquid Modern World*, Cambridge and Malden, MA: Polity Press, 2011.（伊藤茂訳『リキッド

化する世界の文化論』青土社）

参照文献

Deleuze, Gilles and Félix Guattari, *A Thousand Plateaus: Capitalism and Schizophrenia* [1980], trans. Brian Massumi, London: Athlone Press, 1988.（ジル・ドゥルーズ&フェリックス・ガタリ、宇野邦一他訳『千のプラトー』全3巻、河出文庫）

Fukuyama, Francis, *The End of History and the Last Man*, London: Hamish Hamilton, 1992.（フランシス・フクヤマ、渡部昇一訳『歴史の終わり』全3巻、知的生き方文庫）

Klein, Naomi, *No Logo*, London: HarperCollins, 2001.（ナオミ・クライン、松島聖子訳『ブランドなんか、いらない』大月書店）

ダニエル・ベル

Daniel Bell
1919-2011

ダニエル・ベルは、ポスト産業主義の理論家としてもっとも著名なひとりである。ポスト産業主義はポストモダンの標題に含めることもでき、近代の重工業中心の産業構造が、二一世紀のいま西洋諸国の多くが採用しているサービス業中心の経済へと劇的に移り変わっていく状況を示す用語だ。たとえば英国では一九八〇年代以降、歴代の政府がロンドンのシティが提供する金融サービスを国家の経済成長の主要な源泉とし、その結果、その分野での規制を最小限にするよう努めてきた（その否定的な側面が二〇〇七年から〇八年に起きた金融危機で、銀行の大胆すぎた貸付が大きな原因となった）。西洋諸国のほとんどの商品生産企業は、その生産の多くを主にアジアの発展途上国にアウトソーシングし、西洋諸国ではどこでも商品生産に従事する労働者の数が劇的に減った。西洋諸国の政治家たちは、しばしば自国に基盤を置いた産業への回帰を奨励する必要を語るけれども、発展途上国の労働力を使い続けた方がつねに安上がりであることを知っている多国籍企業はほとんど耳を貸さない。よって西洋諸国はほぼポスト産業社会であると言えるが、それは商品生産拠点の多くを非西洋諸国に移転させたからである。しかしさらに興味深いことに、西洋諸国はいまや、コールセンターをインド亜大陸に移しつつあるように、サービス業をも部分的に発展途上国にアウトソーシングし始めている。これが西洋諸国の雇用機会や消費者動向に長期的に見てどう影響するかは、いまだはっきりしていない。

ベルは、自分の「社会的予測の試み」が「決定論的軌跡」を想定してはいないことを強調する（Bell 1976: *x*）。彼は自分の仕事が予想することではなく、二〇世紀後半の文化に見られたある種の社会的傾向がどんな意味を持つかを図式化することにあると言う。彼の関心は、世界のもっとも進んだ産業社会の社会的枠組において起きている変化と、そこからどんな問題が抽出されるかということにあるのだ。ベルは、ポスト産業社会においては、次の五つの主な要件が見出されるという。

一　経済部門　商品生産からサービス経済への転換
二　職業配分　専門職と技術者集団の優越
三　中心軸原則　イノヴェーションの源泉としての理論的知識の重要性、およびこの種の社会に適合した政策立案の重要性
四　未来志向　テクノロジーとその評価の統制
五　意思決定　新たな「知的テクノロジー」の創造

(Bell 1976: 14)

これらすべての要件は二一世紀の西洋社会に明らかに見ることができるが、ベルが述べるように、こうした変化によって得をする層と損をする層とで、人びとの間に分断と緊張が高まっている。それにまた、こうした問題を産業主義時代に作られたマルクス主義のような理論によって解決する望みもない。社会状況があまりに変化してしまったからである。

社会の枠組の変化がどのような結果をもたらすかを予測することの難しさを論じる際に、ベルは「私たちの時代に起きた決定的な社会変化は……経済的機能が政治秩序に従属していることである」という彼の信念を提示する(Bell 1976: 373)。しかし現実はというと、グローバリゼーションと広範な市場の規制自由化との結びつきによって、新自由主義的な経済理論がこの考え方をひっくり返してしまった。つまり、いまや経済に従属しているのは政治的機能の方で、西洋諸国の政治家たちは社会を深刻に分断している現象に加担しているのだ。ベルはまた、大学と病院のような非営利組織がポスト産業主義時代では重要性と力を増すだろうと考えていた。そのことはある程度その通りになったが、そうした組織は代わりに自らの非営利性を犠牲にするようになってしまったというのが現実だ。西洋諸国を通じて大学や病院のような公共の福祉を司る部門は、国庫からの資金援助がしだいに減少するにしたがって、利益を追求するようにとの圧力をかなり受けるようになっているからである。

『脱工業社会の到来』は、「終焉主義」として知られる現代文化へのアプローチを創始したとされる。「終わり」を強調するこの考え方は、多くの論議を呼んだフランシス・フクヤマの『歴史の終わり』のような著作にも見られる発想で、西側諸国のリベラル・デモクラシーこそが

他の競争相手に対して最終的な勝利を収め、その理想に他のすべての体制が統合されることは避けられないと論じていた。『ポストモダンの条件』におけるジャン＝フランソワ・リオタールのメタナラティヴの終焉という考えもその一例で、他にも様々な思想家たちが「哲学の終わり」を論じてきた。しかしそうした考え方には希望的観測が少なからず含まれており、一般にきわめて西洋中心主義的な視点に貫かれている。メタナラティヴがポストモダン状態の到来とともになくなりはしなかったことは明らかで、それはイスラーム世界でイスラーム原理主義の抬頭とともにますます強力になって、世界の政治状況のなかで重要な役割を果たしている。過去数十年間には、他の宗教的原理主義も力をつけてきており、とくにキリスト教とユダヤ教の原理主義勢力がアメリカとイスラエルで強大である。メタナラティヴは自らの真理を疑わないというイデオロギーであって、こうしたイデオロギーがいまだに健在であることは疑えない。自由民主主義がいまだ世界を征服していないことは明らかで、自由市場に基づく経済体制が二〇〇七年から〇八年の危機以来、多くの困難を抱えていることもあって、その魅力の大半を失ってしまった。

ベルの「終焉主義」的傾向は『イデオロギーの終焉』にも見ることができる。この著作も、ポストモダンの思想家たちが現代生活に取りついてきた旧来のイデオロギー闘争を超越することにつねに熱心であるという点で、ポストモダニズムを先取りしているようにも思える。リオタール、ミシェル・フーコー、ジル・ドゥルーズとフェリックス・ガタリのような思想家たちにとって、イデオロギーは否定的な意味合いしか持っておらず、支配階級による抑圧の手段として見られている。ベルの発想は、「過去十年間［一九五〇年代］に、私たちは一九世紀のイデオロギー、ことにマルクス主義がその力を失い、自らの世界観が正しいと標榜する知の体系とは言えなくなったことを目撃してきた」（Bell 2000: 16）。彼の主張によれば、イデオロギーは「終末を迎えたのである」（Bell 2000: 393）。こうした結論に異を唱えるポストモダニストはあまりいないだろうが、ベルも他のポストモダン思想家たちも過去数十年の（様々な形態の）宗教原理主義や新自由主義的な政治経済理論のようなイデオロギーの再興を予測できなかったことは指摘しておくべきだろう。ベルは、主にアフリカやアジアのような発展途上世界が、「工業化や近代化、アラブ主義、人種やナショナリズム」に基づいた、新たな独自のイデオロギーを生み出すかもしれないということは示唆しており（Bell 2000: 403）、たしかにこうしたことは現実となった。しかしこうした動きも、宗教原理主義や新自由主義といったますます強大になりつつあるイデオロギーと比べれば明らかに従属的である。

ベルは「イデオロギー自動販売機に向かえば出来合いの公式が出てくる」(Bell 2000: 405) ような体制には辛辣だが、同時にまた、イデオロギーから信用が失われれば、政治的空白が生じることにも気がついている。多くのポストモダニストたちが現状に満足しているなかで、ベルは、私たちの社会にはユートピア的な政治思想がいまだに絶対に必要であると感じており、人類のためによりよい未来を目指して個々人が自らの力を使える何らかの希望があるべきだと考えている。残念ながらベルにはそうした思想がどこからやってくるのかを展望することはできず、この本は「発言の自由、出版の自由、異議を申し立てる権利、探究の自由を保障する」ことを堅持するほかに、積極的な提言は行なっていない (Bell 2000: 406)。一九八八年に書かれた「あとがき」でベルは、この本に対して向けられた、それが単に現状を擁護しているだけであり、よって「冷戦に資する用具」にすぎないという批判に応えている (Bell 2000: 421)。実際、二一世紀初頭の政治状況はマルクス主義も衰退し、新自由主義も経済の失調で退潮しているのだから、『イデオロギーの終焉』のような著作の議論がより当てはまるようになった。ベルは、一九六〇年代と七〇年代に左翼が決めつけたよりもずっと細心な思想家であることが証明されたと言えるだろう。

『資本主義の文化的矛盾』で、ベルは近代そのものを問題化し、「社会の価値観が抑制のきかない貪欲さにはまってしまった時代に、どのように複雑な政治体制のかじ取りをしていくかという問題系」を扱う (Bell 1976: xi)。ベルの主張によれば、近代社会とは統一された体制ではなく、一連の相争う矛盾した思想と目的から成り立っている――「経済にとっては効率、政治にとっては平等、文化にとっては自己実現(あるいは自己満足)。結果として生まれる分裂が、過去一五〇年間の西洋社会の緊張と社会的闘争を形作ってきた」(Bell 1976: xi-xii)。二〇世紀後半に対処すべきは、「文化的モダニズムの消尽」(Bell 1976: xii) というポストモダン思想にくりかえし現れる主題であり、ジョン・バースの「消尽の文学」(Barth 1977) やリオタールの「メタナラティヴへの不信」(Lyotard 1984: xxiv) のような概念を生んできた。もし全体が統率された有機的な社会のようなものがかつてあったとしても(ベルはこの点、きわめて懐疑的だが)、それはすでに存在しないし、資本主義も社会主義もマルクス主義も、あるいは他の何らかの思想もそんなものは産みだせないのである。

『イデオロギーの終焉』の二〇〇〇年再版本で、ベルは新たに序文を書き、この本が起こした論争に立ち戻る。その目的は「こんにち冷戦後の世界で、『歴史の復興』とも呼べる状況において、いったい私たちはどこに立っているのかを検証すること」である（Bell 2000: xii）。二一世紀のはじめに「歴史の復興」を語ることでベルは、歴史が自由民主主義の勝利に終わったとするフクヤマの主張に異を唱える。フクヤマは歴史にテロスを想定するマルクス主義と同じ過ちを犯している。ベルにとって歴史はけっしてそのように単純なものではなく、社会はどの時代においても相争い矛盾する関心や目的によって形作られているのである。ソヴィエト共産主義崩壊後のナショナリズムの勃興を証拠として、ベルは歴史がたしかに「復興」しているのであって、近代にあった、ある特定のイデオロギー闘争が終わったに過ぎないと論じるのである。

ベルの主要著作

Bell, Daniel, *Work and Its Discontents: The Cult of Efficiency in America*, Boston, MA: Beacon Books, 1956.

——, *The Reforming of General Education: The Columbia Experience in Its National Setting*, New York: Columbia University Press, 1966.

——, *The Coming of Post-Industrial Society: A Venture in Social Forecasting*, Harmondsworth: Penguin, 1976.（内田忠夫他訳『脱工業社会の到来』全2巻、ダイヤモンド社）

——, *The Cultural Contradictions of Capitalism*, London: Heinemann, 1976.（林雄二郎訳『資本主義の文化的矛盾』講談社学術文庫）

——, *The Social Sciences Since the Second World War*, Piscataway, NJ: Transaction, 1982.（蝋山昌一訳『社会科学の現在』TBSブリタニカ）

——, *The Winding Passage: Sociological Essays and Journeys* [1980], Piscataway, NJ: Transaction, 1991.

——, *Communitarianism and Its Critics*, New York: Oxford University Press, 1993.

——, *Marxian Socialism in the United States* [1952], Ithaca, NY and London: Cornell University Press, 2nd edn,

1996.
———, *The End of Ideology: On ere Exhaustion of Political Ideas in the Fifties* [1960; 2nd edn 1961], Cambridge, MA and London: Harvard University Press, 2000.（岡田直之訳『イデオロギーの終焉』東京新創元社）

参照文献

Barth, John, 'The Literature of Exhaustion' [1967], in Malcolm Bradbury (ed.), *The Novel Today: Writers on Modern Fiction*, Manchester. Manchester University Press, 1977, pp.70-83.
Fukuyama, Francis, *The End of History and the Last Man*, London: Hamish Hamilton, 1992.（フランシス・フクヤマ、渡部昇一訳『歴史の終わり』全3巻、知的生き方文庫）
Lyotard, Jean-François, *The Postmodern Condition: A Report on Knowledge* [1979], trans. Geoff Bennington and Brian Massumi, Manchester: Manchester University Press, 1984.（ジャン＝フランソワ・リオタール、小林康夫訳『ポストモダンの条件』水声社）

ホミ・K・バーバ

Homi K. Bhabha

1949-

バーバはポストコロニアル理論においてもっとも強い影響力を誇る思想家のひとりであり、彼の「異種混交性」という概念はその分野で活躍する同時代の批評家たちに広く使われている。彼の仕事はジャック・デリダの脱構築理論に大きな影響を受けており、他の多くのポスト構造主義やポストモダンの思想家同様、バーバは二項対立に基づく思考の有効性に疑義を投げかけている。バーバは私たちに、たとえば入植者と入植される側がアイデンティティに関してそれぞれの純粋さを維持するのではなく、互いの考え方や行動の様々な要素に染まることで最後には混交した状態となるような、明らかに二項対立的なカテゴリーが互いに浸透しあう様を慎重に考慮するよう促しているのだ。単に支配者と抑圧された「他者」という状況ではなく、ふたつの文化のやりとりを通じて、双方が相当な変化を遂げるのである。この出会いから、より柔軟な新しい文化のアイデンティティが作られる。異種混交性は文化が純粋なものだという捉え方を破壊しているが、そもそも人間の存在をめぐるほぼすべての分野における純粋さに反対するのがポスト構造主義思想の主要な関心事であった。ポストコロニアルの理論家にとっては、コロニアニズムが単なる一方通行のプロセスではなく、入植された人びとは入植者のより大きな技術力に直面して受け身になっているだけの存在ではないと示すそうした捉え方が決定的に重要なのだ。そうでない限り、入植された側が植民地経験を克服し、自分たちの運命を掌握する望みなどほとんどない。バーバにとって、「理論としても革新的で、政治的にも重要なのは、もともともっている最初の主観の物語を超えて考える必要であり、こうした文化の差異が分節化されるプロセスや契機に注目する必要である」(Bhabha 2004: 2)。

『文化の場所』は、様々な媒体に掲載された一連のバーバの論文をまとめたものに、共同体間の関係という角度から「価値観、意味、優先権といったもののやりとりは必ずしも協力や対話を通して行なわれるわけではなく、完全な敵対や衝突が起こったり、通約不可能なものであったりするかもしれない」(Bhabha 2004: 2) 世界における文化の本質を、概括的に追究するために新たな数編の論文を加えた著作である。これは、多くの緊張関係がかつて植民地であったという過去に起因して生じるあらゆる多文化社会が直面する問題だ。多文化主義とは、ある時点でその国に存在するそれぞれの文化を伝統的なかたちで保存することを意味するのだろうか、それともそれはライフスタイルがまとまりを帯びて収斂していくことに繋がるのだろうか。『文化の場所』は「接頭辞『ポスト』という、議論を呼ぶ、いい加減な名前以外に適切な名前をもたないように思われる——たとえばポストモダニズム、ポストコロニアリズム、ポストフェミニズム——『現在』の境界線で生きる、生存という不気味な感覚によって私たちの存在が特徴づけられる」時代である世紀末の本であると自らをまさに規定している (Bhabha 2004: 1)。「ポスト」とは、西洋におけるモダニティというメタナラティヴによって残された問題の解決策ではなく、むしろその症状と考えられているのである。

バーバはそうした話題に対して、伝統に縛られたり先入観に囚われたりしたくないと非常に明確に表明している。「差異の表象を、伝統という変わることのない文字板に刻まれているあらかじめ与えられた民族や文化の特徴を反映したものと軽率に解釈してはならない」(Bhabha 2004: 3)。代わりに彼が強調しようとするのは、多文化主義によってもたらされた行き詰まりだけではなく、コロニアニズムのような歴史的現象という制約からもその背後にあるイデオロギーからも免れた、新たな「文化的な異種混交性」を実現したいのならば起こらなければならない「進行状態にある複雑な交渉」であった (Bhabha 2004: 3)。私たちは文化を完成された状態というより生成過程にあるものと見なすべきなのだ。つねにバーバの関心は、本質主義に向かう傾向をもつ既存の偏見や精神構造を超えることであった。彼が言及する様々な「ポスト…」がそのような突破口を私たちが切り開く助けにならないのならば、それらは領域や影響力が「狭い」(Bhabha 2004: 4) ものに過ぎず、バーバは一連の著作を通じて、とくにポストモダニズムに対してはいくぶん曖昧な態度をとっている。

異種混交性が想定しているのは、現在の世界秩序を問題視することができるということだけでなく、その語りに対する支持を要求しうる支配的な秩序など存在しないということである。未来を既定のものと決して見るべきではなく、私たちが過去の存在様式に戻ることができると考えるのも生産的ではない。後者は、入植者によって押し付けられた歴史に対して自らの歴史の正当性を肯定するための手段として、入植された人びとが陥りやすいものだ。バーバは私たちに異種混交性を発展させる必要性を気づかせるうえで、文学のもつ非常に重要な役割を重視する。「かつては国の伝統を伝えることが世界文学における主要なテーマであったが、ひょっとして今なら、入植者、入植された者たち、政治亡命者――まさに境界とフロンティアをめぐる状況――がもつ国境を越えた様々な歴史こそが世界文学の領域かもしれないと提案できるだろう」(Bhabha 2004: 17)。こうした「境界とフロンティアをめぐる状況」を描くことができる作家としては、アパルトヘイトや奴隷制度といった背景に対抗したナディン・ゴーディマーやトニ・モリスンがいる。バーバが私たちの時代の社会と政治において必要だと考えている「はるか向こうへと進みたい、そして現在を『ポスト…』へと変えたいという人びとの強い衝動を表明する」(Bhabha 2004: 26) ことこそ、こうした作家たちが成し遂げた功績なのだ。

「ポストコロニアルとポストモダン――行為体の問題」という章で、バーバはこのふたつの「ポスト」とそれらが異種混交性というエートスを発展させるために提供する機会の関係を慎重に考察する。彼は植民地の制度が多くの点でポスト構造主義やポストモダニズムといった現代の理論の関心を先取りする状況を作り出していたと論じ、「低開発の社会学や『依存』理論の伝統から」(Bhabha 2004: 248) 意図的に抜け出したものとしてポストコロニアリズムを扱っている。こうした「文化的価値が異種混交を果たした場で……ポストコロニアルの知識人」(Bhabha 2004: 248) は活動しているのだ。そうした場で、通約不可能な言説の存在ゆえに、リオタールが言う抗争という現象が絶えず発生することになるのであり、それを乗り越える手段を見つけることがポストコロニアルの知識人が直面する主要な仕事のひとつとなる(『文の抗争』参照)。バーバが指摘して見つめつづけるようにうながすのは、私たちが認めなければならない「つねに不調和で、衝突さえする歴史と発言」(Bhabha 2004: 6) が存在することである――彼にとっては、これこそがポストモダンの状況である。文化的に純粋な国などという思い込みは単なる虚構に過ぎず、これが支配的となるといつでもほぼ確実に流血の惨事と抑圧に繋がってしまうことになる――リオタールが考える抗争の暗黒面であり、バーバの主張によれば、表向きは植民地が終わった時代でさえも私たちが対処しなければならないものなのだ。そのような思想家にとって、「ポストコロニアル状態」とは「『新しい』世界秩序や多国間にまたがる『分業』のなかで、『ネオコロニアル』な関係が持続していることを思い出させてくれる有益なもの」(Bhabha 2004: 9) である。資本主義はいまや新しい「純粋な」メタナラティヴとしてコロニアリズムに取って代わったが、フレドリック・ジェイムスンのような思想家にとっては、ポストモダニズムは「後期資本主義の文化論理」を形成することで、これと共謀しているということになる。

『国家と語り』の序論において、バーバは同書が扱う領域を個々の国家を定義するように発生した様々な語りを分析することとしたが、それはこれらがいかに「ロマンティックで過剰なまでに比喩的」であろうとも、「他ならぬ政治思想や文学言語の伝統から、西洋では国家が強力な歴史概念として現われる」からである (Bhabha 1990: 1)。彼はこの論集で自ら担当した章「国民の散種――時間、語り、近代国家の周縁」(後に『文化の場所』にも再録された) で、近代西洋の国家に関する限り、その歴史は大体一九世紀半ば以降は移住と非常に密接に結びついており、このことが「西洋における大量の移住と東洋における植民地の拡張が最も継続的に行なわれた時期のひとつ」(Bhabha 1990: 291) を構成したと論じた。したがって近代西洋の国家は、自らが (とくにその内部にいる、より強い偏見を抱く人びとが) 考えたい以上に「文化の差異と帰属意識の分節において、より異種混交的な状態」になっている (Bhabha 1990: 292)。ナショナリズムが純粋だなどというのは、バーバの主張によれば、大部分がロマンティックな神話に過ぎず、私たちには基礎にすべき異種混交の伝統がある。『文化の場所』の他の箇所で、バーバは現代社会における完全に肯定的な要素として「移住経験の境界性」を語り、その「中間」という側面が「同化主義者の夢や人種差別を行なう人びとの悪夢を超えて、文化の摂取の問題を前進させる」と主張している (Bhabha 2004: 321)。移住経験は異種混交性が発展する礎となり、バーバがその過程で「中間」や周縁を強調するところには、脱構築の影響を垣間見ることができる。

『文化の場所』は、継続的な自己の再創造をはじめとする、ポストモダン思想のある側面に懐疑的であるとバーバが明らかにして締め括られている。彼にとっては、こうした類いの概念はまだモダニティに根ざしたものであり、非西洋世界ではほとんど価値をもたないものである。「モダニティの押しつけが、歴史的自由や市民の自律性、さらにはやり直しという「価値判断」に関わる選択を否定してしまうような植民地の状況において、モダニティとは何だろうか」(Bhabha 2004: 345)。これこそがまさに最近オクウィ・エンヴェゾーのような理論家によって提示されている論点であり、彼にとっては、完全な意味でのモダニティを本当に経験しなかったアフリカのような旧植民地では、ポストモダンより「アフターモダン」と言う方がより適切なものであった(Enwezor 2009: 36)。そのような状況では、モダニティというメタナラティヴを乗り越えることが、リオタールのような思想家と同じ響きを持つはずがない。バーバがこのジレンマに対して見せた反応は、「モダニティとは対極にある」(Bhabha 2004: 351) 姿勢を発展させるよう促すことであった。

二〇〇四年版の『文化の場所』の序文では、これが刊行されたちょうど三年後に発生した金融危機にもかかわらず、私たちの時代において支配的な政治的かつ経済的な社会のパラダイムである新自由主義とグローバリゼーションの混合物「グローバル・コスモポリタニズム」(Bhabha 2004: xiv) としてバーバが言及しているものの影響力が広がることに異議が唱えられている。グローバル・コスモポリタニズムは文化的な多元主義や差異に心から賛成しているという印象を与えるものの、バーバが辛辣に指摘するように、それはあくまでも西洋の製造業の大部分が今やアウトソーシングしている開発途上の世界が「本国社会に健全な利益を生み出す」(Bhabha 2004: xiv) 限りにおいてなのである。

ポストコロニアリズムは、モダンとポストモダンをめぐる議論を越えようとするオルターモダンの展開における主要な刺激となることで、最近少し元気を取り戻した。たとえばニコラ・ブリオーの論考では、ポストコロニアル理論と、オルターモダニズムと分類されることになるようなモダニズムに対する新たなより開かれた態度とを私たちは融合すべきであり、そうすることでポストコロニアリズムに伴う政治的活力を維持することができると示唆されている。またオルターモダニズムは、「アフターモダン」をモダニティとポストモダニティの二項対立から逃れるための基礎として提示するエンヴェゾーの興味深い考えをもたらしたが、これは明らかにポストモダン思想における大いに問題をはらむいくつかの盲点に私たちの注意を向けさせようと尽力した、バーバのような思想家の恩恵を被っているのである。

バーバの主要著作

Bhabha, Homi K., ‘Representation and the Colonial Text: A Critical Exploration of Some Forms of Mimeticism’, in Frank Gloversmith (ed.), *The Theory of Reading*, Brighton: Harvester, 1984, pp.93-122.

——— (ed.), *Nation and Narration*, London and New York: Routledge, 1990, pp.291-322.

———, *The Location of Culture* [1994], 2nd edn, London and New York: Routledge, 2004.（本橋哲也他訳『文化の場所』法政大学出版局）

———, ‘Foreword’ to Franz Fanon, *The Wretched of the Earth*, trans. Richard Philcox, New York: Grove Press, 2004.

Bhabha, Homi K. and W. J. T. Mitchell (eds), *Edward Said: Continuing the Conversation*, Chicago and London: University of Chicago Press, 2005.

参照文献

Bourriaud, Nicolas (ed.), *Altermodern: Tate Triennial*, London: Tate Publishing, 2009.

Enwezor, Okwui, ‘Modernity and Postcolonial Ambivalence’, in Nicolas Bourriaud (ed.), *Altermodern: Tate Triennial*, London: Tate Publishing, 2009, pp.25-40.

Jameson, Fredric, *Postmodernism, or the Cultural Logic of Late Capitalism*, London: Verso, 1991.

Lyotard, Jean-François, *The Differend: Phrases in Dispute* [1983], trans. Georges Van Den Abbeele, Manchester. Manchester University Press, 1988.（ジャン＝フランソワ・リオタール、陸井四郎他訳『文の抗争』法政大学出版局）

ニコラ・ブリオー

Nicolas Bourriaud

1965-

ブリオーは芸術批評家およびキュレーターとして、最近のインスタレーションをさかんに行ないコンセプチュアル・アートとしての性格を強める芸術運動と、過去の芸術とを区別するものは何かを説明する理論を深めてきた。ブリオーはこのような芸術を「関係性」のアートと呼び、それが見る者それぞれとある特定の関係を結び、いわば情報を交換し合うことで、そうした関係性そのものを芸術生産プロセスの不可欠な一部としたと論じる(トレーシー・エミンの作品がこのカテゴリーによく当てはまりそうだ)。最近のアートの多くが「関係性の美学」に依存しており、この用語がブリオーの主要な著作のひとつのタイトルともなっている。ここにはバルトの「書くための」テクストという概念、すなわちテクストが読者の積極的な参加を必要とし、作者は全過程の一部分にすぎないという発想の影響が見てとれる。ブリオーによれば、関係性の芸術も同様にそのような反応を誘い、そのことが起きて初めて完結する。もちろんそれぞれの出会いが個々の仕方で完結するのであるが(それは、演劇の上演における戯曲と観客との関係に似ているとも言えるだろう)。

関係性の美学は、芸術作品とは何かという問題に関して、私たちの再考を迫る――「作品はいまここにある対象物の存在にもはや還元されない。むしろそれは、芸術家が編みだす複雑な関係性の意味あるネットワークから成り立っているのだ」(Bourriaud 2009a: 14)。今後、私たちが認めなければならないことは「芸術作品の断片性」である(Bourriaud 2009a: 14)。当然のこととして、ブリオーはハイパーテクストという概念、すなわちテクストの断片が複雑なネットワークを作っているという発想にも惹きつけられている。またブリオーは、群島のイメージによって芸術作品の関係性のネットワークを表現するジャン＝フランソワ・リオタールの考えにも近づく（たとえばLyotard 1988: 13参照）。

関係性のアートとしてブリオーが定義するものの多くは、ポストモダンの表題の下に通常は含まれるだろうが、興味深いことにブリオーはここにポストモダンを超える可能性を見ており、ここには視点の転換を示唆するような新しい定義を必要とするものがあると考えている。二〇〇九年にロンドンのテート・ブリテン・ギャラリーで、グルベンキアン現代美術キュレーターとして滞在していたおりに、彼が企画したテート・トリエンナーレ美術展のカタログで、ブリオーは次のように述べている。

> 無数の現代美術の実践が示唆しているのは……私たちが今やポストモダン時代と、それに結びついた（本質主義的で）多文化主義的なモデルから脱する跳躍、すなわちモダニズムとポストコロニアリズムとの統合をもたらす跳躍の瀬戸際にあるということだ。この統合を「別《オルター》のモダニズム」と呼ぼう。(Bourriaud 2009a: 12-13)

ポストコロニアリズムは通常、ポストモダン状況の一般的現象とみなされる。植民地主義《コロニアリズム》とは、物質的進歩を託宣として、世界のいたるところにそれに基づく生活様式を広めるモダニティの帝国主義的な側面だからだ。だからブリオーがここで試みているのは、ポストモダン美学の理論家によって不当にも無視されてきたと思われるモダニズムのいくつかの要素を、ポストモダン言説のなかに再導入することである。ブリオーが創ろうとする美学は、モダニズムとポストモダニズム双方によって芸術家に押し付けられてきた制限から逃れ、その両方がはらむイデオロギー的主張（ポストモダニズムの場合、しばしば反モダニズムという体裁をとる）を超えようとする。彼の見方によれば、オルターモダニズムは、それ自体イデオロギー的立場というわけではなく、モダニズムやポストモダニズムのように芸術家にどちらかの立場を選択せよと迫るものでもないのである。

ブリオーは、オルターモダニズムがモダニズムとポストモダニズムとの闘争に囚われるべきではなく、芸術家がこうした相争う二項対立的な「イズム」を超えて活動できるような新しいスペースが開かれるためのものだと考える。

> 「オルターモダン」という用語は、今回の美術展［テート・トリエンナーレ2009］のタイトルというだけでなく、ポストモダンの果ての空白を埋めるために、

「他者性」という発想にルーツを持ち（ラテン語の「アルテル」には、英語の「異なる」という意味合いも含まれている）、多くの可能性と単一の道ではない多数の別の選択肢が示唆されている。（Bourriaud 2009a: 12）

ブリオーによれば、オルターモダン概念を展開する必要があるのは、彼にとっては近代のプロジェクトの危機に他ならない金融危機という出来事のなかで、ポストモダニズムが歴史的文脈を失ってしまったからだ。この危機は「歴史の決定的なターニングポイント」として解釈されるべきで、新しい理論と新しい実践が政治だけでなく芸術にも必要であり、それは以前のモダニティから普遍主義的な原則を差し引いた「新たな近代の運動」（Bourriaud 2009a: 16, 20）となるべきなのである。

ブリオーのテート論集に収められた別の論文でオクウィ・エンヴェゾーが論じているように、オルターモダニズムには明らかな政治的含意がある。エンヴェゾーによれば、西洋世界が理解してきたモダニティとは（それは続いて「スーパーモダニティ」と名付けられた（Augé 1995））、アフリカのような場所にはほとんど無関係で、古いスタイルの植民地主義がほぼ消滅した今となっては、それは「アフターモダン」と呼ばれるほうがより正確だ――「世界の他の地域以上に、そのようなモダニティは植民地的近代の暴力性を継承しないプロジェクトにおよそ基づくものになろう」（Enwezor 2009: 40）。アフリカにおける近代は植民地権力と同一視されることによって、二一世紀においては、関係を断ってしまいたい自大陸の歴史と見なされるのだ。こうした忌むべき遺産と関係のない新たなモダニティが必要とされたのであって、エンヴェゾーの見るところ、「このような新しいモダニティこそは、スーパーモダニティというプロジェクトの終焉の果てに現れてくることが期待される。これはオルターモダニズムという理念を表すだけでなく、アフターモダンの新しい回路をも創始するものである」（Enwezor 2009: 40）。こういった視点から見れば、ポストモダニズムはいまだに西洋的な物語の伝統に近接しすぎており、発展途上世界の文化よりは西洋内部における闘争に過ぎないのだ。

オルターモダニズムはポストモダニズムを先に推し進めながら、同時に、権威主義的傾向や理性と「進歩」概念への盲信といったモダニティの多くの欠陥をも克服するような、きわめて興味深い試みである。事実それは、複数主義や差異、あるいはモダニズム美学にしばしば見受けられる独善性（チャールズ・ジェンクスが『ポストモダニズムの建築言語』で盛んに異論を唱えたような）を逃れる意志といった、ポストモダニズムに結びつけられる多くの特徴を共有している。ブリオーは、芸術家たちが「空間、時間、それに私たちの世界の『記号』のあいだ」を飛び回ることを望んでおり（Bourriaud 2009a: 13）、ジェンクスほか多くのポストモダン芸術家たちが試みてきたような仕方で、パスティーシュに耽溺することへの誘いさえ、そこには存在する。しかしながらブリオーは、こうした試みが特定のプログラムに結び付けられることを望んではおらず、その点でジェンクスのようなモダニスト建築に対する反動の試みとは一線を画する。ブリオーによるポストモダニズム評価は概して否定的で、それを彼は「悼みの哲学」と定義する（Bourriaud 2009a: 19）。

しかしここには、構造主義を超えた世界を展望するジャック・デリダの思想との類似を見ることもできそうだ――「欠点も真実もない世界、そして積極的な解釈のできる起源もない世界」（Derrida 1978: 292）という意味で。ブリオーが芸術家たちに求めているように見えるのは、ポストモダニズムの時代遅れの闘争を超えて先に進むような「積極的な解釈」を行なうことだ。デリダとブリオーに共通するのは、記号がイデオロギー的意味を負わされて、芸術的な想像力がきわめて制限されてしまうような理論的せめぎあいを脱しようとする欲望だ。ジル・ドゥルーズとフェリックス・ガタリの著作に根差しながら、ブリオーはオルターモダニズムに近づくために芸術家は「ノマドとなる」べきだと言う（Bourriaud 2009a: 23）。

『ポストプロダクション――スクリーンプレイとしての文化』のなかで、ブリオーは現代ポピュラー音楽の美学を検証する。そこで彼は、こんにちサンプリングとかミキシングといった技術が音楽産業のなかで使われるようになっている状況では、著作権の概念が問題とならざるを得ないと論じる。そこでは独自の音楽作品は手を加えられる材料に過ぎなくなり、オリジナルはときにまったく形を変えられて認知不能なものとなる。（こうした方法の先例はジャズのアレンジに見ることができるかもしれない。そこではよく知られた楽曲を「作り変えて」しまうことで、元の作曲家よりもアレンジしたり即興で演奏したりする音楽家の作品と見なされるわけで、そのこととサンプリングやミキシングのような技術も似たような機能を持っている。）このようなポストプロダクションに従事する芸術家は、「文化的オブジェを選択し、それを新たな文脈に挿入するという仕事」（Bourriaud 2002b: 13）に従事しているのであって、それはジェンクスの有名な概念であるダブル・コーディングへの新しいアプローチ、すなわちスタイルのパスティーシュにおけるダブル・コーディングを実現するものだ。しかもそれがポピュラー音楽のなかで行なわれるわけだから、元となったオリジナルも一般大衆から必ずしもかけ離れてはいない。出来上がった作品はまったく新しい作品というよりは、アーティスト自身が様々なスタイルのなかから作り上げて改変されたものだが、それをダブル・コーディングの精神で仕上げられたと言っても的外れではないだろう。

　ブリオーは創作に携わる芸術家は「過激な混交主義者《ラディカント》」になるべきだと言う。この概念で彼が意味しているのは、モダニズム美学の中心にあるつねにオリジナリティを求めるラディカリズムとは逆に、様々な発想を交換しネットワークを創造することに没頭すべきだということだ。ブリオーにとって、これこそが新しいタイプのモダニティを形作るのであって、そうしてこそ旧来の帝国主義的な性格から自由になることができる。すでにオリジナリティとは意味のない探求にすぎず、「私たちは普遍的なサブタイトルの時代、一般的なダビングの時代へと入りつつある」(Bourriaud 2009b: 44)。こうした状況で求められるのは、芸術家同士のこれまで以上の対話だというのである。

　様々な批評家たちがときに冗談でときに真剣に、「ポスト・ポストモダニズム」はどのようなものになるかを考えてきたのであり、オルターモダニズムはその候補として十分な資格を持っている。おそらくブリオーの発想はポストモダン概念の拒絶ではなくその拡張であって、エンヴェゾーが述べていたように、ポストコロニアリズムにルーツを持つ概念として、それに政治的な意味合いを付け加えようとするのであると言える。その意味で、オルターモダニズムが他の理論家によって、美学の内外で今後どのように発展されていくのか、この概念は今後も注目すべきものとなろう。ポストモダニズムがこうした反応を導き出すかぎり、過去一〇年ほど言われてきたようにそれがすでに有効性を失った一過性の思いつきとは言えないことは確かだ。「オルターモダニズム」もたしかに今後とも検討に値する概念で、ポストコロニアル批評の学界が探究すべき、興味深い新たな思考を提供し続けることだろう。

ブリオーの主要著作

Bourriaud, Nicolas, *Relational Aesthetics* [1998], trans. Simon Pleasance and Fronza Woods, Dijon: Les Presses du Reel, 2002a.

———, *Postproduction: Culture as Screenplay*, trans. Jeanine Herman, New York: Lukas and Sternberg, 2002b.

———, *Touch: Relational Art from the 1990s to Now*, San Francisco: San Francisco Art Institute, 2002c.

———, 'Altermodern', in Nicolas Bourriaud (ed.), *Altermodern: Tate Triennial*, London: Tate Publishing, 2009a, pp.11-24.

———, *The Radicant*, trans. James Gussen and Lil Porten, New York: Lukas and Stemberg, 2009b.

参照文献

Auge, Marc, *Non-Places: Introduction to an Anthropology of Supermodernity* [1992], trans. John Howe, London and New York: Verso, 1995.

Derrida, Jacques, *Writing and Difference* [1967], trans. Alan Bass, Chicago: University of Chicago Press, 1978.（ジャック・デリダ、合田正人・谷口博史訳『エクリチュールと差異』法政大学出版局）

Enwezor, Okwui, 'Modernity and Postcolonial Ambivalence', in Nicolas Bourriaud (ed.), *Altermodem: Tate Triennial*, London: Tate Publishing, 2009, pp.25-40.

Jencks, Charles, *The Language of Post-Modern Architecture* [1975], 6th edn, London: Academy Editions, 1991.（チャールズ・ジェンクス、竹山実訳『ポストモダニズムの建築言語』エー・アンド・ユー）

Lyorard, Jean-François, *The Differend: Phrases in Dispute* [1983], tram. Georges Van Den Abbeele, Manchester. Manchester University Press, 1988.（ジャン＝フランソワ・リオタール、陸井四郎他訳『文の抗争』法政大学出版局）

ジュディス・バトラー

Judith Butler
1956-

バトラーは、倫理哲学、言語使用、国際政治といったいくつものトピックについての幅広い著作を有するが、ジェンダーについての文章によってもっともよく知られている。彼女の著作は、ジェンダーとは主として、私たちがどのように社会的、性的に行動しなければならないかを決定する一連の自然な特性ではなく、私たちが従事するパフォーマンスであると主張して、ジェンダーの本質についてのもっとも根本的な前提のいくつかに挑戦している。男／女、男性／女性は、一般に——他の人びと同様、フェミニストによってさえも——考えられているようなはっきりした二項的な分割ではないのである。バトラーにとって、あるひとつの規範的なセクシュアリティなど存在しない。近代のほとんどの間優勢であり、ゲイとレズビアンの人びとによってようやくいくらか体系的に挑戦されはじめているような種の規範的なヘテロセクシュアリティが存在しないのはなおさらである。ミシェル・フーコーは、（バトラーがもっとも有名な彼女の著書『ジェンダー・トラブル』の至るところで引用している）『性の歴史』で明らかにしているように、バトラーと似た考えを持っており、ふたりの思想家はともに私たちの身の回りのあらゆるところではっきりと見られる「欲望の異性愛化」（Butler 1990: 17）に反対している。この状況は社会的強制によってのみ達成できるが、私たちの文化は性的事項に関して大いにそのような適合を受けている。発展途上世界の文化圏では同性愛が犯罪行為であると見なされる場合が多く、その適合がずっと目立っていることがある。結果としてバトラーやフーコーのような人物が日々の生活において差別にさらされてきたために、バトラーはセックスとジェンダーの連結が壊されなければならないと示唆することになった。

ジェンダーという構築された状態が根本的にセックスから独立したものとして理論化される時、ジェンダーそれ自体が自由に動ける策略となり、「男」や「男性的」という言葉が男性の身体と同じくらい容易に女性の身体を意味したり、「女」や「女性的」という言葉が女性の身体と同じくらい容易に男性の身体を意味したりするという結果をもたらす。(Butler 1990: 6)

策略を前面に押し出す異性装は、バトラーにとってこの自由に動ける状態を象徴的に示すようになる。彼女自身の言葉で言えば、「ジェンダーは現実としてまかり通る、一種の絶え間ない扮装であ」り、彼女はもはや、それを要求する「強制的異性愛」(Butler 1990: viii) の構造を支えるためだけにこの扮装に耐えるつもりはないのである。こうした扮装が異性装の場合のようにゲイやレズビアンの生においてパロディ化される時、その構築性は観る者にとってたちまち明白になる。『ジェンダー・トラブル』は強制的異性愛という「自然」であるとされている文化構造についてのフーコーに触発された系譜学的な探究を構成しており、本書におけるバトラーの目的は、私たちの社会においてゲイとレズビアンの双方に対して抑圧的な役割を果たしている様々な「ジェンダーの作り話」(Butler 1990: xi) の仮面をはがすことである。強制的異性愛は異性愛者にとってもあまり利益はない。このような体制においては、異性愛の女性もまた、何が男性や女性の振る舞いであるべきかという厳格な考え方によって拘束されているのだから。

バトラーは、端的に言ってすべての可能性を十分に網羅することはできないと論じて、「『女たち』という言葉がひとつの共通したアイデンティティを意味する」(Butler 1990: 3) という見方に反対している。これは多くの近年のフェミニズムの考えとは衝突する論旨である。主体のアイデンティティという安定的基盤に依拠することによってフェミニズムは、フェミニズムの土台となっている前提に適応していない世界中の多くの女性に害を与えているとバトラーは主張する。

ジェンダーは「男」と「女」という安定したカテゴリーとして捉えられているものとは別様に構築することができ、主流の概念をできるかぎり攪乱することが理論家としての自身の役割であるとバトラーは考えている。『ジェンダー・トラブル』は概して、フェミニズムのアイデンティティ政治のためにせよ父権制のためにせよ、普遍化する考え方に対する持続的な論争を構成している。

どちらも、個人をしてこれらに関連づけて自己を定義することを強いるような――あまりにもしばしば当人にとって不利益になるのだが――二項的な関係の概念を永続させるメタナラティヴであると捉えられている。脱構築的な身振りでバトラーは「ジェンダーとは、その全体性が永久に先延ばしされ、いかなる時点においても決して完全にそれになりきらない複雑なものなのだ」(Butler 1990: 16)と強調する。デリダと同様に、そしてポスト構造主義とポストモダンの理論家たち全般と同様に、バトラーは分析に「反基礎づけ主義の方法」を用い、そのことは彼女が私たちの文化のもっとも根深い信念に疑問を抱くことにつながっている。

　リュス・イリガライやモニク・ウィティッグといった近年のフェミニズム理論におけるアイコン的な存在に、バトラーは挑発的な論争をしかける。前者はグローバルに作用する「一本調子で一枚岩の男性的秩序」(Butler 1990: 13; たとえば[Irigary 1985]参照)を前提としているという点において批判されている。後者は「異性愛女性とのあらゆる種類の連帯を切り離し、レズビアニズムがフェミニズムの論理的、政治的な当然の帰結であると暗に想定しているように見える」レズビアン・フェミニズムの運動を奨励しているかどで批判されている(Butler 1990: 127; たとえば[Wittig 1971]参照)。バトラーは、たんにアイデンティティ政治の過ちを繰り返すだけの、そのような「分離主義的な規範主義」(Butler 1990: 127)に自身は断固として反対すると宣言する。彼女はまた、不明瞭な遠い過去に存在したユートピア視される母権制文化に今日のフェミニズムの根拠を求めるあらゆる試みを、現在の女性たちの苦闘とは何の関連性も持たない誤ったノスタルジアの例であるとしてすべて退ける。

　バトラーにとっての異性装のパフォーマンスの重要性は、「ジェンダーを模倣する異性装は暗にジェンダー自体の模倣的な構造を――そして偶発性を――明るみに出す」(Butler 1990: 137)点である。言い換えれば、「女」という模範が演じられるということ自体、パフォーマンス以外の何物でもないということである。その後ろ盾となる「真の」、「本当の」、あるいは「自然な」形態、つまり女性たちに帰されている一連の属性の「基盤」など存在しないのである。異性装行為に「オリジナル」はない。「ジェンダーは真にも偽にもなり得ない、本当にも見かけにも、オリジナルにも派生的にもなり得ない」(Butler 1990: 141)。究極的には、バトラーにとってジェンダーは言説にすぎず、「行為、身振り、そして欲望が実質という内部の核の効果を生み出すのだが、生み出すのは身体の表面上においてなのである」(Butler 1990: 136)。フーコーがすでに論じていたように、言説は権力あるものの利益のために働く。それが意味するのは、言説は掘り崩したり変化させたりできるということである。バトラーに関しては、ジェンダーもまたそうなのだ。

バトラーは後の論文「模倣とジェンダーの非服従」においてこれらの議論を続け、「レズビアンたちが共有できると言えるものがあるのならばそれは何だろうか」(Butler 1991: 15) といったような挑発的な問いを立て、理論界全般についての、またとりわけレズビアンやゲイ理論といったその分派についての危うさを表明している。彼女は自身が理論ではなく政治に携わっていると感じており、彼女を取り巻く文化で広く行き渡っている同性愛嫌悪に異議を唱え、これはレズビアンたちが共有していると言えるかもしれないすべてのことに関係があるのだと論じる。彼女の主たる論点は、もし定義されるべきものであるとしたなら、同性愛がどう定義されるかを強制的異性愛が規定することを望まないのと同様に、同性愛嫌悪がそれへの抵抗の性質を規定することを望まない、ということである。そこで異性装の魅力が出てくる。それはバトラーにとって、単なるジェンダーの模倣ではなく、ジェンダーの従属として捉えられるべきものである。いずれにせよ、アイデンティティはそれよりもずっと複雑な事柄であるのだから、要するにジェンダーはどんな個人をも規定することはない。したがってバトラーは、「ゲイやレズビアンのアイデンティティのようなものを説明したり記述したりするいかなる安定的な類型の一式」(Butler 1991: 27) を創出しようとすることの妥当性を疑うのである。

『ボディーズ・ザット・マター』は互いに結びついたふたつの問いの上に成り立っている。「身体の物質性の問いをジェンダーのパフォーマンス性につなげる方法はあるだろうか? また、そのようなつながりにおいて、「性別」というカテゴリーはどのように現れてくるだろうか?」(Butler 1993: 1)。身体に関係のあるあらゆるものが、バトラーにとってはある文化における権力の力学を示す事象となる。異性愛と同性愛の実践はどちらも存在するかもしれないが、それによってすべての性的行為が評価される標準を設定するのはいつも異性愛であり、広く行き渡った言説が異性愛にもとづいた「規制的な規範」(Butler 1993: 2) の反復を通してこれを確かなものにしている。ここでもふたたび、バトラーはこの言説を混乱させることを自分の役割と捉えている。ジェンダーに関する彼女の著作のいたるところに表現されている、拘束力から解き放たれたいという明らかな欲望、すなわち異性愛が性別、身体、人間関係の捉え方の方針をもはや設定しなくなるように「性の快楽の場を構成するためのオルタナティヴな想像上の図式の解放」(Butler 1993: 91)を目指す欲望がある。

　最近では、彼女が徹底的に非難するイスラエル政府の対パレスチナ政策についての議論に加わって、バトラーはさらなる論争を招いている。アメリカにおいては、かなりのユダヤ系人口を抱えイスラエル国家に対する一九四八年の建国以来の政府の公式の支持があるため、これは決して受けのよい論旨ではない。バトラーは、社会的正義という伝統的なユダヤの価値観をシオニズムによる歪曲から守っているのだと主張しており、イスラエルの政策を攻撃する人を誰であっても反ユダヤと呼ぶ傾向にきわめて批判的である。イスラエルがパレスチナ人に対して展開しているような「国家による暴力に対する批判を支持するユダヤ人の層が存在していることを示すこと」(Butler 2012: 1)が自分の務めであると記述している『道を別れて――ユダヤ性とシオニズム批判』などの何冊かの著作において追究されている問題がそれである。

　バトラーが描き出すほどジェンダーが順応性がある概念かどうかはどうしても疑いが残るところであるが――彼女自身もそのようなジェンダー把握を「拘束された場における即興の実践」(Butler 2004: 1)であると定義して、ある程度の制限を加えている。それでも彼女は、伝統的に男と女に結びつけられてきた性格の特徴が、慣習的な通念が主張するほど固定していて予想可能なものでは到底ないという事実に注意を喚起している点で正しい。一般に信じられてはいるが、合理性は男性だけの特権ではなく、感性の鋭さは女性だけの特権では当然ない。男たちは主夫や介護者であり得るし、また女たちは会社経営者や政治家であり得る。しかも今日では、そうした主張をするために選ぶ事例に事欠かない。しかしそのことと、ジェンダー・アイデンティティが注意深く監視されている規範の単なる反復されたパフォーマンスであると論じることの間にはかなりの飛躍がある。彼女の総合的な仮説は問題含みであるかもしれないが、バトラーは、私たちが男性らしさと女性らしさに関して持ちがちな前提(男性は合理的で女性は感情的、といったような)についての相当な議論を引き起こし、それはフェミニズム理論、クィア理論、そしてセクシュアリティの分野一般における探究の新しい道筋を切り拓いてきた。もし私たちがバトラーをポストモダニズムの論客であると主張するとしたら、私たちがみな堅持することを期待されているジェンダーやセクシュアリティの何らかのメタナラティヴが存在するという考え方を攪乱するための彼女の根気強い関心に根拠を求めることになるだろう。ポストモダンに特徴的な流儀にしたがっているバトラーは反普遍化の思想家である。

バトラーの主要著作

Butler, Judith, *Gender Trouble: Feminism and the Subversion of Identity*, London and New York: Routledge, 1990.（竹村和子訳『ジェンダー・トラブル』青土社）

———, 'Imitation and Gender Insubordination', in D. Fuss (ed.), *Inside/Out: Lesbian Theories*, Gay Theories, London and New York: Routledge, 1991, pp.13-31.

———, *Bodies That Matter: On the Discursive Limits of 'Sex'*, London and New York: Routledge, 1993

———, *Excitable Speech: A Speech of the Performative*, London and New York: Routledge, 1997.（竹村和子訳『触発する言葉』岩波書店）

———, *The Psychic Life of Power: Theories in Subjection*, Stanford, CA: Stanford University Press, 1997.（佐藤嘉幸・清水知子訳『権力の心的な生』月曜社）

———, *Subjects of Desire: Hegelian Reflections in Twentieth-Century Frame*, New York: Columbia University Press, 1999.

———, *Precarious Life: The Power of Mourning and Violence*, London and New York: Verso, 2004.（本橋哲也訳『生のあやうさ』以文社）

———, *Undoing Gender*, London and New York: Routledge, 2004.

———, *Giving an Account of Oneself*, New York: Fordham University Press, 2005.（佐藤嘉幸・清水知子訳『自分自身を説明すること』月曜社）

———, *Parting Ways: Jewishness and the Critique of Zionism*, New York and Chichester: Columbia University Press, 2012.

参照文献

Foucault, Michel, *The History of Sexuality: Volume I. An Introduction* [1976], trans.Robert Hurley, Harmondsworth: Penguin, 1981.（ミシェル・フーコー、渡辺守章訳『知への意志　性の歴史Ⅰ』新潮社）

Irigaray, Luce, *This Sex Which Is Not One* [1977], trans. Catherine Porter, with CarolynBurke, Ithaca, NY: Cornell University Press, 1985.（リュス・イリガライ、棚沢直子他訳『ひとつではない女の性』勁草書房）

Wittig, Monique, *Les Guérillères* [1969], trans. David Le Vay, London: Peter Owen, 1971.

ジョン・D・カプート

John D. Caputo
1940-

最近になって宗教学がポストモダンへの傾斜を強めていることは明らかで、その要因のひとつとしては、ポストモダンの反合理性への親近感が宗教学の主題と親和性が高いということがあるだろう。宗教は伝統的に理性よりも信仰を重視するので、理性の機能に問いが付されるということは、信仰が全面に出てくることを容易にする。ポストモダンの理論家たちの方では、宗教は概ね対抗すべき大きな物語を作っているので、このことをとくに強調するわけではない。結局のところ宗教は、人がその生を生きるのに必要な原則によってできているのが普通で（この点で宗教はしばしば神政政治への傾きを示す）、概してこうした原則に対する問いかけは許さない。しかし、たとえばジャン＝フランソワ・リオタールのように、ポストモダニズムによる理性批判と、人間存在における重要な要素として崇高《サブライム》さに関心をふたたび寄せることによって、ポストモダニズムと宗教学とのあいだに対話の可能性が開かれるのというのも確かだ。この方向転換に貢献してきたひとりにジョン・D・カプートがいる。カプートは、自らの著作で脱構築《デコンストラクション》の要素を活用してきたが、たしかに脱構築がそうした営みに役立つことは否定しがたい。カプートの最近の著作には『イエスは何を脱構築するか？』と大胆なタイトルがつけられており、既存の宗教団体にやや警戒心を起こさせながらも、「精神的な旅にポストモダンの色合いをつける」（Caputo 2007: 39）という責務を担おうとする。

カプートは、その論文「俗世の超越――デリダにおける『来るべき』という概念について」（『超越とその彼方――ポストモダン的探究』（Caputo and Scanlon 2007）所収）のなかで、「来るべき」という概念をデモクラシーとキリスト教の信仰、とくにキリストの第二の降臨への信仰に結びつける。カプートによれば、両方の場合において私たちが直面しなくてはならないのは、「『来るべき』という想定そのものが、『来ない』という想定に基づいている、つまり来るものがけっして来ることがない、ということだ。実際にそれは、けっして現れることがない」(Caputo and Scanlon 2007: 196)。これはデリダの「差延《ディフェランス》」という概念を興味深いことにキリスト教の信仰に適用したもので、この場合、第二の降臨に対する私たちの希望と、それがけっして体験されることがないだろうという見通しとを結びつけ、未来と時間そのものの終焉を示唆することになる。第二の降臨はつねに繰り延べされるという状況にならざるをえない。カプートの主張によれば、「メシア信仰の本質とは、未来を開かれたままにしておくということであり、その出現の繰り延べによってのみ可能となるのだ」(Caputo and Scanlon 2007: 196)。(デモクラシーが同じ処置を講じていると言えるのは、それが未来を開かれたままにする手段でしかないものであるからだ (Caputo and Scanlon 2007: 195)。)

　これはなかなかに思考を誘発する議論で、ロゴス中心主義という概念を拒絶するデリダの発想、すなわち記号がほんらい要求している全体性はけっして達成されえないという考えに基づいている。ガヤトリ・チャクラヴォルティ・スピヴァクが、デリダの『グラマトロジーについて』への序文で巧みに述べているように、「その半分はつねに『そこにはない』のであり、他の半分はつねに『それではない』」ということになる (Derrida 1976: xvii)。しかし、こうした議論が宗教学内の懐疑主義者を説得できるかどうかは別の問題である。カプートの議論を他の言い方で言いかえれば、宗教は自らが信じているものを証明できないし、事実、そうした証拠はけっして見つからない、ということだ。しかしポストモダニズムの視点から言うと、第二の降臨は崇高なるものの特徴を備えており、崇高もあらゆる証拠を超えてしまうものである。リオタールのようなポストモダニズムの思想家の主張によれば、私たちは自らの人生における崇高なるものの存在を認めるべきであり、それが理性の帝国主義ともいうべきものの批判において重要な役割を果たすのだ (たとえば、リオタール『崇高なるものの分析論』参照)。

　カプートは、デリダの議論には「宗教的な側面」があり、それが「来るべき」のような概念によって前面に出てくると論じるが、カプートの解釈は伝統的なものではない――「ここでの宗教は天国に行くこととは何の関係もない。「来るべき」という発想は、時間のなかにおかれた生という考えそのものであり、希望と期待、祈りと涙、これからずっと到来することのない未来に向かっているという思考にほかならない」(Caputo and Scanlon 2007: 198)。こうした考え方に眉をひそめるのは、宗教学内部の懐疑主義者にとどまらず、伝統派も同様だろう。多くの点で、カプートの神と、それが人間の営みに果たす役割についての見方は、聖書のそれよりもイエスがゴドーという訪れない存在の役になっているサミュエル・ベケットの『ゴドーを待ちながら』のそれに近く、既存の宗教団体の信仰の捉え方や、人類に伝えようとするメッセージとはかなり異なっている。

カプートは宗教的信仰に対してきわめて独自のアプローチを取っており、それを「弱い神学」と呼んでいる。それは次のようなものだ。

> 古典的な「強い神学」によれば、イエスは自らの神としての力を使わないことで、自らが人間として苦しみを甘受する。父なる神にイエスの血をもって世界を贖うという計画があったので、イエスは進んで自らの力を抑えることを選んだのだ。……これは私がここで弁護している神の弱さではない。神、つまり神の名においてて起きる出来事が十字架上に現れたのであり、すなわちイエスの無力という力の現れなのである。それは十字架から発せられる不正義に対する抗議において、また抗議として、許しの言葉において、また許しの言葉として現れ、後になってから敵に訪れるであろう、繰り延べされた力としてではない。神はカルヴァリの丘で叫ばれた呼びかけという弱い力として、この場にいるのだ。その声は時代を超え、あらゆる残酷で不正な力によって殺されたあらゆる死体から発せられるのである。(Caputo 2006a: 44)

このような神の捉え方は明らかに、旧約聖書よりは新約聖書のものである。それは復讐よりも救済に、怒りよりも神の許しに重点が置かれているのだが、こんにちキリスト教原理主義者たちにとっては、後者の救いや許しのほうが好まれていると言って差し支えないだろう。しかしカプートの主眼は、ポストモダン状況の到来によって、宗教学の刷新が可能になってきたのであり、今日の主要な社会と政治に関わる論議と結びつき、新たな意味合いを持つ可能性が生まれてきたという点にある。

イエスがいったい何を脱構築しようとしたのかという点について、カプートは組織化された宗教から始めること、とくにアメリカ合衆国のキリスト教右派が実施しているようなことが対象となるだろうと示唆する。キリスト教右派の単純な想定によれば、「イエスだったらどうするだろうか？」と自らに問い続けるならば、私たちはより良い社会へと向かっていくだろうというのだが、カプートはこうした発想を端的に退ける。

イエスだったらどうするだろうか？　彼はイエスの名において人びとが行なうことのきわめて多くを脱構築するであろうし、この問いを自分の敵を叩くために使うような人びとこそがまず脱構築されるだろう。私の仮説によれば、イエスがまず脱構築するのは、「イエスだったらどうするだろうか？」という問いそのもの、この「産業」全体、すなわちキリスト教資本主義者のような精神的であるとともに、きわめてリアルな金儲け主義者の商業的な行動すべてであろう。
(Caputo 2007: 31)

カプートにとって、イエスの到来は脱構築的な意味で「出来事」を形作っているのであり、信仰の世界において起きたことの秩序を攪乱する何かであって、その想定に異議を申し立てるものだ。イエスが説いたことと、教会が現実に行なっていることとのあいだのギャップは、脱構築のアポリアともいうべきもので、その溝はけっして埋められることはない。このアポリアは、私たちに教会組織の不備に気付かせるものである。このギャップはきわめて大きいので、イエスは教会そのものを脱構築するほかないだろうと、カプートは結論せざるをえない。彼の大胆な議論によれば、これは教会にとっても大きな利益となるものだ。というのも、教会とは第二の降臨までは、結局のところ、臨時に作られたものにすぎないからであって、それは「第一の到来と第二の到来とのあいだで『遅延』の空間、距離と『差異』の場所を占めているのである」(Caputo 2007a: 35)。

もし第二の降臨がつねに遅延の状態にあるのならば、はたしてそれについて語ることが意味ある行ないなのかどうかは、カプートが他の著書で言っているように、啓蒙の「現実主義者」にとって避けて通ることのできない問いである。また、この問題についてのカプートの議論は、アメリカ合衆国の福音派たちには受け入れがたいものだろう。福音派の信仰によれば、信仰篤き者たちが天国に昇り、神の復讐が地球上に残されたほかの者にくだる日である「破局」はすぐにも訪れる、待望の出来事だ。そのような団体にとって、ポストモダン状況は明らかに悪い兆候であって、そのような異端の説を表明するカプートの気取った書き方は、少なくとも強固な福音派の人びとの大きな怒りを招くことだろう（無視を決めこまなければだが）。キリスト教の教義に対するカプートの偶像破壊とも言えるようなアプローチは、信仰者からも無信仰者からも彼が攻撃される要因となっているが、ポストモダニズムがそのような多くの反対者を生むことは珍しいことではない。

宗教学に脱構築を適用しようとするカプートの独創性を否定することはできないだろうが、その一方でカプートの著作を読むと、そもそも私たちはなぜ神を必要としているのかということを思わざるを得なくなる。むしろフーコーが作者を「言説の機能」に還元するように(Foucault 1977: 124)、カプートの言う神は宗教的言説における神の機能以上のものではない。無神論的な視点からすれば、カプートが答えよりも問いを重視し、神の「弱さ」を語ってしまうことは、結果的に無神論者と同じことになってしまう危険がある。人類の歴史は弱き人間に対する数えきれない残酷さと不正義によって汚されているわけだが、神とは結局のところ全能であるべきで、人間の歴史における「弱い力」ではない。現代における別の比喩で言えば、神とは暗黒物質《ダークマター》のようなもので、宇宙の在り方を示すには必要だけれども、理論世界にだけ存在し、存在を証しする証拠が得られなければ、やがては他の理論によって凌駕される危険にある。

そうは言っても、私たちが妥協を余儀なくされる点は、宗教的なものの領域が人類の歴史をつうじて人類に多大な魅力をもたらしてきたし、理論も哲学もどれほど非神学的であろうとしても、新たな理論や哲学には宗教が関わらざるを得ないということだ。脱構築的な神は実存的な神と同じくらいには信用がおけるものだろうし、カプートの議論も状況によってはかなりの説得力を持つものと言えるだろう。

カプートの主要著作

Caputo, John D., *The Mystical Element in Heidegger's Thought*, Athens, OH: Ohio University Press, 1978.

———, *Against Ethics -- Contributions to a Poetics of Obligation with Constant Reference to Deconstruction*, Bloomington, IN: Indiana University Press, 1993.

———, *Radical Hermeneutics: Repetition, Deconstruction and the Hermeneutic Project*, Bloomington, IN: Indiana University Press, 1993.

———, *The Prayers and Tears of Jacques Derrida*, Bloomington, IN: Indiana University Press, 1997.

———, *The Weakness of God: A Theology of the Event*, Bloomington, IN: Indiana University Press, 2006a.

———, *Philosophy and Religion*, Nashville, TN: Abingdon Press, 2006b.

———, *What Would Jesus Deconstruct?: The Good News of Postmodernity for the Church*, Grand Rapids, MI: Baker Academic, 2007.

Caputo, John D. and Gianni Vattimo, *After the Death of God*, ed. Jeffrey W. Robbins, New York and Chichester: Columbia University Press, 2007.

Caputo, John D. and Michael J. Scanlon (eds), *God, The Gift and Postmodernism*, Bloomington, IN: Indiana University Press, 1999.

———, (eds), *Transcendence and Beyond: A Postmodern Inquiry*, Bloomington, IN: Indiana University Press, 2007.

参照文献

Beckett, Samuel, *Waiting for Godot*, in *The Complete Dramatic Works*, London and Boston: Faber and Faber, 1986.（サミュエル・ベケット、安堂信也訳『ゴドーを待ちながら』白水Uブックス）

Derrida, Jacques, *Of Grammatology* [1967], trans. Gayatri Chaktavorty Spivak, Baltimore, MD and London: Johns Hopkins University Press, 1976.（ジャック・デリダ、足立和浩訳『グラマトロジーについて』全2巻、現代思潮新社）

Foucault, Michel, 'What Is an Author?, in *Language, Counter-Memory*, Practice, ed. Donald F. Bouchard, trans. Donald F. Bouchard and Sherry Simon, Ithaca, NY: Cornell University Press, 1977, pp.113-38.（ミシェル・フーコー、清水徹・根本美作子訳「作者とは何か」『フーコー・コレクション2文学・侵犯』ちくま学芸文庫）

Lyotard, Jean-François, *Lessons on the Analytic of the Sublime* [1991], trans. Elizabeth Rottenberg, Stanford, CA: Stanford University Press, 1994.

エレーヌ・シクスー

Hélène Cixous
1937-

文化理論家であり、批評家であり、小説家であり、劇作家でもあるシクスーの仕事はまぎれもなく学際的なものと言えるだろう。ヴェレーナ・アンダーマット・コーンリーは、彼女を「各形式、各様式、各ジャンル間の一般に受け入れられている線引きをあいまいにする著述家」(Conely 1992: xiii) と評している。彼女の主要なテーマは、家父長制の抑圧を乗り越えるために、エクリチュールをどのように展開しうるだろうかということである。彼女は差異のフェミニズムを発展させた主要な人物のひとりであるが、差異のフェミニズムは、それ自体が第二波フェミニズムの重要な一部であり、シモーヌ・ド・ボーヴォワールに代表される第一波フェミニズムに比べてジェンダー諸関係の問題に対し際立ってより積極的な立場をとるものである。差異のフェミニズムは、脱構築とポスト構造主義の技術をフェミニズムに応用しており、その名が示すとおり、両性間の差異という要素を強調する。脱構築の思想家たちは、私たちが差異を抑制するような社会に生きていることを感じとり、私たちの生活がいかに差異に満ちているかを気づかせることをその活動の主たる要素としている。この点において、差異のフェミニズムは脱構築の実践の論理的延長にあるものであるが、脱構築自体もまたポストモダニズム一般に組み込まれるものであり、それにおいては差異を擁護し促進することが主要な理論家たちすべてにとって中心的な関心とされている。

劇作家としてのシクスーは、一九八〇年代にはとくにフランスの劇団シルク・ドゥ・ソレイユと密接な活動を行なっていた。彼女はまた、様々な文学者について広く文章を書いており、その例として彼女が特別な共感を寄せるブラジル人作家のクラリッセ・リスペクトール

（『クラリッセ・リスペクトールとともに読む』参照）についてのものや、サミュエル・ベケットについての最近の研究である『ゼロの隣人』などがあげられる。彼女の戯曲ではポストコロニアリズム的な問題が扱われているが、ポストモダニズムに対しては批判的である。

シクスーは、それぞれのジェンダーに固有の性質を書きものにあらわすことが必要であると主張し、男性中心の伝統からは切り離された、女性固有の著述の形式であるエクリチュール・フェミニンを発展させるべきだと唱えている。

> 女性のエクリチュールについて話してみよう。それが何を生み出すかを。女性は自分の自己を書かなければならない。女性について書き、女性に書かせるようにさせなければならない。それは彼女たちが、自らの身体からと同様に、暴力的に遠ざけられてきたものだ。ある同じ理由、同じ法、そして同じ決定的な目的のために。女性は、自発的に、テクストに――そして世界に、歴史に――取り組まなければならない。……私は女性を書こう。女性は女性を書かなければならない。そして、男性は男性を。（Cixous 1981: 245, 247）

リュス・イリガライの著作におけるのと同様に、ここでもまた生物学的本質主義の幽霊があらわれてくる。これには必ずしもすべてのフェミニストが共感するわけではなく（そのなかのひとり、ジュディス・バトラーは、『ジェンダー・トラブル』のなかでこの点にのみ異論を呈している）、彼女らはそれが公的領域で男性に対する平等を打ち立てようとする自分たちの試みをむしばむのではないかと感じている。分離主義的展開は、そのような運動を大体において必要のないものとみなしているが、男性からなる時の権力者たちは、現行の制度を変えようとする企図をそらすためにこれを有利に使うだろう、と。しかし、シクスーの著作については少なくともひとり、サンドラ・M・ギルバートが、そのような解釈に反論を示しており、エクリチュール・フェミニンはシクスーによる「根本的に政治的な戦略」であり、「自然がもつ諸権利を評価し直すことをつうじて、ある文化内における誤りをただすため」（Introduction to Cixous and Clément 1987: xv）のものとして理解するよう促している。そのように考えるならば、シクスーの目的は、女性が自分自身の声を理解することを促し、また、男性が歴史上つねにそうしてきたように公的言説の領域を独占することを阻止することだといえよう。したがって、エクリチュール・フェミニンに参加することは、家父長制文化に組み込まれている優越性という仮定の転覆を要求することである。

『メデューサの笑い』では、シクスーがロゴス中心主義と男根中心主義の間に存在すると考える同盟を突き崩すための一助となるような、女性たちによる新しいエクリチュールが提示されている。彼女の告発は、西洋の歴史全体にわたって、「エクリチュールはリビドー的な、文化的な――よって政治的で、典型的に男性的な――エコノミーによって動かされてきた」というものである(Cixous 1981: 249)。さらに、エクリチュールが伝統的に結びつけられてきた「理性」は、本質的に男根中心主義的な言説であるとして厳しく非難される。女性が、とりわけ女性のために書き、そして女性の歴史を書き直すことをしなければ、この抑圧は続くだろうし、そのとき家父長制との戦いの最前線に置かれるのはエクリチュールであろう。「女性のテクストは必ず転覆的なもの以上のものとなる。それは爆発性のものだ。それが書かれれば、古い財産をおおう皮相、男性の投資の運び手に大変動が起こるだろう」(Cixous 1981: 258)。

カトリーヌ・クレマンと共同で書かれた『新しく生まれた女』に、エクリチュール・フェミニンの概要が詳しく示されている。この本の第一部はクレマンによって、第二部はシクスーによって書かれ、第三部はふたりの対話からなっている。第一部の「罪深きもの」では、この本の論争的な姿勢が強く設定されている。ここでは、何世代にもわたって語り継がれてきた女性たちについての物語や神話なども含め、歴史のなかにおける女性たちについてのイメージが、ごく最近まで、ほとんど全面的に男性たちをとおして表されてきたことが強調されている。「女性たちがそのなかで曖昧な役割を果たしてきた神話的な段階を作り直そうとするなら、作家、精神科医、判事といった聴衆に受け入れられることが必要となるのだ」(Cixous and Clément 1987: 5)。女性たちは、彼女たち自身の視点から歴史を語りなおすことを始めなければならない、そして、現在受け入れられているものとは「異なった仕方で読まれる歴史」(Cixous and Clément 1987: 6)を伝えなければならない。

第二部の「脱出」で、シクスーは西洋文化に遍在する二項対立的概念と、それによって作られる対立が、フェミニズムに対しどのような意味を持つかを考察する。哲学は、「諸々の価値を規定する、そして能動性／受動性という対立そのものでもあるこの絶対的な定数によって特徴づけられている」(Cixous and Clément 1987: 64)ことを彼女は示唆する。女性はつねに受動性のもとに分類され、それによって女性が実際的な権力を持ちえない男性支配の世界を間接的に表す役割を果たす。「ロゴス中心主義と男根中心主義の連帯」(Cixous and Clément 1987: 65) を考えるなかで、シクスーはもしそれが広く知られるところとなったら何が起こるだろうと思いをはせる。これは、先にクレマンが言った「すべての歴史、すべての物語は異なった仕方で語りなおされなければならない。未来は計算不可能なものとなり、歴史のエネルギーは別な手、別な身体をつくりだすだろう」(Cixous and Clément 1987: 65) という言葉と共鳴するものである。能動的／受動的の二分法は組織的に女性の差異を抹消し、男性による支配を確立してきたが、そのなかで女性は「生活のための組織における非社会的、非政治的、非人間的な半人前」として貶められてきた (Cixous and Clément 1987: 66)。そのような文化のなかでは、女性の欲望はつねに抑圧され、そして女性の身体は「植民地化されてきた」(Cixous and Clément 1987: 68)。エクリチュール・フェミニンはこのような状態を変えるために企図されたもので、女性を自分たちが思い描く通りの歴史へと向かわせるものであり、そして著者らはふたりとも両性愛を、私たちの文化が基礎としている抑圧的な二項対立の権力から逃れ去るための方法として推奨している。

フロイトに反論する中で、シクスーは、性的差異は単なる解剖学的問題ではないとしている。それはむしろ『享楽』という段階においてもっともよく理解されるものである。というのは、女性の本能に関するエコノミーは男性によっては同定されえないし、男性のエコノミーによって解釈されるものでもないからだ」(Cixous and Clément 1987: 82)。これは、リュス・イリガライが『ひとつではない女の性』のなかで強く指摘した点でもある。シクスーは、運命、自然、本質といった概念を拒絶し、それらを歴史上のある特定の文化的編成の産物であるとみなしている。そして、歴史を変え、作りなおし、彼女が男根中心主義の遺産の一部であると考えるそれらの信念を乗り越えることは可能であると主張する。未来には文化において目覚ましい変化が起こるだろうと彼女は見ており、その時には差異が発生し、その発生の時に新しく多くの差異が生じさえするだろう。しかし、より悲観的な一節のなかでは、彼女はこうも言っている。「わたしたちはいまだ、逃れるものとてなく、太古の歴史のなかでもがき続けている」(Cixous and Clément 1987: 83)。そのため、彼女はエクリチュールを通じて女性の声がより広く聴かれることが必要だと強調するのだ。

シクスーの散文のスタイルは高度に詩的であり、エクリチュール・フェミニンについての彼女の記述はすべてそのような調子で表されている。たとえば、『書くことに至る』のなかで、自分自身を表現することを次のように描き出している。「みずからを解き放ちなさい、エクリチュールがわき出るままにさせなさい、自分をすっかり浸すのです。浴び、ゆるませ、川となるのです、すべてを解き放ち、開放し、ときほぐし、水門を開け、自分を流れ出させるのです」(Cixous 1991: 56-7)。彼女はまた、「私たちの乱雑なテクストの即興的なエクリチュール」(Cixous 1991: 58) についても語り、ここではエクリチュール・フェミニンが男性の書き物と比べてより感情に、あるいは潜在意識に、もとづいており、理性的な規範に適合することに関心を払ったりはしないということを示している。こうした特徴は、彼女の読者にとっては骨の折れるものでもあり、たとえばシクスーの戯曲の英語版に序言を寄せているエリック・プレノヴィッツは、「よく知られている彼女のテクストの翻訳し難さ」に触れている (Cixous 2004: viii)。スーザン・ルービン・スリーマンは、『書くことに至る』のイントロダクションで、この本のなかでのシクスーの言葉と「シュルレアリスム宣言」における自動筆記の擁護とのあいだの類似性を見いだし、これは「前衛芸術を女性化することを通じて書き直そう」とする著者の試みなのだろうかと考えている (Cixous 1991: x)。シクスーはエクリチュール・フェミニンに必要な性質についてこのように考えている。「連続性、豊饒さ、漂うこと——これらは女性に特有のものなのだろうか? おそらくそうだろう」(Cixous 1991: 57)。ただし、興味深いことに、彼女は自分たちの作品のなかでこのような特徴を提示している男性作家たちを排除してはいない。すくなくとも、一部の男性にとっては、「女性性は禁止されたものではない」(Cixous 1991: 57) ことを意味しているのだろう。

シクスーの『若きユダヤ聖人としてのジャック・デリダの肖像』は、ふたりが共有するアルジェリアのユダヤ人としての遺産を考察したものである。デリダ(『たった一つの、私のものではない言葉』参照)と同じく、彼女もまた、自分がフランス文化における異邦人であり、フランス史のメタナラティヴと一致しない背景を背負っていることを十分自覚している。アルジェリアが今では独立したイスラム教の国家であり、すでにフランス領の構成地域ではないことから、両者とも今はもうアルジェリアに「帰属して」はいない。そのような状況においては、アイデンティティは非常に流動的な観念、つねに生成の過程にあるものとなり、この点は両者の著作に強く表れている。

シクスー自身はポストモダニズムに対し批判的であるが、彼女の著作には総じてポストモダニズムと共通の関心が見受けられる。とくに、差異を強調している点や、西洋の支配的な文化的メタナラティヴに抵抗を見せている点などがその例である。そのようなメタナラティヴの支配的性格は、彼女から見れば男根中心主義的なものであり、この問題に取り組むことなくして、私たちの社会の構成に真に重大な変化がもたらされることはないだろうと彼女は感じている。

シクスーの主要著作

Cixous, Hélène, 'The Laugh of the Medusa' [1975], in Elaine Marks and Isabelle de Courtivron (eds), *New French Feminists*, Brighton: Harvester, 1981, pp.245-64.（松本伊瑳子他訳『メデューサの笑い』紀伊國屋書店）

———, *Angst* [1977], trans. Jo Levy, New York: Riverrun, 1985.

———, *Reading with Clarice Lispector*, trans. and ed. Verena Andermatt Conley, Minneapolis, MN: University of Minnesota Press, 1990.

———, *'Coming to Writing', and Other Essays*, trans. Deborah Jenson, Cambridge, MA and London: Harvard University Press, 1991.

———, *Portrait of Jacques Derrida as a Young Jewish Saint* [2001], trans. Beverley Bie Brabic, New York and Chichester: Columbia University Press, 2004a.

———, *The Selected Plays of Hélène Cixous*, ed. Eric Prenowitz, London and New York: Routledge, 2004b.

———, *Stigmata: Escaping Texts*, London and New York: Routledge, 2005.

———, *White Ink: Interviews on Sex, Text and Politics*, ed. Susan Sellers, Durham: Acumen, 2008.

———, *Zero's Neighbour: Sam Beckett* [2007], trans. Laurent Milesi, Cambridge and Malden, MA: Polity Press, 2010.

———, *Volleys of Humanity: Essays 1972-2009*, ed. Eric Prenowitz, Edinburgh: Edinburgh University Press, 2011.

Cixous, Hélène and Catherine Clément, *The Newly Born Woman* [1975], trans. Betsy Wing, Manchester: Manchester University Press, 1987.（松本伊瑳子他訳『メデューサの笑い』紀伊國屋書店）

参照文献

Butler, Judith, *Gender Trouble: Feminism and the Subversion of Identity*, New York and London: Routledge, 1990.（ジュディス・バトラー、竹村和子訳『ジェンダー・トラブル』青土社）

Conley, Verena Andermatt, *Hélène Cixous*, Hemel Hempstead: Harvester Wheatsheaf, 1992.

Derrida, Jacques, *Monolingualism of the Other; or, The Prosthesis of Origin* [1996], trans. Patrick Mensah, Stanford, CA: Stanford University Press, 1998.（ジャック・デリダ、守中高明訳『たった一つの、私のものではない言葉』岩波書店）

Irigaray, Luce, *This Sex Which Is Not One* [1977], trans. Catherine Porter, with Carolyn Burke, Ithaca, NY: Cornell University Press, 1985.（リュス・イリガライ、棚沢直子訳『ひとつではない女の性』勁草書房）

ギー・ドゥボール

Guy Debord
1931-94

ドゥボールは、作家、理論家、映像作家として、シチュアシオニスト運動の指導的存在である。この運動は、フランスの知識人のあいだに強い反響をもたらした事件である、一九六八年のパリ騒乱に多くの影響を与え、ポスト構造主義やポストモダニズム思想の中核を形作るのに貢献した。シチュアシオニスト運動そのものは、その名を冠した雑誌の廃刊とともに一九七二年に解散した。ドゥボールの代表作である『スペクタクルの社会』（後にこの本をもとに同名の映画をドゥボールが作った）は、この時期大きな影響を及ぼした本で、彼自身が四半世紀後、フランス語版の第三版に付けた序文に書きしるしたように、「この本は、スペクタクルの社会に害を及ぼすという明確な意図をもって書かれたことに留意しながら読んでほしい。しかしそこに書かれていることで、見当はずれなことは何ひとつなかった」(Debord 1995: 10)。パリ騒乱の自発性は、既存の体制に挑戦する左翼の伝統的な方法とは明らかに異なっていたため、多くの人を驚かせたが、その特徴であった統一のない蜂起形態は、どんな革命的営みも周到な計画を必要とすると考えていたフランス共産党にとっても驚きだった。マルクス主義者は伝統的に、政治活動におけるあらゆる自発性に対して懐疑的で、中央集権に信を置いていたからである。

シチュアシオニスムはその出版物においても、幅広く広告の画像を使ったが、それをアスガー・ヨルンのような芸術家が改変したり重ね塗りしたりすることで、一九六〇年代と七〇年代の地下出版活動に大きな影響を与えた「迂回《デトゥルネマン》」と呼ばれたテクニックを編みだした。その発想は、元のイメージにある意図をずらすことで、そこにあったメッセージを歪めてしまうことだ。シチュアシオニストが用いた概念としては他にも「放浪《デリヴェ》」というのがあり、これはボードレールの「フラヌール」にも似て（Baudelaire 1995: 4 参照）、都市の景観を気分のままに彷徨する営みを指す。「放浪」は都市景観の「心象地理学」、すなわち自分が置かれたその特定の環境が心のなかに喚起するものを描く試みであった。

箇条書きに記された短い主題が続き、引用したくなるような文が並ぶ『スペクタクルの社会』は、論争を引き起こす効果抜群の本で、その成果はパリ騒乱のなかでそれが果たした役割を見ても明らかだろう。たとえば、主題三四と一二四にはこうある。「スペクタクルはイメージになるまで集積された資本である」。「革命理論はいまやあらゆる革命的イデオロギーを敵とするようになった――そしてそれ自身そのことがよくわかっている」（Debord 1995: 24, 90）。この本でのドゥボールの主張は、消費文化とそれを支える記号やイメージの影響が絶大となって、私たちが自分の生活をコントロールできなくなったということにある。「生産の現代的状況が圧倒的である社会では生活の全体がスペクタクルの莫大な集積として現れる。かつて直接に生きられていたものが単なる表象になってしまった」のである（Debord 1995: 12）。おそらくこれを、政治と社会の既存体制に異議を唱えることから大衆を逸らす、「パンとサーカス」の現代版と考えることもできよう。現代のメディアが浸透するにつれ、そうした傾向はますます目立ってきている。現実が「単なる表象」に置き換えられてしまったという考え方は、「シミュラークル」というジャン・ボードリヤールの概念のように、多くのポストモダニズムの思想家の著作にも見られるものである（Baudrillard 1983 参照）。

ドゥボールは、スペクタクルによって生み出される危険について疑いなく意識的で、それが社会のなかで「幻影と虚偽意識の場」であると論じている（Debord 1995: 12）。共産主義でさえもこのプロセスの犠牲となっており、現実のその階級ではなく、「労働者階級というイメージ」（Debord 1995: 69）を提供していると述べる（ドゥボールは共産主義の政治には大した価値を見出していない）。スペクタクルの役割は、私たちをイデオロギーの奴隷とすることで、その効果に抵抗しないかぎり、あらゆる社会関係の基本にそれがなってしまう。スペクタクルは私たちを思うがままに操る「客観的な力に改変された世界観のひとつにして……特定の経済と社会の編成による実践の総体」として理解されるべきである（Debord 1995: 13, 15）。のちにリオタールも「大きな物語」を同じような仕方で把握したが（Lyotard 1984: xxiii）、リオタールの場合はドゥボールよりもその効果を少なく見積もっており、すでに信用を失っており、大衆にはかつてほど大きな影響を及ぼしていないと考えている。

スペクタクルはいまや経済の領域で大きな力をふるっている。この点で、スペクタクルが「惑星全体を単一の世界市場としつつある」(Debord 1995: 27) と書いていたドゥボールは、地球全体での新自由主義とグローバリゼーションの勃興を予言していたとも言えるだろう。私たちは経済が関わる領域を逃れることはできず、誰もがそれが強力に推進する消費文化に取り込まれてしまっている。そのことは、『スペクタクルの社会』が出版されたときよりも、二一世紀の社会において大きな意味をもっている。ドゥボールが私たちの認識を促すのは、いかに私たちが「商品フェティシズム」に侵されているかということだ (Debord 1995: 25)。これが意味するのは、私たちがいまや商品の購買を通して余暇の時間さえもスペクタクルにコントロールされており、けっしてスペクタクルから逃れられないという現状だ。その結果、「個人の振る舞いもその人独自のものとはいえず、その人にその振る舞いを示してくれる誰か他の人のものである」(Debord 1995: 23) という状況が生まれる。ドゥボールが予言的なのは、彼が消費主義を本質的に孤立した活動と見なしていることで、とくに車とかテレビのような進んだテクノロジーの産物についてはそのことが言えるということだ。多くの社会評論家が幻滅とともに言っているように、ここ二〇年ほどの携帯電話、ウォークマン、アイパッドのような個人だけで楽しむ新たなテクノロジーの絶えざる発展は、より人びとを孤立化させているのである。

『スペクタクルの社会についての註解』でドゥボールは、二〇年後、スペクタクルはますます支配の度を強めていると、不満を明らかにする。一九六八年に起きた様々な騒乱が、どの国においてもそれほどの変革をもたらさなかったことに触れて、ドゥボールは「かくしてスペクタクルは力を増し、あらゆる側面で限界まで拡張しつつ、中核において強度を増大させている」(Debord 1998: 2-3) と認めざるを得ない。『スペクタクルの社会』の一九九二年版の序文で彼は、ソヴィエト連邦の崩壊が、スペクタクルが私たちの社会にもたらす力の増大のさらなる証拠であって、「デモクラシーという現今のイデオロギー」が世界に同じ顔を見せるようになってしまったと述べている (Debord 1995: 9)。

『ジェラール・ルボヴィッチの暗殺についての考察』は、ドゥボールのフランス社会との関係、彼のフランス社会における位置を示唆しており、パリ騒乱やシチュアシオニスト・アンテルナシオナルの解散後の（ドゥボールは『国際主義の真の精神』でこれについて論じている）彼の評判につきまとっていた疑念という点からも、この著作は興味を引く。ルボヴィッチは著名な映画プロデューサーにして出版者で、ドゥボールのような左翼の著作を出してきた人間だが、一九八四年パリで謎めいた状況で殺害された。新聞や雑誌がセンセーショナルな報道を繰り広げ、ルボヴィッチの友人であったドゥボールも巻き込まれて、警察から容疑者として尋問を受けた。左翼から右翼までを被疑者として右往左往するメディア・サーカスにまで進展したこの事件に対するドゥボールの反応は、報道機関への激しい批判として、次のようにこの本に記されている。

私の出版者にして友人であったジェラール・ルボヴィッチがパリで待ち伏せにあって暗殺された日である、一九八四年三月五日に起きた事件の余波として、その後のフランス社会の報道にあらわれたスペクタクルに満ちた虚偽ほど、無知とあからさまな嘘で固められた三〇年の歴史が凝縮されたものは見当たらない。
(Debord 2001: 2)

辛辣な皮肉にあふれたこの本は、ドゥボール自身とルボヴィッチの汚名を雪ごうという意図に貫かれており、ルボヴィッチがパリ騒乱当時、「シチュアシオニスト・アンテルナシオナルの指導者のひとりであった」(Debord 2001: 14) といった間違いをただすべく、自分たちはパリ騒乱後三年たって初めて出会ったのだと記している。当然ながらドゥボールはこの事件全体を「スペクタクル社会が起こす邪推」(Debord 2001: 14) のあからさまな例と見なしている。ルボヴィッチ殺人事件はけっきょく迷宮入りとなった。

ドゥボールの著作は、ポスト構造主義とポストモダニズムの思想がしばしば直面するのと同じ問題を提起する。すなわち、その記述する敵があまりに強大で、生産様式とマスメディアを徹底的に支配しているため、それをどうやって克服するかがわからないという問題である。歴史を見れば、権力とはつねに「スペクタクルの側面をもつ」(Debord 1992: 20)。しかし私たちは過去の世代よりもずっと巧妙なものに直面しており、それはドゥボールが二〇世紀終わりの数十年におけるスペクタクルの浸透の増大として指摘してきたとおりである。このことに圧倒されて、悲観したりシニシズムに陥ったりすることはやさしい——多くのポスト構造主義とポストモダニズムの思想家たちがそうであると非難されてきたように。私たちはあまりに効果的に奴隷化されてしまって、スペクタクル権力の増大に対して無力となっている。ドゥボールのように、「スペクタクルは届かないところにあって、議論の余地がないように見える」（Debord 1992: 15）。「スペクタクルは定義上、人間の営みには左右されない」（Debord 1992: 17）などと言われてしまうと、スペクタクル支配から抜け出そうとする人たちは、なんの勇気も得られなくなってしまうかもしれない。ドゥボールが信を寄せるのは、労働者の集まりだが、この発想が現実化する展望はあまりない。それが短命で、失敗に終わったとしても、パリ騒乱のなかで実現していたものだ、と考えることは可能だろうが。

ドゥボールにおけるスペクタクルは巨大で凄まじく成功した陰謀として、新しいテクノロジーを吸収し、自らの拡張に利用する。ドゥボールが不吉にも言うように、「スペクタクルはどこにでもある」（Debord 1992: 23）からだ。『考察』後のドゥボールの考えはここに凝縮されており、かつての革命の日々が遠く過ぎ去って孤立したドゥボールだが、それでもつきまとってくる容赦なき国家のスペクタクルは、どんな指弾もうけることなく、メディアを総動員して攻撃を仕掛けるのだ。つまりスペクタクルはどこにでもあるばかりか、それはけっして忘れることがなく、そのことはどの社会においてもラディカルな人びとに熟考を促す事態ではないだろうか。

ドゥボールの主要著作

Debord, Guy, *Panegyric* [1989], trans. James Brook, London: Verso, 1992.

———, *The Society of the Spectacle* [1967], trans. Donald Nicholson-Smith, New York: Zone Books, 1995.（木下誠訳『スペクタクルの社会』ちくま学芸文庫）

———, *Comments on the Society of the Spectacle* [1988], trans. Malcolm Imrie, London: Verso, 1998.（木下誠訳『スペクタクルの社会についての注解』現代思潮新社）

———, *Considerations on the Assassination of Gérard Lebovici* [1985], trans. Robert Greene, Los Angeles: TamTam Books, 2001.

———, *Complete Cinematic Works: Scripts, Stills, Documents* [1978], trans. and ed. Ken Knabb, Edinburgh: AK

Press, 2003.（木下誠訳『映画に反対して』全2巻、現代思潮社）
———, *The Real Split in the International: Situationist International* [1972], trans. John McHale, London: Pluto Press, 2003.
———, *A Sick Planet* [2004], trans. Donald Nicholson-Smith, London: Seagull, 2008.
———, *Correspondence: The Foundation of the Situationist International (June 1957-August 1960)* [1999], Los Angeles: Semiotext (e), 2009.
———, *Report on the Construction of Situations* [June 1957], trans. Ken Knabb, Situationist International Online, http://www.cddc.vt.edu/sionline/si/report.html (accessed 24 October 2012).

参照文献

Baudelaire, Charles, *The Painter of Modern Life and Other Essays*, trans. Jonathan Mayne, London and New York: Phaidon Press, 1995.（シャルル・ボードレール、阿部良雄訳『ボードレール批評2』ちくま学芸文庫）
Baudrillard, Jean, *Simulations*, trans. Paul Foss, Paul Patton and Philip Beitchman, New York: Semiotext(e), 1983.
Lyotard, Jean-François, *The Postmodern Condition: A Report on Knowledge* [1979], tram. Geoff Bennington and Brian Massumi, Manchester: Manchester University Press, 1984.（ジャン＝フランソワ・リオタール、小林康夫訳『ポストモダンの条件』水声社）

ジル・ドゥルーズ／フェリックス・ガタリ

Gilles Deleuze, 1925-95
Félix Guattari, 1930-92

ドゥルーズ&ガタリは、各々自分の専門である哲学と精神医学の分野で著作を刊行しているけれども、批評理論と文化理論の業界ではふたりの共著『アンチ・オイディプス』と『千のプラトー』でおそらくもっともよく知られている。上記二著は、マルクス主義のような政治的伝統からの決定的な切断を果たし、代わりに二〇世紀後半の社会の内部で働いていた抑圧の力と闘争するためのアナーキックなプログラムを提供するものであった。そのような力を「オイディプス」と総称する著者たちの目的は、「オイディプス」を転倒するやり方を指し示すことであった——たとえば個人の側で精神分裂症的な行動を採ることなどによって。社会と政治の体制がそれに対応できないのは、体制が提示する行動の規範から察せられるように、より容易に管理監視できる同質で従順な人間を好むためだという考えがうかがえる。このような独創的な考えを満載したこの二著は、パリの一九六八年革命を受け継いだその精神において、いかにして社会と政治の抑圧に対抗するのかに関して従来の左翼的発想からの離脱、集団的なものからそれぞれ特定の場を有する個人的なものへの移行を示すものであった。これは、集団的なものを、専制政治の（控え目に言えば潜在的な）発生源としてしか見ず、個人の行為や小規模な政治集団を信じることをむしろ好むポストモダン思想一般を特徴づける方向性である（たとえばジャン＝フランソワ・リオタールの「小さな物語」(Lyotard 1984: 60)）。

オイディプスを公然たる敵とする欲望は、ドゥルーズ&ガタリにとっては、表現を与えられなければならぬ力であり、それは「欲望機械」(Deleuze and Guattari 1983: 2) と総称される。しかしオイディプスがこの表現が浮上するのを放置しないのは（予測不可能な欲望であるゆえに）制御しがたいからであり、何よりもそれが人民全体を統御し、囲い込むその地位を追い求めているからである。これを脅かすいかなる行為も禁じられることになる。こうして欲望はたえず制限と抑圧を被ることとなる。ドゥルーズ&ガタリにとって、精神医学は、オイディプス的文化の主柱であり、その実践はまともな健常者がどのようなものであるのかというモデル、次いで個人をその行為のパターンに押し込める方法に依拠する。精神医療の結果としては、その社会と政治の観点から定められた目標に即して成功した場合、欲望は抑えられ、支配秩序の脅威とならないように可能なかぎり和らげられるのである。この過程に対して、ドゥルーズ&ガタリがその採用を推奨する「スキゾ分析」(Deleuze and Guattari 1983: 296)とは、精神医学とその背後にひそむ支配権力を共に混乱させることを狙ったものである。この著者たちは、自己を、私たちが「オイディプス」によって信じるように文化的に条件づけられている固定された実体としてではなく、しなやかに流動する概念として生き生きと扱う作業に重きを置いている。

ふたりはまた「器官なき身体」と呼ぶものによって提起される問題に関心を向けるのだが、それは「生産、生殖、消費に関わらない不毛なもの」(Deleuze and Guattari 1983: 8) として記述される。現代文化の器官なき身体として捉えられる資本主義は、その文化の誰もが携わる生産活動に寄生して、「それによっていっさいの余剰生産を独占し、資本主義という偽りの大義から出ているようにしか今や見えない過程の全体と部分を私有するのである」(Deleuze and Guattari 1983: 10)。この飽くなき体制が自らの生の行方を定めるのに奉仕するかのように欲望機械はその力の支配下にある。

『千のプラトー』では、オイディプスが私たちに突きつけるような、権威主義と全体主義の傾向を有する社会と政治の体制を転覆する方法として、ノマディズムが推奨される。ノマドは、「脱領土化した存在として」(Deleuze and Guattari 1988: 9)、すなわち特定の土地の契約の義務に拘束されず、それゆえにそれらの土地を外部者に対して縄張りとして擁護する必要を感じない存在として描き出される。彼らの属する集団がいかなるかたちであれ脅威にさらされようとも、ノマドは移動して回避することができる。より広く適用するならば、ノマディズムは、国民国家を廃棄することにつながるのであり、その抑圧的なメカニズムの重圧に現在蝕まれていると私たちは感じることになるのだ。オイディプスが規範となる行為を求めるのとまさに同じように、その代理人はこれがたえず統御される条件を求めるとするならば、ノマドの行為はその模範に合致しないのである。現代文化が人民を監視領域のなかに固定することを好むのは、彼らを徴税や緊急の外部からの襲撃に対する動員などのため記録し、追跡することができるようにするためである。この平常業務に対するわずかな乱れさえも、人民に社会生活の特定のモデルである平静な生活を営むことを絶えず押しつけている権力者たちに、国中を徘徊するジプシー集団がそうであるように、警戒感を与えることになる。ジプシーは現在、人口のなかで多数の割合を占めるわけでないが、関連当局による彼らに対する反応が、その放浪の生活様式に対処する際に、しばしばその引き起こす問題に比べて過剰なのは、それがオイディプス的意識の産物であるということと、いついかなる時であっても完全な統制を求める欲望のためである。

ドゥルーズ&ガタリにとって、ノマドであることは、フィジカルな状況であるだけでなくメタフィジカルな条件であって、私たちを予め決定された行動の流れに絡めとるような、社会と政治に関する固定した位置をとること(体制は私たちに積極的にこれを促すのだが)への拒絶を含む。代わりにノマドに求められるのは、いかなる思想の義務であれできるかぎり軽いものとすること、状況が変われば進んでその義務を変更し、別の場所へと移動することである。この著者たちの見解によれば、これによって食い止められるのは、あらゆる反対意見に直面しても政治の原理が守られる権威主義と全体主義の政府への流れであり、この戦術を採用した運動のひとつである共産主義では、党路線からのいかなる逸脱への賛同も切り捨てられ、これに反対する意見を主張する者は誰であれ厳罰に処せられた。この二著は、基調としてポストマルクス主義の含意を有し、大衆運動を排する代わりに、政治問題に対する、より局所的な、アナーキックでさえある反応を求めるものであり、マルクス主義の手法が急速に信用を失ったフランス思想界におけるポスト一九六八年の理論の主調を定めるのに一定の役割を果たした。

ドゥルーズ&ガタリが全体性への強烈な反論を行なうのに際して用いたリゾームという概念は、表面上のいかなる二点をも結びつけ、システムを組織するさらに活発な方法として受け取ることができるものである。彼らがこれとの違いを明確にするより伝統的なシステムの構想においては、たとえば知が、影響の線がくっきりと見えるように、幹から枝へと派生するブレのないまっすぐな成長として示される樹形図で表される。インターネットは、それが基本的にリゾーム状に機能し、個人の意思にしたがって知と情報の断片を無限の組み合わせでつなぎ合わせることを可能にするものであるかぎり、その展開は、このふたりの見解を裏づけるものであるといえるかもしれない。たとえばハイパーテクストは、ユーザーが選択するどんな形式も採りうるのであり、その順序は前もって決めることができるものではない。ユーザーごとに異なるのである。ポストモダン思想によく見られるように、その思考のモデルは、進行にしたがって予測不可能な状態が生じるという点で単線ではなく脱線に見出される。リオタールの思考のイメージとしての雲は同じ動機に発している（『遍歴』参照）。

『哲学とは何か』で主張されているのは、主体は「概念の形成、開発、創作」（Deleuze and Guattari 1994: 2）に関わるべきであるということで、重要なのは「概念とはつねに新しい」（Deleuze and Guattari 1994: 5）とされていることだ。哲学は商売と市場に無縁であるべきだと論じた彼らは、「情報サービスと工学の社会」（Deleuze and Guattari 1994: 11）について切り捨てるように言及する。しかし、残念なことに、それこそが今日、新自由主義的な資本主義を掲げる当局が、学生という「消費者」に購買されるような経済的価値によって裏づけられる「工場」の「製品」に高等教育を変える動きを見せているなかで、人文学の諸学科が行なうように強制されつつあることなのである。ドゥルーズ&ガタリは哲学をもっと予測不可能なもの、芸術や科学と同様に、「つねに混沌に向き合う」（Deleuze and Guattari 1994: 197）学科と見なしている。これはかなりロマンティックな見解であるが、利益という動機の原則にさらされることが多くなっており、市場で売買されることのないものには何ら価値が認められない文化においては支持に値する見解なのである。『千のプラトー』のノマディズム擁護に立ち返れば、哲学者は、主体を「領土化」しようとする、別の言葉では、馴致しようとするいかなる企てにも抵抗すべきなのである。

ドゥルーズ&ガタリの別の共著『カフカ——マイナー文学のために』では、カフカの作品を、無数のやり方で解釈できる「ひとつのリゾーム、ひとつの穴」（Deleuze and Guattari 1986: 3）と見なすべきであると論じられる。彼らが選ぶのは、その政治的側面、文化を転覆する側面を強調するというやり方だ。ドイツ語が主要言語でありながら大きなチェコ語人口を抱えていたオーストリア＝ハンガリー帝国に属するプラハで生涯の大半を過ごし、ドイツ語の著作を残したユダヤ人であったカフカは、「マイナーで奇妙な用法にふさわしい脱領土化された言語」（Deleuze and Guattari 1986: 17）で仕事に取り組んだ。

これによって彼は「マイナー文学」の体現者となるのだが、その主要な特徴のひとつに、主題は何であれ、政治的にならざるをえないという点がある。周縁にいた作家であったカフカには「別の可能な共同体を表現し、別の意識と別の感性のための手段を作り上げる」(Deleuze and Guattari 1986: 17) 可能性が与えられ、その作品には革命の意味合いが生じることになった。

ドゥルーズの著作は、死後ますます影響力を高めており、その考え方は、映画研究、文学研究、さらには宗教研究にいたるまで幅広い学問分野で適用されてきている。ゴットフリート・ライプニッツ、イマニュエル・カント、フリードリヒ・ニーチェ、そして同時代人ミシェル・フーコーといった哲学史の重要人物についての一連のモノグラフとともに、彼は映画についての二巻本の著者である。

差異についてのドゥルーズの考え方は、主著と見なされる『差異と反復』で詳細に述べられているが、そこで彼は同一性という観念に取り組み、西洋思想においていかにしてそれがつねに差異に対して優越しているように見えるのかを論じている。

> 私たちは差異を考えるにあたってそれを同一性に従わせる傾向にある（主体という概念の観点から。たとえば、「種」の差異の前提となるのは、「属」の同一性である）。私たちはまたそれを近似に（知覚の観点から）、対立に（述語の観点から）、類似に（判断の観点から）したがわせる傾向がある。言い換えれば、差異それ自体として考えないのである。（Deleuze 1994: xv）

差異の擁護と推進がポストモダニズムの特徴をなすテーマのひとつであり、その抑圧が主要目的のひとつと考えられる現代社会では、均質化が支配階級を益している。フーコーは同様の論点を「考古学」において打ち出して、一七世紀以降の西洋における精神病院、監獄、病院の成立を跡づけた。ジャック・デリダもまたその構造主義に対する脱構築の企てにおいて同じことを行なっている。リオタールも「抗争」を重視すべきであると論じている。ドゥルーズが言うような「差異それ自体」を追究することは、すなわちモダニティの流れに、またマルクス主義のような普遍化への信仰とともにある啓蒙のプロジェクトから発している哲学者の流れに逆らうことである。

普遍化の傾向から現れ出た人びとに数えられる「政治家は、『異なる』ものを否定することにとりわけ身を入れて、既成の政治秩序の保守や延命を目論んだり、すでに世界においてその表象の形式を呼び出し済みである歴史の秩序を打ち立てたりするのである」(Deleuze 1994: 53)。ドゥルーズは、既成秩序が望むものから解放されている作品を創作する芸術家たち、とりわけ現実に密着した表象の伝統から切れている芸術家たちが熱狂して仰ぐ思想家である。ドゥルーズにとって表象は、大衆によって、それゆえに支配秩序によって見られる世界の肯定に等しい。ドゥルーズが芸術の創作行為に求めるのは、この秩序の壊乱なのである。彼自身の思想書とガタリとの共著が同じ目的を達するものとして構想されているといえるのは、両者の著作が、学問としての哲学の言説の求める規範に則っていることはまずないからである。実際、伝統的にそうであると思われているような哲学は早晩流行遅れになると彼は述べている。「かつてずっとそうであったような哲学の本を書くことが不可能となるような時期が近づいている。哲学表現の新しい手段の模索はニーチェからはじまり、現在、演劇や映画といった他の芸術の革新と足並みを合わせつつ追究されねばならない」(Deleuze 1994: xxi)。

映画がドゥルーズの主要な関心対象となり、その二巻本『シネマⅠ』と『シネマⅡ』は、映画研究の分野に多大な影響を与えることになった。『シネマⅠ』の翻訳者は、この仕事を「映画と哲学のインターカッティングのようなもの」(Deleuze 1986: xii)と述べている。ドゥルーズ自身は、この研究が「分類学、すなわちイメージと記号の分類の試み」(Deleuze 1986: xiv)と見られることになろうと言い、アメリカの哲学者チャールズ・パースの記号論に関する著作から借り受けたものがあることを明らかにしている。第一巻の中心にあるのは、運動＝イメージであり、ここでドゥルーズは、第二巻と同様に、自らの所説を説明するために、映画史を自在に駆け巡って例を示し、とりわけ「思想家」として扱われるのに値する「大監督」(Deleuze 1986: xiv)を選び出す。ここで驚嘆するのは、その発想そのものではなく、こうした発想が、哲学思想と同等の重要性をもつとドゥルーズが主張している点である。彼が打ち捨てているようであるのは、哲学を思考のメタナラティヴと思わせるために守旧的な哲学者集団によって常識視されてきた考えや、あらゆる分析的思考の基準を提供している学問の枠組である。そうしたものはもはや必要ではなく、私たちの世界理解にとくに資するわけでもない営為だとドゥルーズは考える。ポスト哲学の世界にもはや私たちが生きているかぎり、異なるアプローチが必要とされるのである。

第二次世界大戦前と後の映画を区別するドゥルーズは、このことによって、運動＝イメージに基づく映画から時間＝イメージに基づく映画への移行が理解できると論じている。後者が浮かび上がらせる世界は、かつての世界よりも安定を欠き、不可解なものになっており、それゆえにドゥルーズが、イタリアの終戦がもたらした混乱のなかから生じたネオリアリズモ映画からこの巻を始めた英断によって、古典時代からの明確な断絶を表しえたのである。ネオリアリズモはドゥルーズにとって「純粋な視覚状況（および聴覚状況、ただしネオリアリズモの初期には状況音はなかった）による構成物であり、古いリアリズムの行動＝イメージの感覚＝運動状況とは根本的に異なる。それはおそらく印象主義によって絵画における純粋な視覚体験が制覇したのと同じくらい重要なのである」（Deleuze 1989: 2）。ネオリアリズモにおいて私たちが直面するのは、イタリアの終戦直後の状況の「断片的」「刹那的」（Deleuze 1989: 1）側面を標的とするスタイルである。

両巻を通じてのドゥルーズの主張は、映画についての概念と理論を形成するのは、映画体験そのものからでなければならず、単に説明のために外部の理論を適用するのではいけないということである。映画は、この点で、独自の法則を定めており、「演劇と関係なく映画固有のものがあり」（Deleuze 1989: 263）、また映画と違ってテレビは現在に封じ込められている。（ドゥルーズが書いているのは、デヴィッド・リンチのような映画監督が『ツイン・ピークス』のようなテレビ媒体での実験を始める前である。リンチのスタイルはドゥルーズが時間＝イメージの性質に関して打ち出す論点の多くを裏づけているところがある。）戦後映画において、「時間は運動から派生することをやめ、それ自体として現れ、偽の運動を産み出すことになる」（Deleuze 1989: xi）とドゥルーズは論じている。それゆえに編集過程において、ドゥルーズが「筋道を欠いたカット」と称するものが多用されるようになる。古典時代の単線的な語りは、より屈折したものと入れ替わったのである。

ドゥルーズが映画をふたつの大きな時代に分割したことに対する異論として、こうしたものはそのような明確な区分になじまないというものがある（それにしたがえば時代区分はおおむね問題含みとなってしまう）。あらゆる監督がそのような図式にあてはまるのではないが、先述したように、ドゥルーズ自身がこのことは認識しており、この表現媒体を代表する「大監督」と自分が考えている存在を扱うことになると認めている。「大監督」とする合意がありうるのか否かはまた別の問題である。しかしドゥルーズが、同分野の研究者による反応と新展開をうながす映画史の新しい見方を切り拓いたことは疑いない。

ガタリが中心人物としてその展開を牽引したのはエコゾフィーだが、この語を最初に持ち出したのは、ノルウェイの「ディープ・エコロジー」の理論家アルネ・ネスで、彼は資本主義が私たちに強いるやり方で環境を荒らすのではなく環境とのより大きな調和の感覚を得るべく努力するべきであると論じた（たとえばNaess 1989参照）。ガタリも同じ路線で、自著『三つのエコロジー』において、以下のように論じた。「社会と物質の環境への変化なしには、精神における変化もありえない。ここで目前に現れたひとつの集まりに導かれて、私は、環境エコロジーを社会エコロジーと精神エコロジーへとつなげる『エコゾフィー』を創出する必要を訴えるようになったのだ」（Guattari 2000: 27）。

ガタリは、最後の著作『カオスモーズ』で同時代の資本主義（および宗教の原理主義のようなそれに対する反応も含む）によって促されたような主体性とは対極にある「主体性をもっと横断的なものとして構築」（Guattari 1995a: 4）する試みに着手している。「科学のパラダイムから倫理と美学のパラダイムへと人文科学と社会科学を移す」（Guattari 1995a: 10）仕事に従事していると自らを見なすのは、科学があまりにも強く同時代の想像力を拘束しているからである。だがまた「欲望機械」の擁護と「オイディプス」の世界への批判がある。「精神分析は危機状態にある。それは日常の診療と硬化した思考法にどっぷり浸かっている」（Guattari 1995a: 58）。それに代えて私たちが求めるべきなのは、「オイディプス」の命令に対しての免疫を有する「主体の再単独化」（Guattari 1995a: 97）である。

晩年にポストモダン的な政治へのアプローチについて（おそらくは若年時のトロツキーへの同調を思い出しつつ）深刻な疑義を表していたガタリは、そこからは本来の革命の意思は抜け落ちてしまい、既成秩序に対する脅威もほとんど示しえないと考えている。「ポストモダン思想による倫理と美学に基づく実質的な放棄」（Guattari 1996: 116）と彼が見なすものについて、あるインタビューで彼は非難している。オイディプスはいまだ全面的な統制力をもっているのであるが、その責任が、体制に積極的にぶつかるよりも（たとえば精神分裂症やノマディズムという手段によって）体制からの退却を擁護する傾向があるガタリとドゥルーズのような思想家がまさに示している政治実践上の助言の欠落に帰されることになってしまう。しかしながら、大方同じような非難は、ドゥルーズ&ガタリの同時代人である他の思想家、リオタールとデリダにも、さらに言えば、ポストモダン運動全般にも向けられるものである。行為体の問題を直接扱う理論さえ、エルネスト・ラクラウとシャンタル・ムフの「ラディカル・デモクラシー」（Laclau and Mouffe 1985 参照）のように私たちの社会における政治の既存の方法を焼き直したもので、この点における細部ともなれば、欠落が指摘されてきた。

ガタリの究極の解決法は、彼がアントニオ・ネグリと組んで書いた著作で記しているように「『共産主義』をその悪評から救い出すこと」（Guattari and Negri 1990: 7）であり、一九八五年に『自由の新たな空間』の原著が刊行されて以降の一連の出来事は、そのような企てへの支援が大きなものであることをまず示すものではなかった。

ドゥルーズ&ガタリの主要著作

Deleuze, Gilles and Félix Guattari, *Anti-Oedipus: Capitalism and Schizophrenia* [1972], trans. Robert Hurley, Mark Seem and Helen R. Lane, Minneapolis, MN: University of Minnesota Press, 1983.（宇野邦一訳『アンチ・オイディプス』全2巻、河出文庫）

——, *Kafka: Towards a Minor Literature* [1975], trans. Dana Polan, Minneapolis, MN and London: University of Minnesota Press, 1986.（宇波彰・岩田行一訳『カフカ』法政大学出版局）

——, *A Thousand Plateaus: Capitalism and Schizophrenia* [1980], trans. Brian Massumi, London: Athlone Press, 1988.（宇野邦一他訳『千のプラトー』全3巻、河出文庫）

——, *What Is Philosophy?*, trans. Hugh Tomlinson and Graham Burchell, London and New York: Verso, 1994.（財津理訳『哲学とは何か』河出文庫）

ドゥルーズの主要著作

Deleuze, Gilles, *Nietzsche and Philosophy* [1962], trans. Hugh Tomlinson, London: Athlone Press, 1983.（江川隆男訳『ニーチェと哲学』河出文庫）

——, *Kant's Critical Philosophy: The Doctrine of the Faculties* [1963], trans. Hugh Tomlinson and Barbara Habberjam, Minneapolis, MN: University of Minnesota Press, 1985.（國分功一郎訳『カントの批判哲学』ちくま学芸文庫）

——, *Cinema I: The Movement-Image* [1983], trans. Hugh Tomlinson and Barbara Habberjam, Minneapolis, MN:

University of Minnesota Press, 1986.（財津理訳『シネマ1』法政大学出版局）
———, *Foucault* [1986], trans. Sean Hand, Minneapolis, MN: University of Minnesota Press, 1988.（宇野邦一訳『フーコー』河出文庫）
———, *Cinema II*: The Time-Image [1985], trans. Hugh Tomlinson and Barbara Habberjam, Minneapolis, MN: University of Minnesota Press, 1989.（宇野邦一他訳『シネマ2』法政大学出版局）
———, *The Fold: Leibniz and the Baroque* [1988], trans. Tom Conley, Minneapolis, MN: University of Minnesota Press, 1993.（宇野邦一訳『襞』河出書房新社）
———, *Difference and Repetition* [1968], trans. Paul Patton, London: Athlone Press, 1994.（財津理訳『差異と反復』全2巻、河出文庫）
———, *Essays Critical and Clinical* [1993], trans. Daniel W. Smith and Michael A. Greco, London and New York: Verso, 1998.（守中高明・谷昌親訳『批評と臨床』河出文庫）

ガタリの主要著作

Guattari, Félix, *Chaosmosis: An Ethicoaesthetic Paradigm* [1992], trans. Paul Bains and Julian Pefanis, Sydney: Power Publications, 1995a.（宮林寛・小沢秋広訳『カオスモーズ』河出書房新社）
———, *Chaosophy: Texts and Interviews 1972-1977*, ed. Sylvère Lotringer, New York: Semiotext (e), 1995b.
———, *The Guattari Reader*, ed. Gary Genosko, Oxford and Cambridge, MA: Blackwell, 1996.
———, *The Three Ecologies* [1989], trans. Ian Pindar and Paul Sutton, London and New York: Continuum, 2000.（杉村昌昭訳『三つのエコロジー』平凡社ライブラリー）
———, *The Anti-Oedipus Papers*, ed. Stephane Nadaud, trans. Kélina Gotman, New York: Semiotext (e), 2006.（ステファン・ナドー編、國分功一郎・千葉雅也訳『アンチ・オイディプス草稿』みすず書房）
———, *The Machinic Unconscious: Essays in Schizoanalysis* [1979], trans. Taylor Adkins, Los Angeles: Semiotext (e), 2011.（高岡幸一訳『機械状無意識』法政大学出版局）
Guattari, Félix and Antonio Negri, *Communist Like Us: New Spaces of Liberty, New Lines of Alliance* [1985], trans. M. Ryan, New York: Semiotext (e), 1990.（アントニオ・ネグリとの共著、杉村昌昭訳『自由の新たな空間』世界書院）

参照文献

Laclau, Emesto and Chantal Mouffe, *Hegemony and Socialist Strategy: Towards a Radical Democratic Politics*, London and New York: Verso, 1985.（エルネスト・ラクラウ&シャンタル・ムフ、西永亮・千葉眞訳『民主主義の革命』ちくま学芸文庫）

Lynch, David (dir.), *Twin Peaks*, 1990.（デヴィッド・リンチ監督『ツイン・ピークス』）

Lyotard, Jean-François, *The Postmodern Condition: A Report on Knowledge* [1979], trans. Geoff Bennington and Brian Massumi, Manchester. Manchester University Press, 1984.（ジャン＝フランソワ・リオタール、小林康夫訳『ポストモダンの条件』水声社）

———, *Peregrinations: Law, Form, Event*, New York: Columbia University Press, 1988.（ジャン＝フランソワ・リオタール、小野康男訳『遍歴』法政大学出版局）

Naess, Arne, *Ecology, Community and Lifestyle*, trans. David Rothenberg, Cambridge: Cambridge University Press, 1989.

ジャック・デリダ

Jacques Derrida
1930-2004

脱構築という技法を展開することで、二〇世紀終盤の文化理論と哲学思想の大立物となるのがデリダである。パリの研究者であるデリダは、またアメリカ、とくにイェール大学の研究者と密接な関係を築いていた。言語と言説の両義性を強調する脱構築は、体系に拘束されている構造主義の性質を問題視するとともに、言説における言語使用の正確さを求める分析哲学の探究と対極の立場をとる。脱構築主義者にとっては、そのような正確さは幻想なのである。両義性が言語の使用と受容の双方に密接に結びついているかぎり、話し言葉でも書き言葉でも言語が意味の十全な「現前」に達することは、いかなるコミュニケーションにおいてもできない。語は一様にひとつ限りの言表であることを超えて別の意味、別のコンテクストを指し示す。この過程を「差延」と名づけたデリダは、différer という動詞が「差異」と「延期」のどちらの意味をもちうるという事実を踏まえている。現前という考えを標的とするデリダは、現前の不可能性を実演するために、地口と言葉遊びを幅広く活用した書き言葉のスタイルを追究した。そのスタイルは脱構築の実践に対する批評的反応を二分するもので、人びとを激怒させる一方で熱狂的な模倣へと人びとを駆り立てた（たとえば、ジェフリー・H・ハートマンの著作『テクストを救済する』などを参照）。

デリダは自身のことを思想の一派を創立するというより、構造主義のような他の学派の欠陥を指摘する者と見なしていた。本質が戦術である彼のアプローチは、脱構築がいかなる伝統的な意味においても理論であることを否定し、むしろその書き物が依拠している仮定をいかに一貫してテクストが掘り崩しているのかを暴き出すようなテクストの読み方なのである。彼が言うように、「脱構築は堅固な構造に介入する」(Derrida 1987: 19)。「介入」されることになる「堅固な構造」のひとつに西洋哲学の構造があり、言語が正確さに達することにたえず失敗することからその基礎は危ういものとなる。意味が保持されえないのだとすれば、いかなる言説も、真実を所有（占有はもってのほか）しているという権利を主張できないのである。

デリダの初期作品はフッサールおよびハイデガーとの対話を行ない、当時フランス哲学の伝統のなかで流通していたのとは別の現象学の捉え方を提起したのだが、それは人間存在の不可避の一部として苦痛を重視する実存主義の主張から逸脱する捉え方だった。構造主義をもまた標的とした初期デリダが、とくにその統合志向を強烈に批判した『エクリチュールと差異』は、英語圏で強い印象を与えた彼の初期著作のひとつである。彼が構造主義の方法を攻撃したこの論集の巻頭に置かれた「力と意味作用」、さらに同書中の「人間科学の言説における構造、記号、戯れ」において、ポスト構造主義の精神傾向の展開が示されるとともに、普遍的な適用を求める体系への嫌悪、そしてそこにつきまとう権威への嫌悪がにじんでいる。デリダが構造主義に関して行なう主要な批判は、分析が明らかにするはずの発見をその方法が予め決定しているという点にあり、扱う作品に自らの原則を押しつける決定論的な行為と批評一般を彼は見なしている。ひとつの例として批評家ジャン・ルーセがフランスの古典劇作家コルネイユを分析するのは、作者が『ポリュクト』という演劇においてその芸術上の見解の完全な実現に近づいていると想定する目的論の観点からである。

> コルネイユの意味の力学の内部では、そしてコルネイユの演劇各々の内部では、すべてが終幕の安定、構造上のエネルギーの安定という目的に合致していっさいが立ち現れるかのようにすべてが発生する。これが『ポリュクト』だ。この安定の外部では、その後先では、運動は、純粋な持続状態にあり、その組織への苦闘のなかにあって、素描か残骸にしかなりえない。
> (Derrida 1978: 21)

デリダにしてみれば、このようなアプローチには間違いなく「予断形成」(Derrida 1978: 21) の意味づけがあり、それはひとりの作者の作品における「深層構造」の存在を信じることの不可避の結果である。深層構造の探究になっている構造主義批評は、それに基づいてその芸術家の作品全体を説明しようとする。いかなる時代においても批評は、実際、この思想家にとって、本質としては構造主義的な営為であって、脱構築の意味としてはそのような主張を掘り崩し、書かれた物が目的論には還元されず、そのようなパターン化から逸脱することを証明することにある。

デリダの思想の鍵となるのは、西洋思想における「現前の形而上学」の信仰と彼が呼ぶものへの攻撃である。これは、言説、とくに話し言葉の言説が、いかなる意味のずれも生起することなく言葉の、そして考えの伝達に成功するという思い込みである。言葉と考えの意味が、発話の時点で話し手と聞き手の両者の内側に完全に現前することが想定される。フェルディナン・ド・ソシュールの死後刊行の『一般言語学講義』の理論を起源とする構造主義言語学の観点では、シニフィアン（意味するもの）とシニフィエ（意味されるもの）が、話し手と聞き手の内側で結びついて記号を形成し、そこで意味が確定する。しかしながら、デリダのソシュール言語学解釈は、記号はこのような純粋性の状態に達することはできず、他の意味と用法に絶えず汚染されるというものである（彼はこれを「痕跡」と称している）。このような状況の下では、意味のずれは避けがたい。意味は必然的に複数化し、つねに生成状態に置かれるものとして捉えられる。十全に現前することはなく、そのような状態になることは不可能である。ガヤトリ・チャクラヴォルティ・スピヴァクによれば、記号は分裂した実体である。「その半分はつねに『そこにない』のであり、他の半分はつねに『それではない』」（『グラマトロジーについて』英訳序文、Derrida 1976: xvii）。デリダにとって、これによって問題視されるのは、西洋哲学のような言説による権威の主張であり、これはまさしく十全なる現前の原理にどっかり腰を据えているのである。その伝統に即した解釈は、戯れと記号の秩序を回避する真実ないしは起源を解き明かすこととなる一方で、脱構築の解釈は「戯れを肯定し、人間と人間主義を超えて行こうとする」（Derrida 1978: 292）。

解釈の従来のスタイルと現前の妥当性に対するデリダの問い直しの結果として、批評という技芸は不可能同然となり、彼はそれを自らの芸術作品についての著作を通じて実演することを試みて、私たちが通常理解しているような批評行為を引き延ばしつづける。こうして『絵画における真理』では「私はあなたに絵画における真理を負っており、そのことを伝えたいのだ」という（ポール・セザンヌが知己に宛てて書いた手紙にある）文句が何を意味するのか、いかにしてそれがセザンヌの作品理解に役立つのかという明快な分析が、批評の実践を食い止める一連の逸脱した考察に変わってしまう。

負債となるような、さらには返却されることになるような真理とはどのようなものでなければならないのか？　絵画における、とは？　絵画における真理が返却することによって成立するとして、絵画における真理が返却される金額として真理というものを捉え、負債つまり返却約束することで何を言おうとしているのか？　返却するとは、一体何なのか？　条件についてはどうなのか？　そして、絵画における、とは？（Derrida 1987a: 4）

同様の調子で続いていく上掲書は、デリダが述べるように「絵画の周囲をめぐって」（Derrida 1987: 9）記述が進み、ヴィンセント・ヴァン・ゴッホの『古い編み上げ靴』のような実作を扱う箇所でさえその例外ではない。「靴についてはどうか？　どんな靴なのか？　誰の靴なのか？　何で出来ているのか？　そしてまた持ち主はどのような人なのか？　さあ、疑問はこれですべてだ」（Derrida 1987: 257）。これはまさに芸術批評家を煩わせることのまずない考察であって、当の絵画と芸術家の作品全体と社会背景を解釈するためのせいぜい準備作業である。しかしやむことなく疑問を紡ぎ出すデリダは脱構築を実践しており、観念連合にしたがって主題から主題へ周到に跳び移るその記述スタイルは、彼を否定する人びと（学問の素人は当然として）をこの上なく苛立たせるのだ。

この調子で遊戯を慎重に遂行することの多いデリダのスタイルであるが、その目的とは、聞き手と読み手にほとんど終わりなき観念連合を産み出すという言語に組み込まれた性向であるものに注目を集めることである。それゆえに地口などの文学的仕掛けや、さらには本文全体の長さに及び独立した生命を得ているかのような脚注の類いに見られるさらに難解な方法を多用するのである。その連合が、もちろん聞き手ごと、また読み手ごとに、さらにまた同じ読み手や聞き手であっても異なる機会であれば、明白なずれが生じるということは、いかなるコミュニケーションにも言語のずれが不可避であるというデリダの論点を強化する。しかしながら彼を否定する人びとにとって、この著述のスタイルそのものが、遊戯のための遊戯であって、読者、とくに同じ研究者に対する侮辱の域にまで達している傲岸不遜の所産である。一方で彼の擁護者には、これはいかに言語が権威と言語使用の正確さを装う批評をつねに掘り崩すのかを示す実演ということになる。

『絵画における真理』のような著作とそこで駆使された論述のスタイルが、学界内部に大きな議論を巻き起こし、多くの哲学科には哲学ではないと一蹴され、文学研究のような他の人文諸学科にはきわめて皮相と指弾された。それでも彼の著作群は多くの追随者を模倣へと駆り立て、たとえば、ハロルド・ブルーム、ジェフリー・ハートマン、J・ヒリス・ミラー、ポール・ド・マンらの文学批評家たちからなる卓越した「イェール学派」の仕事がある（たとえば『脱構築と批評』という題の彼らとデリダの共同作業を参照）。

『マルクスの亡霊たち』でデリダはポストマルクス主義の枠組を採用するが、その特徴である偶像破壊的なアプローチはこの主題に対しても健在である。いかなる文化理論家もまともであれば認めざるをえないように、マルクスが私たちの文化的背景の重要な一部をなすことを認めつつも、同時に主張するのは、統一的なメッセージを残さなかったマルクスは、むしろ「複数の存在」と見なさなければならないということである。これはいかなる意味の純粋性の感覚からも私たちを遠ざける点で典型的なポストモダンの要請である。他の注目すべき思想家たちと同様に、マルクスにも数多くの解釈法があるという点は、かつてデリダがマルティン・ハイデガーに関して、彼を基本的にナチ思想家とする考えに挑んだ際に明らかにしたことでもある（ジャン＝フランソワ・リオタールのようなフランス思想界の他の大物たちは、この件に関して彼に強く反対している）。デリダにしてみれば、ハイデガーもまた複数として考えなければならない。右翼も左翼も自陣営に取り込むことができる存在なのだ。しかしここでもまた、マルクスの著作についての何か特定の解釈、そして二〇世紀の終盤にその著作群が私たちにもつであろう意味を慎重に避けなければならないと考える作者は、まさに「絵画の周囲をめぐって」行なったのと同じように「マルクスの周囲をめぐって」記述を進めるのである。マルクスはまたひとつのデリダの言語による「力業」のための口実となっている。権威の効力を認めることへのその執拗な拒絶、権威の基礎がいかに揺らいでいるのかを暴き出すその欲望のゆえに、デリダはポストモダニズムの圏域内に確固とした場所を保持している。

デリダの主要著作

Derrida, Jacques, *'Speech and Phenomena' and Other Essays on Husserl's Theory of Signs* [1967], trans. David B. Allinson, Evanston, IL: Northwestern University press, 1973.（林好雄訳『声と現象』ちくま学芸文庫）

———, *Of Grammatology* [1967], trans. Gayatri Chakravorty Spivak, Baltimore, MD and London: Johns Hopkins University Press, 1976.（足立和浩訳『グラマトロジーについて』全2巻、現代思潮社）

———, *Writing and Difference* [1967], trans. Alan Bass, Chicago: University of Chicago Press, 1978.（合田正人・谷口博史訳『エクリチュールと差異』法政大学出版局）

———, *Spurs: Nietzsche's Styles* [1978], trans. Barbara Harlow, Chicago and London: University of Chicago Press, 1979.（森本和夫訳「尖鋭筆鋒の問題」『ニーチェは、今日？』ちくま学芸文庫）

———, *The Truth in Painting* [1978], trans. Geoff Bennington and Ian McLeod, Chicago and London: University of Chicago Press, 1981.（髙橋允昭・阿部宏慈訳『絵画における真理』全2巻、法政大学出版局）

———, *Margins of Philosophy* [1972], trans. Alan Bass, Chicago: University of Chicago Press, 1982.（藤本一勇訳『哲学の余白』全2巻、法政大学出版局）

———, *Glas* [1974], trans. J. P. Leavey and R. Rand, Lincoln, NE and London: University of Nebraska Press, 1986.（鵜飼哲訳「弔鐘」『批評空間』一九九七年一〇月号から二〇〇二年七月号まで断続掲載）

———, *Dissemination* [1972], trans. Barbara Johnson, Chicago: University of Chicago Press, 1987a.（藤本一勇他訳『散種』法政大学出版局）

———, *The Post Card: From Socrates to Freud and Beyond* [1980], trans. Alan Bass, Chicago and London: University of Chicago Press, 1987b.（若森栄樹・大西雅一郎訳『絵葉書I』水声社）

———, *Specters of Marx: The State of the Debt, the Work of Mourning, and the New International* [1993], trans. Peggy Kamuf, London: Routledge, 1994.（増田一夫訳『マルクスの亡霊たち』藤原書店）

参照文献

Bloom, Harold *et at., Deconstruction and Criticism,* London and Henley: Routledge and Kegan Paul, 1979.

Hartman, Geoffrey H., *Saving the Text: Literature/Derrida/Philosophy,* Baltimore, MD and London: Johns Hopkins University Press, 1981.

Saussure, Ferdinand de, *Course in General linguistics* [1916], ed. Charles Bally, Albert Sechehaye and Albert Reidlinger, trans. Wade Baskin, London: Peter Owen, 1960.（フェルディナン・ド・ソシュール、小林英夫訳『一般言語学講義』岩波書店）

ウンベルト・エーコ

Umbert Eco
1932-

記号理論、文化研究、小説創作と多岐にわたるエーコの仕事のなかでも、小説『薔薇の名前』はまさにポストモダン芸術の実践のお手本であり、とりわけその遊び心にあふれ緻密に展開された間テクスト性に加えて、ダブル・コーディングの概念の駆使に関してそう言える。ブライアン・マクヘイルにとっては『薔薇の名前』は「モダニズムとポストモダニズムの間のどっちつかずに位置する」(McHale 1992: 11) テクストとなるが、これは彼の研究『ポストモダニズム小説』においてまず素描されたような、ポストモダンに関するマクヘイルの分類の体系を受け容れることから出てくる結論である。そのような体系を脇に置けば、『薔薇の名前』は、ポストモダン芸術において私たちが望むようになっている語りの特徴をほとんど備え、その意味においてポストモダン文学の代表とも目される。その物語は、中世神学、アリストテレスとプラトンの美学理論、記号論、犯罪小説を混ぜ合わせるにあたり大衆読者と上級読者をともに引きつけるような手法を用いて、見事な成功を収めたのである。

エーコの著作は、当初は彼が長年ボローニャ大学で教えてきた記号論の分野に属するものであった。その記号理論は、『記号論』『物語における読者』『記号論と言語哲学』といった一連の著作で素描されている。『記号論』には以下のような大胆な宣言がある。「本書の目的は、記号作用とコミュニケーションの両方、またはそのいずれかが引き起こすあらゆる現象への統一されたアプローチの理論的可能性と社会的機能を探究することである」(Eco 1977: 3)。エーコにとって、これは、コードと記号生産の両方の理論を確立することを意味し、この点において彼は、『一般言語学講義』のフェルディナン・ド・ソシュールが残したモデルを、その洗練度と射程において越えるような「一般記号理論」(Eco 1977: 5) を意図したのである。エーコは、下層は「動物記号論」(動物の行動)から、嗅覚記号(匂い)、触覚コミュニケーション、モノの体系とだんだん上昇し、マス・コミュニケーションとレトリックといったより明瞭な分野まで、記号論が認めうると思われる諸分野を際限なく広く挙げている。「文化のあらゆる側面が記号論の単位になる」(Eco 1977: 27) のだから「文化は記号としての面から完全に研究しうる」(Eco 1977: 28) という仮説をエーコは推し進める。

『記号論と言語哲学』において、エーコが自らを記号理論の歴史の流れに位置づけているのは、この主題に対するその独自の開かれたアプローチを展開するためであった。彼が記号論の領域を描き出すのに思いついたイメージは網目と迷宮であったのだが、網目は、その表面上のいかなるふたつの点の間を行き来する通路に無限の多様性がある物体であり(エーコが強調するように、ドゥルーズ&ガタリのリゾームに似ている)、一方、迷宮という伝統的な発想は、始まりから終わりまで唯一の正しい道があるだけである。「網目は無際限の領域である。……アメリカ合衆国の領域は、誰に対してもダラスからニューヨークへ行くのに、セントルイスを通過することを義務づけはしない。ニューオリンズを通過することもまた可能である。……網目という抽象的なモデルは中心も外部ももたない」(Eco 1984b: 81)。物語は、盛期の構造主義理論の方法に則って特定の文法上の推移に結びつけられることを許容するものではなく、多種多様な解釈に開かれているものと見なせるだろう(ロラン・バルトが『S/Z』で主張したことでもある)。それゆえエーコにとって「記号作用の世界」は以下のような特徴をもつ。

(a) 解釈のネットワークにしたがって構造化される。(b) それは様々な文化によって可能になる多様な解釈を許容するがゆえに事実上、無限である。ひとつの表現は、ひとつの文化の枠組のなかで実際に解釈されたことを受けて、幾度でも、幾通りでも解釈することが可能である。(Eco 1984b: 83)

『物語における読者』で読者とテクストの関係を探究するエーコは、盛期構造主義者の批評家たちが多かれ少なかれ考えていたようには、テクストはそれだけで孤立させて考えることはできないと主張するのだが(エーコはこの点に関してクロード・レヴィ=ストロースと論争を行なっている)、アングロ=サクソンの伝統では彼らの前に、F・R・リーヴィスなどニュークリティシズムの批評家たちがいた。「読者との協同作業を打ち立てることは、テクスト外の要素で構造分析を汚すことを意味しない。解釈の積極的な参加者としての読者は、テクストの生成過程の構図の一部なのである」(Eco 1981: 4)。しかしながらエーコが慎重な手続きで明らかにするのは、テクストによってある解釈へと導かれていくのが読者であるという点であり、ただしテクストのコードへの反応に際してはかなりの幅広さが認められはする（そのような関係が実際にどのように機能するのかは、後でエーコのもっとも有名な小説『薔薇の名前』を論じる際に示したい）。「閉じられた」テクストと「開かれた」テクストを区別するエーコは、テクストがいくつかの数の読み方を認めている場合でも、それを「閉じられたテクスト」だと意外にも称する。それが生じるのは、作者によって設定された決まりきった道筋をたどることになる「平均的」読者を作者が設定している場合であるが、読者がそのように想定された平均に甘んじることがなければ、ほとんどいかなる読みでも、テクストからいかに外れていようと可能になるのである。読者の解釈の技術を封じ込めようとする作者は、逆説的にテクストを「極端に『開かれたもの』」(Eco 1981: 9) にしてしまう。エーコの述べる「開かれた」テクストとは、テクストが提供する多種多様な解釈に読者が参加することを求めるものであるとともに、読者がテクストによって設定される境界線の内側にとどまらなければならないことを前提としている。「テクストは、読者が望むようにではなく、テクストが読者にそう用いるように望むやり方でしか用いられない」。これは、ロラン・バルトによる「読むためのテクスト」と「書くためのテクスト」の区別に対するエーコの異論なのである（バルト『S／Z』参照）。

『薔薇の名前』は、近年の文学におけるダブル・コーディングのもっとも目ざましい実例のひとつであり、同時に、大衆読者がついた殺人物のミステリ／探偵物のスリラーでもあり（この本は何百万部も売れ、世界中で翻訳され、ハリウッドで映画化された）、またプラトン美学とアリストテレス美学という対立する思想と中世キリスト教会の思想についての論究でもある。この物語の殺人物ミステリとしての側面に記号理論をあざやかに適用するエーコが、探偵役として登場させるバスカヴィルのウィリアム（この名前はシャーロック・ホームズ物へ明らかな目配せである）という修道僧は、連続殺人の後に残された記号のばらばらの集まりをまとめ上げて、殺人者に達する道筋を構築しようとする。エーコの網目と迷宮の理論にしたがって、いくつもの記号は、多種多様な解釈の道筋を示すのだが、そのすべてが、ここで用いられている特定の思考体系の領域の内部では意味をなすのである。修道院の組織にとっては、それらは悪魔の仕業であることを示す不可謬の証拠となるものであるが、一方より合理的な思考法を身につけているバスカヴィルのウィリアム（ロジャー・ベーコンのようなこの時代の革新的な学者の思想の影響を受けている）にとっては、検閲という手段を通してのカトリック教会による社会統御の護持といったような、より人間に即した説明を最終的には指し示すものなのである。

エーコがテクストについて述べる「複数の可能世界を産み出すための機械」（Eco 1981: 246）という言葉が『薔薇の名前』についてもっとも当を得ていると言えるのは、この小説がもっとも確からしい物語世界を構築するために様々な関心を編み合わせるものであるからだ。読者とテクストの関係が進展すれば、読者は、そのテクストが提供する多くのもののなかで一組のコードを強調することを選び取り、その目的に寄せてテクストを解釈するだろう。しかし読者はそれでもテクストによって設置されたコードがなす特定のネットワークの内部にとどまらねばならない。テクストが解釈の参照枠を提供するのである。

ウィリアムが『薔薇の名前』で最終的に発見するのは、教会制度の権威にとって危険となりうる思想が広く流通するのを妨げようとするその構成員によるある陰謀である。この陰謀の中心をなすのが、アリストテレス美学理論の唯一知られる原本『詩学』のその悲劇論を補完する喜劇論を述べた、逸失したと思われていた書物である。この喜劇論がもっと広く知られることになったとしたら、修道院図書館の筆頭司書であるホルヘが考えているように、権威が嘲笑され、それゆえにカトリック教会の権威失墜を招くことになる。大衆への優越性を維持するために教会が望んでいるように大衆が聖職者を怖れることはもはやなくなるだろう。このような立場をとることは、プラトンの側につくことであり、『国家』においてその師ソクラテスの人物像を通じて描き出された彼の美学理論は、詩人が国家の公認イデオロギーに合致しなかったり、それを実行する人びとを軽視したりする作品を産み出さないように求めるものであった。プラトンの計画する国家においてそのような人物は公共の秩序への脅威と見なされ、追放されることになるのである。社会主義リアリズム体制下のソヴィエト連邦と同じように、芸術家に求められるのは、基本的に支配階級の要請に応えるプロパガンダなのである。

つづくエーコの小説の実作は、同様に遊び心にあふれたやり方で、大衆文学のジャンルの枠組と語りの修辞を、多くの場合記号理論に大きく依拠しつつ、明らかな知的関心と混ぜ合わせるものである。陰謀もまた多くの場合主要な役割を果たすのは、『フーコーの振り子』と『プラハの墓地』に見られる通りであり、そこでエーコは、陰謀が実体としてはいかに希薄なものか、それを真に受ける大衆がいかにだまされやすいものか、それが私たちの偏見をいかに利用するものかを明らかにする（陰謀がポストモダン小説においてたえず回帰する修辞であることは、ブライアン・マクヘイルらがつとに指摘するところであるが、エーコはその慣例を茶化している数少ないひとりである）。『プラハの墓地』において、一九世紀ヨーロッパの大帝国をいくつもまたがって展開するスパイ活動と反スパイ活動の薄暗い地下世界から姿を現すのが、『シオン賢者の議定書』（世界の主要組織に食い込むことによって世界支配を目論むユダヤ人の数世紀にわたる巨大な陰謀を示す文書）だが、様々な秘密諜報機関が自分たちの失策を覆い隠すためのスケープゴートを求めていたことが主な理由として産み出されたものである。『シオン賢者の議定書』は、キリスト教社会のなかで反ユダヤ主義の長くつづく伝統に伴うものであるために、この点で、全人民が従っている統治者の権力の乱用から注意を逸らすことにおいてかなり成功を収めるものとなるのである。陰謀の喧伝は、非公認の国家政策となる。

　エーコの小説は一般的に、彼の記号理論の実演であるが、衒学的であったり、難解な理論を示すためだけに小説を使ったりというような悪弊に陥ることはない。単なる「思想小説」とは大いに異なるのである。ポストモダン美学の観点からは、彼はダブル・コーディングの芸術の名匠であり、それゆえに彼が作家として遺した贈り物は永劫に価値をもつことになろう。

エーコの主要著作

Eco, Umberto, *A Theory of Semiotics*, London and Basingstoke: Macmillan, 1977.（池上嘉彦訳『記号論』全2巻、講談社学術文庫）

——, *The Role of the Reader: Explorations in the Semiotics of Texts* [1979], London: Hutchinson, 1981.

——, *The Name of the Rose* [1980], trans. William Weaver, London: Secker and Warburg, 1983.（河島英昭訳『薔薇の名前』全2巻、東京創元社）

———, *Reflections on 'The Name of the Rose'*, trans. William Weaver, London: Secker and Warburg, 1984a.（谷口勇訳『「バラの名前」覚書』而立書房）

———, *Semiotics and the Philosophy of Language*, Bloomington, IN: Indiana University Press, 1984b.（谷口勇訳『記号論と言語哲学』国文社）

———, *Foucault's Pendulum* [1988], trans. William Weaver, London: Secker and Warburg, 1989.（藤村昌昭訳『フーコーの振り子』全2巻、文春文庫）

———, *The Search for the Perfect Language* [1993], trans. James Fentress, Oxford and Cambridge, MA: Blackwell, 1995a.（上村忠男訳『完全言語の探求』平凡社ライブラリー）

———, *The Island of the Day Before* [1994], trans. William Weaver, London: Secker and Warburg, 1995b.（藤村昌昭訳『前日島』全2巻、文春文庫）

———, *Baudolino* [2000], trans. William Weaver, London: Secker and Warburg, 2002.（堤康徳訳『バウドリーノ』全2巻、岩波書店）

———, *The Prague Cemetery* [2010], trans. Richard Dixon, London: Harvill Secker, 2011.

参照文献

Aristotle, *The Poetics*, trans. T. A. Sinclair, Harmondsworth: Penguin, 1962.（アリストテレース／ホラーティウス、松本仁助・岡道男訳『詩学／詩論』岩波文庫）

Barthes, Roland, *S/Z* [1970], trans. Richard Miller, London: Jonathan Cape, 1975.（ロラン・バルト、沢崎浩平訳『S／Z』みすず書房）

McHale, Brian, *Postmodernist Fiction*, London and New York: Methuen, 1987.

———, *Constructing Postmodernism*, London and New York: Roudedge, 1992.

Plato, *The Republic*, trans. Desmond Lee, Harmondsworth: Penguin, 2nd edition, 1974.（プラトン、藤沢令夫訳『国家』全2巻、岩波文庫）

Saussure, Ferdinand de, *Course in General Linguistics* [1916], ed. Charles Bally, Albert Sechehaye and Albert Reidlinger, trans. Wade Baskin, London: Peter Owen, 1960.（フェルディナン・ド・ソシュール、小林英夫訳『一般言語学講義』岩波書店）

ポール・K・フェイアーベント

Paul K. Feyerabend
1924-94

トマス・S・クーンと並んで、フェイアーベントも科学哲学の分野で多くの論議を呼んできた思想家で、科学が学問として成り立っている前提を問い、とくに科学史を先入見なしに検証すると、科学の客観性なるものは疑わしいと主張してきたことで知られる。しかしフェイアーベントはクーン以上にその主張が過激で、科学的方法の発展を見るかぎり、そこでの原則はせいぜい「何でもあり《エニシング・ゴーズ》」である、とまで言うのだ（Feyerabend 1978a: 23)。この主張を受け入れる実験科学者はさすがに少数だろう。事実フェイアーベントのもっともよく知られた著作は『方法への挑戦』と名付けられており、妥協を知らない著者は、その標的が「方法論者たちが指針として信じこんでいるナイーブで単純きわまりない規則の数々」にあると明言する（Feyerabend 1978a: 17)。フェイアーベントがこの点でとくに辛辣なのはカール・ポパーに対してで、その理論上の「短絡思考」が俎上に載せられている（Feyerabend 1987: 191)。

フェイアーベントは、実験科学者や科学哲学者が考える以上に、実際のところ科学とは神話に近いものである（しかも「二流の神話」だ）とまで言い切る（Feyerabend 1978a: 44)。これはジャン゠フランソワ・リオタールが『ポストモダンの条件』で述べた、物語の価値は真実か否かではなく役に立つか立たないかで決まる、というポストモダン的視点ともつながるものだろう。それはまた、科学史を通してパラダイムと革新とが交互に展開してきたというトマス・S・クーンの考え方（『科学革命の構造』参照）に、さらなるひねりを加えたものと考えることもできる。フェイアーベントのモデルは、永久革命の状態により近い。科学において真実と見なされているものも、このように破棄されていくという発想は、ほとんどの科学者にとって認めがたいものだろう。なぜなら多くの科学者は、物語など自らの仕事に何の役割も果たしておらず、それは芸術や人文学の話ではないかと考えているからだ。科学者たちが信じているところによれば、自分たちが扱っているのは、確立した方法による実験によって生み出され、体系的に集積されたデータに他ならないのである。

『方法への挑戦』はきわめて大胆な言い方で、次のように論が始められる――「以下の論文は、次のような確信に基づいて書かれている。すなわちアナキズムは、おそらく政治哲学としてはそれほど魅力のないものかもしれないが、認識論、そして科学哲学にとっては、たしかに優れた妙薬である」(Feyerabend 1978a: 17)。この観点から見て、科学哲学が問題なのは、それがあまりにきれいにできすぎていて、科学史を一定の方向に進歩する目的論から考える傾向にあることだ。それに対して異議を唱えるフェイアーベントによれば、科学史とは「予期しない驚きに満ちた発展によって成立する複雑な媒体」であって、「歴史のつねに移り変わる状況とは無関係に、あらかじめ設定された規則に基づいた分析を拒むものである」(Feyerabend 1978a: 18)。私たちは科学史を科学教育が教えるようにきれいに整序されたものというよりも、「カオスに満ちた」ものとして見るべきで、こうした整序は、「利害関係や既存の力関係、プロパガンダや洗脳の技術」(Feyerabend 1978a: 19, 25) といったものの汚れた共犯関係によってなされているのだから、フェイアーベントによれば、それにつねに抗うべきなのだ。レーニンとアインシュタインを自らの議論の支えに引き合いに出すフェイアーベントの姿勢は、まさにこの主題に関する偶像破壊的な態度を明らかにするものだろう。

フェイアーベントが提唱する別の方法論、アナーキズム的な科学の方法論は、「何でもありの原則」に基づいて構成されている。規則がつねに破られ、理論が無視されなければ、科学の知識に進歩などあり得ず、それがまさにいつでも起こってきたことなのだと彼は主張する。科学史の公式見解は、カオスに満ちた状況である現実を理念化しているにすぎないのだ。さらにフェイアーベントによれば、「進歩」の概念にこだわる必要などなく、進歩とは人によって意味するところが違うのだから、それを区別することも無用である――「私の主張は、アナーキズムこそが進歩を達成するのであって、進歩が人によって何を意味しようとそんなことはかまわない、ということだ」(Feyerabend 1978a: 27)。言いかえれば、「何でもあり」なのである。

科学者は既存の理論を強化するよりは、反帰納的な理論を発展する義務を感じるべきだと、フェイアーベントは考える。その理由は、「この領域において知られているあらゆる事実に適合するような理論が、単一なものであるはずなどないからだ」(Feyerabend 1978a: 31)。そしてここから、そのような齟齬を説明するような他の仕方が導かれるべきだ、と彼は言う。物理学で昨今起きていることはこの例証となるだろう。というのも科学者たちのなかには、物理の基準モデルを完成させるのに必要なものを探そうとしているだけの人たちがいる一方で、様々な矛盾をそのなかに抱えた物理学の基準モデルとは違う可能性を求めはじめている人たちがいるからだ。現在は、このふたつのアプローチの間にぎこちない休戦が成り立っているという状況だろう。基準モデルに固執する側は、確固とした理論を堅持するという視点から、基準を維持しようとし続けており、フェイアーベントによれば、それは理論が自ら導き出そうとするもののなかに取り込まれているにすぎないということになる。フェイアーベントの解釈に従えば、そのことが意味するのは、「一連の別の選択肢となる想定」を含む「外側からの批評基準」を編みだした方がずっと有効なのにもかかわらず、基準モデルを維持しようとすることで「内側から」物事を進めようとすることだ(Feyerabend 1978a: 32)。新たな理論や新たな想定が増えれば増えるほど、科学にとってはよいことだ、とフェイアーベントは考える。既存の理論に一貫性を見出そうとすること——これを批判する者たちが「異常物を守ろうとすること」と呼ぶ営み——は、こういった理論を支える体制を内に閉じこもらせ、科学の発展を妨げるだけで、「客観的な知識にとって必要なのは、意見の多様性なのだ」(Feyerabend 1978a: 46)。フェイアーベントの見るところ、何ものも排除されるべきではないのである。

　何ものも排除せず、何でもありという原則に従うと、ほとんどの科学者が科学的とは見なしていないインテリジェント・デザインのような理論までも取り込まなくてはいけなくなるだろう、という反対意見もあろう。インテリジェント・デザインの理論家たちは、自分たちの理論もダーウィンの進化論のような理論と同等の考察をされるべきであるし、別の世界観として認められるべきだと主張する。この意見は昨今、インテリジェント・デザインをカリキュラムに導入する州が現れたアメリカの教育システムのなかで問題となっている。しかしフェイアーベントの立場からすれば、インテリジェント・デザインは聖書のテクストとの整合性を求めているのだから、多くの基準となる科学論理よりもさらに視野が狭いという反論ができるだろう――インテリジェント・デザインを支持する人たちは、「別の選択肢となる想定」を認めようとはしないだろうから。インテリジェント・デザイン説から何か有益なものが得られるかどうかはきわめて疑わしいが、もしそのせいで科学者たちが自らの理論をより注意深く見つめることになるならば、それも何らかの役に立っているとは言えるだろう。

フェイアーベントの『自由な社会における科学』は議論を進めて、「合理性なるものは、諸々の伝統が従うべき基準というよりも、多くの伝統のひとつにすぎない」ということを証明しようとする。さらに「自由な社会とはあらゆる伝統が同等の権利を持ち、権力の中心にたいして同等の距離を保証された社会である」とされる（Feyerabend 1978b: 7, 9）。科学が私たちの社会で保持している特権的な位置は根拠のないものであり、したがって、その社会が基礎をおいていると標榜する民主的な原則とは相いれない。この本の結論部にはさらに、フェイアーベントが『方法への挑戦』の批判者に応えて、「文字が読めない者との会話」と挑発的なタイトルを付けた文章が収められている。これは『方法への挑戦』を否定した書評者に対する反論で、彼は「標準となってきた無能がいまや卓越した学者の本質になってしまった。存在するのはもはや無能な学者ではなく、学者という名の無能である」とまで言う（Feyerabend 1978b: 183）。この本は科学が一般大衆にもっと開かれるべきだという見解を強く打ち出しており、「科学を監督する能力があり、また監督しなければならないのは俗人である」という主張がなされている（Feyerabend 1978b: 96. ダナ・ハラウェイも『控えめな目撃者』のなかで似たような文句を述べている）。科学はひとつのイデオロギーとして取り扱われるべきで、なぜかというと科学は「他と比較して利点があるから信用されているのではなく、その観客に見映えだけよくされている」からである（Feyerabend 1978b: 102）。

『理性よ、さらば』では、「理性」とか「客観性」についての私たちの考え方が問題視される――「基本原則や研究結果を客観視するという私たちの習慣は、補足や余剰を含んでいる世界や社会的に親密な関係を重視する社会では意味を失う」（Feyerabend 1987: 9）。「理性」とか「合理性」などという用語は、フェイアーベントにとって、何らかの権威によって押しつけられた規則に固執することにすぎず、それらは「ほとんど手当たり次第に特定の考えや過程と結びつけられることで、卓越という後光に包まれることになる」となかなか辛辣だ（Feyerabend

1987: 10)。(フェイアーベントの著作では、ポパーの「批判的合理主義」が繰り返し攻撃の的となっている。)つまり合理的とは、ときの権威が信じるものなら何でも同意してしまうということにほかならず、一方「非合理」とは不同意を意味するにすぎない。普遍的な真実なるものも実のところ、これだけ議論が分かれるのであるから(宗教の歴史だけでもそのことは明らかだろう)、フェイアーベントが推奨するのは相対主義であり、それこそが人間関係のよりよい基礎を提供し、「文化の多様性という現象を理解する試み」となるのである(Feyerabend 1987: 19)。多様性、多元性、複数主義といったものが、フェイアーベントがつねに推し進めようとする原則であって、彼の見るところ、科学にはこれらが明らかに欠如しているのだ。

　フェイアーベントは元気も出るが、同時に疲れる思想家だ。彼は私たちに科学史を目的論によって見ないようにと勧めており、これはたしかに大事なことだ。しかし彼は自らの意見を極端に推し進めようとするあまり、説得力を欠いてしまうようにも見える。彼は自分のことを反科学的と考えるべきではないと強調するけれども、現在の科学の営みについて、それが自分の利益しか考えない「法と秩序を押しつける方法論」(Feyerabend 1978a: 172)と一蹴するなど、自説を強固に主張しすぎる傾向が明らかにある。フェイアーベントが科学者たちを説得しようとして述べる、「『カオス』がなければ知もない。理性を退けなければ進歩もない」(Feyerabend 1978a: 179)といった考えに、科学者たちが同意するようになるとはとても思えない。そこまで認めてしまえば、科学は自分勝手に理論を作り上げる者たちにも、あまりに寛容すぎることになってしまうだろう。それでも、あらゆる理論が異議申し立てにさらされるべきだという彼の主要な論点は、たしかに有益であって、科学におけるメタナラティヴにたいする一貫した反対者としてフェイアーベントを位置づけることは正当なことだ。彼はそうした物語を、「人間が編みだしてきた多くの思想形態のひとつとして、必ずしも最良のものとは言えない」(Feyerabend 1978a: 295)として退ける。しかしながら、過去においてそうだったように、「法と秩序を押しつける方法論」がいまだに科学の世界における主要な要素であるかどうかということが問われるべきことではないだろうか。

フェイアーベントの主要著作

Feyerabend, Paul K., *Against Method: Outline of an Anarchistic Theory of Knowledge* [1975], London: Verso, 1978a.（村上陽一郎・渡辺博訳『方法への挑戦』新曜社）

———, *Science in a Free Society*, London: NLB, 1978b.

———, *Realism, Rationalism and Scientific Method: Philosophical Papers*, Volume I, Cambridge: Cambridge University Press, 1981.

———, *Problems of Empiricism: Philosophical Papers*, Volume II, Cambridge: Cambridge University Press, 1981.

———, *Farewell to Reason*, London and New York: Verso, 1987.（植木哲也訳『理性よ、さらば』法政大学出版局）

———, *Three Dialogues on Knowledge*, Oxford and Cambridge, MA: Blackwell, 1991.

———, *Killing Time: The Autobiography of Paul Feyerabend*, Chicago and London: University of Chicago Press, 1995.（村上陽一郎訳『哲学、女、唄、そして』産業図書）

———, *Conquest of Abundance: A Tale of Abstraction Versus the Richness of Being*, ed. Bert Tepstra, Chicago and London: University of Chicago Press, 1999.

———, *Knowledge, Science and Relativism: Philosophical Papers*, Volume III, ed. John Preston, Cambridge: Cambridge University Press, 1999.

———, *The Tyranny of Science* [1996], Cambridge and Malden, MA: Polity Press, 2011.

参照文献

Haraway, Donna J., *Modest Witness@Second Millennium Meets Oncomouse: Feminism and Technoscience*, New York and London: Routledge, 1997.

Kuhn, Thomas, *The Structure of Scientific Revolutions*, 2nd edition, Chicago and London: University of Chicago Press, 1962.（トマス・クーン、中山茂訳『科学革命の構造』みすず書房）

Lyotard, Jean-François, *The Postmodern Condition: A Report on Knowledge* [1979], trans. Geoff Bennington and Brian Massumi, Manchester: Manchester University Press, 1984.（ジャン＝フランソワ・リオタール、小林康夫訳『ポストモダンの条件』水声社）

ミシェル・フーコー

Michel Foucault
1926-84

フーコーの文化史の分析は、最初に出現したときに大きな争論を巻き起こし、より伝統的な歴史家によって彼の扱うデータの信憑性やそれに対する彼独自の解釈に疑義が呈されはしたものの、学界における議論を現在まで刺激しつづけている。エドワード・サイードが論じるように、フーコーは「通常みられるような哲学や歴史の著述を行なったのではない」(Said 1975: 288) けれども、このふたつの学問分野を結合して、古典古代から現代にいたるまでの西洋社会の発展について斬新な見通しを提示することに成功している。フーコー自身が学問の細分化を回避することを狙っており、当該主題に関しての画期的な三巻本『性の歴史』での自分の学問を、「『歴史家』の仕事ではなく、自分自身の歴史を考える営みが、歴史が暗に考えていることから思考を解放し、歴史を別様に考えることがどこまでできるのかを自分の側で学ぶための哲学の実践」(Foucault 1987: 9) と述べている。思想の全体的な方向性という点では、彼はまさに融通無碍といってよく、あるインタビューで「私はフロイト主義者であったことはなく、マルクス主義者であったことも、構造主義者であったこともない」(Foucault 1988: 22) と語っている。

ラベルを貼られることを嫌っているフーコーではあるが、ポスト構造主義・ポストモダンの流れに属する全体化に反対する思想家として捉えることはさほど的外れとは思われない。権威的な体制と普遍的な理論を拒絶し、それらを、権力の実践にのみ依拠するもの、自身の都合のためにそのような権力を維持する権力者によって行使されるものとして示すのである。そのような体制（フーコーはそれを「言説」として捉えるようになる）は、その正当化のために伝統に大きく依存する——支配体制は時が経てば物事の自然な秩序と見えてくる――このことが意味するのは、そうした体制は異議申し立てを受ける可能性があるということで、それこそがあらゆるポスト構造主義者とポストモダニストが、各々の専門領域で極力強く打ち出そうとしている論点である。そのような思想家にとって権力は、平等に逆らい搾取を行なうことを明白な本質とするがゆえに、抵抗を受ける可能性と必然性があることから、フーコーは、その生涯を通じて権力の問題、そしてそれが特定の歴史の領域（フーコーの用語にしたがえば「エピステーメー」）においてどのように表現されているのかという問題に深く関わりつづける。

フーコーは彼のいわゆる「考古学」に専念することで、これこそ歴史研究が今日行なわれるべきやり方であると示唆するとともに、断絶に、すなわちパターンを形成するものではなくパターンに組み込まれないものにより深い関心を見せた。統合のための図式や概念は、そのような思想家にとっては、もはや信じるに値しないものになっている。考古学がかつては、普通に見ればばらばらの発見を理解するために「歴史の状況を希求するものであった」とすれば、その関係は今や逆になって「私たちの時代にあって、歴史が考古学の状況を希求している」(Foucault 2002: 8) とフーコーは主張する。『知の考古学』では、私たちはもはや「慣れ親しんだ区分や分類」(Foucault 2002: 24) に頼ることはできないと論じているが、ここで意味されているのは、作者、著作、歴史的運動などといった通常のカテゴリーである。「一冊の本が切り拓く領域は、決して明瞭なものではない」(Foucault 2002: 25) し、同じことは伝統的な説明において見出される他の通常の区分や分類についても言える。「作者」に関しては、フーコーは、「言説のひとつの機能」(Foucault 1977b: 124) という地位にまで降格させている。

フーコーが考古学のアプローチを採用するのは、性の歴史へと探究を進めた際であったが、それによって彼が覆そうとした人間の性に対する通常の見解（彼の生涯を通じて変わらなかったが）は、異性愛を基本としそれ以外の形態をとる性的表現を規範からの逸脱とするものであった。それは、世界中で同性愛に対する多種多様な差別を産み出したひとつの態度である。一方でフーコーの主張によれば、古典文化の精査によって明瞭になることとして、同性愛は、古代ギリシャの時代の性的表現の正常の枠内に完全に収まると見なされており、それは成人男性と未成年の関係にも延長させて考えられるという事実がある。後者の結びつきは、様々な慣習によって規定されており、フーコーの記述によれば、「ギリシャ思想にとっての懸念材料」(Foucault 1987: 187) とでもいうべきものになったが、そういった関係はありふれていると同時に普通に受け容れられていた。私たちが現在バイセクシュアルと呼ぶものもまたそうである。しかし、そのような社会においては、同性愛やバイセクシュアルは意味をなす言葉ではないとフーコーは論じている。

異性愛が規範として語られるようになり、それ以外のあらゆる性的表現の形態が最終的に非合法となり、刑罰の対象ともなった(今日でもいくつもの国でこれがいまだに該当する)のは、ローマ時代の後期に次第に、とくに公式の国家宗教としてキリスト教が位置づけられて以降にすぎない。異性愛が、西洋の公共圏の内部での支配的言説と化したのである。現代まで、この言説は、西洋社会に対して力をもち、同性愛を地下へと追いやったのだが、ゲイ文化が目立って肯定的扱いを受けるようになり、また踵を接してゲイ理論・クイア理論が出現することでそれが公然と疑問視されるようになったのは、二〇世紀最後の数十年のことにすぎない。フーコーの論点は、歴史が私たちに示すのは、性行為を規定するのは慣習であるということ、それがどうあるべきかについての「自然法」は存在しないということである。フーコーのような思想家の著作から、クイア理論は発想を得ることになったが、フーコーの性の歴史についての分析は、現実に存在していたものよりもおそらくはすっきりしすぎているという見解もある。この点については、ジェイムズ・デイヴィドソンが、『娼婦とフィッシュケーキ』において、そのような読解とバランスをとるために古代アテナイにおいて栄えた異性愛文化に注意を向けることが必要だと述べた(彼が全体の議論を構築するのにフーコーの言説の概念に触発されているということはあるけれども)。

フーコーの考古学が示そうとするのは、現代の世界秩序のなかにあって、私たちが以前の時代以上に緊密な支配を権力者から受けるようになっており、行為についての規範のコードが単に性の領域だけではなく社会の全範囲を通じて課されてくるまでにいたっているということである。狂気、病気、犯罪がすべて、権力者の意向を受けた統治体に従っていることは、フーコーによれば、すべてその運営の権限を握る人物たちとともに誕生した近代の精神病院、監獄、病院制度の創立を見れば明らかなのである。このような体制を通じて、社会と政治のエリートによる大衆統制が維持され、それによって彼ら自身の地位が保護される(付言すれば、同様の議論を教育制度についても展開することができるだろうし、これはマルクス主義のヘゲモニー理論が行なっていることと事実上同じである)。『狂気の歴史』は、いかにして精神病院が、フーコーが「大監禁の時代」(Foucault 1967: 38-64)と名づける一七世紀以降ヨーロッパ社会において展開したのかを描き出す。こうして監禁された個人は、中世においては比較的自由に街を歩き回ったり、あまつさえ神が遣わされた「無垢の人」であるという根拠からある程度の公的保護を得たりしていたのである。フーコーが前近代における「精神異常者への教会の配慮」を語るのは、狂気が「含んでいるのは、難解ではあるが重要な教え、つまり人間における獣という罪深い無垢であった」(Foucault 1967: 82)と教会が考えていたからである。しかしながらいまや社会と政治のエリートが望むようになったのは、中央の統制と管理にずっと従わせることのできる制度のなかに異物を封じ込めて、それが表に出ないように取締りを行なうことであった。この厳格な新しい言説は、人民すべてに適用されることになった。「線を引き、礎石を据える、そして追放を目的として選び出すという感性が誕生したのである」(Foucault 1967: 64)。囚人などの集団の側に立った発言を一生涯つづけていたフーコーは、現代西洋文化の「異物」として周縁に追いやられ、社会的に追放されたこの種の集団に信愛を感じていた。

人文学と社会科学の双方において巨大な影響力をふるってきたフーコーの言説の概念は、評論家と批評家に、時代は問わず権力の機能を分析するためのきわめて柔軟な枠組を与えた(エドワード・サイードの『オリエンタリズム』は西洋の植民地主義にそれを適用したとくに傑出した例であり、ジュディス・バトラーの『ジェンダー・トラブル』はジェンダー関係についてのそのような例である)。彼は言説を「対象の領域の画定、知の動因への正統的な見方の限定、概念と理論の練り上げにあたって機能する規範の固定」(Foucault 1977b: 199)から成り立つものとして記述する。言説は、あるひとつの時代において支配集団がヘゲモニーをいかに行使するのかに関する理論として見なせようが、そこから脱落しているのは、マルクス主義のヘゲモニー概念の裏にある大上段からの決めつけで、そこでは階級闘争が、ポスト資本主義のマルクス主義的ユートピアでの「プロレタリアート専制」にひたすら向かうものとして考えられているのである。フーコーにとっても同じポストモダンの思想家たちにとっても、史料にはそのような歴史のパターンは認められない。自らの個人的利益のために権力の座にとどまろうと汲々とする社会と政治のエリートの手になる史料を除いては。

フーコーの思想に反人間主義の傾向がはっきり認められ、マルクス主義のような思想によって好まれる歴史の図式への抵抗を示していることは、『言葉と物』の結びの言葉にきわめて印象深く表現されている。

> 私たちの思考の考古学が簡単に示すように、人間は近年の発明である。そしてたぶんその終わりは近づいている。そのような配置が、現れたかぎりにおいて消え去るものであるのならば、私たちには今のところその可能性を感じることしかできない出来事――その形態がどのようなものであるのか、それが約束するものが何であるのかはわからない――が、一八世紀の終わりに古典主義思想の基盤が崩れ去ったように、その崩壊を引き起こすことになるのならば、そこで人間は消え去るのだと賭けてもよいだろう、波打ち際の砂に描かれた顔のように。(Foucault 1994: 387)

歴史において何かひとつの特定の発展の線を浮かび上がらせることはないフーコーの観点は、無作為と偶然をはるかに大事な要因と捉えるポスト構造主義とポストモダンの思想を通してつねに回帰する。社会革命家が望む社会と政治の変化を引き起こすのに利用できる歴史の出来事へのひとつの行程をマルクス主義が見るところで、フーコーのような思想家は、意味の赴くまま予言したり操作したりする私たちの力を越えている開かれた未来を見ており、そのことで彼は、ポストマルクス主義の見出しのもとに分類されるような人物にもなっているのである。

フーコーの主要著作

Foucault, Michel, *Madness and Civilization: A History of Insanity in the Age of Reason* [1961], trans. Richard Howard, London: Tavistock, 1967.(田村俶訳『狂気の歴史』新潮社)

———, *The Birth of the Clinic. An Archaeology of Medical Perception* [1963], trans. A. M. Sheridan Smith, New York: Vintage, 1973.(神谷美恵子訳『臨床医学の誕生』みすず書房)

———, *Discipline and Punish: The Birth of the Prison* [1975], trans. Alan Sheridan, Harmondsworth: Pelican, 1977a.(田村俶訳『監獄の誕生』新潮社)

———, *Language, Counter-Memory, Practice*, ed. Donald Bouchard, trans. Donald Bouchard and Sherry Simon, Ithaca, NY: Cornell University Press, 1977b.

———, *The History of Sexuality:* Volume I. An Introduction [1976], trans. Robert Hurley, Harmondsworth: Penguin, 1981.（渡辺守章訳『知への意志　性の歴史Ⅰ』新潮社）

———, *The History of Sexuality:* Volume II. The Use of Pleasure [1984], trans. Robert Hurley, Harmondsworth: Penguin, 1987.（田村俶訳『快楽の活用　性の歴史Ⅱ』新潮社）

———, *Politics Philosophy Culture: Interviews and Other Writings 1977-1984*, ed. Lawrence D. Kritzman, trans. Alan Sheridan et al., New York and London: Routledge, 1988.

———, *The History of Sexuality:* Volume III. The Care of the Self [1984], trans. Robert Hurley, Harmondsworth: Penguin, 1990.（田村俶訳『自己への配慮　性の歴史Ⅲ』新潮社）

———, *The Order of Things: An Archaeology of the Human Sciences* [1966], trans. Alan Sheridan, New York: Vintage, 1994.（渡辺一民・佐々木明訳『言葉と物』新潮社）

———, *The Archaeology of Knowledge* [1969], trans. A. M. Sheridan Smith, London and New York: Routledge, 2002.（慎改康之訳『知の考古学』河出文庫）

参照文献

Barthes, Roland, 'The Death of the Author', in *Image-Music-Text*, ed. and trans. Stephen Heath, London: Fontana, 1977.（ロラン・バルト、花輪光訳「作者の死」『物語の構造分析』みすず書房）

Butler, Judith, *Gender Trouble: Feminism and the Subversion of Identity*, London and New York: Routledge, 1990.（ジュディス・バトラー、竹村和子訳『ジェンダー・トラブル』青土社）

Davidson, James, *Courtesans and Fishcakes: The Consuming Passions of Ancient Athens*, London: Fontana, 1998.

Said, Edward, *Beginnings: Intention and Method*, Baltimore, MD and London: Johns Hopkins University Press, 1975.（エドワード・サイード、山形和美・小林昌夫訳『始まりの現象』法政大学出版局）

———, *Orientalism: Western Conceptions of the Orient* [1978], 2nd edition, Harmondsworth: Penguin, 1995.（エドワード・サイード、今沢紀子訳『オリエンタリズム』全2巻、平凡社ライブラリー）

クリフォード・ギアツ

Clifford Geertz
1926-2006

ギアツは二〇世紀を代表する有数の人類学者であるが、その理論は他の学問研究の諸領域で採用されており、複数性と差異に肩入れするポストモダニストたちは彼の作品に支えを見出した。彼が創設者のひとりとなった「文化人類学」は、様々な文化について、西洋中心の見地から記述するのとは反対に、外来の観察者の研究として可能なかぎり内側から理解することを求めるものであった。個別の文化をその行動とそれが現れるコンテクストから理解することは、それについてのギアツの言う「厚い記述」を展開することである。一方で単に別の文化を記述し分類することは「薄い記述」を行なうことにすぎない。文化人類学の観点から見れば、クロード・レヴィ＝ストロースの構造人類学は、様々な文化を横断して適用できる共通の特徴の特定に関心を定めるものであって（学問分野を問わず構造主義の思想家がつねに見出そうとつとめるような「深層構造」が想定されている）、そこからは薄い記述しか発生しない。ギアツがその仕事において何とか樹立を試みていると自認するのは、「物事の意味についてそれらを取り巻く生の側に立って見定めるような科学、新しい診断法」（Geertz 1983：120）である。しかしながら、文化人類学がフィールドワークを行なう他の誰とも同じように偏見を抱く傾向があることを諾う彼は、「あらゆる民族学の記述は自家製であり、記述されるものについての記述というよりも記述者のための記述であるという逃れがたい事実」（Geertz 1988：144-5）に触れている。

一九五〇年代と一九六〇年代という初期においてギアツが手がけた、インドネシアなどで広範囲にわたって行なわれたフィールドワーク研究は、この地域の文化についての何冊もの書物に結実し、独立した学問分野としての文化人類学の成立に寄与した。たとえば『ジャワの宗教』において彼が詳細に分類するのは、この社会で行なわれている多岐にわたる宗教行事であり、それらは様々な文化の影響を受けた興味深い混成物であるとともに、その混合にはこの地域特有の要素が無数に付加されている。「ジャワの九〇パーセント以上がイスラム教徒だという単純な陳述の背後に、儀式における多様性、信仰における対立、価値観における抗争がどれほどひそんでいるのかを私は以下のページで明らかにすることを試みた」（Geertz 1960 : 7）。確かにこのときにギアツのフィールドワークによって発見されたのは、彼が妻とともにまる一年滞在したモジョクトという都市における三つの主要宗教の間に顕著に認められた敵対関係であるが、同時にまた多くの共有される価値観がこの敵対関係を抑えて、社会全体が機能する安定性の水準に達することを保証しているのである。モジョクトがたかだか人口二万人の小都市であることを考えれば、自分の研究から何らかの結論を引き出す前に集めなければならないとギアツの感じた細部の水準がよく理解できる。

『インボリューション――内に向かう発展』はさらに進んで、大きな歴史過程が、生活、それもインドネシアの農業従業者といったもっとも地域密着の水準にまでいかに影響を与えているのかを探っている。ギアツ自身によれば、その目的は「マクロ社会学の問題の理解のためにミクロ社会学の分析から得られる洞察を活用すること」（Geertz 1963 : xviii）である。ギアツがその主題にアプローチするのは、広い意味で言えば、生態系の観点からであるが、いかに生態系が機能していると考えられるのかをめぐる考えを外部から押しつけることに対して警告を発している。「インドネシアの文化と社会に関する過去の成長と現在の状態が生態系の過程にどれだけ多くを負っているのかは、探究の始めにではなく、可能であれば終わりにこそ決定されるものである」（Geertz 1963a : 11）。このようにデータを水先案内人とすることが、ひとつの文化の分厚い記述を構築することになるのである。生態系というお仕着せの考えにつき合い、それに対してデータをあてがうのは、薄い記述の水準にとどまることである――厚い、とは「包括的」という意味でとられるべきではないというギアツによる但し書きがつねにそこには伴うのではあるが。理論家のなかでもつねにもっとも細心なギアツは、データからの逸脱へと引き込まれることから身を避ける――それが構造主義一派に対する彼の主たる非難なのであるから。

反自民族中心主義者ともいえるギアツが、人類学研究における客観性という考えを拒絶するのは、これが通常、人類学者の側で自分の所属する文化の優越性を前提とすることになるからである（もちろん一般的には西洋で、とくに植民地主義の後の時代）。反自民族中心主義は、どんな文化も、他のいかなる文化に対して自ずと優越しているものとして扱うことを拒絶するのであり、ポストモダニストには、これはポストモダニズムの精神傾向としての複数性と差異の側に立っているように思われたのである。ギアツがまたポストモダニズムへと傾斜するのは、文化を説明する方法としての「大きな理論」という原理を攻撃するときだが、これを彼は後期の著作『ローカル・ノレッジ――解釈人類学論集』で敢然と行なっている。「大きな思想として捉えているものとともにある人びとがいまだ私たちのなかにいるのだが、まさに社会に関わる何かについての『一般理論』への要求は次第に空虚に聞こえるようになっており、ひとつの誇大妄想をもちたいという主張と同じである」（Geertz 1983 : 4）。これはまさに、フレッド・イングリスが述べるように、人間の特殊性を何らかの予断に合わせるのではなく、つねに「人間の特殊性に反応することを求める」思想家である。ジャン＝フランソワ・リオタールの先駆的研究『ポストモダンの条件』に見られる西洋社会の「大きな物語」の要求に対する彼の拒絶とそれに代わる「小さな物語」（Lyotard 1984 : 60）に対する支持と注目に値する明確な並行関係がここにはある。ポストモダン思想において特徴的であるものとして、地域限定的なものへの大まかな移行、および普遍化志向の理論への懐疑があり、それは研究の分野を問わない。

文化人類学の影響が見られるのは、新歴史主義のような理論においてであり、その主要思想家に数えられる文学批評家スティーヴン・グリーンブラットの仕事にそれが認められる。グリーンブラットは『ルネサンスの自己成型』において同様にその関心を、特定の個人によって経験されるような日常生活の実践の方に向け、私たちが見通しのよい後世から進行中のものとして認識しうる大きな歴史過程をめぐって彼らが開示するものを発見するのである。

文化人類学には差異と特殊性への肩入れがあり、ギアツの作品との鮮やかな違いが生じているレヴィ＝ストロースのような人物に代表される構造人類学の一派が強調するのは、文化を横断して適用される共通要素を発見し、次いでそれらが提示していると思われるパターンを分類することである。創造神話に見出される根源のパターンのようなものがあると考えるレヴィ＝ストロースは、それらを世界全体の様々な文化の根底を通じて存在する「深層構造」の証明として捉えた（たとえば『野生の思考』参照）。このような方法の価値に対して疑念を抱くギアッは批判して述べる。レヴィ＝ストロースに関して「いっさいの問題が発するのは、トーテムの動物、聖なる色彩、風の向き、太陽神といった別々の（そして具体的な）イメージ群を混ぜこぜにして、社会的世界と物理的世界の客観的（正確であることを強調する）分析を確立し共有することのできる象徴構造を産み出そうとする点にある」（Geertz 1993 : 353）。結果として割り出される構造が時にある程度興味深く、多種多様な文化の間につながりを設定するのにかなり効果的であることが多いのは認めるギアッだが、それ以外のものは、レヴィ＝ストロース側の「自己パロディの勝利」（Geertz 1993 : 355）として排されるべきだと付け加えざるをえないと考える。ギアッによれば、レヴィ＝ストロースのアプローチは、「特定のジャングルにいる特定の野蛮人の特定の心性に代えて、私たちすべての内にある野生の思考を置き換えている」（Geertz 1993 : 355）という点で、「歴史を打ち消している」のである。ゆえにレヴィ＝ストロースの著作において結論までにいたる道筋を導くのは、理論であって、データではないのである。構造主義の思想におけるこのような「深層構造」への加担については、ジャック・デリダが『エクリチュールと差異』のような著作において批判していることに気づかされる。ギアッとデリダというふたりの思想家が問題とするのは、理論の根底にある仮定によって結果がその大方を予め決められているために、成果が予測可能な結論にいたるまでの機械的な分析の形式になっているという点である。構造主義者は作業に着手する前に自らが追究するものが何であるかを了解していて、その理論の確証を探し求める。そのような確証を与えてくれないものは無関係なデータとして閑却される傾向が強い。

構造主義人類学者に則って既存の図式に合わせてデータを処理するのではなく、「意味作用の構造」（Geertz 1993 : 9）の無数の繊細なニュアンスを認めることができるようにひとつの文化のコードに沈潜する必要があるとギアッは主張する。これこそが「厚い記述」という技法を支えるもので、哲学者ギルバート・ライルから得たこの発想を、彼は民族誌学者の第一の仕事と見なすのである。民族誌はギアッにとっては社会人類学の基礎となるものであった。（後年の著作『現代社会を照らす光』が明らかにするように、ギアッはつねに人類学と哲学の架橋に意欲的だった。）人類学者が文化の極微の細部に通暁することがなければ、その大がかりな解釈はつねにギアッにとって疑わしい。

「きわめて小さなそれぞれの事象に非常に幅広く接触するという方向から、さらに大きな解釈とさらに抽象的な分析に手を伸ばすのが人類学者に特有の作法である」(Geertz 1993 : 21)。このようなアプローチがどのように機能するのかを示す一例としてギアツが説明するのは、ある村の選挙が、「このような現象を非常に多く、ある場合はほとんど無限に有しているより幅広く認められるパターンの個別の現れ」(Geertz 1963a : 154) として、インドネシアの国民文化に見られるさらに大きなパターンを解明する実例として読むことができるということである。このような個別の現れにおいて「パラダイムが更新されている」(Geertz 1963a : 154) のであり、それによって、この場合はインドネシアの歴史上の特定の時点における特定の地方選挙がもっている、一般に通用するとともに地方特有でもある意味合いを評価することができる。ミクロ社会学的なものとマクロ社会学的なものがここで交差するのが見られるのである。

このようなひとつの文化の内側の細部への視線の強調が浸透している新歴史主義もまた同様に、批評的分析におけるそのような「小さな事象」を拠点と定め、またそこから材料を得ている。幅広い接触を主張するギアツは、その国全体の代表となるものとして、ある地方の村を取り上げるといったような、特定の地域という証拠に基づいた大がかりな一般化には警告を発している。彼が簡潔に述べるように、「人類学者は村を(部族、町、地区などを)研究するのではない。村で研究するのだ」(Geertz 1993 : 22)。ここでもまた私たちは、他の何よりも差異という要因への感性を認める。

ギアツの主要著作

Geertz, Clifford, *The Religion of Java*, Chicago and London: Chicago University Press, 1960.

———, *Agricultural Involution: The Processes of Ecological Change in Indonesia*, Berkeley, Los Angeles and London: University of California Press, 1963a.(池本幸生訳『インボリューション』NTT出版)

———, *Peddlers and Princes: Social Change and Economic Modernization in Two Indonesian Towns*, Chicago: University of Chicago Press, 1963b.

———, *Islam Observed: Religious Development in Morocco and Indonesia*, New Haven, CT: Yale University Press, 1968.(林武訳『二つのイスラーム社会』岩波新書)

———, *The Social History of an Indonesian Town* [1965], Westport, CT: Greenwood Press, 1975.

———, *Negara: The Theatre State in Nineteenth-Century Bali*, Princeton, NJ: Princeton University Press, 1980.（小泉潤二訳『ヌガラ』みすず書房）

———, *Local Knowledge: Further Essays in Interpretive Anthropology*, New York: Basic Books, 1983.（梶原景昭他訳『ローカル・ノレッジ』岩波書店）

———, *Works and Lives: The Anthropologist as Author*, Stanford, CA: Stanford University Press, 1988.（森泉弘次訳『文化の読み方／書き方』岩波書店）

———, *The Interpretation of Cultures: Selected Essays* [1973], London: Fontana, 1993.（吉田禎吾他訳『文化の解釈学』全2巻、岩波書店）

———, *Available Light: Anthropological Reflections on Philosophical Topics*, Princeton, NJ: Princeton University Press, 2000.（鏡味治也他訳『現代社会を照らす光』青木書店）

参照文献

Derrida, Jacques, *Writing and Difference* [1967], trans. Alan Bass, Chicago: University of Chicago Press, 1978.（ジャック・デリダ、合田正人・谷口博史訳『エクリチュールと差異』法政大学出版局）

Greenblatt, Stephen, *Renaissance Self-Fashioning: Front More to Shakespeare*, Chicago and London: University of Chicago Press, 1980.（スティーヴン・グリーンブラット、高田茂樹訳『ルネサンスの自己成型』みすず書房）

Inglis, Fred, *Clifford Geertz: Culture, Custom and Ethics*, Cambridge and Oxford: Polity Press, 2000.

Lévi-Strauss, Claude, *The Savage Mind*, trans. Rodney Needham, London: Weidenfeld and Nicolson, 1966.（クロード・レヴィ＝ストロース、大橋保夫訳『野生の思考』みすず書房）

Lyotard, Jean-François, *The Postmodern Condition: A Report on Knowledge* [1979], trans. Geoff Bennington and Brian Massumi, Manchester: Manchester University Press, 1984.（ジャン＝フランソワ・リオタール、小林康夫訳『ポストモダンの条件』水声社）

ケネス・J・ガーゲン

Kenneth J. Gergen

1935-

ガーゲンは、とくにポストモダンの特質を強調しながら、社会構築主義の理論を発展させるのに大きな役割を果たしてきた社会心理学者である——「ポストモダン思想がもたらしたもっとも挑戦的な成果に、構築主義がある」(Gergen 1994a: 242) とガーゲンは主張し、それが真実と知識に関する私たちの伝統的把握に疑問を突きつけ、それとともに、ジャン゠フランソワ・リオタールが『ポストモダンの条件』で行なった有名な主張のように、そのような伝統的概念に権威を与え、正当化してきた大きな物語をも問い直すと言う。社会構築主義が認めるのは、私たちが世界に関する一連の物語を構築すること、そしてそうした物語がつねに交渉のプロセスのなかにあるということである。さらにその指摘によれば、そうした物語は場所が違えば異なっており、たまたま自分たちが使用しているものが現実を描く唯一の仕方であるなどと想定してはならない。つまり私たちはつねに、「文化帝国主義」の想定に陥らないよう注意すべきである。ガーゲンの言葉では、「私たちが自らの信念に基づいて現実や真実を語るとき、私たちは他者の現実を足蹴にしているのだ」(Gergen 1999: 17)。こういった物語が機能する仕方を決めているのは人間同士の相互交渉なのだから、そうした物語は、つねにそれにしたがって変化を余儀なくされている。ガーゲンは次のように格好よくまとめる——「我むすびつく、ゆえに我あり」(Gergen 2009: 400)。人間であるとは、物語のネットワークのなかに埋め込まれているということなのだ。

社会構築主義者にとって、人がつねに変化せねばならないというのは健康なしるしで、新しい発想に開かれ、独断や偏見に囚われないということである。このような主張はリオタールやジャック・デリダも同様に行なっており、彼らにとって、出来事が将来どうなるかを知る確かな方策などなく、何らかの大きな物語がそれを保証することなどあり得ない。ガーゲンが私たちに勧めるのは、ポストモダニズムをこの点で積極的に受け入れることで、それが「勇敢で新しい対話の開始であり、危険な肯定ではあっても、その意義は深く活性化をもたらすものだ」(Gergen 1999: 19) と述べるのである。

ガーゲンはまた、公共の福祉のために社会構築主義の思想を広めようとした組織である、タオス研究所の創立者のひとりでもある。この組織が自ら述べているところによれば――

> 理性や知識、人間的価値が構築されるのに不可欠な社会的プロセスに関心をもつ学者や実務家の共同体である。私たちは非営利の……団体であって、世界中の家族や共同体、諸組織における創造的で開かれた協働のプロセスをうながす思想や実践を探り発展させ広めることを目的とする。(http://www.taosinstitute.net)

この研究所はガーゲンを所長として、教育機関や地域社会で様々なプログラムを営み、出版活動にも従事している。ガーゲンの妻であるメアリー・ガーゲンも指導者のひとりとして、夫との共著や自らの単著を発表してきた。

社会構築主義の概要を最初に示したのは、ピーター・L・バーガーとトマス・ルックマンの一九六六年の著書『現実の社会的構成』である。そこには次のようにある――「本書の基本的主張は、現実というものが社会的に構築されており、知識の社会学はこのことが起きる過程を分析せねばならない、ということである」(Berger and Luckmann 1971: 13)。著者たちはマルクスに依りながら、社会構築主義が左翼的な思想であって、個人よりも社会集団に重きをおいていることを認めている。私たちの社会的現実なるものが私たち自身の作っているものに過ぎないという考え方は、物語はいつでも改変可能なので、私たちは何らかのメタナラティヴに永久に支配される必要はないと示唆する点で、ポストモダニズムの世界観にうまく適合する。これは、現今の経済的規範とも言うべき新自由主義の主張、すなわち競争を何よりも好むのが人間の本性であって、人は利己的で個人さえよければいいのだ、という考えの対極にある。新自由主義のような考え方は、人間の本質が時代を経ても変わらないという想定に基づいており、それは社会構築主義者もポストモダニストも受け入れるところではない。

ガーゲンの真実と知識にたいする態度は、デリダやリオタール、ジル・ドゥルーズとフェリックス・ガタリといった思想家たちに見受けられる、より戯れに満ちたポストモダン思想の側面と共通性がある。たとえばガーゲンもこう述べている――「構築主義の見方は、ダンスや遊びへの誘い、そのような生のあり方への誘いである」(Gergen 1994a: 79)。ガーゲンはまたタオス研究所の所長として、次のようにも述べている――「どんな分野でも、もっとも創造的で活気にあふれた運動は周縁において起きる。境界線上にいると、人は既存の規則にしたがって行動せず、借りたり、鋳なおしたり、形を改変したりするからだ。一言でいえば、人は戯れるようになる」(http://taos.publishpath.com/a-message-from-the-taos-institute-president)。組織の観点からすると、このことはどんな団体の目標や目指すものも固定されたものと見るべきではなく、それらは組織内の関係が変わるにつれて――それはたとえ短期間でも起こりうるだろう――交渉や再構築の過程につねにさらされることを意味する。ここには、あらゆる信念や実践が臨時のものであり、できるだけ重きをおかないといったような意味で、「ノマディズム」(ドゥルーズとガタリ『千のプラトー』)や、「しなやかさ」(リオタール「しなやかな補記」)のような概念との類似が見られるだろう。どんな体系もその信念や実践において、それを絶対に守ろうとするような独善性を帯びるべきではない。なぜならそうなってしまえば、その内部で活動する人たちは、新しい革新的な発想をすることができなくなって、貴重な才能が浪費されてしまうからだ。言いかえれば、組織が階層的になればなるほど、社会と政治の状況を変える弾力性を失っていく――これがおそらくどんな場合にも見られる光景なのである。独善的になってしまうことは、人間がじっさいに干渉しあいながら、毎日のようにブリコラージュ的に、いつでも変えることのできる仕方でイデオロギーを構築しているという現実に相反することなのである。

こうした考え方は、企業のような営利組織に関しても、批判的疑問を投げかけるものだろう。企業組織の主要目的は、その所有者と株主の利益を増大させることであり、そのために注意深く練られた戦略を、主に経営陣が策定し、上から労働者たちに伝えていくというやり方が一般的だからだ。しかしここでの要点は、組織とはおしなべて営利目的団体であるよりも社会的存在であるということで、それゆえ社会構築主義はポストモダン理論全般がそうであるように、組織の権威とその形成の経緯に疑問を呈する。社会構築主義のような理論には、企業をささえるメタナラティヴにたいする批判が少なくとも内包されていると考えるべきだろう。すなわち、企業体は自らのメタナラティヴや、その背後にある権力関係（それは一般に家父長中心主義的な性格を持つ——Du Toit 2006 参照）を掘り崩すような変化にたいしてしばしば抵抗する、という意識がここにはある。

よって、社会構築主義が経営学に与えた影響、とくに組織理論の分野での意味合いも無視できない。ガーゲンはこの主題について、「ポストモダン時代における組織理論」（論文集『組織再考』に所収）と、トウジョウ・ジョゼフ・サッチェンケリーとの共著論文「ポストモダンの文脈における組織科学」（論文集『組織の領域では』収録）で、議論を展開している。前者の論文でガーゲンは、組織理論が生まれてきたのはロマン主義とモダニズムからであり、それがいまや「知の世界におけるポストモダン的転回によって掘り崩されつつある」（Gergen 1992: 208）と言う。この転回をガーゲンは心から歓迎しており、それが理論の新たな可能性をひらき、組織論を「活気ある行動へと促す新たな選択肢」へと導き、組織内の権力関係の再考や、理想的には再編をもたらすと感じている（Gergen 1992: 218）。権力は上部の経営陣が独占するよりも組織内に分散されていたほうがよく、組織の合意はいつでも改変可能であることが望ましい、というのがガーゲンの固い信念である。ここでも強調されているのは、組織の社会的側面で、それが内部に含む様々な言説にどう反応し、外部世界における、より広範な問題とどのような関係を形作るか、ということだ。後者の論文で、ガーゲンとサッチェンケリーは、組織論一般を論じながら、社会構築主義を基にしながら、二一世紀になってもいまだに支配的なモダニズムの傾向が、組織内で新たな現実に直面するのを妨げていると指摘するのである。

『飽和状態の自己』でガーゲンは、私たちが四六時中浸されている膨大な量の情報と力を増しているコミュニケーション・システムの問題という、ポストモダン世界における無視できない現象に関心を向ける。こうした状況で「自己が封鎖状態にある」と感じるのは当然である（Gergen 2000: 1）。私たちはいまや物語のネットワークに過剰に結びつけられており、従来受け継がれてきた自己感覚と、自分の置かれた「社会的な飽和状態」による命令とのあいだで右往左往している（Gergen 2000: 3）。これがポストモダン状況のあまり好ましくない側面だと考えられているのである。

ガーゲンは、社会科学で一般的に用いられている方法にはきわめて批判的で、それらが実証的な研究結果に基づいた一般原則と普遍的法則の生産に偏り過ぎていると述べる。そうした原則には何の正当性もなく、「科学哲学においては実証主義からポスト実証主義へ、言語論においては構造主義からポスト構造主義へ、世界観においてはモダニズムからポストモダニズムへという変化」に掉さす、と自らを見なす（Gergen 1994a: xii）。ガーゲンはまた、デリダが脱構築で試みたように、社会構築主義が方法であって完成された理論ではないと主張する――「社会構築主義は自らの真理を公言するような思想ではない。そのような公言こそが境界を設定してしまうのだ」（http://taos.publishpath.com/a-message-from-the-taos-institute-president）。タオス研究所の活動に言及しながら、ガーゲンは、研究所の人びとがどんな現象についてもつねに自らに課している問いは、「この発想を採用すれば、次に起きることは何か？」というものであると言い（http://taos.publishpath.com/a-message-from-the-taos-institute-president）、いったい何が起きるのか、自分たちの研究がどこにつながるかについてはまったくオープンであると主張する。このこともまた、デリダやリオタールのようなポストモダニズムの懐疑精神に通じるものだろう。そこでは、どんな生活局面においても私たちに答えを提供してくれるような、包括的な大きな物語が存在するなどという発想は、固く拒まれているのである。

ガーゲンの主要著作

Gergen, Kenneth J., 'Organization Theory in the Postmodern Era', in Michael Reed and Michael Hughes (eds), *Rethinking Organization: New Directions in Organization Theory and Analysis*, London: Sage, 1992, pp.207-26.

——, *Toward Transformation in Social Knowledge*, 2nd edition, London: Sage, 1994a.（杉万俊夫他監訳『もう一つの社会心理学』ナカニシヤ出版）

——, *Realities and Relationships: Soundings in Social Construction*, Cambridge, MA: Harvard University Press, 1994b.（永田素彦・深尾誠訳『社会構成主義の理論と実践』ナカニシヤ出版）

——, *An Invitation to Social Construction*, London: Sage, 1999.（東村知子訳『あなたへの社会構成主義』ナカニシヤ出版）

——, *The Saturated Self: Dilemmas of Identity in Contemporary Life*, 2nd edition, New York: Basic Books, 2000.

——, *Social Construction in Context*, London: Sage, 2001.

——, *Relational Being: Beyond Self and Community*, New York: Oxford University Press, 2009.

Gergen, Kenneth J. and K. E. Davis (eds), *The Social Construction of the Person*, New York: Springer-Verlag, 1985.

Gergen, Kenneth J. and Mary M. Gergen, 'Social Construction and Research as Action', in P. Reason and H. Bradbury (eds), *The Sage Hand-book of Action Research: Participative Inquiry and Practice*, 2nd edition, London: Sage, 2008, pp.159-71.

Gergen, Kenneth J. and Tojo Joseph Thatchenkery, 'Organizational Science in a Postmodern Context', in Robert C. H. Chia (ed.), *In the Realm of Organization: Essays for Robert Cooper*, London and New York: Routledge, 1998, pp.15-42.

参照文献

Berger, Peter L. and Thomas Luckmann, *The Social Construction of Reality: A Treatise in the Sociology of Knowledge* [1966], Harmondsworth: Penguin, 1971.

Deleuze, Gilles and Félix Guattari, *A Thousand Plateaus: Capitalism and Schizophrenia* [1980], trans. Brian Massumi, London: Athlone Press, 1988.（ジル・ドゥルーズ&フェリックス・ガタリ、宇野邦一他訳『千のプラトー』全3巻、河出文庫）

du Toit, Angélique, *Corporate Strategy: A Feminist Perspective*, London and New York: Routledge, 2006.

Lyotard, Jean-François, *The Postmodern Condition: A Report on Knowledge* [1979], trans. Geoff Bennington and Brian Massumi, Manchester: Manchester University Press, 1984.（ジャン＝フランソワ・リオタール、小林康夫訳『ポストモダンの条件』水声社）

——, 'A Svelte Appendix to the Postmodern Question', in *Political Writings*, trans. Bill Readings and Kevin Paul Geiman, London: UCL Press, pp.25-9.

'The Taos Institute', http.//www.taosinsticute.net (accessed 2 May 2012).

——, http://taos.publishpath.com/a-message-from-the-taos-institute-president (accessed 2 May 2012).

ウィリアム・ギブスン

William Ford Gibson

1948-

ギブスンは、新たなテクノロジーが思想や文化に与えた強い影響を扱った作品を書く作家である。彼はジャンルに縛られた紋切り型に陥ったことはないが、主にSF小説の分野で活躍し、ディストピアと化した現在や近未来を舞台とした作品が多い。ギブスンの短編集の序文でブルース・スターリングが指摘しているように、

彼はSFというジャンルのカビ臭い回廊の窓を開き、新しいデータという新鮮な空気を取り入れている。……SFは身体に蓄えた脂肪で長い冬を生き延びた。ギブスンは、次々と登場する、才能があって野心に満ちた新しい作家たちとともに、そのジャンルを刺激して目覚めさせ、新鮮な食料を目指す探索に送り出したのだ（Sterling in Gibson 1995: 12）。

グレアム・スライトが巧みに表現してみせたように、ギブスンが記録するのは著しく「情報密度が濃い」世界であり（Introduction to Gibson and Sterling 2011: 3）、そこでは知識こそが権力である——そのため、ギブスンが描く登場人物による奪い合いが起きるのだ。短編「記憶屋ジョニィ」の主人公は、そうした権力闘争の背景について熟考し、「どんなレヴェルで働き、動き、生活するにせよ、個人情報の一見無意味な断片、欠片、痕跡を残さないなんて無理だ。回収して増幅できる断片をな」（Gibson 1995: 30）と語る。『あいどる』では、セレブに関する情報を集めて、そこに様々なパターンを見いだそうとする「ネットランナー」のコリン・レイニーが、調査の一環として「メディア世界の下にあるデータの深層」（Gibson 2011a: 94）に巻き込まれつつある人物として描写されている（データはそうしたセレブの生活の暴露に用いられる

ものである)。これは情報密度が濃いだけでなく濃密に監視された社会であり、ギブスンの小説の多くは、法や倫理の面で疑わしい企てに関わる一方で、こうした監視の目をかいくぐろうとするものである。ギブスンの初期作品は「サイバーパンク」というジャンルの確立を促し、後に行なったサイバーパンク作家ブルース・スターリングとの共同作業は、「スチームパンク」として知られるようになった分野の一部に分類しうるものである。ギブスン自身、一九七〇年代から八〇年代にかけて起こったパンク・ムーヴメントからインスピレーションを受けていた。

ギブスンの最も有名な作品はおそらく『ニューロマンサー』で、人間が端末装置のところにいながらにしてコンピュータ・プログラムのなかに意識を移し、肉体の「肉」を残して謎めいたサイバースペース――ギブスン自身による造語――の世界を探検するさまを描いたものである。ギブスン作品にはよくあることだが、私たちが作品のほとんどで見ることになるのは情報社会の裏面であり、多くの主流のSFにあるような新しい道具や機械、プロセスといった輝かしい明るい世界ではない。ギブスン作品にも、たとえばサイバースペースへの侵入を促進するための道具や機械、プロセスは確かに存在するのだが、『ニューロマンサー』の登場人物は、サイバースペースにいない時には、汚くて荒廃したゲットーのような、犯罪が非常に多く、つねに個人の安全も危うい場所に住んでいる。『ニューロマンサー』におけるひとつの例外は、宇宙空間にあり、自治を行なう一連の居留地群で、地球上の魅力的な場所に見えるように巧みに処理されたフリーサイドに主人公たちが訪問する場面である。登場人物のひとりがフランス風の「ジュール・ヴェルヌ通り」を描写するように、「ここはまさに巨大なチューブで、様々なものが注ぎ込まれているの。観光客や詐欺師とか何でもね」(Gibson 1993: 149)。私たちの世界でディズニーランドのような場所が人気を博していることを踏まえるならば、フリーサイドは単にその原理を拡張したもののように思える。海に伸びていく人工の土地が居留地となっているなど、ここ数十年でドバイが発展したやり方が多くの点でフリーサイドを彷彿させるのもかなり興味深い。

作中、物語の主人公ケイスが何気なく見ているテレビのナレーションによって、サイバースペースは「あらゆる国にいる何十億もの正規のオペレーターや数学的概念を教えられている子どもが日々経験する共感性の幻覚。……人間が用いるシステム内にある全てのコンピュータに保存されたデータの視覚的表現。考えられない程の複雑さ」(Gibson 1993: 67) と説明されている。この侵入しうるサイバースペースでソフトウェア・カウボーイと呼ばれる人びと(ケイスもそのひとり)が依頼人に代わって情報を探すのだが、機関の情報を守るために設置された、命にかかわることも少なくない——カウボーイたちが「アイス」と呼ぶ——セキュリティ・システムに対処しなければならない危険な仕事である。ある場面では、最も有名なカウボーイのひとりで、すでに数回技術的な「脳死状態」となった経験を持つディキシー・フラットラインが今度はとうとう回復不能になり、現実世界には戻るべき肉体がないままサイバースペース内に意識だけ囚われた状態となっている。彼は「構造物」、「ROMの束」(Gibson 1993: 159) となり、新たな仕事の相棒として彼を探していたケイスとはこの状態で出会うことになる。構造物たるフラットラインは、他者が操るプログラムによって起動された時だけ周囲の状況を認識し、過去の記憶をもたないという、全く実体のないかたちでしか存在できないのだ。最終的にディキシーはケイスに頼み事をする。「お前らが利用してる、この詐欺みたいな状態の俺なんだが、終わったらこのひでえものを消し去ってくれよ」(Gibson 1993: 130)。

ケイスの健康はカウボーイとしての冒険によって損なわれ、麻薬取引をはじめとするいくつかの犯罪行為に関わって、時に命を危険に曝しながら生きていた。彼をこのようなライフスタイルから救ったのがアーミテジという怪しげな男で、彼を再びソフトウェア・カウボーイとして雇うために、元の状態に戻るための費用を出してくれた(ただしこれには、ケイスが彼との契約に違反した場合には命にかかわるという脅迫が付いていたのだが)。ケイスはこの上なく幸せな気分で彼にとっては自然に感じられる世界に戻り、私たちは多くの危険を伴う不気味なサイバースペースの世界に引き戻されることになる。「まさにこれだ。これこそが天職かつ本当の自分で、彼という存在そのものなのだ。彼は食べることすら忘れていた」(Gibson 1993: 76)。サイバースペースにおける彼の冒険の目的は、極秘情報を集めるための冒険の最中にセキュリティ・システムが彼を自らの機能の自然な一部と見なし、彼がそのプログラムを無効にするのを認めるように、不法アクセスすることである。『ニューロマンサー』は、人工知能(AI)システムが人間よりも強力となり、ひょっとしたら——ケイスが敵対するウィンターミュートというシステムのように——人間に対して支配権を行使することになるという恐怖を呼び起こす。これはまさにコンピュータに関わっている人びとの間で、（飛行機旅行などの輸送網やあらゆる公共施設をはじめとする）私たちの日々の生活において、コンピュータが動かすシステムに対する依存が徐々に大きくなったことで広まった懸念である。

ギブスンは近作の小説で、より現代と認識できる世界を舞台とするようになったが、やはりそこにははっきりとディストピア的で異質な特徴があり、『パターン・レコグニション』やその続編にあたる『スプーク・カントリー』、『ゼロ・ヒストリー』といった作品では、ロンドン、パリ、ヴァンクーヴァーなどの西洋都市が、主人公たちが一定の恐怖を乗り越える暗く危険な舞台として描かれている。彼らが探し求めているのは、たとえ関係者すべてがひとたび彼らの支配下に入った情報をどうすべきか分かっていなかったとしても、その分野でリードするために必要な、ライバルがまだ持っていない情報である。どんな新しい情報がやってくるとしても、それを所有することは何らかのかたちで必ず利益になるという想定がまさになされているのだ。『スプーク・カントリー』では、元ロックスターのホリス・ヘンリーがウィキペディアに「革新的な世界規模の広告代理店」（Gibson 2011b: 77）と書かれているブルー・アント社の社長ヒュベアトス・ビゲンドに雇われて、過去の出来事が起こった場所でそれをバーチャルに体験できる「臨場感アート」についての雑誌記事を書くことになる。この過去の出来事にはリヴァー・フェニックスのようなハリウッドの映画スターのロサンゼルスの通りでの死、作家F・スコット・フィッツジェラルドの心臓発作による死が含まれる。臨場感アートの技術的な背景は軍によってトラッキングされている実験に由来しており、ビゲンドを心から魅了する「異常現象」（Gibson 2011b: 108）の一例である謎のコンテナ探しを含む複雑な陰謀に、ホリス・ヘンリーを巻き込んでいくことになる。

またギブスンとサイバーパンクの同志である作家ブルース・スターリングとの実り多い共同作業から生まれた『ディファレンス・エンジン』はヴィクトリア朝を舞台とした物語で、コンピュータをはじめとする最近の多くの発明品が、この分野の主要な先駆者のひとりチャールズ・バベッジの功績によって当時すでに導入されていたという仮定に基づくものである。ヴィクトリア朝期の技術的特徴に合わせて、コンピュータは蒸気機関で、二〇世紀の初期モデル同様に、コンピュータ本体にも様々な形が見られる。この導入の結果、講演にはパワーポイントの原型すら用いられている。これは非常に想像力に富んだ作品で、現代的な発明品が作中に非常に多く登場するにもかかわらず、当時の雰囲気を色濃く持っている。やはりヴィクトリア朝の倫理観や社会的態度も描かれている（主人公のひとり、シビル・ジェラードは「堕落した女」である）一方で、登場人物たちは知識の文化的な意義について完全にポストモダン的な意見も述べる。「だけど連中だってお前が知っていることを奪ったりはしないだろ、なぁシビル。そんなことは奴らにだって絶対にできない」（Gibson and Sterling 2011: 20）。いつものギブスン作品同様、支配しているのは情報であり、これを多く持てば持つほど他者により大きな権力を行使でき――そして、その情報を手に入れるためにはより努力しなければならない。まさにこうした過去と現在の文化が交雑した状況こそが、スチームパンク運動によって推進されるものなのである。ふたりの作家が過去の時代に最新の技術を組み合わせた作品を提示しているという事実は、過去の要素を現代に持ち込むという正反対のことを行なうダブル・コーディングに対する興味深いひねりを象徴するものである。

ギブスンの作品は一九八〇年代から九〇年代にかけて大いに持ち上げられ、大きな影響力を誇るSFの新たな方向や関心を創り出す上で彼が貢献したことは否定できない。だが彼の作品がこの先もそうした魅力をどの程度持ち続けることができるかはこれまで以上に問題となるかもしれない。どの時代のSFも猛烈な速度で時代遅れになる傾向があり、ある世代にとっての最先端が、いったん技術的に可能な領域がかなり拡大すると、わずか一、二世代後になると単に古臭く見えてしまう可能性もある。この点で、ギブスンの後の作品がより包括的なものではなくなり、登場人物間の相互作用やめまぐるしく変わる情報を追うなかで経験する感情の揺れをより多く扱うようになっているのは注目に値する。こうした作品は、ブルー・アント社が情報技術の最先端を――たとえそれを商売にどう適用することになるかほとんど分からないとしても――執拗に探し出そうとするような、情報ゲームにおける企業の主張や欠点を嘲笑うかのように、より高いレヴェルのアイロニーも見せてくれている。ビゲンド自身は明らかに風刺の対象となっており、最終的には周囲の情報世界で何が起きているのかますます理解できなくなっている人物のように思えてくる。結局、情報はある特定の世代に属する私たちの理解を超えてしまうので、ビゲンドのような人物は、技術革新に付いていけない私たちのかなり痛切な象徴となっている。

ギブスンの主要著作

Gibson, William, *Mona Lisa Overdrive*, New York: Bantam, 1988.（黒丸尚訳『モナリザ・オーヴァドライヴ』ハヤカワ文庫ＳＦ）

――――, *Neuromancer* [1984], London: HarperCollins, 1993.（黒丸尚訳『ニューロマンサー』ハヤカワ文庫ＳＦ）

――――, *Virtual Light*, London: Penguin, 1994.（浅倉久志訳『ヴァーチャル・ライト』角川書店）

――――, *Burning Chrome and Other Stories* [1986], New York: HarperCollins, 1995.（浅倉久志他訳『クローム襲撃』ハヤカワ文庫ＳＦ）

――――, *All Tomorrow's Parties*, New York: Viking, 1999.（浅倉久志訳『フューチャーマチック』角川書店）

――――, *Pattern Recognition*, London: Penguin, 2004.（浅倉久志訳『パターン・レコグニション』角川書店）

――――, *Zero History*, New York: Putnam, 2010.

――――, *Idoru* [1996], London: Penguin, 2011a.（浅倉久志訳『あいどる』角川書店）

――――, *Spook Country* [2007], London: Penguin, 2011b.（浅倉久志訳『スプーク・カントリー』早川書房）

Gibson, William and Bruce Sterling, *The Difference Engine* [1990], London: Gollancz, 2011.（ブルース・スターリングとの共著、黒丸尚訳『ディファレンス・エンジン』ハヤカワ文庫）

フィリップ・グラス

Philip Glass
1937-

グラスは音楽におけるミニマリズムの主導者のひとりで、作曲作品にはオペラや管弦楽曲から協奏曲や映画音楽までが含まれる。音楽愛好家にもっともよく知られているのは、『浜辺のアインシュタイン』『サティアグラハ』『アクナーテン』(この三作はまとめて「肖像三部作」と呼ばれる) のようなオペラ作品で、これらは世界中にファンがいるが、最近は映画音楽によって、オペラだけでは届かないような広範な聴衆にもその作品が知られるようになってきた。これまでのところ彼はまた九つの交響曲も作曲しているが、これらは聴衆の人気や批評家の評価という点では、他の作品ほど大きな影響を及ぼしているとは言えない。スティーヴ・ライヒと並んで、彼は現代のもっとも影響ある作曲家のひとりと見なされており、またライヒ同様、早くからフィリップ・グラス・アンサンブルという自分の楽団を結成して、自らの作品を演奏している。この楽団は今でも定期的に演奏会を催している。

ミニマリズムはモダニズム音楽に対する反応として発展してきたスタイルで、とくに二〇世紀に大学の音楽学部の世界で規範となってきた十二音技法によるセリエリズムの作曲法への反発であった。セリエリズムの音楽は、七音音階に基づく和声という西洋音楽の伝統を拒否して、オクターブ内の十二音すべてをそのどれかが繰り返される前に演奏せねばならず、どんなときでも聴いて明らかな調性があってはならないと主張した (よって十二音音楽とか無調音楽とも呼ばれる)。その結果生じたきわめて知的で抽象的なスタイルは、(いくつかの主要作品を除けば) 演奏会の聴衆にはけっして人気のあるものとはならなかったが、真摯な音楽の未来像をそこに見た信奉者を生んだ。しかし音楽教育の分野ではそれが根付いて、若い音楽家たちが習得すべきモダニズムのスタイルとされ、演奏会場ではほとんど成功をおさめなかったが、セリエリズムの訓練を受けた一群の作曲家たちが数世代にわたり輩出した。実際、デレク・B・スコットが言ったように、「演奏会場に行って聴くなどとは思いもしないタイプの音楽を作るのに熱心な生徒を見付けようとすることが、作曲教師にとって普通のこととなった」のである(Scott 2011: 122-32)。より重要なことは、聴衆もそのような音楽を聴きにいこうなどとは思わなかったということだ(そうした作品が他のもっと人気のある作品のあいだに交じってプログラムにある場合は別だったが、こうした方法もあまり好意的に受け取られなかった)。それに対して、ミニマリズムの作品は多くの場合、調性があるけれども、モーツァルトやベートーベンの交響曲や協奏曲のような伝統的な西洋クラシック音楽にある(主題や楽想の)展開はないのが通例である。ウィム・メルテンは、グラスのアプローチを評して、古典的様式にある体系的展開ではなく、「追加構造原則に基づいている」と言っている(Mertens 1983: 67)。

初期のミニマリズム作品はまたリズムに大きく依存しており、通例何度も同じリズムが繰り返されることで印象を強め、また楽曲全体で調性の変更はあまりないのが普通である。このようなスタイルから生まれたグラス、ライヒ、ジョン・アダムズ、マイケル・ナイマンといった作曲家たちは(もっとも有名で成功した数人だけを挙げれば)、若者に人気のあるジャズやロック音楽の要素も用いながら、そうした聴衆受けするスタイルにミニマリズムを仕立て上げた。リンダ・ハッチオンによれば、グラスのような作曲家は「単純で反復されるハーモニーによって聴衆とのコミュニケーション」を実現しようとしたのであり(Hutcheon 1989: 9)、クラシック音楽の聴衆の基盤を広げることを望んでいた――ここでの「クラシック」という用語は慣例的にやや緩く使われているが。こうしてグラスはミニマリズム運動におけるもっとも傑出した作曲家として、多くの作品を作ってきた代表人物のひとりと見なされるようになり、近年では映画音楽の作曲家としてとくに有名である。

グラスが映画『コヤニスカッツィ』(アメリカ先住民ホピの単語で「均整を欠いた生」という意味)のために書いた音楽は、彼の初期作品のなかでもっとも印象に残るもののひとつで、汚されない自然と人間が引き起こした環境破壊とを比較する一連のイメージからできた映像作品を効果的に支えている。たとえば都会の交通のせわしないイメージが、二〇世紀末の生活の容赦ない、ほとんど心を置き忘れたようなペースを伝えようとしており、そこにグラスの音楽が激しくかぶさってくる。この映画には対話もプロットもないので、映像を支配し、観る者にもっとも衝撃を与えるのはこうした音楽だ。グラスはこの映画を作ったゴッドフリー・レッジョとの共同作業としてさらに二作で音楽を担当するが、『コヤニスカッツィ』ほどの成功は収められなかった。それ以降、グラスの映画音楽はより伝統的なハリウッド風スタイルに傾いていくようになる。

グラスはポピュラー音楽とクラシック音楽の区別を否定し、たとえばデヴィッド・ボウイやブライアン・イーノのアルバム『ロウ』と『ヒーローズ』を、それぞれ『ロウ・シンフォニー』と『ヒーローズ・シンフォニー』という交響曲作品に仕立て上げている。事実、イーノはアルバム『ロウ』でグラスの音楽に影響されて曲を作っており、ミニマリズムが推し進め、またグラスがつねに実践してきたスタイルやジャンルの混交を示している。グラスは、それ以前にも、ポール・サイモンやデヴィッド・バーンといったポピュラー音楽家の歌詞を使って『ソングス・フロム・リキッド・デイズ』を作曲しており、ポピュラー音楽やロック音楽のアーティストたちとも共作を続けている。ミニマリズム派が二〇世紀末のポピュラー音楽の発展にかなり貢献したことは否定できない事実で、グラスやライヒらの作品に見受けられる同じリズムの繰り返しを同様に用いるハウス・ミュージックのようなスタイルにも影響を及ぼした。グラスは七五歳の誕生日を前にしたインタビューで、幾人かのポピュラー音楽家との最近の共同作業について、次のように強調している――「ポップ・ミュージックの人たちと一緒に仕事するのは実に楽しい。それが芸術形式として、より高いとか低いとか、全然思わないね。……私たちは境界を壊そうと戦ってきたけれど、それもなくなって、今では戦いなんてない」(Wolfe 2012)。

しかしグラスの功績は、大方の見るところ、いまだにオペラ作曲家としてのそれで、「肖像画三部作」がその中核をなしているというのが、通常の見方だ。この三部作のそれぞれが、彼の世界に大きな影響を及ぼした人物を描きだしている。『浜辺のアインシュタイン』が初演された時にオペラ界に与えた衝撃は相当なもので、これまでのオペラ形式から過激に逸脱し、きわめて長く、ほとんどプロットもないということも含め、聴衆に様々な挑戦をつきつけるものだった。このオペラはほぼ五時間の長さで、五つの幕間劇(「ニー・プレイ」と呼ばれる)をはさんで四幕で構成されており、聴衆は上演中いつ出入りしてもいい。それも驚くことではなく、この作品は休想なしで上演されるように構想されていたからだ。歌詞のテクストは様々で、そこにはグラスが知り合った自閉症の青年クリストファー・ノウルズの詩も含まれている。これは初期ミニマリズムの標準からしても長大な作品で、グラスは「肖像画三部作」の他の二作でも、似たような作風を継続した。一九九〇年代におけるミニマリズムの展開を追った本で、K・ロバート・シュワルツは、グラスのオペラのような大きな作品形式への移行を、彼の「マキシマリズム」段階と呼んでいる（Schwarz 1996: 130）が、グラス自身もインタビューで、『浜辺のアインシュタイン』を彼の初期の音楽スタイルの到達点と言っている。

面白いのは、当時多くの人がこれを何かが始まるしると考えていたのだけれど、僕には終わりだったことだね。十年続いた期間の終わりとして、音楽言語をリズムやハーモニーやメロディという観点から考える方法のまとめだったわけだよ。（Glass, in Sillito 2012）

やや気軽に彼はまた、上演中に注意力が続かなくて聴衆が寝てしまっても気にするつもりもなかったとも言っている。

「真実の力」を意味する『サティアグラハ』（マハトマ・ガンジーが植民地権力にたいして非暴力抵抗運動の手法として発展させたものの名称）は、ガンジーがインド亜大陸で英国支配に対するインド・ナショナリズムの指導者となる以前、南アフリカに滞在していたときのことを扱っている。グラスによれば、この作品は彼の初期作品からのスタイルの変化を示すもので、より抒情的なトーンがここでも、また次の『アクナーテン』でも目立っている。歌詞は古代サンスクリット語の長大な叙事詩『マハバラータ』の一部である『バガヴァド・ギーター』から採られており、作曲家のエキゾチズムをにじませるかのように、実際にサンスクリット語で歌われる。三幕それぞれが、ラビーンドラナート・タゴール、レフ・トルストイ、マーティン・ルーサー・キング・ジュニアという歴史上の著名な人物が舞台上の情景を静かに見つめるという構成を取っている。

「肖像画三部作」の最後の作品である『アクナーテン』は、劇的な管弦楽曲と歌手の能力が試される歌をあわせもつ点で（アクナーテンはカウンター・テナーによって歌われ、アリアに浮世離れした感覚を与えている）、きわめて野心的な作品である。歌詞にはヘブライ語、アッカド語などいくつもの言語が使われ、最後にはアクナーテンの治世に想いを誘うエジプトの風景——アクナーテンが首都としたアマルナの遺跡——を描いた、現代の英語で書かれた旅行ガイドまで使われるといった具合である。そうしたテクストのなかには、アクナーテン自身が書いたとされる「太陽賛歌」や、『エジプト死者の書』からの抜粋も含まれている（どうやらグラスはそうした神秘的なテクストに魅かれるようだ）。

三部作以降もグラスはオペラの作曲を続け、ジャン・コクトーの映画『美女と野獣』をそのサウンドトラックを取り除いて、オペラもどきの作品に仕上げている。そこにはフランスの作曲家ジョルジュ・オーリックのミュージカル曲や、彼自身の作曲した音楽が加えられて、サイレント映画となった作品がその音楽とともに写されるという仕掛けとなっている。この興味深い実験について彼自身、「私の知るかぎり、これまで誰も映画をオペラ化したことはなかったんじゃないか」と言っている（Schwarz 1996: 164 に引用）。

しかしミニマリズムは、きわめて予測が容易な音楽スタイルに陥ってしまう危険があり、彼の映画音楽がけっきょくどれも似たように聞こえてしまうということからも、グラスの音楽もその危険を免れているとは言い難いだろう。表面上は即座に興奮させても、強烈なリズムと反復されるパターンで、それはすぐに聞きなれたクリシェとなってしまい、そうしたことがこれらの曲にはよく見られるからだ。こうしたスタイルが映画のなかで緊張をもたらすことは否定できないにしても、映画の文脈を離れてその音楽自体が興味深いかどうかは疑問のあるところだろう。しかし「肖像画三部作」は、上演の難しさはともかく、オペラのレパートリーとしてすでに確立され、グラスの名声を確立したものと言って間違いない。

グラスの主要作品

Glass, Philip, *Einstein on the Beach*, 1976.（『浜辺のアインシュタイン』）
——, *Satyagraha*, 1979.（『サティアグラハ』）
——, *Koyaanisqatsi*, 1981.（『コヤニスカッツィ』）
——, *Akhnaten*, 1984.（『アクナーテン』）
——, *Songs from Liquid Days*, 1986.（『ソングス・フロム・リキッド・デイズ』）
——, *Violin Concerto*, 1987.（『ヴァイオリン協奏曲』）

———, *The Voyage*, 1992.（『航海』）

———, *Low Symphony*, 1992.（『ロウ・シンフォニー』）

———, *La Belle et la Bete*, 1993.（『美女と野獣』）

———, *Heroes Symphony*, 1997.（『ヒーローズ・シンフォニー』）

参照文献

Hutcheon, Linda, *The Politic of Postmodernism*, London and New York: Routledge, 1989.

Mertens, Wim, *American Minimal Music* [1980], trans. J. Hautekeit, London: Kahn and Averill, 1983.（ウィム・メルテン、細川周平訳『アメリカン・ミニマル・ミュージック』冬樹社）

Schwarz, K. Robert, *Minimalists*, London and New York: Phaidon Press, 1996.

Scott, Derek B., 'Postmodernism and Music', in Stuart Sim (ed.), *The Routledge Companion to Postmodernism*, 3rd edition, London and New York: Routledge, 2011, pp.122-32.

Sillito, David, 'Have a Sleep *During Einstein on the Beach*', BBC News, Entertainment and Arts, http://www.bbc.co.uk/news/entertainment-am-17958400, 4 May 2012 (accessed 11 October 2012).

Wolfe, Zachary, 'Remixing Glass', *New York Times Magazine*, http://www.nytimes.com/2012/10/07/magazine/philip-glass-and-beck-discuss-colla-borating-on-rework.html?_r=0, 10 July 2012 (accessed 9 October 2012).

スティーヴン・グリーンブラット

Stephen Greenblatt

1937-

高名なルネサンス研究者で批評家であるグリーンブラットは、一九八〇年代と一九九〇年代に大学の文学研究においてひとつの潮流を形成した新歴史主義という批評の運動において主導的役割を果たしたひとりである。彼の名を高めたその初期近代文化研究『ルネサンスの自己成型——モアからシェイクスピアへ』は、重要な批評の新手法としての新歴史主義を確立した。文学作品とその同時代の他の著作の関連づけを求める新歴史主義とそれに随伴する理論である文化唯物論は、ミシェル・フーコーの著作とともにクリフォード・ギアツの文化人類学から多大な影響を受けている。後者が強調するのは、文化を正しく理解しようと思うのならば、どんな文化でもミクロの段階にまで降りてゆくことが重要になってくるという点である。こうしてインドネシアの村の選挙が「より幅広く認められるパターンの個別の現れ」(Geertz 1963: 154) として扱われる。同様にグリーンブラットのような新歴史主義者たちは、シェイクスピアやマーロウといった大物文学者を分析するに際して、歴史に名をとどめていない非フィクションのテクストを活用することが多い。フーコーに関して、新歴史主義者たちは、歴史学に対抗するアプローチを文化分析に適用するそのあざやかな手際に触発された。社会の周縁部に及ぼされる権力構造の効果へのフーコーの関心もまたひとつのミクロの段階へ降りてゆく実例である。

アメリカの学界の文学研究を席捲した脱構築の手法は、二〇世紀の終盤にたいへんに好まれたのだが、グリーンブラットはそれに反発して、そこで産み出される分析には、歴史的コンテクストの感覚が欠けていると論じた(これはまた以前にニュークリティシズムに対して向けられた批判だ)。キャサリン・ギャラガーとの共著『新歴史主義を実践する』において、いくぶん当惑気味に著者が記しているのは、新歴史主義には理論がないと批判されることが多いけれども、彼らの観点にしたがえば、新歴史主義は「同時である理論への魅惑とそれへの抵抗こそが、当初から、文学研究と文化研究の実践を再考する私たちの全体的な試みを形作ってきたのである」(Gallagher and Greenblatt 2000: 2)。彼らが反感を向けるのは、思想という抽象的な体系が過去に遡って適用されるという考え方であり、そのような手続きに決然と対立するものとして彼ら自身の批評的著作は書かれている。『文化の解釈』において記述された「厚い記述」という概念にあるようなギアツの仕事が自分たちに与えた「解放の効果」(Gallagher and Greenblatt 2000: 20) についてもまた語っている。彼らがまたギアツから受け取ったものに、分析の入口としての逸話への好み(『言葉と物』におけるようにフーコーにもまた見られるものである) がある。物事の全体的な構図におけるミクロの段階の重要性を引き出す働きが逸話にはあるという考えがその前提にある。

「アイデンティティの生成を統御する思想・社会・心理・芸術に関わる構造において変化」が生じたのが初期近代であるという通念から出発する『ルネサンスの自己成型』は、「意味の複雑な相互作用」(Greenblatt 1980: 1, 3) を伴ったこの変化が過ぎた後に残した社会的緊張を精査する方向に進む。この過程における文学の役割を研究の中心に据えるグリーンブラットは、その社会的コンテクストの厚い記述をまとめるために人類学のアプローチを採用する。彼の関心事は「文学テクストの世界に対しての社会的存在と文学テクストのなかにおける世界という社会的存在」(Greenblatt 1980: 5) の両方を明るみに出すことである。これは大がかりな企図のような印象もあるが、テクストと作者の精選を通してそれを堂々と推し進めるグリーンブラットは、「その内側に私たちが必要とするものをたっぷり秘めているように見える際立った人物」(Greenblatt 1980: 6) と見なされる人びとを選び出す。各々の事例で自己成型が大きく現れるとグリーンブラットは論じるのである。

自己成型に含まれるとされるいくつかの主要な「支配条件」(Greenblatt 1980: 9) としては、当該人物の生い立ちにおける社会的アイデンティティの強固な感覚の欠落、その自己にとっての何らかの上位の権威(たとえば君主や教会) への服従の要請、そして脅威となる外部の力に対抗する必要などがある。競合する複数の権威が、グリーンブラットが関心を寄せる時代の背景を形成し、権威に関して誰かの個別の選択を擁護することは、非常に強い権力の伸張を招き、結果的にその人物の存在そのものが脅かされることになる。「それゆえ自己成型はつねに何らかの脅威の経験、何らかの抹消と浸食、何らかの自己の喪失を伴う」(Greenblatt 1980: 9)。

ウォルジー枢機卿が催した晩餐会へのトマス・モアの出席は、後に彼が枢機卿を嘲る物語へと仕立て上げることになるが、その若年期の出来事に「凝縮されているモアの長い経歴の背景をなすルネサンス政治の危険できらびやかな世界」(Greenblatt 1980: 12)を、グリーンブラットは主題となる人物の生涯と著作という観点から解きほぐしていくことになる。モアは、枢機卿がその場にいる一同に求めるのにしたがい、枢機卿の最近の演説の賞賛に加わるのだが、彼がそうするのは単に彼自身の野望を叶えるためだけであって、この場面での彼自身の出演の背後には楽しみと嘲りの感覚がある。とりわけグリーンブラットにとってこの場面のもつ意味で重要なのは、モアの権力志向(これはまたフーコーの主たる関心事でもあった)であり、この志向こそが、王の一回り大きな権力と衝突したときに最終的に彼に死をもたらしたものである。虚構化された逸話が、モアの社会的地位の理解への入口となっている。そのようなミクロとマクロの重なりこそが、新歴史主義批評の特徴となっており、この技法をグリーンブラットはその著作群を通して駆使するのである。このようにして彼は、エリザベス朝／ジェイムズ朝文化における無神論という主題を語るために、クリストファー・マーロウについての警察の密偵の報告書を、性の両義性(これはシェイクスピアの戯曲群においてたえず回帰するテーマ)という主題を語るために、両性具有についての医学報告書を引用する。

さらにグリーンブラットが注目する、大法官の地位にあったトマス・モアによってそのプロテスタント信仰のゆえに処刑されたある法律家(ジェイムズ・ベインナム)の例は、自己成型する個人において生起する緊張をさらに明瞭に浮かび上がらせる。この場合は異端であるベインナムに対して冷酷にふるまうモアは、宗教的混乱の時代において彼に要請された地位に基づいているのである。しかしこれは同時代人が好意的に語り、以後の歴史のなかで強調される傾向がある彼の人間性のより寛容な側面と衝突する。さらにまた伝記的細部が、その主体の文学上の成果を明らかにするのに役立つとされる。グリーンブラットが見出すモアの公的ペルソナと私的ペルソナの間の緊張が虚構の外観をまとって露呈しているのは『ユートピア』であり、その冒頭の議論において「モアは公的な自己を独立させる一方、彼の内部にあるすべてをこの入念に作られたアイデンティティから排除し、前者をモルス、後者をヒュトロダエウスと称すると、二者が徹底的に戦うように仕組むのである」（Greenblatt 1980: 36）。グリーンブラットの解釈によれば、これが結びつくのは、モアの職歴の展開であり、それはいかにして公職が彼に求めるものを私生活での信仰と折り合わせるのに苦闘したのかをめぐる経緯なのである。そのような「脅威」と「自己の喪失」は自己成型の記載の過程にとって本質的なものとして明快に捉えられている。この権力に対する困難で不穏な関係は、クリストファー・マーロウとウィリアム・シェイクスピアの戯曲にもまた明らかである。どうしようもない向こう見ずに人生を彩られているマーロウは「自作の主人公に深く囚われている」（Greenblatt 1980: 220）と述べられる一方で、シェイクスピアの場合は、「その戯曲が示すのは、正統的権威への時間を超越した確然とした賛否でも、中心を占める揺るぎない作者の存在でもない」（Greenblatt 1980: 254）。

シェイクスピアがグリーンブラットの目下の関心の対象であり、これまで幅広く彼について書いてきたなかで、著作としては『シェイクスピアの交渉』『煉獄のハムレット』『シェイクスピアの驚異の成功物語』『シェイクスピアの自由』があるが、いずれも歴史的コンテクストとそのなかにおけるシェイクスピア作品の位置に対してきわめて綿密な関心を払っている。『シェイクスピアの交渉』において検討されるのは、その社会のなかで生起する「集合的交渉と交換の成果」（Greenblatt 1988a: vii）としてのこの作者の作品である。グリーンブラットが探究するのは、エリザベス朝とジェイムズ朝の世界に存在する断裂がシェイクスピアのような作家に与えた効果であり、この「亀裂、葛藤、混乱」（Greenblatt 1988a: 2）は統一性を掲げるいかなる考えとも相容れないのである。権力はつねに反駁を受けるのであり、グリーンブラットが私たちに告げるのは、「あらゆるイメージと表現を単一の支配言説へと統合することに抵抗しなければならない」（Greenblatt 1988a: 2-3）ということである——これはきわめてポストモダン的な感情だ。テクストがこの反駁の痕跡をとどめているのであれば、「偉大な芸術作品が力を得ている半ば隠された文化的取引」（Greenblatt 1988a: 4）を明るみに出すことが新歴史主義の主たる仕事のひとつとなるのである。作者は、同時代の「社会的エネルギー」（Greenblatt 1988a: 6）に反応し、触発される存在と見なされる。たとえば「占有」「購入」「象徴的獲得」といった社会的エネルギーの交換の型をいくつも記述するグリーンブラットは、それらが合わさって生じる力に導かれて「偉大な芸術のエネルギーの唯一の源泉としての天才という捉え方には依拠できない」（Greenblatt 1988a: 12）という結論に達する。

『シェイクスピアの驚異の成功物語』において、演劇とは「きわめて強い社会性を帯びた芸術形式であって、生気のない抽象の遊戯ではない」（Greenblatt 2005: 11）と指摘するグリーンブラットは、シェイクスピアの戯曲に社会的エネルギーを与え、そこに組み込まれているその生涯の出来事を、公的私的を問わずずらりと並べている。『煉獄のハムレット』で探究されるのは、煉獄という変容する観念が帯びていた衝撃力であり、これがプロテスタント文化において偽りの教義として攻撃されていたことがこの戯曲からわかるのである。『ハムレット』は、社会的エネルギーが虚構形式へと流入したまたひとつの例であり、煉獄にあることが示唆されている亡霊の状況を見れば、一五六三年にイングランド国教会の三十九箇条からこの教義が除かれたとしても、いまだ騒がしい話題であったことが明瞭なのである。『シェイクスピアの自由』が踏み込むのは、多くの登場人物たちがそれに逆らいつつ成長する境界と限界に見られる、彼の作品における自由と拘束の関係性である。

グリーンブラットの批評的著作にはつねに歴史の裏づけがあり、構造主義とニュークリティシズムから脱構築にいたる二〇世紀の批評の流れにおいて人気の高かった批評理論の形式主義の諸派との関係において修正点を示している。彼のギアツの人類学の手法の採用が目を惹くけれども、ミクロとマクロの重ね合わせと逸話の使用は時間が経ってみると手垢にまみれた方法にもなりえよう。それでも彼の仕事は、文学研究における歴史意識の重要性を主張したことにおいて、またいかなる歴史の時期にも存在する支配的物語を諾う危険に反対してそれが推し進めた議論において大いなる価値がある。つねに考慮に入れる必要があるのは、差異と複数性に加えて、権力に関する争いなのである。

グリーンブラットの主要著作

Greenblatt, Stephen, *Renaissance Self-Fashioning: From More to Shakespeare*, Chicago and London: University of Chicago Press, 1980.（高田茂樹訳『ルネサンスの自己成型』みすず書房）

——, *Marvelous Possessions: The Wonder of the New World*, Oxford and New York: Clarendon Press, 1981.（荒木

正純訳『驚異と占有』みすず書房)
——(ed.), *The Power of Forms in the English Renaissance*, Norman, OK: Pilgrim Books, 1982.
——, *Shakespearean Negotiations: The Circulation of Social Energy in Renaissance England*, Oxford: Clarendon Press, 1988a.(酒井正志訳『シェイクスピアにおける交渉』法政大学出版局)
——(ed.), *Representing the English Renaissance*, Berkeley, CA: University of California Press, 1988b.
——, *Learning to Curse: Essays in Early Modern Culture*, New York and London: Roudedge,1990.(磯山甚一訳『悪口を習う』法政大学出版局)
——, *Hamlet in Purgatory*, Princeton, NJ: Princeton University Press, 2002.
——, *Will in the World: How Shakespeare Became Shakespeare*, London: Pimlico, 2005.(河合祥一郎訳『シェイクスピアの驚異の成功物語』白水社)
——, *Shakespeare's Freedoms*, Chicago and London: University of Chicago Press, 2010.
Gallagher, Catherine and Stephen Greenblatt, *Practicing New Historicism*, Chicago and London: University of Chicago Press, 2000.(高田茂樹訳『シェイクスピアの自由』みすず書房)

参照文献

Foucault, Michel, *The Order of Things: An Archaeology of the Human Sciences* [1966], trans. Alan Sheridan, London: Tavistock, 1974.(ミシェル・フーコー、渡辺一民・佐々木明訳『言葉と物』新潮社)
Geertz, Clifford, *Agricultural Involution: The Processes of Ecological Change in Indonesia*, Berkeley, Los Angeles and London: University of California Press, 1963.(クリフォード・ギアツ、池本幸生訳『インボリューション』NTT出版)
——, *The Interpretation of Cultures: Selected Essays* [1973], London: Fontana, 1993.(クリフォード・ギアツ、吉田禎吾他訳『文化の解釈学』全2巻、岩波書店)

ピーター・ハリー

Peter Halley
1953-

ハリーは、芸術家および芸術理論家として、二〇世紀終わりのニューヨークのアート状況に、ポストモダニズムとポスト構造主義の理論がどのように影響を及ぼしたかについて、貴重な情報を提供してきた書き手である。そこでは、多くの芸術家たちがポストモダンの様々な概念を熱狂的に受容したうえで作品を創作し、ジャン・ボードリヤール、ミシェル・フーコー、ギー・ドゥボールといった名がしばしば言及されていた――ボードリヤールの場合のように、理論家たちの方は、自らの概念がそのように摂取されていくことを、必ずしも熱狂的に受けとめていたわけではないけれども。ハリーや他の芸術家たち（たとえばジェフ・クーンズ、シェリー・レヴァイン、ロス・ブレックナー）がこの時期つくったアート作品は、「シミュレーショニスト」あるいは「ネオ・ジオ」と呼ばれ、芸術を文化批評理論に結びつけて、先に名前を挙げた思想家たちの問題意識の延長線上で、現代文化への介入を果たそうとした。ハリーも、近年の理論に大きな影響を受け、自らのアートを、その意図において「極端にインターテクスチュアル」だと述べた（Siegel 1985）。

ハリーは自分のことをモダニストの要素があるとも考えていたが、この用語が意味するところについて、モダニズム芸術理論の大御所で、抽象芸術を擁護したクレメント・グリーンバーグ（たとえば *Collected Essays and Criticism* 参照）とは、かなり異なった見方をしている――「芸術作品において何が重要かということについて、グリーンバーグとはすべての点で私は意見が異なる」（Siegel 1985）。ハリーは、「自分のアートが抽象的だとは私はまったく考えていない」と主張し、自らの絵画における幾何学的な図形の使用が、周囲の文化の重要な側面を表象しそれに対して意見を表明するものであって、色や形の問題にただ注意を引き付けるためではないと言う。観る者はそうした絵画から具体的な物を読み取ることを期待されているというのだが、これは多くの抽象画家たちにとって、観る人の態度としては是認できないものだろう。一方でハリーはポストモダニズムについていくぶん留保をつけてはいるが、自らの芸術実践におけるフーコーとボードリヤールの影響をとくに認め、理論そのものを重視している。実際、芸術批評家のジーン・シーゲルが言うように、「彼は理論家として見られたがっているのだ」(Siegel 1985)。実際、シーゲルとのインタビューでハリー自身が言うように、「ボードリヤールを読むのは、アンディ・ウォーホールの絵を見るのと、とても似ている」(Siegel 1985)という言葉が多くを語るだろう。

ハリーは、自分の絵画のなかにすでに存在する要素を、よりよく理解するためにこそ理論があると考えており、そのことを理論が明らかにするのだとも言う――「私は自分のことをすぐれた概念の使い手とは考えていない。だからフーコーの『監獄の歴史』を読んだとき、そこに私が絵画で表現しようとしていたことがとても明確に概念化されていたので、この主題についての自分の感覚により自覚的になれたのだ」(Siegel 1985)。「シミュレーション」や「誘惑」といったボードリヤールの概念も、ハリーに同様の影響を与えたと言われる。ハリーの初期作品は、デイグローの蛍光着色剤を使って(この効果を「けばけばしくもエレガント」と呼んだ批評家もいる(Halley 2001: 8))、ミニマリズムのスタイルで幾何学的な図形で構成される作品を描いているが、これをハリーは「シミュレートされた色合い」(Siegel 1985)と考えており、これは彼がボードリヤールを読んで、自分が使っていた画材の意味に気が付いたのだと言う。シーゲルの穿った見方によれば、ハリーは「ポストモダン弁証法内での総合者」(Siegel 1985)と見るべきなのである。

ハリーの最初の論文集には、ポスト構造主義とポストモダニズムの理論から得たアイデアを使いながら、彼が自らのものを含めた現代アメリカの芸術実践をどう考えるかが述べられている。「ポストモダニズムに逆らって」のなかでハリーは、モダニズムをグリーンバーグが定義するよりも多様な表現形式であると強調する。このことは、モダニズムとは何かを考える思考の枠組をほぼ設定したといえるグリーンバーグが、戦後アメリカの芸術界で及ぼした強大な影響力を考えると、大きな意味をもってくる。グリーンバーグの言説は、当時の芸術実践に影響を及ぼしただけでなく、収集家やアート・ギャラリーが何を買うかをも規定し、ほとんど教条に近いものとなっていた。ハリーはモダニズムの歴史における、グリーンバーグが称賛した、ハリー言うところの「理想主義派」とは異なる傾向を指摘する。この、もうひとつのモダニズムは、ハリーによれば、グリーンバーグ流のモダニズムを動機づけていた文化帝国主義的な概念、すなわちハリーの解釈では、世界を支配する経済権力としてのアメリカの登場をしめす表現――それは「西洋諸国と発展途上国の指導者の位置を戦後のアメリカが渇望した、その芸術的表現」にほかならない（Halley 2000: 27）――とはちがって、相対主義と懐疑精神にもとづくものである。ハリーが「自然と文化」という別の論文で言うように、こうした企図においてモダニズムの芸術家たちも「前衛としての英雄の役割」を演じるようにと求められたのだ（Halley 2000: 63）。ハリーによれば、彼が唱道したいモダニズムの源は、スペインの哲学者オルテガ・イ・ガセットがかつて言ったことに関わっており、オルテガが一九二〇年代にロシアの共産主義やヨーロッパのファシズムによる権威主義的政治に対抗して自由主義《リベラリズム》を唱えたことにこそ見出されるのだ。ここでの自由主義は、他者の信念にたいする寛容と尊敬を保証する相対主義の考え方を支えるものと見なされているのである。

ハリーによれば、こうしたモダニズムの別の傾向が、現在のアート・シーンを活性化しているもので、それは絵画だけでなく、ポップ・ミュージックや映画にも見られる。そうした態度の変化をポストモダニズムと名付ける批評家もいるが、ハリーはむしろそれをモダニズム独自の形式のひとつとして、グリーンバーグが称賛したような抽象表現派モダニズムの背後にあった想定に挑戦するものと考えている。「経済上の困難と不安定」の時代に暮らすことの結果として、芸術家のなかには、世界に関する「強烈な思念と懐疑」を持たざるを得ない人たちが出てくるのだと、ハリーは言う（Halley 2000: 45）。彼が望むのは、「芸術におけるモダニズムの再興」が今にも生じること（Halley 2000: 46）だが、ハリーがいまだに「モダニズム」という用語にこだわるとしても、現代のモダニティという理念、すなわち「戦後のアメリカ企業が唱え実行してきたような容赦のないモダニティ」（Halley 2000: 49）には、はっきりと異議を唱えなくてはならない、というのである。

「自然と文化」のなかでハリーは、増大するポスト構造主義思想の影響を取り上げて、ポスト構造主義の諸概念には魅力を感じるけれども、それがはたしてどのように芸術実践に結びつくのかと問う。たとえば、「芸術家によるシミュレーションの実践は、シミュラークルの文化をただ裏書きしていることにならないか」といった問題がそれだ（Halley 2000: 71）。このことで芸術家たちがハリーが批評の主題とすべきと考えている体制と共犯関係を結ぶことになりはしないかと、ハリーは危惧するのである。ハリーはまた、ボードリヤールの考え方がフーコーのそれよりも好意的に受け取られることに驚きを表明し、私たちの社会における「規律を強制する空間の問題を掘り下げてきた」後者の方がより深い思想を展開しているとも言う（Halley 2000: 72）。フーコーはボードリヤールと違う仕方で社会問題を追及しており、ポスト構造主義はモダニティの思想体系を疑うという点であきらかに利点はあるけれども、それが「産み出す否定的な結果」にも注意深くあるべきだ（Halley 2000: 72）。ハリーによれば、権力を統一体と見なすことも、そのような否定的側面のひとつであって、それが芸術家たちをして社会的発言に向かうことを妨げかねない。

ハリーは、自らの幾何学絵画が、ミニマリズムのスタイルを社会的意義のある芸術へと変化させる、と見なしている。彼にとってミニマリズムとは、「社会と産業の発展がもたらす問題と現代の光景に関係があり、ミニマリズムの芸術家たちが考えるような、閉ざされた深遠なものではない（Siegel 1985）。ミニマリストには一連の幾何学的な図形に過ぎないものも、ハリーにとっては、たとえば、煙突や、あるいは牢獄とか独房のような暗鬱な、実際の産業都市の光景なのだ。彼の指摘によれば、監獄は「ミニマリズムの正方形を幽閉構造として描く方策とも言える」（Siegel 1985）。これは文化的に豊かな示唆をふくんだ概念で、組織の権力や監視の技術など、多くのことを連想させる（たとえば、Halley 2000 所収の『地下通路のある牢獄』（1985）参照）。過去数世紀にわたって、人間が監視社会を築いてきたと主張したのは、いうまでもなくフーコーで、その『監獄の歴史』では、牢獄や収容所のような施設が人びとに及ぼしてきた強大な力の歴史が辿られている。かくしてハリーも、「フーコーに教えられて、広場に監獄を、現代社会の神話の背後に独房や導管の隠されたネットワークを見る」（Halley 2000: 25）。こうした発想をすることで、ハリーは自分の絵画がミニマリストのような抽象ではなく、「図表」であるというのだ（Siegel 1985）。彼は著作でも絵画でも、ポスト産業社会の批評家と自分を見なしている。デイグローの蛍光色も、ハリーにとっては「放射能の残光」を表象しているのだから、そうした批評として考えるべきなのである。

ハリーは、同時代のアーティストのなかでもっとも理論を重視したひとりであって、彼がその経歴のなかで綴ってきた一群の著作は、芸術と理論の連携を考える上できわめて豊かな資料を提供してくれる。理論家を信用しないアーティストも多く、そのようなアーティストによれば、理論家とは、そこにありもしないものや、知りもしないものを芸術作品に読みこむ輩である。アーティストのなかには、たんに批評家の関心を引きよせるために、流行の理論から着想を盗んで、自分の芸術実践に表面的に使ったりする者もいる。しかしハリーはそれとは異なり、自らの芸術を高め深めるための理論に頼っており、たんに文化的流行を追って理論を追いかけているわけではない。ハリーの場合、自らの絵画に理論的意義を見出したいという衝動は、彼がフーコーやボードリヤールを読む前からあったのだから。彼にとって、理論の探究はアートに結び付けられることで、もともと存在した発想が成熟した表現となったと言うべきだろう。さらに大事なことはハリーがつねに疑いをもって理論に接していることで、理論をそのまま受け入れてしまうのではなく、その弱点も利点と同様、指摘していることである。

ハリーの仕事はモダニズムをポストモダン思想と対話させ、チャールズ・ジェンクスが『ポストモダニズムの建築言語』でひろめたダブル・コーディングという考え方とはまた別の、ポストモダン美学を構築する道筋をつけたと言えよう。またニコラ・ブリオーが見取り図を示したオルターモダニズムという発想（Bourriaud 2009を見よ）も、ハリーがすでに一九八〇年代に模索していた「モダニズム再興」のひとつの表明と見ることもできるだろう。

ピーター・ハリーの主要著作・作品

Halley, Peter, *Recent Essays 1990-1996*, New York: Edgewise Press, 1997.

——, *Collected Essays 1971-1987* [1988], Zurich and New York: Bruno Bischofberger Gallery and Sonnabend Gallery, 2000.

——, *Paintings*, London: Waddington Galleries, 2001 (Introduction by Alex Coles).

Hough, Jessica, Monica Montagut, Anthony Vidler and Peter Halley, *Revisiting the Glass House: Contemporary Art and Modern Architecture*, New Haven, CT: Yale University Press, 2008.

参照文献

Baudrillard, Jean, *Simulations*, trans. Paul Foss, Paul Patton and Philip Beitchman, New York: Semiotext(e), 1983.

———, *Seduction* [1979], trans. Brian Singer, London and Basingstoke: Macmillan, 1990.（ジャン・ボードリヤール、宇波彰訳『誘惑の戦略』法政大学出版局）

Bourriaud, Nicolas (ed.), *Altermodern: Tate Triennial*, London: Tate Publishing, 2009.

Foucault, Michel, *Discipline and Punish: The Birth of the Prison* [1975], trans. Alan Sheridan, Harmondsworth: Pelican, 1977.（ミシェル・フーコー、田村俶訳『監獄の誕生』新潮社）

Greenberg, Clement, *The Collected Essays and Criticism: Perceptions and Judgements, 1939-44*, vol.1, ed. John O'Brian, Chicago and London: University of Chicago Press, 1986.（クレメント・グリーンバーグ、藤枝晃雄編訳『グリーンバーグ批評選集』勁草書房）

Jencks, Charles, *The Language of Post-Modern Architecture* [1975], 6th edition, London: Academy Editions, 1991.（チャールズ・ジェンクス、竹山実訳『ポストモダニズムの建築言語』エー・アンド・ユー）

Siegel, Jeanne, 'Artist/Critic of the Eighties, Part One: Peter Halley and Stephen Westfall, Interview and Text', *Arts Magazine*, September 1985, pp.72-6, www.peterhalley.com/ARTISTS/PETER.HALLEY/INTRERVIW.FR2.1985.Siegel.htm (accessed 2 November 2012).

青土社

刊行案内

No.89　Winter 2015

- 小社の最新刊は月刊誌「ユリイカ」「現代思想」の巻末新刊案内をご覧ください。
- ご注文はなるべくお近くの書店にてお願いいたします。
- 小社に直接ご注文の場合は、下記へお電話でお問い合わせ下さい。
- 定価表示はすべて税抜です。

東京都千代田区神田神保町1-29市瀬ビル
〒101-0051　TEL03-3294-7829
http://www.seidosha.co.jp

ダナ・ハラウェイ

Donna J. Harawa
1944-

ハラウェイが自ら執筆した経歴と学問的関心には、彼女が推奨し、自らの著作で実践するある種の学際性がよく現れている。

> 学校時代の専門は分子生物学と発生生物学だったものの、私は自分の専門が科学史だと思っている。人類学という出入り自由の領域には、——むろん、在留異邦人ないし異種混交体としてということではあるが、——長期滞在用のビザを申請している。でも、自分のほんとうの住まいは、テクノサイエンスという即物性と想像力がはげしく拮抗する圏域だ。(Haraway 1989: 49)

ハラウェイの仕事には、つねにフェミニズムの側面もあって、もっとも有名なのは「サイボーグ」概念をめぐる突出した仕事だろう。この仕事で、ハラウェイは、「サイボーグ」の概念を十分理解することが、私たちの文化にいまだに明白に存在する性差別を克服するひとつの方策となりうると示唆したのだった。(「サイボーグ」という用語は、もとをたどれば一九六〇年にマンフレッド・E・クラインズという科学者が考案したものである。)「サイボーグ宣言」の最後には、「私は女神ではなくサイボーグになりたい」という挑発的な言辞が出てくる(Haraway 1991: 181)。「機械と有機体のハイブリッド」(Haraway 1991: 149)であるサイボーグは、単なる人間の能力をはるかに凌ぐ存在で、ハラウェイにとっては、男女間の不均衡が消し去られる将来を伝える存在でもある。

「サイボーグ宣言」におけるハラウェイの意図は、サイボーグという概念のまわりに「フェミニズム、社会主義、唯物論に忠実であるような、アイロニーに満ちた政治神話を築く作業を行なう」ことにある（Haraway 1991: 149）。ハラウェイにとってサイボーグが表象するものとは、女性とテクノサイエンスとの間のより積極的な新しい関係性で、これこそが全仕事を通じて一貫して彼女が求めるものである。ハラウェイがフェミニストたちに助言するのは、技術の進歩がもたらすものは、男性が支配する分野だからといって拒絶するのではなくなるべく利用し、その際には、新たに実現されたありとあらゆる生産方法や製品を利用して、ジェンダーの境界を打ち壊すという大義をさらに極めようではないかということである。科学と技術は、つねに変化の過程にあり、ハラウェイにとって、このことこそ、普遍理論という存在の不的確さをまさに明示しているといえる。「サイボーグには全体理論を作ろうという衝動はない。……普遍的で全体化作用をもつような理論を生成することは大きなまちがいと言わざるをえず、そうした理論は、現実の大半を、つねに――そして現時点ではまず確実に――とり逃してしまうことになる」（Haraway 1991: 181）。ポストモダニズムの精神には、反普遍化の傾向が濃厚にみられ、ハラウェイは、「サイボーグ宣言」を、論争を引き起こすべく意図された「ポストモダニズムと反自然主義の思想を帯びた、社会主義＝フェミニズムの文化と理論に加担する作業」（Haraway 1991: 150）とみなす。ハラウェイはさらに、「サイボーグとは、解体と再構成を経た自己、集団をなしつつ個人であるポストモダンの自己である。これこそがフェミニストたちがコード化する必要のある自己である」（Haraway 1991: 163）と強調する。

ハラウェイは、フェミニズム内部からの批判をうけている。サイボーグ概念は、女性の社会的地位を向上する方法としては、実地ではまるで役に立たないことは言うに及ばず、大いに疑義があるというのである。こうした批判者たちにとって、サイボーグ概念は、示唆にはまちがいなく富んでいるだろうが、近い将来における政治行動のプログラムとはまずなりえない。たとえば、スーザン・ボルドーは、どのようにしてこうした概念が実地に機能しうるのかも、どのようにして意味あるかたちでフェミニズムの大義を推進していくうえで役立つのかも理解できないという。

形状や位置を思うがままに自由に変えることができ、誰にでもなれて、どこにでも移動することができるというのは、いったいぜんたい、どういうたぐいの身体なのか？　もし、身体が、空間や時間のなかで私たちが位置していることのメタファーであり、したがって、人間の認知や知の有限性のメタファーであるというのなら、ポストモダニズムの身体は、まったくもって身体とはいえない。(Bordo 1990: 145)

スー・ソーンハムも言うように、ハラウェイは「現実世界での変化を志向する解放の物語を、ユートピア的幻想で置き換えたことで非難されてもしかたがない」(Thornham 2011: 46)。

ユートピア的幻想であるにもかかわらず、ハラウェイの著作には、サイボーグ化が、私たちの社会ですでに進行中のプロセスの拡張にすぎないというニュアンスもある。ハラウェイも書くように、心臓のペースメーカーや人工臓器の日常的使用という例を挙げるまでもなく、医学では、どんどん機械部品を使って人間の身体の故障した部分を置換するようになっている。こうしたことは、将来は、技術の発展とともに、さらに日常化が進むだけなのかもしれないが、それがハラウェイが考えるように、本格的なサイボーグに至る、あるいは至るべきかどうかについては議論のあるところだ。私たちが身体の本格的なサイボーグ化に向かって進むのであれば、この事態にほぼ確実に伴わざるをえない人間性の喪失は、大多数にとって深刻な問題となってくるだろう。「非人間的なもの」のもたらす脅威に対する、同名の書籍(『非人間的なもの』)でのジャン゠フランソワ・リオタールの議論は、機械、つまりコンピュータに導かれた未来という予測が起こしうるようなタイプの脅威について示唆しているし、リオタールは、テクノサイエンスの力が工学的に創出しようとしているのが、まさにこの種の未来なのだと警告する。

リオタールにとってテクノサイエンスが脅威であるのに対し、ハラウェイは、私たちの文化を、そして性差による役割と能力に関するその固定観念を再構築していくうえで、テクノサイエンスが提供しうる様々な機会について考えるように読者を誘う(ただし、ハラウェイは、その著作『控えめな目撃者』からもわかるように、テクノサイエンスの企図の決して無批判な擁護者ではない)。もし女性が男性と同等の力を手にすることが可能になれば、性差に関わる生物学的限定は、社会が家父長制を採ることを支持する議論としての重みをさほど持たなくなるとともに、その限定ゆえに、女性はテクノサイエンスの世界により一層関与するように促され、結果としてテクノサイエンスから男性優位の領域という意味合いが薄れることになる。

ハラウェイは、『控えめな目撃者@二千年紀がオンコマウスと出会う——フェミニズムとテクノサイエンス』

で、女性とテクノサイエンスの関係について掘り下げている。ハラウェイは、この書籍が「人間、人間ならざるもの、テクノサイエンス、民族、フェミニズム、デモクラシー、財産、人種、歴史、そして近親関係をめぐる一連の論述」から構成されていると述べている（Haraway 1997: 2）。各種の偏見（たとえば反ユダヤ主義や人種主義）が過去の思想と科学の進歩の時期にも蔓延しており、また、そうした各種の偏見がルネサンスや科学革命といった文化現象の産物だと考えることさえ可能であるという経緯に注意を促すハラウェイは、どのような類似した社会と政治の問題が、現代、つまりインターネット時代の技術革命において現出しているかについての探究に着手する。テクノサイエンスがモダニティにまつわる憂慮を見事に超えるものとされるが、ハラウェイは「世界中で日常生活において経験される変容の猛烈さは否定しようがない」（Haraway 1997: 4）と述べる。ハラウェイは、自ら「控えめな目撃者」として、インターネット上での「密偵と斥候」（Haraway 1997: 6）の役割を引き受け、こうした変容が私たちをどこへいざなうのか、そしてどのような新たな支配構造が、インターネットの膨張に隠されているのかについて解明しようとする。自由市場資本主義の従僕へと結果的に転化されてしまっているシステムから予測されるように、テクノサイエンスが、機会と危険の両方をもたらすことを自覚しておく必要がある。

まず、ハラウェイは、米国において、「テクノサイエンスが千年王国の言説」（Haraway 1989: 10）となっていて、明瞭なキリスト教的意味づけを帯びていること、とくに、この言説の敬虔な信者であることを通して救済が得られ、その目的や全体としてのイデオロギー傾向について決して問われないことについて違和感を持っている。これがまさに、リオタールが、『ポストモダンの条件』において強く警戒を呼びかけたメタナラティヴである。ハラウェイもまた、現代の科学が、伝統的に男性の領域として女性を積極的に排除してきたメタナラティヴであること、そして、「ジェンダーが、つねに関係性であり、実際の存在の分類先や誰かが持つことのできる所有物ではない」（Haraway 1989: 28）にもかかわらず、このような状態となっている点について指摘する。いかにしてこうしたメタナラティヴを回避し、テクノサイエンスをより社会的に責任ある実践に変えていくかについては、この著作の主題のひとつであり、ハラウェイの「控えめな目撃者」は、メタナラティヴがいかに作動して私たちに対して権力を行使するのかについて述べる。

『控えめな目撃者』は、テクノサイエンス批判であり、その擁護でもある。したがって、この著作は、人類にとってまちがいなく有用であった賞賛すべき数々の成功を生み出してきたテクノサイエンスという企てそのものの批判ではなく、発展の経緯や、そのイデオロギー上の限界を乗り越えられなかったことについての批判となっている。ハラウェイがこだわるのは、テクノサイエンスがどこまで自由市場資本主義の原理によって駆り立てられているか、つまり、テクノサイエンスがいかに自然を、本質的に人間によって操作略奪されるのを待つような存在として見ているかについて指摘する作業である。テクノサイエンスのこうした傾向ゆえに、「オンコマウス」(癌研究での実験目的に特化して開発されたマウス)の開発といったような、なんともいかがわしい計画に至ったわけだし、オンコマウスは、市場でふつうに販売され、テクノサイエンスの製品がまたひとつ増えたと受けとめられている。テクノサイエンスがこうした展開を純粋に技術の問題として処理する以上、開かれた議論が行なわれることはほとんどなかったし、関係企業はもちろん、こうした製品から金銭を生み出すという立場である。こうした製品を誕生させることがつねに望ましいのか、それとも倫理上の問題をはらむのかについては、利益を上げることに重心を置く体制においては無視される。

利益を生むためにテクノサイエンスがどこまで行こうとしているのかというのは、ハラウェイが明瞭に懸念していることがらであり、この体制——基本的に政治を超越しており大衆の承認など不必要な存在と自認する傾向がある体制——にもっとチェックやバランスの機能を組み込むべきだというのがハラウェイの主張だ。カズオ・イシグロの小説『わたしを離さないで』には、こうした傾向が最終的に到達しかねない身の毛もよだつ状況として、人間たちが、最終的に自らの生命と引き換えに他人への臓器提供者となるためだけの目的で培養される状況が描かれている。「動物、人間の遺伝子、多くの植物の遺伝子材料の特許権付与について私は反対」であって (Haraway 1989: 62)、こうした方向で研究を続行するかどうかという判断については、利益第一主義に染まったテクノサイエンス企業に任せるのではなく、この種の問題については情報公開の上で開かれた議論を求めるとハラウェイは述べる。

ハラウェイは、長年、異種間の関係や相互交渉に関心を抱いてきており、『霊長類の展望』から『犬と人が出会うとき——異種協働のポリティクス』にいたる一連の著作がある。『霊長類の展望』は、論争を呼ぶことをいとわずに書かれた著作で、近現代の世界において私たちが霊長類との間に構築してきた関係性について再考をうながさずにはおかない。「じつに多くの希望と関心をめぐる境界線上に存在する霊長類は、障壁を乗り越えられる可能性、境界線の引き直し、社会的によってやむことなく維持される二元論への嫌悪を探究してゆくうえで素晴らしい素材だ」（Haraway 1989: 3）。ハラウェイの他の著作同様、この著作の目的は、「歴史のなかで私たちが自然と文化として分断して理解してきたものの間の行き交いに新たな関係を設定する」（Haraway 1989: 15）ことにある。従来思わされているよりずっと行き交い自由なものとして境界線を捉えている書き手がここにいる。

ハラウェイの主要著作

Haraway, Donna J., *Primate Visions: Gender, Race, and Nature in the World of Modern Science*, New York and London: Routledge, 1989.

———, *Simians, Cyborgs, and Women: The Reinvention of Nature*, London: Free Association Books, 1991.（髙橋さきの訳『猿と女とサイボーグ』青土社）

———, *Modest Witness@Second Millennium Meets Oncomouse: Feminism and Technoscience*, New York and London: Routledge, 1997.

———, *The Companion Species Manifesto: Dogs, People and Significant Otherness*, Chicago: Prickly Paradigm Press, 2003.（永野文香・波戸岡景太訳『伴侶種宣言』以文社）

———, *When Species Meet*, Minneapolis, MN: University of Minnesota Press, 2008.（髙橋さきの訳『犬と人が出会うとき』青土社）

参照文献

Bordo, Susan, 'Feminism, Postmodernism, and Gender-Scepticism', in L. J. Nicholson (ed.), *Feminism/Postmodernism*, London and New York: Routledge, 1990, pp.133-56.

Clynes, Manfred E. and Nathan S. Kline, 'Cyborgs and Space', *Astronautics*, September 1960, pp.26-7 and 74-5.

Ishiguro, Kazuo, *Never Let Me Go*, London: Faber, 2005.（カズオ・イシグロ、土屋政雄訳『わたしを離さないで』ハヤカワ文庫）

Lyotard, Jean-François, *The Postmodern Condition: A Report on Knowledge* [1979], trans. Geoff Bennington and Brian Massumi, Manchester: Manchester University Press, 1984.（ジャン＝フランソワ・リオタール、小林康夫訳『ポストモダンの条件』水声社）

——, *The Inhuman: Reflections on Time* [1988], trans. Geoffrey Bennington and Rachel Bowlby, Oxford: Blackwell, 1991.（ジャン・フランソワ＝リオタール、篠原資明他訳『非人間的なもの』法政大学出版局）

Thomham, Sue, 'Postmodernism and Feminism', in Stuart Sim (ed.), *The Routledge Companion to Postmodernism*, 3rd edition, London and New York: Routledge, 2011, pp.37-49.

デヴィッド・ハーヴェイ

David Harvey
1935-

ハーヴェイは都市地理学者で、モダニズムと資本主義が都市にどんな影響をもたらしたかについて、興味深い新たな視角を切り開いてきた。彼はまた、ポストモダン状況に関する重要な批評家であり、独善的ではない開かれたマルクス主義の観点から、権威主義的な社会と政治の体制を一貫して批判してきた。マルクス主義的な傾向はあっても、彼の現在の政治的立場は「ポピュラー・フロント」とも呼べるもので、政治と経済の領域における新自由主義の支配にたいする左翼的な対応を模索していると言えよう。ハーヴェイにとって、新自由主義は昨今の世界秩序のなかでもっとも破壊的な勢力のひとつで、彼はそれを一切の妥協なしに批判する。ハーヴェイによるマルクス主義に根差した都市地理学の仕事は、『社会正義と都市』、『都市という経験』、『資本の空間』、『グローバル資本主義の空間』、そして近著『反抗する都市』といった著作に見出すことができる。これらの本における彼の前提は、都市が「少数者による多数者の搾取に基づいており」、それこそ私たちがいまだに克服すべく闘っている資本主義の遺産である、というものだ――「真に人間的な都市主義はいまだに生まれていない」(Harvey 1973: 314)。またそういった都市主義が、新自由主義的な経済体制から生まれてくる可能性もほとんどないのである。

ハーヴェイによるポストモダン状況にたいする考察の出発点は、以下のようなものだ――「一九七二年ごろから文化および政治と経済の分野で、大きな変化が起きてきた。この大変動は私たちが空間と時間を経験するうえで、新たな支配的仕方が出現したことと密接に結びついている」(Harvey 1990: vii)。そして私たちの文化にとってこれが意味することを明らかにするために、彼は『ポストモダニティの条件』で検討を進めていく。ハーヴェイは、一九九〇年に発刊されたこの本でも議論されているように、ポストモダニズムが長続きしない現象であって、その影響が衰えつつあることを早くから指摘していた論者のひとりである。マルクス主義者がそれを望むのは理解できる、自らのもの以外の「イズム」を彼らは好まないから（ことにジャン＝フランソワ・リオタールが『ポストモダンの条件』で自信をもって言い切ったように、そのような「大きな物語」の時代は過ぎ去ったのであるから）。しかしながら、それはあまりに拙速な判断であったことが今や明らかだろう。その点はともかく、ハーヴェイは、その当時の文化現象としてポストモダニティがどのようなものかを、見事に概括してみせたのである。

ハーヴェイにとって、ポストモダニズムの根は、モダニティや資本主義がどう発展していくのかという不安にあり、その不安が一九六〇年代の抵抗文化運動となって、有名なパリ騒乱をはじめとした一九六八年の様々な動乱を引き起こした――「一九六八年から七二年のあいだあたりに……一九六〇年代の反近代運動のさなぎから、いまだぎこちなくても成熟した運動としてのポストモダニズムが出現してきたのだ」（Harvey 1990: 38）。ハーヴェイはポストモダニズムに、差異の肯定のような多くの積極的な側面があることを認めつつも、そのモダニズム理解とモダニズムが何を代表していたのかに対する把握があまりに単純であると批判する。もし現在の社会の悪について非難すべき対象があるとするなら、それはモダニズムではなく資本主義であって、それはモダニズムも多くの肯定的な側面をもっているからに他ならない。実際ハーヴェイが強調するのは、モダニズムとポストモダニズムとのあいだに存在する継続性であって、ポストモダニズムはそれ独自のアイデンティティをもったものというよりも、モダニズム／モダニティの内部から立ち上がってきた危機の様相として把握されるべきである。この危機は極端なニヒリズムとして表れており、それがポストモダニズムを政治的に無力なものとしている。理論としてポストモダンは後期資本主義の悪と戦うためになんら具体策を提示せず、それが影響を拡大するままに任せている。マルクス主義の思想家らしくハーヴェイは、このことをまったく受け入れがたいとして、「ポストモダニズムは国民経済の現実とグローバルな権力状況に直面するのを避けるがゆえに危険である」と結論するのだ（Harvey 1990: 117）。フレドリック・ジェイムスンも『ポストモダニズム――後期資本主義の文化論理』で同じような不満を述べているが、こうした批判は理由のないことではないだろう。

傾聴すべきハーヴェイの批判としてもうひとつ、ポストモダニズムの哲学者たちがその相対主義への傾きにもかかわらず、結局のところ自らの意見の真実は譲らず、自分たちが批判する大きな物語からおのれの理論を区別する相対主義のスタンスを裏切っているということがある。自らの優越を何らかのかたちで想定することなしには、リオタールのような論理も脱構築の運動も大きな力になりえないだろう——そのことがハーヴェイには明らかに不満なのだ。たしかにポストモダン状況は何か他のものに、より根本的な変革をもたらすものに進化する可能性を持っているかもしれない。しかしハーヴェイが代わりに信を置くのは、資本主義に挑戦する方法としての「歴史的唯物主義と啓蒙のプロジェクトの革新」である（Harvey 1990: 359）。しかしながら、現今の新自由主義の支配力増大をみるかぎり、この革新はいまだになされていないと言うべきだろう。

ハーヴェイは新自由主義にたいしてきわめて批判的で、それが私たちの現在の社会と政治の病根であると見なしている。『新自由主義』は、二一世紀初頭の私たちの生活全般に新自由主義経済が及ぼした影響を剔抉する。ハーヴェイにとっては、新自由主義のすべてが否定すべき非難の対象となる。戦後の西洋諸国では、衰退した経済に政府が介入することを推奨するジョン・メイナード・ケインズの思想が支配的だったが（一九二〇年代の成長期のあとで、西洋諸国の経済が停滞した一九三〇年代の大恐慌後の政策も有名だろう）、一九七〇年代後半以降はフリードリヒ・ハイエクやミルトン・フリードマンの経済理論が支配的となり、西洋諸国政府の多くが新自由主義的な経済政策を採用するようになった。フリードマンの本『資本主義と自由』が、世界の経済指導者のあいだでバイブルのように読まれ、発展途上国では経済の繁栄を永続させる新規な方法として、その教えがもてはやされた。実際にはアルゼンチンのような国で、一九九〇年代初頭に人びとの広範な抗議にもかかわらず、新自由主義が厳格に適用され、そのような体制によって、倒産や物々交換が当たり前になるほど社会が疲弊したのだった。

新自由主義的な経済政策は、最小限の政府の規制（新自由主義の観点からは少なければ少ないほどよい）のもとでの自由市場を推奨する。とくに市場が沈滞しているときには、一般の人びとの生活にどれほど深刻な影響が及んでも、政府の介入は避けるべきだとする。そういった理論においては、そのような定期的な危機に対処する市場の「見えざる手」への信仰がゆるぎなく存在するのだ。その結果、世界経済は一種の大混乱に陥って、二〇〇七年から〇八年の金融危機を招いてしまい、その問題はいまだにほとんど解決されていない。この危機が最初に起きた際に、世界経済の完全な崩壊を防ぐために政府の大幅な介入が必要とされたにもかかわらず、その後数年たっても西洋諸国の政府の多くは、いまだに新自由主義的な経済政策に頼って、そもそも新自由主義が引き起こした問題からの出口を探している状態である。金融危機以前からハーヴェイが行なってきた新自由主義批判は、たしかに予知的であったと言える。しかしながら政治と金融のエリートたちはこの教えに目を背け、いまだに何も学ぼうとはしていない。

ハーヴェイは、新自由主義が人びとの思考に与える影響について、大きな憂慮を抱いている――新自由主義は「私たちの多くが世界を理解し、解釈し、そのなかで生きるさいの常識となりつつある」(Harvey 2005: 3)。それは、新自由主義が実際には多国籍企業のような大企業の力を増大させる効果をもたらしてきたにもかかわらず、各人の自由や個人主義を擁護し保証するものとして見られるからだ。大企業のように巨大な規模と豊富な資金力をもった組織だけが、新自由主義が過去数十年のあいだ、徹底して押し進めてきた資本のグローバルな移動に対する規制緩和から利益を得ることができるのである。

ハーヴェイのようなマルクス主義的傾向のある思想家にとっての資本主義の大きな謎のひとつは、それがどうして近代の多くの危機を乗り超えてきたのか、ということだ。一九世紀の昔から、一連の大規模な経済大恐慌があり、そのどれもが社会革命を起こしてもおかしくはなかったのに、資本主義は生き延びてきた。こうした予期できない資本主義の柔軟性から、マルクス主義の思想家たちは、ヘゲモニー概念を導き出すようになったが、それはエルネスト・ラクラウとシャンタル・ムフの『民主主義の革命』によれば、マルクス主義の予言が外れたことに対する、都合のよい言い訳に過ぎない。ハーヴェイもこの問題に、二〇〇七年の金融危機の後で書かれた『資本の〈謎〉――そして資本主義の危機』で取り組む。そこで批判されているのは、この危機において、西洋諸国の政治家たちが新自由主義の問題性を認識せず、その代わりに、「そもそも私たちをこの泥沼に導いた類の資本主義にふたたび無様にも戻ったこと」だ(Harvey 2010a: 221)。さらに金融危機によって、ハーヴェイは『〈資本論〉入門』を書き、そこで彼は、私たちの経済生活と『資本論』との関係を再検証しようとする。彼は二〇世紀のマルクス主義が多分に抱えていた抽象性と思弁性を脱して、理論を「実際的に適用すること」に移行しようという欲望を抱いていると語り、それが現在の危機をよりよく理解することにつながるかもしれないと考える。すなわち、マルクス主義をより実用的に考えるという志向がそれだ。

ハーヴェイは、新自由主義的な資本主義に対するある種の大同団結を呼びかけるが、それは多様性と複数性を担保するために、意図的にきわめて一般的な言葉でなされている。こうした態度はポストモダニズムの姿勢にも適合するものだ――「この運動、私たちの運動を反資本主義と定義し、自分たちを『怒りの党』と呼ぼう。そして、『ウォール街の党』および世界中のその手下と傀儡どもと戦って打ち負かす準備をしよう」（Harvey 2010a: 260）。ここには、伝統的な左翼の考え方と、ポストモダン思想に傾いた「ラディカル・デモクラシー」とのバランス、すなわち大きな物語と小さな物語双方の均衡を保とうとする試みがある。しかしある意味でこのことが示すのは、新自由主義によって金融恐慌のような危機が生み出された最近の政治状況において、このどちらの立場も実際には有効な結果を出してこなかったということでもある。そして、この危機は長期にわたってきわめて深刻な影響をもたらし、今後しばらくは私たちとともにあり続けることだろう。

ハーヴェイの主要著作

Harvey, David, Social *Justice and the City*, London: Edward Arnold, 1973.（竹内啓一・松本正美訳『都市と社会的不平等』日本ブリタニカ）

——, *The Urban Experience*, *Baltimore*, MD: Johns Hopkins University Press, 1989.

——, *The Condition of Postmodernity: An Enquiry into the Origins of Cultural Change*, Cambridge, MA and Oxford: Blackwell, 1990.（吉原直樹訳『ポストモダニティの条件』青木書店）

——, *Spaces of Capital: Towards a Critical Geography*, Edinburgh: Edinburgh University Press, 2001.

——, *A Brief History of Neoliberalism*, Oxford: Oxford University Press, 2005.（渡辺治監修、森田成也他訳『新自由主義』作品社）

——, *Spaces of Global Capitalism: Towards a Theory of Uneven Geographical Development*, London and New

York: Verso, 2006.
———, *The Limits to Capital*, 2nd edition, London and New York: Verso, 2007.（松石勝彦・水岡不二雄訳『空間編成の経済理論』全2巻、大明堂）
———, *The Enigma of Capital: And the Crises of Capitalism*, London: Profile, 2010a.（森田成也他訳『資本の〈謎〉』作品社）
———, *A Companion to Marx's Capital*, London and New York: Verso, 2010b.（森田成也・中村好孝訳『〈資本論〉入門』作品社）
———, *Rebel Cities: From the Right to the City to the Urban Revolution*, London and New York: Verso, 2012.（森田成也他訳『反乱する都市』作品社）

参照文献

Friedman, Milton, *Capitalism and Freedom*, 2nd edition, Chicago: University of Chicago Press, 1982.（ミルトン・フリードマン、村井章子訳『資本主義と自由』日経BP社）
Jameson, Fredric, *Postmodernism, or the Cultural Logic of Late Capitalism*, London: Verso, 1991.
Laclau, Ernesto and Chantal Mouffe, *Hegemony and Socialist Strategy: Towards a Radical Democratic Politics*, London: Verso, 1985.（エルネスト・ラクラウ&シャンタル・ムフ、西永亮・千葉眞訳『民主主義の革命』ちくま学芸文庫）
Lyotard, Jean-François, *The Postmodern Condition: A Report on Knowledge* [1979], trans. Geoff Bennington and Brian Massumi, Manchester: Manchester University Press, 1984.（ジャン＝フランソワ・リオタール、小林康夫訳『ポストモダンの条件』水声社）

リンダ・ハッチオン

Linda Hutcheon
1947-

ハッチオンはポストモダン文学と関連させながらメタフィクションという概念を発展させたことでもっとも知られている文学批評家であり、このテーマについては、彼女の母国カナダの現代文学について論じたものを含む著作で追究してきた。ポストモダニズムに関する限り、ハッチオンがとくに関心を抱いているのは、彼女の言葉を借りるならば「歴史記述的メタフィクション」であり、これは「高度に自己言及的でありながらも、逆説的なことに、同時に歴史的な出来事や人物の記述としての権利を主張する小説」(Hutcheon 1988a: 5)であった。これは彼女が同名の本のなかで概略を述べた「ポストモダニズムの詩学」の礎となり、ポストモダニズムをめぐる論争に対する彼女のもっとも重要な貢献のひとつである。またハッチオンには、オペラにおける病と死の表象に関心を持つ医師である夫マイケル・ハッチオンとの共著というかたちで、オペラに関する数冊の著作もある。

彼女が最初にメタフィクションの世界を探究したのは『ナルキッソス的語り』においてであり、この段階ではポストモダニズムの用語で論じてはいないものの、メタフィクションについて「フィクションについてのフィクションであり、それ自体にその語り、および／また、言語のアイデンティティに関するコメントを内包したフィクション」(Hutcheon 1980: 1)と説明している。ポストモダニズムは、この時点では北アメリカの文学界で文化的なシニフィアンとして一般的に用いられるようになりつつあり(この言葉は建築分野でははるかに知名度があり、熱心な支持者とともに新たな美学をどんどん生み出していた)、モダニズムがある種の行き詰まりを迎えたと論じた「消尽の文学」と「補充の文学」という影響力を持つ二本のエッセイを書いたジョン・バースのような作家の努力が実を結んだことも一因であった。メタフィクションがポストモダンの感性に訴えたのは確かではあるが、ハッチオンはこの言葉が単なるポストモダンよりもずっと大きな幅を持ち、文学史を遡ることもできると指摘している（『ポストモダンの詩学』では、メタフィクションの初期の実践例として、一八世紀半ばに書かれたローレンス・スターンの『トリストラム・シャンディ』（モダニストやポストモダニストたちによって、これまでも先駆的作品と称されてきた）やセルバンテスの『ドン・キホーテ』、ホメーロスの作品までもが挙げられている）。しかしハッチオンは、すぐにポストモダン的なものの細部やポストモダン文学において、歴史記述的メタフィクション――「歴史の知識という可能性そのものを問題視する」(Hutcheon 1988a: 106) フィクション――が果たしてきた役割を論じるのだ。

　ハッチオンはポストモダニズムが新たな文化のパラダイムを構成しているという考えには懐疑的ではあるものの、彼女はこれが非常に真剣に考慮されるべき芸術の重要な新しい方向性を象徴しており、それに基づく詩学をもつにふさわしいと述べる。彼女は第一に建築でポストモダニズムがもたらした衝撃からインスピレーションを受けており、チャールズ・ジェンクスの仕事が構想中の問題に与えた影響を認めていた（その一例が、『ポストモダニズムの建築言語』に見られる）。ポストモダン建築から、私たちは「芸術の理論と実践の双方において、イデオロギーや権力と私たちが現在使っている言説構造すべての関係について探究する切迫した必要性」(Hutcheon 1988a: 36) を学ぶことができるのだ。ハッチオンが主張した詩学は、最上のポストモダンのフィクションがそれをどのように行なっているのかを私たちに注目させようと意図されている――この点で、彼女は歴史記述的メタフィクションこそが最も想像力を刺激すると考えている。自身の詩学はフィクションが書かれる世界で実際に起こっていることに基づいていると彼女は強調しており、（あの忌まわしい「社会主義的リアリズム」に見られるように、フィクションはその政治的大義を推進するために何をすべきか規定するきらいがある）マルクス主義のような理論的なやり方で規定するよりも、むしろ事実記述的なものとなる。ハッチオンが歴史記述的メタフィクションの特徴としているのが、パロディ、アイロニー、自己言及性、そして意図的にフィクションと歴史との境界を曖昧にしているジャンルとしては非常に逆説的なことに、歴史を踏まえているという感覚――たとえそれが「批判的距離という皮肉な感覚と混ざり合った歴史意識」(Hutcheon 1988a: 201) というかたちを取るにせよ――であった。こうした特徴こそが、ガブリエル・ガルシア・マルケス『百年の孤独』やギュンター・グラス『ブリキの太鼓』といった作品に見出されるのである。

広範囲にわたる現代小説に目を通した後で、ハッチオンは最終的に、自身が構築してきたのがポストモダニズムの詩学であると同時に「ポストモダニズムの多様な言説から作り出された一連の問題や基礎的な争点」(Hutcheon 1988a: 224) たる「不確定性」であったと結論づける。ポストモダニズムは、私たちが以前は自明だと見なしていた「フィクションとノンフィクション、究極的には芸術と人生」(Hutcheon 1988a: 224-5) といったあらゆる想定を疑うように私たちを導くのである。ハッチオンにとって、ポストモダニズムは型通りの答えをもたらすよりも、むしろ問題を提起する点でより効果的であり、これが文化理論に対して多くの矛盾やパラドクッスを提示する以上のものを望む政治的な右派と左派の双方から攻撃される一因となっている。しかし、これは左派と右派がともに抱える独善的な姿勢の背後にあるイデオロギーを明らかにすることに余りにも成功したために他ならない。矛盾やパラドクッスは、世界を先入観に合わせる――ハッチオンの指摘によれば、政治生活一般に絶えず付きまとう罪である――のではなく、むしろ新たな探究の道を開くという点で、左派と右派が自己欺瞞の証しだとしているものを美徳であるとハッチオンは主張している。私たちの確信がかき乱されるほどよいわけで、ポストモダニズムは理論だけでなく創造的な芸術を通じてそうした行為を続けてくれている。

ハッチオンは引き続き『ポストモダニズムの政治学』で、ポストモダニズムにおける表象やその背後に潜む政治学の問題をより厳密に検証し、彼女がこの話題について一貫して書いてきたように、「ポストモダンの芸術は政治的にならざるを得ない」(Hutcheon 1989: 3) と断固として強調した。私たちの注意を(この場合、ハッチオンはフィクションと写真に特化しているものの)あらゆる芸術の表象の土台となっているイデオロギーに向けるのは、まさに政治的である。ポストモダニズムが「政治的行動に駆り立てることができるような、効果的な行動理論をもたない」こと、そしてこの理論が実際には決して克服しようとしなかった欠点をもっていることを認めながらも、彼女はやはり「ポストモダニズムが、当然存在するイデオロギーの基盤を全く性質の異なる批評の場に変えてしまう」(Hutcheon 1989: 3) と感じているのである。換言するならば、ポストモダニズムは私たちの社会のあらゆる構造は自然ではなく文化的なものであり、特定の目的のために人間によって発展させられたものだと気づかせてくれるということだ。単なる構築物だということは、仮に本来の目的を終えたと判断されれば、こうした構築物は変えることができるということを意味している――この点は、メタナラティヴやその支持者たちが何を言おうとも、権力は儚いものだと私たちに理解させようと骨折っているポストモダンの主要な理論家たちによって主張されてきたことである。

　最初は雑誌に掲載され、後に一冊の本へと発展した論文において、ポストモダニズムを「後期資本主義の文化論理」（Jameson 1991）と見なすべきだとする、フレドリック・ジェイムスンの仮定に対してハッチオンは批判的な態度を取っている。彼女の主張は、ポストモダニズムはたとえ自らが資本主義の体制の外部には決して出られないという点だけでも、ある程度その体制と共謀していることを確かに認識しているのだが、同時にその内部からの批判に従事しているというものであった。ポストモダニズムにおける表象は共謀と批判とが混ざり合った特徴を持つものとして理解されるべきであり、ハッチオンはジェイムスンがこの点をあっさりと見逃していると感じている――この点では、マルクス主義の批評家が概して陥りがちな盲目状態を彼も共有しているということだ。少なくともそうした誤解が生まれる要因の一部は、文化行為であるポストモダニズムと社会と歴史の状況であるポストモダニティを混同したことにあると、ハッチオンは示唆する。前者は後者に対する反応と考えるべきなのだが、批評家たちはこれらの語を互換性のあるものとして使う傾向がある。したがって、ハッチオンの関心は「ポストモダニズム文化がポストモダニティの哲学的かつ社会経済的な現実に反応する際には、共謀するだけでなく、批判することも重要であると示す」（Hutcheon 1989: 26）ことであった。

　ハッチオンは同時に、ポストモダニズムとフェミニズム――より正確に言うならば、共通の方針をもつ統一された運動と見なすことができない以上、「様々なフェミニズム」――との関係にも関心を抱いている。しかし、あらゆるフェミニズムは社会における女性の地位や身分を向上させるために抜本的な改革を要求しているという点で共通しており、これは政治的な実現力ということになると弱点を抱えているという証拠を十分手にしているポストモダンの理論には保証できないものであった。それにもかかわらず、ハッチオンは表象のような問題となれば、これはフェミニズムが利用できる道具のひとつとなり得ると感じている。ハリウッドのフィルム・

ノワールのようなジャンルを彷彿させる状況で撮影されたシンディ・シャーマンのセルフ・ポートレイトは「あまりに意識的な姿勢がとられているために、男性の視線によって決定され、社会的に構築された女性自身が提示されるだけでなく、同時にアイロニーとなるようなかたちとなっている」(Hutcheon 1989: 156)という点で、こうした話題でフェミニズム的観点を獲得するために、いかにポストモダン的アプローチを用いるべきかを教える一例である。ここで見られるアイロニーは、他ならぬシャーマン自身が、彼女を紋切型の男性的な視線で観ることをほぼ強いるようなやり方で自身を撮影し、場面全体を構築しているということが原因となっている。確かにそのような手法は効果的ではあるものの、フェミニズムが特徴としてより露骨に政治的動機や明確な目標を持っていることを踏まえるならば、フェミニズムはポストモダニズムの目的をつねに越え、自らの目標を実現しようとしているのだ。

全体的に見てハッチオンは、私たちはずっと以前から(彼女の見解によれば、少なからず単純な考え方である)「現実」をめぐるあらゆる概念を破壊してしまったシミュラークルの世界に囚われているとしたジャン・ボードリヤールのような思想家によって提示されたポストモダンの世界によく見られる終末論的な見解だけでなく、政治的に極端な立場をとることも避け、ポストモダニズムに対して非常にバランスのとれたアプローチを採用している。ポストモダニズムが私たちの文化と政治の仮定を再検討させ、これがつねに従事すべき非常に価値ある行動であると論じることで、彼女はポストモダニズムがいかに展開しているかについて、はるかに好意的な姿勢を見せているのである。ポストモダニズムが共謀と批判という側面を併せもつということは、それがたとえ商業的な目的のために利用されている時ですらそれを覆すだけの力をもっているということであり、ポストモダニズムが後期資本主義の文化論理であるという非難は、彼女にとっては的外れなものなのだ。

ハッチオンの主要著作

Hutcheon, Linda, *Narcississtic Narrative: The Metafictional Paradox*, Waterloo, ONT: Wilfred Laurier University Press, 1980.

———, *A Theory of Parody: The Teachings of Twentieth -Century Art Forms*, New York: Methuen, 1985.（辻麻子訳『パロディの理論』未来社）

———, *A Poetics of Postmodernism: History, Theory, Fiction*, London and New York: Routledge, 1988a.

———, *The Canadian Postmodern: A Study of Contemporary Canadian Fiction*, Toronto: Oxford University Press, 1988b.

———, *The Politics of Postmodernism*, London and New York: Routledge, 1989.（川口喬一訳『ポストモダニズムの政治学』法政大学出版局）

———, *Splitting Images: Contemporary Canadian Ironies*, Toronto: Oxford University Press, 1991.

———, *Irony's Edge: The Theory and Politics of Irony*, London and New York: Routledge, 1994.（古賀哲男訳『アイロニーのエッジ』世界思想社）

———, *A Theory of Adaptation*, London and New York: Routledge, 2006.（片渕悦久訳『アダプテーションの理論』是洋書房）

Hutcheon, Linda and Michael Hutcheon, *Opera: Desire, Disease, and Death*, Lincoln, NE: University of Nebraska Press, 1996.

———, *Opera: The Art of Dying*, Cambridge, MA: Harvard University Press, 2004.

参照文献

Barth, John, 'The Literature of Exhaustion' [1967], in Malcolm Bradbury (ed.), *The Novel Today: Writers on Modest Fiction*, Manchester: Manchester University Press, 1977, pp.70-83.

———, 'The Literature of Replenishment' [1980], in *The Friday Book: Essays and Other Non-Fiction* [1980], Baltimore, MD and London: Johns Hopkins University Press, 1984, pp.193-206.

Cervantes, Miguel de, *Dar Quixote* [1605, 1615], ans. John Rutherford, London: Penguin, 2003.（セルバンテス、牛島信明訳『ドン・キホーテ』全6巻、岩波文庫）

Grass, Gunter, *The Tin Drum* [1959], trans. Breon Mitchell, London: Vintage, 2010.（ギュンター・グラス、池内紀訳『ブリキの太鼓』河出書房新社）

Jameson, Fredric, *Postmodernism, or the Cultural Logic of Late Capitalism*, London: Verso, 1991.

Jencks, Charles, *The Language of Postmodern Architecture* [1975], 6th edition, London: Academy Editions, 1991.（チャールズ・ジェンクス、竹内実訳『ポストモダニズムの建築言語』エー・アンド・ユー）

Márquez, Gabriel Garcia, *One Hundred Years of Solitude* [1967], trans. Gregory Rabassa, London: Picador, 1978.（ガルシア・マルケス、鼓直訳『百年の孤独』新潮社）

Sterne, Laurence, *The Life and Opinions of Tristram Shandy* [1759-67], ed. Ian Campbell Ross, Oxford: Oxford University Press, 1983.（ロレンス・スターン、朱牟田夏雄訳『トリストラム・シャンディ』全3巻、岩波文庫）

リュス・イリガライ

Luce Irigaray
1930-

精神分析と哲学を学んだイリガライは、差異のフェミニズムの発展における傑出した存在であり、脱構築の手法をジェンダー諸関係の問題に応用した。差異のフェミニズムは、その名が示すように、ふたつの性の間の差異を強く際立たせることを主張する。イリガライはこう述べている。「性的差異は、私たちの時代において、唯一の問題ではないにしても、重要な哲学的問題のうちのひとつである」(Irigaray 1993a: 5)。この立場からはじまって、一部のフェミニストたちが、ジェンダーに関する問題を一挙に解決する方法としてレズビアン分離主義を提唱するに至ったが、差異を女性の性的および心理学的組成に内在するものとみなすイリガライにとって、分離主義は少なくとも潜在的に存在するものである。「『彼女』とは自己のうちにおける無限の他者である」(Irigaray 1985b: 28) という、彼女独特の詩的な表現によって示されているのは、女性のアイデンティティは拡散した、複数のものと見なされるということである。一方で、男性のアイデンティティには、周囲を取り巻く環境を支配することにより集中する傾向があり、その結果女性は不利益をこうむることになる。イリガライによれば、「女性のセクシュアリティはつねに男性を基準として概念化されてきた」(Irigaray 1985b: 23) のであり、そのために女性は下位におかれ、あたかも彼女らの身体は純粋に男性の要求に応えるために作られたかのように受け取られることとなる。その結果、女性は自分が「男性の幻想を実行するための単なる都合のよい道具程度のもの」という「性的想像」(Irigaray 1985b: 25) に囚われてしまったことに気づくのである。この思想家にとって、西洋文化とはその組織においても傾向においても、変えようがないほど男根中心主義的なものである。社会の秩序を根本的に変えるよりほかに、この状況をただす手だてはないだろう。そして、それを実行するためにイリガライが下す命令は断固たるものである。「女性たちよ、すべてをやめなさい」(Irigaray 1985b: 203)。

イリガライのような理論家にとっての男性と女性の分断は、彼女が女性の言説の性質について考えるなかで明確になっている。

> だから、女たちを罠にはめて彼女らの意図するところをはっきりさせようとしたり、(彼女たちの言ったことを) 繰り返し言わせて明瞭にさせようとしたりしても無駄である。女たちはすでに、あなたたちが追いこんで驚かせようとしている言説装置の外にいる。女たちは、自分たちの内に戻ってしまっているのだ。その内面を、あなたたちの内面と同じものだと考えてはいけない。女たちは、あなたたちが持っているのと同じような内面性、きっと同じようなものを持っているだろうとあなたたちが考えるような内面性を持ってはいないのだ。その内とは、その沈黙の、多様な、拡散する感触の親密性の内ということだ。そして、もしあなたたちが一体どういうことを考えているのだとしつこく聞いたとしても、女たちはこう答えるだけだろう。なにも。なんでも。(Irigaray 1985b: 29)

両性にこのような違いがあるのなら、その間に意義のある交流が生まれることはありそうもないように思われる。というのは、両者はまるでそれぞれ異なる世界に住んでいるようなものだからだ。そう考えるならば、この理論が男性の読者だけでなく多くのフェミニストをも遠ざけるものであることも理解できる。すべてのフェミニストが、このような見解を生み出す生物学的本質主義を受け入れているわけではないし、また、私たちが理解し、そして共有しつづけているこの世界で平等を達成するために闘争することをあきらめ、別々の領域を開発することを望んでいるわけでもないからである。ただし、イリガライによる女性についての捉え方が目指しているのは、女性を家父長制の大きな物語がおよぶ範囲から救い出すことである。また、生物学的本質主義は、もう一方と同じように権力を求める要請を背後に隠し持つような、女性の大きな物語を伴うものではないことも、同時に示されている。ジャック・デリダにとっての意味がそうであるのと同様に、女性であるということは、決して捉えられることがなく、どこかの時点で要約されることもない状態なのである。これが本質主義と定義されるとするならば、むしろ本質を欠く本質主義であるとみなされるだろう。脱構築と同様に、女性という存在にとって完全なる現前というものはありえない。それはつねに流動と変転の状態にあり、そうして正確な定義に抵抗するものである。それに比べれば、男性というのはただ一面的なものに思えるだろう。

性的差異は、イリガライの中心的なテーマであり、『検視鏡、他者である女性』、『ひとつではない女の性』、『性的差異のエチカ』、『差異の文化のために』などの彼女の著作に繰り返し登場している。『検視鏡』では、精神分析が西洋文化における男根中心主義的な偏見を強めるのを助ける働きをはたしていることに対し異議が唱えられている。そのなかでもっとも主要な悪漢はフロイトであって、ジェンダー諸関係を解き明かすということになれば説明を必要とする問題をはらむジェンダーは女性だといわれるようになったのはフロイトのせいであるとして、イリガライは批判を行なっている。フロイトは、女性のセクシュアリティについて完全に誤った概念を作り、しかもその影響が今日に至るまでおよんでいるとして非難されている。問題となるのは、男性のセクシュアリティが基準とされ、女性のセクシュアリティはそれを参照しながら分析されなければならないとされていることである。そのため、フロイトが創り出した「ペニス羨望」の概念にあるように、「少女は、だから、小さな男性なのだ。……小さなペニスを持った小さな男性だ。劣った小さな男なのだ」(Irigaray 1985a: 26) ということになるのだとイリガライは指摘する。女性は彼女たちに欠けているものによって特徴づけられることとなり、女性のセクシュアリティは「男性のセクシュアリティがもつ別の面、あるいは悪しき面」(Irigaray 1985a: 51) とされてしまう。

『ひとつではない女の性』のなかでイリガライが一貫して指摘しているのは、男性と女性の心理構成の決定的な違いで、それにより両者の対話はよく見積もっても極端に難しいものになるように思われる。女性は男性より触覚的で、性的魅力に関しては男性よりも視覚的な刺激物に反応しないとされている。また、女性は予期しがたく、目的を志向しない性質を持つとされる。彼女らは、ほかの人びとを搾取されるべき物品とみなしたりはしない(著者によれば、この性質は家父長制社会に特有の性質である)。フロイトの理論とその遺産は、ポストフロイト派のジャック・ラカンの行なった綿密な分析に引き継がれており、たとえばそれは「ペニス羨望」のような概念を疑問視することに失敗したとして批判されている。精神分析は、女性のセクシュアリティが何でないか、そこに何が欠けているかしか言わないことから、「否定神学」(Irigaray 1985b: 89) であるとされる。

イリガライは、ジュディス・バトラーらをはじめとするほかのフェミニズムの理論家たちの批判を受けている。バトラーによれば、イリガライは生物学的本質主義の立場を越えて進んではいるが、バトラーからすればそれは女性たちにとって最も重要なものではない。イリガライが行なうように、一枚岩的な家父長制が「転覆的な多層性の場である女性的なもの」(Butler 1990: 19) を抑圧しているというふうに考えるならば、男性‐女性関係の問題にたいする論理的な解決法として分離主義が立ち現れることになるが、ジェンダー間の線引きをあいまいなものにすることに関心を寄せるバトラーは、これに強く反対している。アメリカおよびイギリスのフェミニストたちは、一般的には男性と平等な地位と待遇を獲得することに関心を抱いてきた。『性的差異のエチカ』のなかで、イリガライはそのようなフェミニズムの解釈に自分は反対であることを明らかにし、その理由として「性的差異に関する仕事が行なわれるためには、思想と倫理における革命が必要なのである」(Irigaray 1993a: 6) と述べている。それが成し遂げられれば、そのときに「男性と女性はふたたび、あるいはついに、ともに生き、出会い、時には同一の場所で居を営むことになるだろう」(Irigaray 1993a: 17)。性的平等のために運動しているフェミニストたちは、間違いなく、この「時には」という言葉のうちにおざなりな態度を感じ取るだろう。

『差異の文化のために』では、平等を目指すフェミニストのグループに対する意見が非常に直接的に述べられている。「女性として平等を要求することは、本当の目的を間違って表しているように私には思える」(Irigaray 1993b: 12)、そして、本当の目的とは、私たちの社会のなかで性的差異を認識し組織化することである。両性間の差異を考えれば、男性との平等などは意味のないものであり、女性にとってただひとつ重要なのは、お互いの間での平等を達成することであるとイリガライは論じる。それは、私たちの歴史を支配し、そして女性を妻、子供を産むもの、母などといった特定の役割に閉じ込めてきた男根中心主義的なモデルを拒絶することにつながるだろう。女性たちが、職場においてよい成果をあげることを通じて男性と平等になろうと奮闘したとしても、それは男女間の権力の不均衡を変えることにはならない。むしろ、そうしている間彼女たちは男性の性格を身につけるだけのことだ。経済的不平等は、家父長制文化のなかで両性の間にまちがいなく存在するものではあるが、女性のための社会的正義の達成はそれを乗り超えることにとどまるものではない。問題となるのは、むしろ「社会秩序を形成する言語の法則と真実や価値についての概念を変えること」(Irigaray 1993b: 22) である。マルクス主義フェミニズムがあるとはいっても、マルクスのような革命的な思想家たちもまた、この問題に対する助けとはならない。彼にもまた、家父長制と男性中心主義のイデオロギーが深くしみ込んでいるからだ。

アラン・ソーカルとジャン・ブリクモンが、ポストモダンおよびポスト構造主義の思想家たちの示す科学への理解に非難を浴びせて論争を呼んだ『「知」の欺瞞』のなかでもまた、イリガライは批判を受けている。たとえば、『語りは中立ではない』のなかで、彼女は「科学で使われる言葉には苛立ちとおかしさ」を感じると述べ、またそういった言葉は性的差異とジェンダー化された主体の存在を上手に消し去っていると論じている。「私たちはあるパラドックスに陥る。科学的研究は、「脳の」皮質にセクシュアリティがあることを証明する一方で、科学においてそのような言説は中性のものであると主張するのだ」(Irigaray 2002a: 1, 3)。しかし、ソーカルとブリクモンは、イリガライ自身が一連の「科学的混乱」に陥っており、それによって、著作のなかで「その漠然とした相対主義的性格のためにより一般的な哲学的な考察」(Sokal and Bricmont 1998: 112) を補強していると断罪する。彼らはまた、イリガライが合理性を男性に、感情的な主観性を女性に結びつけるという「最悪の種類の性差別的なステレオタイプ」(Sokal and Bricmont 1998: 112) に囚われているとして批判している。彼らによれば、それは両性間の権力の不均衡をただす試みから女性を締め出すことであり、またフェミニズムの精神に反することである。「シモーヌ・ド・ボーヴォワールもあの世で嘆いていることだろう」(Sokal and Bricmont 1998: 113) と、彼らはイリガライに対する批判を短く結んでいる。

イリガライのすべての仕事における原動力は、性的差異と性化されたアイデンティティという問題を公的な議論の最前線に据えることであり、この問題はそれにふさわしい優先順位を与えられていない重要な問題であると彼女は強く主張する。彼女にとってこのふたつの問題はその存在と経験のまさに中心に位置するものである。「私の身体のすべてが性化されている。私のセクシュアリティは、私の性や性的行動のみに限定されるものではない」(Irigaray 1993b: 53)。こうした問題が、フェミニストたちによって、そして他の人たちによって、もっと一般的に議論に上がることなしには、ジェンダー諸関係が何らかの進展を遂げることはないだろう。「すべての平等主義的スローガンは私たちを後退させ続けているのだ」(Irigaray 1994: xi) と彼女は主張している。イリガライはまた、性的差異を支える条件がどのように作られているのかについてのまた異なる観念を西洋の外に探し求め、そして『東洋と西洋の間で』のなかではとくに東洋の文化からある示唆を受けている。差異のフェミニズムは、フェミニズムの思想の領域のなかではまちがいなく極端な位置をとるものであるが、それはジェンダー諸関係についての現在も続く議論において思考を触発するという貢献を果たしており、また、その批判者たちが認めようとする以上に、脱構築が公的生活の場においてずっと広い応用範囲を持つことを示すことにも成功している。

イリガライの主要著作

Irigaray, Luce, *Speculum of the Other Woman* [1974], trans. Gillian C. Gill, Ithaca, NY: Cornell University Press, 1985a.

——, *This Sex Which Is Not One* [1977], trans. Catherine Porter, with Carolyn Burke, Ithaca, NY: Cornell University Press, 1985b.(棚沢直子他訳『ひとつではない女の性』勁草書房)

——, *An Ethics of Sexual Difference* [1984], trans. Carolyn Burke and Gillian C. Gill, London: Athlone Press, 1993a.(浜名優美訳『性的差異のエチカ』産業図書)

——, *Je, Tu, Nous: Towards a Culture of Sexual Difference* [1990], trans. Alison Martin, New York and London: Routledge, 1993b.(浜名優美訳『差異の文化のために』法政大学出版局)

——, *Thinking the Difference: For a Peaceful Revolution* [1989], trans. Karin Montin, London: Athlone Press, 1994.

——, *Democracy Begins Between Two* [1994], trans. Kirsteen Anderson, London: Athlope Press, 2000.

——, *To Speak Is Never Neutral* [1985], trans. Gail Schwab, London: Athlone Press, 2002a.

——, *The Way of Love*, trans. Heidi Bostic and Stephen Pluhácek, London and New York: Continuum, 2002b.

——, *Between East and West: From Singularity to Community* [1999], trans. Carolyn Burke, New York and Chichester: Columbia University Press, 2003.

——, *Sharing the World: From Intimate to Global Relations*, London and New York: Continuum, 2005.

参照文献

Butler, Judith, *Gender Trouble: Feminism and the Subversion of Identity*, New York and London: Routledge, 1990.（ジュディス・バトラー、竹村和子訳『ジェンダー・トラブル』青土社）

Sokal, Alan and Jean Bricmont, *Intellectual Impostures: Postmodern Philosopheres, Abuse of Science*, London: Profile Books, 1998.（アラン・ソーカル&ジャン・ブリクモン、田崎晴明他訳『「知」の欺瞞』岩波書店）

フレドリック・ジェイムスン

Fredric Jameson

1934-

文化評論と映画理論の分野で高い評価を集めるジェイムスンの出自はマルクス主義にあり、このために彼はポストモダン理論との闘争へと導かれたのだが、それが顕著に見られるのは、左派の思想家からのポストモダニズムに対するもっとも重くこたえる批判のひとつである『ポストモダニズム——後期資本主義の文化論理』である。（この論旨を彼が維持している『近代という不思議』においては、モダニティがいまだ私たちともに二一世紀まで存続していると主張されている。）新自由主義の経済理論がもっとも能率化されたモダニティの例であるという点で（ただしジェイムスンは新自由主義の信奉者ではない）、これは的確な論点である。ジェイムスンが勧めるように、「歴史という物語なしでやっていくよりも……それを弾劾する方が容易」(Jameson 2002: 5) なのであり、その著作群を通じて彼はポストモダニズムを、モダニズムとモダニティからの断絶ではなく展開として扱うのである。

それでもジェイムスンがポストモダニズムを全否定しているのではなく、ひとつの企図としてそこに何らかの価値を認めうると考えていることは、ジャン＝フランソワ・リオタールの『ポストモダンの条件』英語版の「前書き」が確かに伝えている。それが採りうる様々な芸術の形式を通して存在するポストモダニズムは、「最高の芸術の楽しみと喜びを与えてくれる、創造性に富んだ運動である」(Jameson 1984: xviii) と彼は認めている。その政治的含意を考慮したときにはじめてこの運動の動機と妥当性に関して深い留保を表明する必要を感じるのは、それが左翼の目的に対して反生産的に働き、すべて資本主義体制の利益に結びつくと判断できるからである。「最高の芸術の楽しみと喜び」だけが牢固たるイデオロギーを打ち壊すのだという考えに私たちは誤って導かれてはならないのだ。

ジェイムスンのマルクス主義は、今日アメリカの知識人が見せる属性としては異例なもので、文化評論家に対する彼の教え「つねに歴史化せよ」(Jameson 1981: 9)にそれは非常に強く現れている。この歴史化の欠如こそが、ポストモダニズムに疑問符をつけ、それを革命的な理論とするいかなる考えをも損なっている(マルクス主義者が「ニュークリティシズム」などの文学理論に関して、それがテクストの内的な自律性を主張し、社会と政治に関わる考察を拒絶しているとしてかつて行なった批評と同じである)。非常に多くのポストモダニストたちがとる非政治的態度への志向が、ジェイムスンの意見では、資本主義の掌で踊らされることであるのは、この体制が、批判に開かれている歴史的な現象ではなく、事物の自然な秩序であると見せかける既得権益を有しているからである。この批評家にとってポストモダニズムは現状維持を十分に問い直すものではないのだが、この論点が生じると彼が考えるのは、リオタールの『ポストモダンの条件』について「抑圧された、または葬られた象徴的物語」(Jameson 1984: xviii)と彼が名づけるものにおいてであり、この書物はそれを通じて後期資本主義の秩序を突き崩すような実際の政治行動に基づく具体的な方法を提供してくれはしないのである。一般大衆へも開かれる情報時代のデータバンクを求めるリオタールの意見は、ジェイムスンにしてみればせいぜいが「原政治的」(Jameson 1984: xx)な態度である一方で、彼が確信するのは、性格においてさらにラディカルなものが体制を揺るがして何か意義深い効果を生じ、反対意見を抱懐する階級意識という新しい感覚を産み出すということである。その理由のために、ジェイムスンが彼のもっともよく知られた著作で詳述することになるように、ポストモダニズムは「後期資本主義の文化論理」(Jameson 1991a)と考えられることになるのであるが、それはさらにラディカルな理論家が描き出すような構図とはいえないのである。ポストモダニズムとはジェイムスンにとっては、傍流の末端であり、たぶん体制に対する刺激物とはなるのだが、体制がいとも簡単に許容するまったく片隅の存在なのである。

このようにポストモダニズムのやや拡散した政治的意図に注意を向けるのは正当な論点である一方で、それらが体制によって行使されたヘゲモニーの産物であるだけなのかどうかに関して議論の余地があるのは、その体制を大半のポストモダニストたちは大いに疑いをもって眺めているからである。ここで念頭におきたいこととして、そのある種の純真さによってポストモダニストが有罪であるとジェイムスンは考えるのだが、そのことで厳しい評価の対象となっているリオタールは、政治の現場における理論と実践の落差に関して痛烈な認識を覚え、それを著作の主要関心の対象にしているのである。しかしながらリオタールが避けようと願ったことは、ポストモダニズムを、他の観点に対して不寛容であるまた別の大きな物語と化すことであった。

ポストモダニズムは、マルクス主義のような革命理論に対する強烈な疑念のゆえに後期資本主義の文化論理となっており、理論をすべて大きな物語の名の下に一緒くたにして何が何でも回避しなければならないとしているというのが、ジェイムスンの一貫した主張である（しかしリオタールは資本主義に対するもっと複雑な反応を見せていて、その強烈なエネルギーを賞賛することもあるが、とはいっても彼がこの体制の熱烈な支持者ということはないのだが）。一九六八年の革命の後でマルクス主義について好意的に語ったポストモダンの思想家は皆無に近いけれども（たとえば『リビドー経済』におけるリオタールや『生産の鏡』におけるボードリヤールの悪評芬々たる攻撃を参照）、彼らはみな反ブルジョワの感情を持ちつづけているのにもかかわらず、マルクス主義が彼らに植え付けた大衆行動への不信は、資本主義の権力基盤をほとんど聖域と化している。ポストモダン思想において、政治の変化が社会の領域全体を通してどのようにして達成されることになるかあまり明瞭ではないが、それが生じることへの欲望は、その主要人物たちにおいて一目瞭然であり、「全体性に対する闘いを仕掛けよう」と呼びかけるリオタールがまさにそうである。ポストモダンの思想家たちは、現行の政治体制を大衆の支持がないまま放置するような意識のラディカルな変革を引き起こすことを真摯に追求しているのではあるが、それは支えとしてきちんとした政治綱領なしには達成しえないどうしようもなく困難な目標である——これがジェイムスンの基本的な論点である。結果として彼は、以下のように主張することになる。「ポストモダニズムは、まったく新しい社会秩序（これをめぐっての噂が「ポスト産業社会」の名の下に数年前メディアを駆け巡ったことがあった）における文化の支配要素ではなく、ただ資本主義そのもののまたひとつの制度更新の反射像であり付随物であるのだ」（Jameson 1991a: xii）。それだけではなくジェイムスンがさらに主張するのは、「ポストモダン文化は、世界全体へのアメリカの軍事と経済の支配という新たな大波の内的かつ上部構造的表現なのである。この意味で、階級の歴史が教えてくれるように、この文化の裏面は、血、苦痛、死、恐怖である」（Jameson 1991a: 5）。

ジェイムスンによって特定されたポストモダニズムの特徴として以下が挙げられる。「新種の浅さ」、「歴史性の脆弱化」、「感情的な基調の完全に新しい型」、「このすべてを完全に新しい技術へと結びつける徹底的に構築的な関係性」（Jameson 1991a: 6）。浅さが露わになるのは、シミュラークルという考えにおいてである。歴史性の脆弱化は、歴史化からの逃避である。崇高理論への関心の回帰にある新しい基調は、人間理性に限界があると信じることに基づいている。コミュニケーションとメディアの形式の完全な新展開に見られる技術は、大きな地政学的権力をもった新世代の企業の基礎となっている。ジェイムスンにとっては、この「最近の多国籍資本が産み出す混沌とした新世界空間」（Jameson 1991a: 7）が、ポストモダン的観点を産み出してきたのである。

ポストモダニズムとそれがあらゆる意味での歴史過程を顧みず現在の瞬間に執着することに対して批判的であるジェイムスンだが、後期資本主義という私たちの現在の文化状況に関してそれが明らかにしてくれることという点ではそれに価値を認めているといえよう。彼が記しているように、その無数の欠陥にうんざりはしているのだが、にもかかわらず「他のどんな概念が、これほど効果と効率に富んだやり方で問題に光を当ててくれる可能性があるだろうか」（Jameson 1991a: 418）と立ち止まって思わざるをえない。弱々しい賞賛に思われるかもしれないが、ポストモダニズムは、ジェイムスンのマルクス主義的構図のなかでつねに一定の役割を果たしているのである。

映画製作に作用するポストモダン美学の効果について非常に興味深い観察を行なってきているジェイムスンは、「ノスタルジア映画」（Jameson 1998: 7）と彼が呼ぶものを産み出しているとしてそれを捉えている。このジャンルには、過去についての映画が含まれるのだが――たとえばジョージ・ルーカスの『アメリカン・グラフィティ』のようなごく最近の映画も――また一九三〇年代、四〇年代、五〇年代の土曜日午後のシリーズの効果の再現を狙った、同じ監督による明らかに未来志向の『スター・ウォーズ』映画もそこに入る。若い観客が「冒険を真正面から受け取る」のに対して、より年長の観客は「昔の時間に戻ってもう一度昔の異空間を生きたいという、より深く、ノスタルジアの色濃い欲望を満たすことができる」（Jameson 1998: 8）のである。インディー・ジョーンズ映画（『レイダース／失われたアーク《聖櫃》』など）を筆頭とするスティーヴン・スピルバーグ作品の大半もまたこの分類に入るのであり、この監督は非常に巧みにパスティーシュを駆使する。ノスタルジア映画というジャンルのまたひとつの源泉は漫画本であり、ハリウッドが新世紀にいたるまでそこに見出されるスーパーヒーローやスーパーヒロインの伝統を活用しつづけて、儲かる展開である「フランチャイズ映画」をいくつも産み出していることが注目される。このジャンルについてかなり道徳家風の意見をもつジェイムスンは、「時間と歴史を扱いえなくなっている社会の危機的な症候」(Jameson 1998: 10) と述べている。このような映画は、そしてポストモダンの芸術活動一般は、ジェイムスンにとっては、社会や政治の議論にほとんど役立たないもので、マルクス主義者にしてみればそれはつねにひとつの欠陥となる。ポストモダニズムが文化的に寄生体であるというのはジェイムスンにおいてはひとつの指摘以上のものであり、芸術か政治の領域で、ポストモダニズムそのものに明確なアイデンティティが与えられる明確な断絶を歴史的に表象するものとしてポストモダニズムを捉えることはできないのである。

ジェイムスンのポストモダニズム批判がかなりの重みを有しており、ポストモダニズムが、少なくともポストモダニストたちのある層が、彼の主張するような歴史性欠如のゆえに有罪となることは否定できない。しかし彼のマルクス主義への加担もまた批判に開かれている。マルクス主義を社会と政治の解放の力として示しつづけるためには、ボルシェヴィキ以降、二〇世紀におけるその大物代弁者の大半によって誤解と悪用の対象となってきた理念としてそれを扱わなければならない。共産主義もまた理念のひとつの歪曲として扱われなければならず、なぜそのようなことが起こったのか、そしてなぜそれほど頻繁に起こったのかのかという問いが生じる。ソヴィエトの体制も毛沢東の体制も、現在この点で新生の革命家たちにそれほどの促しを与えないし、さほど魅力的な過去ももっていないのだが、ジェイムスンがいまだ堂々と行なっている疑いという恩恵を施すことをポストモダニズムはマルクス主義にしようとしていないのである。

ジェイムスンの主要著作

Jameson, Fredric, *Marxism and Form: Twentieth-Century Dialectical Theories of Literature*, Princeton, NJ: Princeton University Press, 1971.（荒川幾男他訳『弁証法的批評の冒険』晶文社）

———, *The Prison House of Language*, Princeton, NJ: Princeton University Press, 1972.（川口喬一訳『言語の牢獄』法政大学出版局）

———, *The Political Unconscious: Narrative as a Socially Symbolic Act*, London: Methuen, 1981.（大橋洋一訳『政治的無意識』平凡社ライブラリー）

———, Foreword to Jean-François Lyotard, *The Postmodern Condition: A Report on Knowledge* [1979], trans. Geoff Bennington and Brian Massumi, Manchester: Manchester University Press, 1984, pp.vii-xxi.

———, *Late Marxism*, London: Verso, 1990.

———, *Postmodernism, or the Cultural Logic of Late Capitalism*, London: Verso, 1991a.

———, *Signatures of the Visible*, London: Routledge, 1991b.

———, *The Cultural Turn: Selected Writings on the Postmodern, 1983-1998*, London and New York: Verso, 1998.（合庭惇他訳『カルチュラル・ターン』作品社）

———, *A Singular Modernity: Essay on the Ontology of the Present*, London and New York: Verso, 2002.（久我和巳他訳『近代という不思議』こぶし書房）

———, *Archaeologies of the Future: The Desire Called Utopia and Other Science Fictions*, London and New York: Verso, 2005.（秦邦生訳『未来の考古学　第一部　ユートピアという名の欲望』作品社）

参照文献

Baudrillard, Jean, *The Mirror of Production* [1973], trans. Mark Poster, St Louis, MO: Telos, 1975.（ジャン・ボードリヤール、宇波彰・今村仁司訳『生産の鏡』法政大学出版局）

Lucas, George (dir.), *American Graffiti*, Universal Studios, 1973.（ジョージ・ルーカス監督『アメリカン・グラフィティ』）

——— (dir.), *Star Wan*, Twentieth Century Fox, 1977.

Lyotard, Jean-François, *The Postmodern Condition: A Report on Knowledge* [1979], trans. Geoff Bennington and Brian Massumi, Manchester. Manchester University Press, 1984.（ジャン＝フランソワ・リオタール、小林康夫訳『ポストモダンの条件』水声社）

———, *Libidinal Economy* [1974], trans. Iain Hamilton Grant, London: Athlone Press, 1993.（ジャン＝フランソ

ワ・リオタール、杉山吉弘・吉谷啓次訳『リビドー経済』法政大学出版局）
Spielberg, Steven (dir.), *Raiders of the Lost Ark*, Paramount Pictures, 1981.（スティーヴン・スピルバーグ監督『レイダーズ／失われたアーク《聖櫃》』）

チャールズ・ジェンクス

Charles Jencks
1939-

ポストモダン理論の発展にもっとも影響力のあった発言者のひとりに数えられるジェンクスだが、ポストモダニストと呼ばれることを喜び、ポストモダンの価値体系の堂々たる擁護者として行動しているという点で、この括りに分類される思想家のなかで希少な存在である。建築はポストモダン理論の主要な発想源のひとつであり、ジェンクスこそが、文化運動としてのポストモダニズムのための根拠、およびモダニズムとモダニティを支えるイデオロギーの拒絶のための根拠を定めることに誰よりも力を尽くした。「ダブル・コーディング」という彼の概念によって、建築家たちは一般大衆と専門家仲間の双方に訴えかけを行なうように促されたのであり(「ラディカルな折衷主義」(Jencks 1991: 12, 13)とジェンクスはこの技法を称している)、それはまもなく他の芸術分野において幅広く採用されるようになったばかりか、今やポストモダン美学の基礎のひとつにまでなって、様々な芸術分野の世界全体を通して見出される。建築の世界に限っても、ダブル・コーディングはきわめて強い影響力を及ぼし、西洋全域の都市を見れば、それによって現在進行中の影響が建築業界にもたらされたことが明らかになる。画然とした違いが、二〇世紀後半から二一世紀初めにかけての建築と二〇世紀前半の建築との間に、ポストモダニズムの遊び心とモダニズムの生真面目さとの間にはあるのだが、ジェンクスは、経歴の大部分を、もっとも発信力の高い擁護者として、この変動の先頭に立ち続けていた。

ジェンクス自身とポストモダンの芸術家集団の双方によって解釈されたように、ダブル・コーディングは、スタイルと主題両方の点で、過去との自覚的な対話へと展開し、一般の受け手の側に素材へのより大きな親和感を産み出すことになる。当然のごとく業界内で名を挙げることを求めるのが建築家であり、大半は同業者の評価を得たり、国内外の栄誉ある賞を受けたりする仕事の方へと引き寄せられていく。一方で、一般大衆は、そのような問題に関してきわめて保守的で、身の回りの環境をつねにほとんど変わらぬようにとどめておきたいものだし、その住居のある町や都市の風景の変化をなるべくおさえたいと考える傾向にある。ダブル・コーディングの要領が、そのような衝突する欲望を折り合わせ、建築家と大衆の間の溝を埋めることであるのも、結局は大衆が建物の日常的な使用者であるからだ。建築は、実用的な分野であるというこの点において他の芸術分野と異なっており、一般大衆が接触するのを避けることはできないのである。博物館、美術館、劇場、コンサートホールに行かないことはできるが、町や都市で日常の仕事を行なうに際して、それらを建物として認識せざるをえない。ラディカルな折衷主義は、そのような出会いを一般大衆にとってもっと快適なものにするためのものなのである。

ラディカルな折衷主義が、方法論として皮相なものであるとか単につまらない反動であるだとかいった非難をかわせるか否かは、ジェンクスが最初にそれを提案して以降、大いに議論されてきており、批判者も事欠かなかった。ある種の怠惰へと芸術家たちを促すものではないかと指摘したギルバート・アデアらは、過去を扱う芸術家について、空想を刺激するものは何でもパスティーシュの候補として「すくい上げ、一か八かの大博打にのめり込んでいる」(Adair 1992: 17) だけだと述べている。ダブル・コーディングは、芸術作品を産み出すのに必要な創意工夫の量を切り詰め、芸術としての柄の大きさや深みをいっさいもたない、皮相浅薄なものに帰結するのではないかというのがその含意である。

ジェンクスは、そのきわめて挑発的で、明白な嘲笑を込めた物言いでモダニズムの終焉を述べたことで名高い。

私たちは、近代建築の死の日時を歴史のなかで特定することができる。……近代建築が死んだのは、ミズーリ州セントルイス、一九七二年七月一五日午後三時三二分 (あるいはその前後) であり、悪評高かったプルーイット・アイゴー住宅団地が、ダイナマイトによる最後の一撃をそのとき受けたのである。それ以前に、この建物群は、黒人居住者の手による破壊、汚損を被っており、何とか持ちこたえさせるために多額の金額が注ぎ込まれていたが (壊れたエレヴェーターを修繕したり、砕かれた窓ガラスを修復したり、ペンキを塗り替えたり)、ついにその生きながらえる苦痛から解放されたのだっ

た。(Jencks 1991: 23)

要は、プルーイット・アイゴー住宅団地の爆破が、まさにモダニズムの敗北の身振りであるということだ。モダニズムの社会工学に基づく計画が当初意図したようには機能せず、これからも機能することはないであろうことを認めたことにもなる。この住宅団地は、実際、建物の住民のあいだに反社会的行動と疎外の感覚を産み出した点で反生産的であったことが明るみに出ていた――当初の計画にどれほどの善意が込められていようとも。社会工学としてのモダニズムのもっとも忠実な擁護者であるル・コルビュジェが『建築へ』などの著作で一九二〇年代と一九三〇年代に示した考えをしっかり取り込んだモダニズム建築美学は、「どの面にも通風と採光がある」(Le Corbusier 1946: 61) 彼の高層ビルの発想に魅せられたのである。近代のテクノロジーのあらゆる利点を備えるそのような建物は、住民の生活にさらなる安らぎと快適さをもたらし、その過程において、新しい共同体精神を醸成することになると考えられていた。

このモダニズム美学と一体であった戦後西欧に普及した都市計画は、プルーイット・アイゴーのような数多の高層ビルからなる大規模住宅の建造において着々と実践に移されていると感じられた。広範囲に生じた近年の戦争被害はもちろん全面的な産業化がもたらした急成長が後に残した、人があふれて不潔な住環境から脱する機会を大衆は歓迎するのではないかという思いが前提にあり、計画の初期においては少なくとも一部では歓迎されていたことは(オーウェン・ハザリーが『好戦的モダニズム』で雄弁に論じているように)まず疑いないのである。高層住宅運動に理想社会への志向がたっぷり含まれていたことは簡単に忘れられるのだが、ポストモダニズムがこれを軽視する傾向をもっていたとはいえよう。現実においてプルーイット・アイゴーは、たとえその意図に押し付けがましさや過保護の気が混じっていたとしても、善意に欠けたということでもなかった。

プルーイット・アイゴーはもはや存在しないが、西欧の大半の大都市は、入念に計画されたものであれそうでないものであれ、いまだ高層住宅構想の実例を多く有しており、プルーイット・アイゴーがそうなったように、損壊を受け、住民の根深い不評判の対象となっている事例があまりにも多い。そのような建物についての専門家と住民の認識の落差があまりにも激しいものであるために、ジェンクスが建築に対するまったく新しいアプローチであるポストモダンを持ち出す必要を認めているのであり、これならばモダニズムのような押し付けの意味合いは薄く、大衆の好みとの距離はずっと近いのである。ジェンクスは、そのような主張を訴えるべく精力的に論陣を張り、彼に触発された新しい世代の建築家たちが、世界中でその発想を実現すべく活動をはじめることになった。

しかしながら、ジェンクスは一方で著書『ル・コルビュジエ』で、ル・コルビュジエに非常に理解ある立場をとっている。そこで彼が賞賛するのは、ル・コルビュジエの「疑いようのない創造の才能」であり、彼が近代建築にもたらした「精神性の高みと力強さ」(Jencks 1973: 7) である。因習に対して繰り返し戦いを挑む姿として描き出されるル・コルビュジエは、「彼の生涯と建築を通じて悲劇的光景」(Jencks 1973: 180) を全面的に示している。彼が中心となって展開した建築のモダニズムのあらゆる欠陥にもかかわらず、ジェンクスにとって、いまだル・コルビュジエは偉人であり、建築の「ブルータリズム」として蔑称されるものへの転向があったとしても、第二次世界大戦後に見えはじめていた彼の資質のよりヒューマニズムの濃い側面は注目に値する。ジェンクスが『ポストモダニズムの建築言語』において攻撃を集中させたのが、このブルータリズムであるが、彼のル・コルビュジエに対する敬意は、原著の二七年後に刊行された彼についての論究の改訂版に明らかである。

特記に値するのは、ジェンクスは近年そのポストモダニズム概念をいくぶんか変更してきており、『クリティカル・モダニズム』という著作では、それをモダニズムの内部から発生した改革運動として述べている。それゆえ私たちは「モダニズム1」よりも柔軟な運動であり、その欠点であった権威主義的な側面を拭い去った「モダニズム2」について現在語ることができる。改良されたモダニズムへと向かう同様の動向は、ニコラ・ブリオーとそのオルターモダンという概念にも認められる (Bourriaud 2009 参照)。

実務に携わる建築家であるジェンクスの専門は景観デザインで、自身の言葉では「土地造成」というその方法は、『無限への思索の庭園』に記されている。この著作の題名は、ジェンクスのウェブサイトには以下のように記されているスコットランドのダンフリーズにある同名の作品から採っている。

スコットランドのボーダー地方の三〇エーカーの土地に広がるこの庭園は、知的にも感覚的 (ユーモアの感覚を含む）にも、自然を称揚するために自然を用いている。階段状の滝は宇宙の物語を語り、テラスはブラックホールによって生じる空間と時間のゆがみを示し、「クォーク・ウォーク」は訪問者を物質の最小構成要素への旅に連れ出し、一連の土地造成と湖はフラクタル幾何学を喚起する。（http://www.charlesjencks.com?#!projects）

ジェンクスは、自らの作品を、自然のなかに見られる様々な形式と形態の裡にひそむ自然の法則と響き合うものとして捉えるのだが、これを（やや奇想かもしれないとしても）地球の過去と現在との間のダブル・コーディングの実例と見なすこともできよう。ジェンクスが自作の遊戯的側面に関心を集めるのは、ポストモダンの精神態度の特徴でもあり、「ユーモアの感覚」をその作品群に導き入れるのは、プルーイット・アイゴーやその同類において示されるような、社会工学が先行するモダニズム建築の気質として認知される真面目さとの対比においてなのである。エディンバラのスコティッシュ・ナショナル・ギャラリー・オブ・モダン・アートのために設計されたまた別の作品「ランドフォーム・ウエダ」は、二〇〇四年に権威あるグルベンキアン賞を獲得した。

本書が書かれた二〇一三年現在、ジェンクスは景観建築家としていまだ現役であり、その作品は賞賛の視線を集めつづけている。理論家がつねに自分の理論を実践に移すことができる（ついでに言えば、それを選べる機会が訪れる）とはかぎらないが、ジェンクスはそのようなやり方で判断に身をさらし、自身の建築観全体に貴重な洞察を採り入れてきた。ポストモダンの思想は、その基調と方向性において反人間主義的であるとして批判を浴びてきたが、ジェンクスにはその批判は当たらないだろう。著作であれ景観造成計画であれ、その作品には色濃い人間主義の性質が備わっているのである。

ジェンクスの主要著作

Jencks, Charles, *Le Corbusier and the Tragic Vision of Architecture*, London: Allen Lane, 1973.（佐々木宏訳『ル・コルビュジエ』鹿島出版会）

——, *What Is Post-Modernism?*, London: Academy Editions, 1986.

——, *Post-Modernism: The New Classicism in Art and Architecture*, London: Academy Editions, 1989.

——, *The Language of Post-Modern Architecture* [1975], 6th edition, London: Academy Editions, 1991.（竹山実

訳『ポストモダニズムの建築言語』エー・アンド・ユー）
———, *Heteropolis*, London: Academy Editions, 1993.
———, *Le Corbusier and the Continual Revolution in Architecture*, New York: Monacelli Press, 2003a.
———, *The Garden of Cosmic Speculation*, London: Frances Lincoln, 2003b.
———, *The iconic Building: The Power of Enigma*, London: Frances Lincoln, 2005.
———, *Critical Modernism: Where Is Post-modernism Going?*, London: John Wiley, 2007.
———, *The Story of Post-modernism: Five Decades of the Iconic and Critical in Architecture*, London: John Wiley, 2011.

参照文献

Adair, Gilbert, *The Postmodernist Always Rings Twice: Reflections on Culture in the 90s*, London: Fourth Estate, 1992.（ギルバート・アデア、池田栄一訳『ポストモダニストは二度ベルを鳴らす』白水社）
Bourriaud, Nicolas, 'Altermodern', in Nicolas Bourriaud (ed.), *Altermodem: Tate Triennial*, London: Tate Publishing, 2009, pp.11-24.
Hatherley, Owen, *Militant Modernism*, Winchester and Washington, DC: Zero Books, 2008.
Le Corbusier, *Towards a New Architecture* [1923], trans. Frederick Etchells, London: Architectural Press, 1946.（ル・コルビュジェ、樋口清訳『建築へ』中央公論美術出版）

レム・コールハース

Rem Koolhaas
1944-

コールハースは彼が属する世代の代表的建築家のひとりであり、ＯＭＡの共同創設者として、ロンドンからパリへの海峡横断トンネル路線のユーラリール駅周辺開発をはじめとする高い評価を受けた活動によって世界中でいくつも主立った賞を獲得している。彼はまたオランダでの初期の活動において、ジャーナリストや映画の脚本家としての仕事も残している。ピーター・アイゼンマンやベルナール・チュミといった他の建築家と並んで、コールハースは通常、ジャック・デリダの著作と彼の脱構築理論に触発された、建築における脱構築主義の一派に分類される。脱構築から展開した様式を記述するにはこれはかなり大雑把な言い方にしかならないが。コールハースの建築は激しい賛否両論を巻き起こすものでありつづけてきたし、建築がどのように用いられるかについての大衆の期待に多くの場合さからうものであったが、それはまさに建築に対する脱構築主義のアプローチの特徴である。コールハースの偶像破壊的な性向は、一九七〇年代初頭のロンドンのＡＡスクールの学士課程の発表での主題の選択という早い時期から現れている。「建築としてのベルリンの壁」と題されたその発表を聞いた教師のひとりは、発表後、単刀直入に「ここから君はどこに行こうというのかね」と尋ねた (Koolhaas and Mau 1998: 231)。

脱構築主義者はポストモダンの建築に対する批判的傾向が強く、多くの点でモダニズムと関連づける方が容易ではある彼らの作品だが、脱構築様式の名立たる擁護者が認識しているようにそれは明らかにモダニズムではない。モダニズムの運動がそうしたようには、ポストモダン建築が自らを英雄的な観点で示すものではないことを『S M L XL』において明らかにするコールハースと共著者ブルース・マウは、建築家の経歴における無作為性と統御の欠落という要素を強調する。

建築家が直面するのは、脈絡を欠いた一連の要請であり、自分たちで確立することができない基準であって、ほとんどよく知らない国で、ぼんやりとしかわかっていない論点に関わり、自分たちよりも格段にすぐれた頭脳にも手に負えないことがはっきりしている問題に取り組むことを求められる。建築とはそもそも見通しを欠いた冒険なのである。(Koolhaas and Mau 1998: xix)

これとくっきり対照をなす見解を示すル・コルビュジェなどのモダニストは、自分たちの美学と社会観の双方の目的に合致するような世界のラディカルな再構築に従事していると自認しており、自分たちの崇高な計画に対する妨害について思い煩うことはまずないのである。しかしながら「建築とは何であり、何をなしうるのかについての」妥結点に達するために、「現在建築が産み出されている状況の切開」(Koolhaas and Mau 1998: xix)の作業に着手しているのがコールハースとマウであり、これは盛期モダニズムの主張に対する反動のようにも聞こえる。

OMAがいかにして作業に従事する都市の建築基準と伝統と関わっているのかを示す実例として、ベルリンにあるオランダ大使館に与えられた説明がある。

オランダ大使館は、制御された立方体に同じく制御された不均整を組み合わせて、ベルリンについての深い理解を可能にするとともに、複雑さ、重厚さ、不透明さ、美しさを備えているこの都市をいかにして構築／再構築すべきなのかをめぐっての拡散する考え方に向き合おうと目論んだのである。近隣地区(ミッテ区ローラントウーファー)の新しい建築物が当該地区特有の一九世紀の建築様式を反映していることを旧西ベルリンの伝統的な都市計画指針は定めていた。比較すれば旧東ベルリンの都市計画担当官は、創造に対して寛容だった。結果として、OMAは、順応的なアプローチ(その区画内に厳格にとどまったこと)を反逆的なアプローチ(孤立した立方体の建物を造ったこと)と組み合わせることになった。(http://oma.eu/projects/2003/netherlands-embassy (accessed 26 July 2012))

ここに見られる関心から明らかであるのは、OMAの名前を裏切らないようにしつつも、都市再生は、対象となっている都市区域とその歴史を考慮に入れたうえで、建造物はそうした背景を踏まえて、単に建築家だけのものではない視点の複数性を表現する可能性がある、というかむしろ、表現しなければならないということである。

コールハースをはじめ脱構築主義の建築家たちの作品に、ポスト構造主義の次元を認めうるのは、建築家の構想する全般的な図式に建物の細部いっさいを合わせることで何らかの建築のメタナラティヴを表象する全体としての建築という考えを拒絶している点においてである。ポスト構造主義の思想一般と同様に、脱構築主義の建築家は、人工物の意味がそのようなやり方で確定されると も、建築が明白に有しているようなそのなかに多くの変数が含まれる言説はもちろんいかなる言説にも完全な統御を効かせうるとも思わない。ゆえにオランダ大使館は、ベルリンに調和しているのであり、その逆ではない——その逆の行き方こそが盛期モダニストたちが肯定する可能性がより高いであろう前進の正しい道である。「見通しを欠いた冒険」を通じてできるかぎり道を切り開くという考え方は、明白にポスト構造主義と共鳴している。

中国南部の広州にあるコールハースの作品の別の例である「広州美術館別館時代館」は、OMAによって好まれた非標準の手法をさらによく示している。時代館は、そもそも二〇〇五年の広州トリエンナーレの一環として、トリエンナーレのスポンサーであった時代地産所有の住居用建物一階の空間として発注された。コールハースは、時代地産側の計画に反対し、代わりに、美術館を建物の最上階である一九階に移し、次いでその事務所を一四階に設置し、別の展示空間を一階に定める、というように美術館を建物全体に分散し、こうして彼の考えた通り、建物住民の日常生活により密接に結びつけたのである。コールハースの計画が、従来の美術館の捉え方に対する挑戦となったのは、「外形のない美術館」(Shen 2012) を創造し、それを通して利用者に美術館との、そして美術館がその存在として表しているものとの新しい関わり方を発見するように促すことによってである。

『S M L XL』という書物では、OMAの様々な建築プロジェクトに加えてその他の雑多な活動が、その題名が示すように大きさに従って並べられており、それらを簡便に通覧できる。そこに差し挟まされる文章としては、AからZまでのグロッサリーの形式の下に様々な出典から採った短い省察からなる余白のコラムが並べられており、また漫画、設計図、会社の詳細な支出簿や旅程表まである。そのすべての構成要素をどのように私たちが関連づけるように意図されているのかは不分明である。レイアウトにおいてそれが強く想起させるのはある種のデリダの著作で、たとえば『弔鐘』では、パラレルに置かれた文章、つながりを欠いた断片、非線形の語りが、作品が全体へと収斂しないように慎重に配置されている。

『S M』は、中身が雑多な端切れ袋といったところであるがゆえに、おそらくはコールハースにとって実践としての建築の避けがたい要素である混沌を反映することが目論まれている。脱構築における典型的な身振りで著者たちが私たちに伝えるのは、「この本はどんな風に読んでもいい」(Koolhaas and Mau 1998: xix) ということだ。このグロッサリーには、建築家チャールズ・ムーアからの下記の文のような面白い引用も含まれる。「野人。私は『水源』を若いときに読んだが、共感したのは、傲慢な悪役ピーター・キーティングであって、危険な野人ハワード・ロークではなかった」(Koolhaas and Mau 1998: 12)。ハワード・ロークが、著者アイン・ランドによって英雄としてのモダニズム建築家の原型として捉えられることが意図されているのだとすれば、これは盛期モダニズムの精神傾向、つまり建築を通して美学の堂々たる表明ができるという考えに対する計算しつくされた拒絶であるとしなければならない。代わりにコールハースとOMAが奨励する建築に対するもっと実践的なアプローチによって一蹴されるのは、大半の建築家によって「体系的な理想化の方法」(Koolhaas and Mau 1998: 208) と言われるもので、それは自分たちの特定のプロジェクト、いわばある都市の存在の構図のなかでのその長期にわたる位置づけの重要性を過大評価しているのである。

そのポストモダニズムについての目立たない項目記述は、王立英国建築家協会(RIBA)での一九九八年のリチャード・マイヤーによる講演からとられたものである。「基本的にポストモダニズムが何であるかといえば、後退である。オリジナルからコピーを作り、コピーのコピーを、解釈の模倣を重ねていって、すべておずおずと過去に従うだけだ。これは私たちの過去を略奪するだけではなく、さらに重要なこととして、私たちから現在を奪い、私たちの未来を抹消することである」(Koolhaas and Mau 1998: 1048-52)。この記述が、あるいはこの問題に関するコールハースのAからZまでのいずれかの事項が、どの程度OMAの見解を表しているのかは難しいところだが、脱構築主義の精神傾向一般と重なるものではあろう。ベルリンの壁が与えた印象についてのコールハースのコメントは「ポストモダニズム前夜にあって、ここには『より少ないことは、より豊かなこと』という原理の忘れがたい（もちろん決定的な）証明がある……私はもはやふたたび意味の主要な器としての形式を信じることはないであろう」（Koolhaas and Mau 1998: 227）。これはモダニズムに対する支持とも断罪ともとれる。だが、とくにモダニズムの支配を乗り越えようとするポストモダニズムの計画が、ある形式上の特徴に代えて別の形式上の特徴を置き換えるだけにとどまっているとして、それはまたモダニズムとポストモダニズムの双方を支える仮定にひそむ誤りを指摘するものだ。チャールズ・ジェンクスによって定式化された「ダブル・コーディング」（Jencks 1991 参照）が、モダニズムの形式を弄ぶことによってモダニズム建築への戦いを挑み、その形式に結びつけられる線の純粋性を破壊することに力を尽くすのは、こうすることでモダニズムの美学および社会に関わる目標を覆すことになるという根拠からである。

他にいくつも自著があるコールハースだが、『錯乱のニューヨーク』『ロゴス――いかにそれは機能するのか』ではまた、その多くに作用した偶然の側面を強調しつつ、いかに大都市が発展したのかを詳細に記述した。とりわけ彼に強い印象を残したのは、そのような都市が、建物と生活様式の両面で含んでいる強烈な多様性である。ラスベガスなどに見られるヴァナキュラー建築の擁護者であるロバート・ヴェンチューリが、ある種のポストモダン建築家に支持される「脱構築主義のサド・マゾ的な表現主義風の適用」（Venturi 1996: 8）と辛辣に述べて忌み嫌う種類の建築家のようにコールハースが思われるかもしれない。脱構築主義者がポストモダニストと定義されることに同意するかどうかはまた別の問題だが、彼らを大方のところ盛期モダニズムに背を向けた存在と見なすのは正当だろう。おそらく私たちはポストモダニズムについて、それが従来表されてきたようにではなく、いわば建築における広教会として考えることをはじめる必要がある。脱構築主義者がポストモダニストと共有しているのは、モダニズムの失寵の後にいかにして建築を再構築できるのかという問題であり、いくつかの点で、モダニズムが権威的な原理として凝結してしまう以前のその精神のある部分を捉え直す必要を掲げているオルターモダンの運動によって表されている考えに近い（Bourriaud 2009 参照）。確かに、脱構築主義は、ポストモダニズムとは異なるモダニズムからの脱却の道筋を提供しているのであり、それは多くの点でより創発性に富んでいるのである。

コールハースの主要著作

Koolhaas, Rem, *Delirious New York: A Retroactive Manifesto for Manhattan* [1978], New York: Monacelli Press, 1994.（鈴木圭介訳『錯乱のニューヨーク』ちくま学芸文庫）

———, *Content, Cologne*: Taschen, 2004.

Koolhaas, Rem and Edgar Cleijne, *Lagos: Haiti It Works*, Zurich: Lars Muller, 2007.

Koolhaas, Rem and Bruce Mau (eds), *Small, Medium, Large, Extra Large: Office for Metropolitan Architecture* (S,M,L,XL) [1995], 2nd edition, New York: Monacelli Press, 1998.

Koolhaas, Rem and Hans-Ulrich Obrist, *Project Japan, Metabolism Talks*, Cologne: Taschen, 2011.（ハンス＝ウルリッヒ・オブリストとの共著、太田佳代子他編『プロジェクト・ジャパン　メタボリズムは語る』平凡社）

Koolhaas, Rem, Norman Foster and Alessandro Mendini, *Colours* [2001], Basel and Boston: Birkenhauser, 2004.

参照文献

Bourriaud, Nicolas (ed.), *Altermodern: Tate Triennial*, London: Tate Publishing, 2009.

Derrida, Jacques, 'Living On · Border Lines', in Harold Bloom *et al.*, *Deconstruction and Criticism*, London and Henley: Routledge and Kegan Paul, 1979, pp.75-176.（ジャック・デリダ、大橋洋一訳「境界を生きる　物語とは何か」『ユリイカ』一九八五年四月号）

———, *Glas* [1974], trans. J. P. Leavey and R. Rand, Lincoln, NE and London: University of Nebraska Press, 1986.（鵜飼哲訳「弔鐘」『批評空間』一九九七年一〇月号から二〇〇二年七月号まで断続連載）

Jencks, Charles, *The Language of Post-Modern Architecture* [1975], 6th edition, London: Academy Editions, 1991.（チャールズ・ジェンクス、竹山実訳『ポストモダニズムの建築言語』エー・アンド・ユー）

Rand, Ayn, *The Fountainhead* [1943], London: Penguin, 2007.（アイン・ランド、藤森かよこ訳『水源』ビジネス社）

Shen, Ruijun, 'A Report on the Times Museum, Guangzhou, China', *Asia Art Archive in America*, 2012, http://www.aaa-a.org/2012/07/09/a-report-on-the-times-museum-guangzhou-china/ (accessed 25 July 2012).

Venturi, Robert, *Iconography and Electronics upon a Generic Architecture*, Cambridge, MA and London: MIT Press, 1996.

Venturi, Robert, Denise Scott Brown and Steven Izenour, *Learning from Las Vegas: The Forgotten Symbolism of Architectural Form*, 2nd edition, Cambridge, MA and London: MIT Press, 1977.（ロバート・ヴェンチューリ他著、石井和紘・伊藤弘文訳『ラスベガス』鹿島出版会）

トマス・S・クーン

Thomas S. Kuhn
1922-96

科学史と科学哲学についてのクーンの仕事は、一九六二年の『科学革命の構造』の刊行以後、哲学と科学の分野全域に反響を与えてきたのであるが、同書で彼は、その各々が次々に上位に立とうとする一連のパラダイムからなるものとして科学史を捉えて議論を招いた。それぞれの新しいパラダイムは先行するものとは共存できず、人はどちらか一方を選ばねばならないというのがそこでの議論だった。たとえば、プトレマイオス天文学は、コペルニクス天文学と両立は不可能である。この両者が互いの原理と過程を排除する完全に異なる出発点をもっているかぎり、個々の天文学者はどちらかの陣営を選ばなければならなかったのである。プトレマイオス天文学の場合、多年にわたり生起した一連の例外的事象を取り込むためにじつにあまたの修正を理論に加えねばならなかったために（たとえば惑星の軌道に加えられた悪名高い周転円）、天文学者たちはそのような例外的事象をきれいに扱いうる新たな方法と新たな観点を見つけることを求めるようになり、格好の革命の土壌が生じることになった。周転円の内側の周転円という段階に達したとき、新たな観点への探究を推進する力は強化された。この体系は反証に対してあまりにも鈍くなっており、多くの修正は疑問を打ち消すどころか沸き起こしてしまったのである。

革命が成功すれば（それには旧世代の科学者たちと彼らとともにあるその信念が死滅するのを待つことがしばしば含まれる）、乗り越えられたパラダイムは、歴史の書物のなかに追いやられて科学の実践には力を及ぼさないようになる。新しいパラダイムの内部での科学の実践はそこで大体において、新しい理論における空白を埋めて、権威への要求を強化するためにできるかぎり幅広くそれを適用する立場となる。これが「規範科学」（Kuhn 1970: 10）とクーンが呼ぶことになるものであり、大半の専門の科学者はその研究人生の大半をその活動に費やす。規範科学がもたらすイメージは、科学者が次第に空白を埋めていくという点で、何よりジグソーパズルの構成である。つまり「パラダイムが具体的な新知見と認定する事実の知識を拡大してゆくこと」（Kuhn 1970: 24）である。近代において、空白を埋めることは、そこでは空白がいっさい残らない大きな統一理論にさらに近づくことを意味すると捉えられていた。そのような適用が有意味な例外的事象を定常的に産み出しはじめたとき、比喩をさらにつづけるならば、パズルのピースがもはや空白を残さなくなったときにはじめて、その理論に対する信仰は揺らぎはじめて、新たな革命の可能性への道が開かれる。その時点までは、そのパラダイムが学界内での支配を維持するのに必要な修正を施してゆくだろう。パラダイムが気軽に断念されないというのは、じつに多くの専門上の声望がその存否にかかっているからであり、だからこそ必要があれば周転円の最新版、周転円の内側の周転円が理論を救うために作り上げられるのである。しかしながら、規範科学が期待されるような結論を得ているかぎりでは、それは常識として持続し、成功を収めていると自認される。

「規範科学の時期にのみ、進歩は明瞭で力にあふれる。しかしながらこの時期に科学の共同体は、その成果を他の観点から見ることができない」（Kuhn 1970: 163）。クーンが持ち出す、コペルニクス革命以降の科学史の流れにおける様々な革命の実例には、ニュートン力学から派生した物理学とはまったく異なる物理学を提起した相対性理論のアルベルト・アインシュタインのような大科学者の仕事によって引き起こされた革命も含まれる。クーンが記すように、

ニュートンの概念は情報の莫大な量の効率的要約を行なってくれる点で、いまだ有用である。しかしそれらが次第にその効率のためだけに用いられるようになっているのは、まさに古代の二次元宇宙が近代の航海者と測量者によって用いられているのと同じだ。それらは記憶の助けとしてはいまだ有用だが、未知の世界への信頼のおける案内となることをやめている。
（Kuhn 1957: 265）

アインシュタイン自身がすぐに量子力学という新展開の分野からの圧迫を受けるようになったのは、科学的知識が、内部からの批判と再編の絶えることない状態に置

かれているからである。「維持されて持続する物語」(Kuhn 1957: 265) としてクーンはその歴史を要約する。私たちがいま手にしている物理学の「標準モデル」は、大きな統一理論に世界内のあらゆる既知の力を取り込もうとしてこれまであまりうまくいっていないけれども、ヒッグス粒子の発見によって、これは必要なものかもしれないという希望が維持されることにはなっている。しかしながら近年にいたるまでこの問題に一向に進展が見られないため、古いものとはまったく異なる前提から出発する新しいモデルの可能性を考えるように科学共同体は促されていた。それが生じるとするならば、またひとつの深刻な科学革命が打ち立てられ、新たな座標にしたがって現実の本質についての絵を描き直すことが私たちに求められるのである。すでに暗黒物質、暗黒エネルギー、暗黒磁波といった問題が標準モデルに相当な圧迫を加えており、この分野の多くのことがその妥当性を深刻に問われはじめている。ヒッグス粒子さえ、ジグソーの最後のピースとはならないかもしれず、それがかつて理論化されていたようにはたして基礎づけになりうるものなのか問い直す科学者もすでにいる。

大半の科学時代において見出される合意された理論と手続きを記述するのに「コンセンサス」という用語をより多く駆使していたクーンだったが、最終的に「パラダイム」が、『科学革命の構造』の議論を構築するのに必要な「失われた環」(Kuhn 1977: xix) であるとの判断を下した。いかなる時点においても合意された理論と手続きの背後にある知識の総体を示すこの用語が、単なる「コンセンサス」を超えて、自分の仕事においてたちどころに幅広い力を得た一方で、議論のなかの何らかの特定の点でどの意味が用いられているのかに関して読者の相当な混乱を招いたと彼は認めている。それは批判者たちが対象として取り上げる彼の仕事の主要な面のひとつになっているが、科学的コンセンサスの方は思想の伝統に根ざしているという根拠でその擁護は可能である。明らかにパラダイムは、コンセンサス以上に思考の枠組として意味をより強く帯びている。

時間の経過とともにデータが集積されて生じる漸進的な変化ではなく、永遠に革命にさらされているものとして科学を捉えるクーンの見解は、ポストモダンの文化評論家ときわめて親和的であるけれども、科学哲学者とより一般的な科学共同体の双方から幅広く批判を受けた。クーン理論において生じる例外を取り上げた哲学者のひとりカール・ポパーは、厳密に適用された科学の方法の指示にしたがって別の証明がなされるまで、理論は真とされるという科学的実践のモデルをそれ以前に形成していた。科学者が念頭に置いて仕事をすることが推奨される基準が「反証可能性」である。ポパーが『科学的発見の論理』において述べるように、もし理論が検証を受けて「そこで生じた結論が妥当であるならば、つまり正しいことが立証されたならば、その理論はそこで検証を経たことになる。それを放棄する理由は見当たらない。しかしその結論の偽りが立証されたならば、その反証によってその結論が演繹された理論の偽りもまた立証されたのである」(Popper 1980: 33)。実践に携わるたいていの科学者が、クーンによる科学の光景のより鮮やかな塗り替えに触れたときよりもこの種の考え方により深い安堵を覚えたのは、クーンの場合は、理論的体系の全体が新しく発生した考えによって廃棄され忘却に任せられるからである。クーンの考えによれば、反証可能性といった話は周期的に生じうるし、生じてきたのだが、それは大半の科学者が莫大な時間をかけて行なってきたと思っているものではなかった。実際、実験の失敗についてその責めを負うべきは、その科学者であって理論ではない。(Kuhn 1972: 5)

もし検証に失敗したとしても、非難されるのはその科学者自身の能力であって現行の科学の総体ではない。要するに、規範科学において検証が頻繁に生じるのだが、そうした検証があくまでも個別的なものであるのは、最終分析において検証されるのは、個別の科学者であり現行の理論ではないからである。

そこで理論について深刻な懐疑が重要な要素として現れるより先に、実験装置において失敗した理論を体系的に提示することが必要となってくるだろう。クーン主義者の観点からすれば、ポパーの科学的進歩の理論はやや狭量で、科学の実践においてつねに働いている複雑な心理的葛藤を過小評価している。

クーン・ポパー論争が一九六〇年代と一九七〇年代の科学哲学の中心をすぐに占めると、主役たちの間で熱い議論が展開され、多くの場合「パラダイム」や「反証可能性」といった語の正確な意味について言葉が集中することになった(たとえば、ラカトシュとマスグレイヴの『批評と知識の成長』(クーンとポパーも論考を寄せている)に収録されている多様な論文を参照)。しかしながら、振り返れば、各々の立場が当時そう見えていたほどには必ずしも遠く離れてはいないと論じられよう。クーン自身が各々の理論に共通するものがあったことを渋々ながら指摘している。「私たちが同じ問題にはっきりと向き合うほとんどすべての機会において、サー・カールの科学観と私の科学観はほとんど一致している」(Kuhn 1972: 1)。クーンがこの論文では不一致の分野を特定する方向に進む一方で、それにもかかわらずこのふたつの理論を合成することは完全に可能であろう。たとえば科学的革命は、反証可能性を示す大がかりな出来事として記述されるのかもしれない。特記すべき重要なことは、両方の理論が、ともに暫定性という要素を、たとえ各々の場合で異なる働きを示すとしても、科学の実践に導き入れている点である。

　しかしながら、ポストモダンの思想家たちは、パラダイムというクーンの考えに明らかに見られる暫定性の感覚にとくに惹かれてきた。いかなる理論も時代を超えて維持されたり、真実に対する占有を主張したりするものとは考えられないという感覚がそれである。間違いなく、彼らはクーン自身がおそらく望んでいた以上にこの考え方を先に推し進めたのであり、そしてもちろん科学共同体に属する人びとの大半は、ほとんど語義の矛盾といえる「ポストモダン科学」とこのような現象を見なして一般的に懐疑的でありつづけている。そのような観点に立てば、ポストモダン科学は、近代において展開してきた科学の企図全体を問いに付し、実践に携わる科学者(とくに規範科学に伴う業務に従事している人びと)がその研究生活のなかで一般に経験しているよりもずっと恣意的な探究の形式としてそれを捉える。大半の科学者の方でも自らの研究対象を単なる文化理論の圏域内にあるものとしては考えないのは、彼らが内心では方法論的には自分たちの方がはるかに厳密だと思っているからである。

クーンの主要著作

Kuhn, Thomas S., *The Copernican Revolution: Planetary Astronomy and the Development of Western Thought*, Cambridge, MA and London: Harvard University Press, 1957.(常石敬一訳『コペルニクス革命』講談社学術文庫)

——, *The Structure of Scientific Revolutions* [1962], 2nd edition, Chicago and London: University of Chicago Press, 1970.(中山茂訳『科学革命の構造』みすず書房)

——, 'Logic of Discovery or Psychology of Research', in Imre Lakatos and Alan Musgrave (eds), *Criticism and the Growth of Knowledge*, Cambridge: Cambridge University Press, 1972, pp.1-23.

———, *The Essential Tension: Selected Studies in Scientific Tradition and Change,* Chicago and London: University of Chicago Press, 1977.（安孫子誠也・佐野正博訳『本質的緊張』全2巻、みすず書房）

———, *Black-Body Theory and the Quantum Discontinuity, 1894-1912,* New York: Oxford University Press, 1978.

———, *The Road Since Structure: Philosophical Essays, 1970-1993, with an Autobiographical Interview,* Chicago and London: University of Chicago Press, 2000.（佐々木力訳『構造以来の道』みすず書房）

参照文献

Popper, Karl R., *The Logic of Scientific Discovery* [1935], London: Hutchinson, revised edition, 1980.（カール・ポパー、大内義一・森博訳『科学的発見の論理』全2巻、恒星社厚生閣）

エルネスト・ラクラウ／シャンタル・ムフ

Ernesto Laclau, 1935-2014
Chantal Mouffe, 1943-

二〇世紀を通じて、マルクス主義には内部からの批判者や異議を唱える声が多かったが、一九八五年に出版されて大論争を巻き起こした『民主主義の革命』において、独自の具体的な理論の動きとしてポストマルクス主義を確立するのに誰よりも貢献したのがラクラウとムフであった。ソヴィエトの政治体制が、一九八〇年代後半に、後に体制崩壊というかたちで頂点に達することになる多くの問題に陥っていることが次第に明らかになるにつれて、この本は出版直後から数年にわたって、さらなる反響を巻き起こした。『民主主義の革命』は、二〇世紀を通じて徐々に採用されるようになった（ソヴィエトの政治体制に顕著に見られるような）独善的なスタンスから離れるとともに、マルクス主義の概念にかたくなにこだわって、周囲の状況にもかかわらず共産党の公式方針を無批判に受け容れようとする姿勢よりマルクス主義の革命精神の方が優先される、より開かれた姿勢へと向かうマルクス主義思想の新たな方向性を提示したのである。このふたりの思想家にとって、こうした状況はもはや適当なものではなかった。

> かつての「自明の真実」——分析や政治的計算の古典的な形式、武力衝突の性質、左派の闘争や目的のまさにその意味——は、こうした真実が依拠していた基盤を引き裂いた、雪崩のように殺到した歴史の変化によって深刻な挑戦を受けた。(Laclau and Mouffe 1985: 1)

ラクラウとムフの考えは、マルクス主義が失敗する兆候がますますひどくなるのを隠蔽するためにヘゲモニーという概念を再構築し続けることに典型的に現れている独善的姿勢こそが、何よりも二〇世紀末の数十年間において、マルクス主義が徐々に衰退する状況やあらゆる階級の社会革命家に対して概して魅力を失わせる状況を招いたというものであった。かつてマルクス主義は、資本主義の矛盾が明白となることでプロレタリアートが立ち上がってそれを打ち破り、経済的搾取がない、人類の歴史における新たな時代の到来に一役買ったときに資本主義が崩壊すると主張していた。これに時間がかかればかかるほど、ますます困ったことになったマルクス主義の指導者たちは、マルクス主義理論そのものを批判していると聞こえないようなやり方でこれを説明せざるを得なくなったため、ヘゲモニーが持ち出されたのである。資本主義体制は一般の人びとに、たとえそれが彼らに最良の利益をもたらすものではないとしても、その価値観を受け容れるよう説得することができるというのがヘゲモニーによる仮定である。これは社会の教育制度だけでなく、メディアを通じてこの制度の価値観を伝えていくことで達成され、労働者階級の人びとにこの価値観こそが自然なものなのだと思わせてしまったのである。支配階級がこうした考えを強化すればするほど、彼らはますます抵抗に直面しなくなるだけでなく、革命の危険性もますます小さいものになるだろう——古典的なマルクス主義者たちにとっては、ブルジョワのヘゲモニーが永遠につづくものではないことや最終的に革命がやってくることは疑いの余地がないものではあるのだが。ラクラウとムフがヘゲモニー主導のマルクス主義に取って代わるべきだとする、新たなより自由なかたちのマルクス主義こそ「ラディカル・デモクラシー」という名で呼ばれることになるもので、ふたりのその後の著作の多くは、共著であれ単著であれ、こうしたイデオロギーが含意することになる細部を具体化することに関するものであった。

ラクラウとムフが指摘したのは、二〇世紀後半までに、マルクス主義の硬直化した歴史の枠組では受け容れることができない、彼らが「ヘゲモニーの交代」(Laclau and Mouffe 1985: 192) と呼ぶ、一連の社会的な動きが世界的に生まれたということである。こうした性質をもった運動は普遍的な考えに忠誠を誓うというよりも、むしろ特定の領域——たとえば、民族や生態学、性といったもの——を持つきらいがあり、公式のマルクス主義の見方からすれば、特別な利害関係を持つ集団が、革命家たちが第一に関心を持つべき、より大きな闘争である階級闘争を曖昧にしているも同然だということになる。事実上、ラクラウとムフが明らかにしたのは、世界中でアイデンティティの政治が重要度を増しているということだ。

彼らはこうした運動が意義ある社会の変革を成し遂げるうえで土台となりうると感じていた（ジャン＝フランソワ・リオタールも「小さな物語」（Lyotard 1984: 60）というかたちで信じていた）一方で、マルクス主義はいかに革命の変化が生じるべきかの展望とは合致しないということを理由に、こうした考えを拒絶した。マルクス主義者たちは、自らの理論がそうした個別の関心よりも優先するということを前提としており、こうした主張に対して、とくに「マルクス主義とフェミニズムの不幸な結婚」という挑発的なエッセイにおいて、マルクス主義とフェミニズムの「離婚」という亡霊を呼び起こしさえしてハイジ・ハートマンに代表されるフェミニストたちが異議を唱えたのだ（Hartmann 1981: 2）。社会と政治を変化させるうえで先導の役割を果たすはずのマルクス主義の有効性に、一般的な革命思想が疑問を抱くようになったのは明らかである。

『民主主義の革命』の議論の核となっているのは、二〇世紀を通じて、古典的マルクス主義が想定していたよりも資本主義社会にはるかに柔軟性があった理由を説明するために、マルクス主義の理論家たちが頼る必要があると感じたヘゲモニーという概念について、様々なかたちでなされた記述の分析であった。資本主義体制下で連続した危機（ひとつとくに注目に値する例を挙げるならば、一九三〇年代の「大恐慌」）は、マルクス主義の創始者や主要な思想家が信じていたように、その体制の内的矛盾が公然と明らかとなって徹底的な改革を求める声が高まるそうした現象に必ず続くはずだった、人びとのマルクス主義に対する支持の高まりを作り出すことはなかった。したがってヘゲモニーは、実際の出来事がそれと一致しなかったにもかかわらず、そのプロセスが単に遅れているだけだという論旨に沿って、マルクス主義の歴史的プロセスというモデルを支えるために作り出されたものなのである。しかしラクラウとムフにとっては、そのような非常に多くの遅れが発生した後では理論そのものが大いに疑わしいと考えざるを得ず、彼らはアントニオ・グラムシやルイ・アルチュセールといった高名なマルクス主義の思想家たちによって提示された様々なヘゲモニーの形態に深刻な欠陥を見つけだしたのである。

『民主主義の革命』は、時代がマルクス主義の歴史ヴィジョンに向けて進みつつあったという主張について、いろいろと「ごまかしていた」とか、まさに露骨な誤りであったとする同書の見解に異を唱える、何人かのマルクス主義思想家たちによる一連の攻撃の対象となった。たとえばノーマン・ジェラスは、著者であるふたりはもはやマルクス主義者ではないと、影響力を誇る『ニュー・レフト・レヴュー』誌上で公然と批判し、彼らの著作を「知の病が非常に進行した段階の産物……理論に関する道楽や放蕩」(Geras 1987: 42-3) として退けた。提起された別の批判は、複数主義が著者にとって完全に賞賛に値し、推奨すべき概念とされるにもかかわらず、その実現性がいくらよく見たところで曖昧だというものであった。「彼らの開かれた複数のデモクラシーという概念は、きわめて重要なことに、異なる社会的行為者同士が権威主義的な中央集権化や断片化に陥ることなく、不安定なバランスを維持することに依拠している。魅力的な考えであることは確かだが、どのように機能するのか理解しがたい」(Forgacs 1985: 43)。この点をさらに推し進めたのが、「この本の核となっているのは行為体をめぐる言説なのだが、……成功しているのは問題を提起することだけで、充分な根拠を持つ、代わりの理論を与えてはくれない」(Aronowitz 1986/7: 2) とした別の批評家であった。これはラクラウとムフに対して繰り返されることになる批判なのだが、確かに行為体をめぐる問題は、ポストモダンの政治理論一般の弱点であり続けている。ポストモダンの批評家は現在の文化システムの問題点について私たちに指摘することは得意だが、そうした問題をどう修正したらよいかという処方箋を提供することは苦手なのだ。アーロノヴィッツが『民主主義の革命』について指摘するように、そうした行為体が重要な社会や政治の変革を実現するために必要な特質を概説するということになると、「具体性が欠けてしまう」(Aronowitz 1986/7: 3) ことが余りにも多いのである。問題なのは、ポストモダンの思想家のほとんどが集団行動に懐疑的だということであり、彼らはそれを旧式の左派政治や観点の複数性よりも団結に拘る姿勢——団結というものは、あまりにもたやすく権威主義の性格を帯びてしまうものである——と同一視している。それゆえ、彼らは文化を分析する際に集団行動を提案することに腰が引けてしまい、何らかのかたちの「小さな物語」概念に頼ることになってしまうのだ。

ラクラウとムフは『ニュー・レフト・レヴュー』誌の次号において、同じように確固たる調子で返答し、自分たちが何ら後悔していないこと、ポストマルクス主義を左派陣営にとっての前進として推奨することには全くていることを明確にした。彼らの主張によれば、理論というものはそれが生まれた時代に根ざしているため、左派陣営はマルクス主義の「限界」(Laclau and Mouffe 1987:

106）を認めること、そして創始者には見通すことができなかった、変わりつつある状況を考慮するために理論を前進させ、修正すること以外の選択肢はないという。アイデンティティの政治が適例だが、これをブルジョア的な現象や一時の気まぐれとして退けてしまうことはできない。そうした見解の変更をすることでのみ、マルクス主義の精神は維持され、新たに登場しつつある革命家たちにある種のインスピレーションを与えることができるのだが、ラクラウとムフは自分たちに関するかぎり、自分たちこそがマルクス主義思想の最良の伝統を受け継いでいると主張した。「仮にこの本における知的プロジェクトがマルクス主義の次のものだとすれば、それは同時に明らかにマルクス主義を確実に受け継いでいる」（Laclau and Mouffe 1985: 4）。その精神を維持しながらも、ほとんどのマルクス主義思想に見られるような独善的な態度（それが最も顕著に表れているのは、ソヴィエト連邦における政策発表）を避けることができる手法として提案されたのが、ラディカル・デモクラシーであった。それは「あらゆる『社会の本質』などという独善的な主張ではなく、あらゆる『本質』の偶然性や曖昧性を肯定することや社会の不和や対立といったものを基礎とするイデオロギーの形態」（Laclau and Mouffe 1985: 193）であるべきものである。

『民主主義の革命』以降のふたりの著作の多くは、社会主義の枠組の内部に偶然性や曖昧さを取り込むことで、彼らの理論には「具体性が欠けてしまう」と批判する人びとの不満を乗り越えるために、ラディカル・デモクラシーがいかなるかたちを取るべきかに関するものである。どうすれば複数性を実際の現実に落とし込むことができるだろうか。たとえばムフの『民主主義の逆説』では、ラディカル・デモクラシーが特色とすべき複数主義の概要を述べようと試みており、それは競いあう様々な政治的立場の間で、敵対関係よりも闘技関係のかたちをとっている。敵対関係は、私たちが西洋で現在その体制下で暮らしているデモクラシーを特徴づけるものであり、ムフにとっては、それは彼女が心の底から反対する妥協を必ず含むものであった。「これこそがデモクラシーをエリート間の争いと考える典型的な自由主義の視座であり、対抗勢力を見えなくし、政治を議論の交換や妥協の交渉に変えてしまう」（Mouffe 2000: 111）。ムフは政治で敵対する側を見くびるあらゆる企てに批判的で、『政治的なものについて』においては、これこそがアンソニー・ギデンズの「第三の道」理論（『左派右派を超えて』）やウルリッヒ・ベックの「コスモポリタニズム」（『政治の再創造』）の誤りであると論じている。彼女にとって、こうした姿勢をとることは「ポスト政治」（Mouffe 2005: 48）の立場をとることであった。対照的に、闘技性は「民主主義的な政治上の立場間の対立」を通じて、複数主義を積極的に推奨し「現状に代わりうるものの可能性についての現実的な討論」へと繋げることで、こうした情勢を回避している（Mouffe 2000: 113）。重要なのは、両者の見解を薄めてしまう妥協のプロセスに屈することではなく、対立する相手を自身の見解に変えさせようと努めることなのだ。

敵対性を闘技性に、エリート中心の政治を複数主義の政治に変えることは、ラディカル・デモクラシーの社会における重要な仕事のひとつとなり、これが実現しなければ、社会の大部分が現実政治に意味をもつかたちで参加できないように周縁化されたまま、将来のトラブルを単に増やすだけの、厄介な「民主主義の欠陥」（Mouffe 2000: 96）が生じることになる。そうした欠陥が発生すると、政治プロセスに全く関心がなく、周縁化されて動揺しやすくなった人びとには少なからぬ魅力を持つ全体主義の動きが勃興する事態を招いてしまうのだ。仮にそうした人びとが既存の体制に見捨てられているとすれば、彼らが過激主義を支持したところで何も失うものはない。そのような状況下では、理論一辺倒のマルクス主義とファシズムが伝統的に栄えることになる。

ムフによる標準的な民主主義政治の分析は多くの賞賛すべき点があるが、私たちには行為体というものいつもの問題が残されてしまう。現状の政治過程に組み込まれているすべての人びとに、彼らの文化史が認可するものとは異なる討論法に変えるよう説得することがどうやったら私たちにできるというのだろう？　全ての人民が関わるというのは全く賞賛すべき考えなのだが、それがどれほどの実効性を持つのかという問題がすぐに持ち上がる。現実政治というものは、単に討論についての話だけであるはずがない。結局、全ての人民の代わりに決断を下さなければならないし、少なくとも幾分かは統治がなされなければならない。政治体制が闘技的な場にどれだけ注目したうえで、それなしでは決断を実行することが極めて難しくなる、少なくともある程度の大衆の支持を得て、政府を作ることができるのかという疑問を抱くのはもっともだ。ラディカル・デモクラシーという言葉は、むしろ立派な大学の討論クラブのような響きがするし、どんなに心からのものであっても、これが行為体という差し迫った問題を真に解決することはない。

こうした複数主義への肩入れにもかかわらず、ムフはラディカル・デモクラシーに基づく体制から除外しなければならない政治的立場があると認めている。複数主義や闘技主義といった基本的な原理については参加する人びとの間に合意がなければならないのだが、これは共産主義者、ファシスト、そして参加者に聖職者中心の政体を提起する宗教的原理主義者といった政治団体にはもちろん受け容れられないものだろう。自分たちの世界観だけが正しいと確信し、反対を認めないこういった団体は、政治体制には複数主義が存在しうるし、またそうすべきだということを受け容れはしない。こうしたグループは「転向」しないものだが、ラディカル・デモクラシーの体制下では、彼らにどう対処すべきなのかが明確ではない――そもそも彼らが消え去ることを期待するのは、どう見ても現実的ではないだろう。また妥協と転向の間にある差異の本質を、同様に掘り下げることが要求されることになる。転向というものは、実際には戦略的な理由のためにたどり着いた一時的な妥協ではないのだろうか（政治的策略に長けた敵ならば、そうした行動に出る可能性は大いにある）。とくに、絶え間なく情熱的な討論が行なわれると思われる闘技的体制の下では転向がつねに起こるのだから、つねにそれを信用できるかどうかが論点だと考える向きも多いだろう。

『民主主義の革命』で提起された様々な問題について、その冒頭で注目した流れがその後かなり速まり、本格的な「革命」が進行していると語ることが適切になったという認識から、ラクラウは『現代革命の新たな考察』でさらに追究することとなった。「ここ二年で、第二次世界大戦の終戦以降で世界が経験したもっとも重要かつ画期的な変化が起こった。……ロシア革命で始まった出来事の循環が、はっきりと終わったのだ」（Laclau 1990: xi）。ベルリンの壁の崩壊、そしてそれに伴うヨーロッパの共産主義の企図の失敗についても指摘される。こうした状況を踏まえ、ラクラウは以前から彼とムフが展開してきたポストマルクス主義の姿勢をとるこれまで以上に切実な必要が左派陣営にはあると感じ、これがどのような特徴を持つべきかについてさらに展開していくのだ。ラクラウが見るところでは、彼の任務は、国家統制論や干渉主義といった精神性に根ざした旧来の社会主義と個人主義やベンチャー精神に根ざした自由市場原理主義の中間を進むことである。事実、前者は二〇世紀の共産主義の企図の残念な結果によって退けられたとはいえ、後者が擁護されたわけではない。両極端な立場のある種中間的な立場が必要とされているのだ。「社会的規制は、演繹的な原理に還元できない形式に則って、国家による干渉と市場のメカニズムとが一体となる、複雑で、干渉的なプロセスになるだろう」(Laclau 1990: xv)。

しかし、こうした状況を作り出すことはそれ以降の左派陣営には非常に困難で、新自由主義経済を装った自由市場原理主義が――近年の金融危機にもかかわらず――西洋社会にとってますます好ましい選択肢になってしまった。ギデンズの「第三の道」理論は、今行なうべきことをめぐる処方箋がラクラウとほぼ共通しているように思えた(ただし、先に言及したように、ムフはポスト政治的なものとして拒絶した)もので、イギリスでは新しい労働党が、一九九七年に選挙で勝利を収めてから少なくともある程度の期間は確かに実行に移していた。だが、その政権が終わる頃に様々な出来事を政治的に支配していたのは新自由主義であり、この状況は二〇一〇年に新しい労働党から政権を引き継いだ新しい連立政権下でも続くこととなった。

『政治的アイデンティティの形成』におけるラクラウの序論は、冷戦期のイデオロギーが対立しあう状況から「普遍的な歴史によってあらかじめ決められた使命に自らの行動や正当性の根拠を見出そうとはしない自国第一主義の政治的アイデンティティが拡散する状況」(Laclau 1994: 1)へと変化するなかで、『民主主義の革命』で指摘されていた「雪崩のように殺到した歴史の変化」が顕在化する姿を捉えている。モダニティの特徴であるイデオロギー対立は去ったのかもしれないが、ラクラウは自身が指摘した拡散がラディカル・デモクラシーを実現するのか、新たな権威主義の爆発が見られることになるのかはまだ未決定だと認めている。

政治体制としてラディカル・デモクラシーを肉付けしようとする試みにもかかわらず、多くの批評家にとっては、容易に実行に移せる完全に完成された政治プログラムというよりも好奇心を掻き立てられる概念に過ぎないため、まさに前述したような問題が持ち上がってくるのである。たとえばデヴィッド・ハワースは、概念としてのラディカル・デモクラシーには全面的に共感しているものの、充分な「注意が、その実現を妨げている経済、物質、制度の弊害に払われて」おらず、これが哀れな理論の「制度的欠陥」を招いているとしている(Howarth 2008: 189)。またここでも扱いにくいのが行為体をめぐる問題だ。闘技的な政治が期待したように機能し、国家と市場の間に実際的な中間の道を見いだすことをどんな枠組が保証してくれるというのだろうか。確かにマルクス主義者は、自らの体制がいかに機能するかについて非常に明確である以上、そうした理論のあら探しをつねに行なうことになるだろう。彼らの目標に対する賛否はどうあれ、彼らがそれを達成し、実行に移す上で整備されたプログラムを提示していることは否定できない。マルクス主義は主要な国家施設を乗っ取って自らのイメージに合うように作り替えることを強調し、その際に何事も偶然に委ねることをしない（だからこそ、共産主義諸国では独立系メディアが許可されていないのだ）。共産主義が支配する際には、顕著な制度的欠陥は存在しない。少なくともマルクス主義は、ファシズム同様に明瞭さという長所を持っており、それが支持者を惹きつけるのである。

　それでもやはり、左派陣営の過去と対話する強い政治的側面を確実に持っているため、ポストマルクス主義はポストモダン思想の重要な一要素であり続けている。たとえアーロノヴィッツが『民主主義の革命』について述べたように、その思想一般が「実態に即した理論というよりも一連の仮説」であったとしても（Aronowitz 1986/7: 3）、瀕死の運動や伝統を揺り起こすために、こうした仮説はやはり公然と論じられる必要がある。ソヴィエト帝国の崩壊とそれに続く西洋における共産主義の政治的影響力の失墜があったこの間、どれほどの瀕死状態にあったのか私たちは気づかされてきている。ポストマルクス主義は行為体や「普遍性と個別性」（Laclau 1996: vii）を実行可能な政治モデルにする問題を解決しなかったかもしれないが、ポスト共産主義の世界で、左派陣営がどこで努力するのがもっとも有益なのかをはっきりさせたのである。

ラクラウ＆ムフの主要著作

Laclau, Ernesto and Chantal Mouffe, *Hegemony and Socialist Strategy: Towards a Radical Democratic Politics*, London: Verso, 1985.（西永亮・千葉眞訳『民主主義の革命』ちくま学芸文庫）

——, 'Post-Marxism Without Apologies', *New Left Review*, 166 (1987), pp.79-106.

ラクラウの主要著作

Laclau, Ernesto, *Politics and Ideology in Marxist Theory: Capitalism, Fascism, Populism*, London: NLB, 1977.（横越英一監訳『資本主義・ファシズム・ポピュリズム』柘植書房）

——, *New Reflections on the Revolution of Our Time*, London and New York: Verso, 1990.（山本圭訳『現代革命

の新たな考察』法政大学出版局）
——— (ed.), *The Making of Political Identities*, London and New York: Verso, 1994.
———, *Emancipation(s)*, London and New York: Verso, 1996.
———, *On Populist Reason*, London and New York: Verso, 2005.
Butler, Judith, Ernesto Laclau and Slavoj Žižek, Contingency, *Hegemony, Universality: Contemporary Dialogues on the Left*, London and New York: Verso, 2000.（ジュディス・バトラー、スラヴォイ・ジジェクとの共著、竹村和子・村山敏勝訳『偶発性・ヘゲモニー・普遍性』青土社）

ムフの主要著作

Mouffe, Chantal, *The Return of the Political*, London and New York: Verso, 1993.（千葉眞他訳『政治的なるものの再興』日本経済評論社）
——— (ed.), *The Challenge of Carl Schmidt*, London and New York: Verso, 1999.
———, *The Democratic Paradox*, London and New York: Verso, 2000.（葛西弘隆訳『民主主義の逆説』以文社）
———, *On the Political*, London and New York: Routledge, 2005.（篠原雅武訳『政治的なものについて』明石書店）

参照文献

Aronowitz, Stanley, 'Theory and Socialist Strategy', *Social Text*, 1986/7, pp.1-16.
Beck, Ulrich, *The Reinvention of Politics: Rethinking Modernity in the Global Social Order*, Cambridge: Polity Press, 1997.（ウルリッヒ・ベック、小畑正敏訳「政治の再創造」『再帰的近代化』而立書房）
Forgacs, David, 'Dethroning the Working Class?', *Marxism Today* 29 (5) (May 1985), p.43.
Geras, Norman, 'Post-Marxism?', *New Left Review*, 163 (May/June 1987), pp.40-82.
Giddens, Anthony, *Beyond Left and Right -- The Future of Radical Politics*, Cambridge: Polity Press, 1994.（アンソニー・ギデンズ、松尾精文・立松隆介訳『左派右派を超えて』而立書房）
Hartmann, Heidi, 'The Unhappy Marriage of Marxism and Feminism: Towards a More Progressive Union', in L. Sargent (ed.), *The Unhappy Marriage of Marxism and Feminism: A Debate on Class and Patriarchy*, London: Pluto Press, 1981, pp.1-41.

Howarth, David, 'Ethos, Agonism and Populism: William Connolly and the Case for Radical Democracy', *British Journal of Politics and International Relations,* 10 (2) (2008), pp.171-93.

Lyotard, Jean-François, *The Postmodern Condition: A Report on Knowledge* [1979], trans. Geoff Bennington and Brian Massumi, Manchester. Manchester University Press, 1984.（ジャン＝フランソワ・リオタール、小林康夫訳『ポストモダンの条件』水声社）

デヴィッド・リンチ

David Lynch
1946-

リンチはファンが多く、批評家からの評価も高い映像作家だが、一般にもっともよく知られているのは『ツイン・ピークス』というテレビシリーズだろう。この作品はアメリカでもヨーロッパでも、一九九〇年代はじめにカルト的成功をおさめ、いまでもポストモダン・テレビ作品の主要な例として言及され、研究されている。リンチの映画は初期のアートハウス・スタイルによる『イレイザーヘッド』から、『デューン／砂の惑星』のような大きなスタジオの資金を使ったメインストリームの作品、それに『ブルーベルベット』のようなアメリカ郊外の小さな町の生活を暗鬱かつ鋭く暴いた作品、さらに最近は『ロスト・ハイウェイ』や『インランド・エンパイア』のように私たちが超自然の力に弄ばれているに過ぎないことを示唆する不思議な作品群まで、その幅はきわめて広い。『ツイン・ピークス』もこの最後のカテゴリーに属する作品で、超自然的な存在が物語展開のうえで大きな役割を果たしている。リンチは多数のテレビ・コマーシャルを監督するだけでなく、芸術家および職人（主に家具の製作）としても活躍しており、最近は歌手・音楽家としても活動して、批評家にやや面白がられてもいる。二〇一一年に出たCDは「狂った道化の時間」と名付けられており、ある批評家はこれを、監督自身が「首を絞められたような高音」で歌う「悪夢のような」アルバムと言っている（Tyler 2011）。リンチはまたクラブ営業にも進出して、二〇一一年にはパリに、自分自身がデザインした秘密めいた雰囲気のクラブ・シレンシオをオープンした。

『ツイン・ピークス』は、一種の殺人ミステリーとして、普通の物語のように思えないこともない。それは、地方の警察が追っている殺人事件を、ＦＢＩ捜査官のエージェント・クーパーが助けに派遣されてきたという話だからだ。しかしそれが、異様で不穏な世界の描写へと発展していき、どうやらそこには悪がきわめて現実の存在と感じられるような超自然の力が働いているらしい（超自然の力によって世界が残酷に操られているという主題は、リンチが後期の作品でくりかえし扱うようになるテーマだ）。舞台は、太平洋に接する北西岸のアメリカの小さな材木産業の町で、そこには「丸太おばさん《ログ・レディ》」と呼ばれるなんとも変わった人物——彼女はどこに出かけるのにも両腕に丸太を抱えていくのだが、そのほかはまったく普通の女性だ——のように、どこかおかしな人たちがたくさん住んでいる。この町の住人ほとんどすべてが、なんらかの変な癖を持っており、たとえば当初、典型的なアメリカの清廉で法を順守する職業人のように見えたエージェント・クーパーも、しだいにカルト的な英雄のようになっていき、「すっごくうめえコーヒーだ」といった決まり文句をしょっちゅう口にするようになる。そしてシリーズが回を追うごとに、クーパーは超自然を媒介し、魔術を信奉する人であることがわかってきて、物語の発端であったローラ・パーマーという若い学生の殺人犯を追及するのに、特異な才能を発揮していくのである。

　こうした話の展開には、しばしば夢のような感覚が付与されており、それはとくに超自然的の力が働いているらしい「赤い部屋」の場面に明らかだ。この部屋では登場人物が自分の台詞を逆方向に読み、それを録音してからさらに、もともとの録音を逆回ししてその場面にかぶせるというプロセスで、ひどく歪曲された声で人びとが語るといった趣向が凝らされている。このようなおぞましい夢のような情景は、リンチの作品にくりかえし現れる特質で、彼のインタビュー集の編者クリス・ロドリーによれば、リンチにとって、夢と現実との境は「誰もパスポートにスタンプを押してくれない杜撰な国境検査所」のようなものだという（Rodley 2005: 267）。この言葉は、現実そのものが歪んでしまっているために、現実と空想を見分けることのできない『ツイン・ピークス』の世界の描写にもふさわしい。ロドリーがリンチの作品における「不気味なもの《アンキャニー》」の重要性を指摘し、それが彼の映画制作の「まさに核心にある」と述べているのは正確な指摘だろう（Rodley 2005: ix）。

　『ツイン・ピークス』の筋《プロット》は色々な方向に逸れ、中心となる物語とは関係なく、注意をそらす仕掛けや未解決に終わる問題が途中に散りばめられている。このシリーズが終わるころには、まるでリンチとその協力者たちは（リンチはすべてのエピソードを自分で監督したわけではなく、何人かの脚本家や監督を雇って彼らに委託した)、視聴者が関心を失わずに、多くの批評家が「どこにも行き着かないポストモダンの列車」(Rodley 2005: 156) と感じていたものに乗り続ける一方で、どれだけ物語の信憑性を保つことができるかを試しているかのようだった。事実、この連続ドラマを買ったABC放送は二年で契約を打ち切り、リンチとその熱心なファンをいたく失望させた。リンチはファンの不満に応えて、契約破棄のすぐ後に、このシリーズの前日譚となる映画『ツイン・ピークス　ローラ・パーマー　最期の7日間』を作った。この映画は批評家の評判はそれほどでもなかったが、少なくともお流れになったテレビシリーズの穴を埋めるバックストーリーを、ときに筋が分散して混乱させるようなものであったにしろ、提供してくれた(もともとの物語自体がそうだったのだから、これはまったく自然なことだとも言える)。

このように物語の信憑性を危機にさらすことが、リンチの典型的なやり方で、それは『イレイザーヘッド』のような初期作品からの特徴だ。『イレイザーヘッド』は、一貫したストーリーというより、きわめて断片的で繋がりのないイメージの連続で、『ロスト・ハイウェイ』や『インランド・エンパイア』といった後期の映画と同様、観客に相当な困難を強いる。『ツイン・ピークス』に比べれば、以後のリンチの作品はそれほど一般の関心も引かず、批評家の評価も高くなかった(『マルホランド・ドライブ』でリンチはカンヌ映画祭の監督賞をとりはしたが)。いまだに多くの批評家たちにとって、『ツイン・ピークス』がポストモダン時代におけるテレビドラマの金字塔であり続けている。殺人事件が一般視聴者の注意をひきつけることに成功する一方で(残念なことに放送局が喜ぶほど多数ではなかったけれども)、そのスタイルやテーマの奇嬌さが批評家や知識人の論点となる、といった具合だったのである。

『ブルーベルベット』は、「アメリカン・ドリーム」の見かけの背後にあるあらゆる種類の忌まわしい振る舞いを明るみに出す作品だ。物語は、主人公——演じているのはカイル・マクラクランで、彼は後にエージェント・クーパーもやる——が、切断された耳を見つけるところから始まる。ほとんどの場面が夜に設定されている画面には、底流として脅威の雰囲気が流れており、とくにそれはデニス・ホッパーがこれ以上ないほどの狂気と悪意をもって演じたフランクという人物に体現されている。フランクは、映画のもっとも悪名高い場面で、酸素マスクで大きな音をたてて呼吸しながら、どうやらマゾの傾向があるらしい自分の女を暴力的に犯す。また『ワイルド・アット・ハート』という映画も、逃亡する恋人たち（ニコラス・ケイジとローラ・ダーンが演じており、後者はリンチ作品によく登場する）が、麻薬密売や犯罪に手を染めるだけでなく、『オズの魔法使い』への言及が頻繁になされる入り組んだ話という点で、リンチの特徴をよく表している。このどちらの映画になんらかの倫理的メッセージがあるとしても、それは奥に隠されているのである。

『マルホランド・ドライブ』は当初テレビの連続ものとして構想されたが、放送局が契約をキャンセルしたため、監督によって一般公開の映画とされた作品だ。これもリンチが『ツイン・ピークス』以来のトレードマークとしてきたスタイルで作られ、複数の入り組んだプロット、奇怪な人物たち、多くの解決されない筋書き（そのうちのいくつかは、もし当初の予定通りテレビの連続ものになっていれば解決したのかもしれないが、リンチのことだから保証はない）、それに全体に流れる謎と脅威の雰囲気に満ちている。これは様々な点で興味をひく作品で、『ツイン・ピークス』のようなカルトものになる可能性もあったのだろうが、主流のメディアは、リンチのような異端の人物をつねに嫌う。実際リンチは『ツイン・ピークス』以来、アメリカのテレビ局とは関係が悪く、いくつかの企画が流れている。

おそらくリンチのこれまででもっとも大胆な映画は『ロスト・ハイウェイ』だろう。この作品は、ふたつのはっきりと区別できる部分からなっており、それぞれが独立した枠組を持っているが、そうした枠組自体も弱い繋がりしか持っておらず、最後の結末はリンチ作品のなかでもっとも遠まわしで曖昧だ。この要因は、話の中途で、殺人容疑者が警察の拘置所で一晩のうちにまったく別の人物となるという、ほとんど信じがたいプロットの転換によるもので、そのために警察はまったく混乱して、彼を釈放するほかなくなる。ここにも、リンチが得意とする雰囲気である、超自然の介入と悪の存在が感じられる。彼自身が映画の第一部における、登場人物のフレッドとレネの関係について述べている、次の言葉は一考する価値がある。

このカップルはどこかに、意識の境界線上に――あるいはその境界の向こう側に――ひどい、ひどい問題があると感じている。でも彼らはそれを現実世界にもってきて、解決することができない。だからこの悪の雰囲気がたんにそこに揺蕩《たゆた》っているだけで、問題は抽象的となり、何か他のものに転化してしまう。だから悪夢のようになる。(Rodley 2005: 225)

しかしこれ以上、リンチは自分の映画について「説明」しようとはしない。映画のどちらの部分にも登場する無名の「謎の男」について聞かれたリンチは、いかにも彼らしく言葉を濁す――「俺にもこいつが誰かなんてわからないなあ、まあちょっとした抽象といったところかな」(Rodley 2005: 229)。

『インランド・エンパイア』もまた物語の筋がきわめて自由で、あるヨーロッパ映画のアメリカ版を作ろうとするのだが、その主演俳優ふたりが殺されてしまうので、映画は完成しないという不幸な出来事に関わる話だ。どうやらこの企画自体が呪われているということらしい。『ツイン・ピークス』と同様、ここでもプロットはわかりやすいようでいて、しかし映画は断片的でしばしばわざと曖昧になり、主流の商業映画というよりは、アートハウス向きの作品となっている。役者たちの演技は確信に満ちたものだが、異なる筋がどう関係しているのかが全く見えない。基本的な話の筋を設定した後で、この映画はアメリカ版の映画の製作、ヒロインの私生活、サブタイトルの付いたポーランドのエピソード、さらには大きなウサギの格好をした役者たちの情景などといったシーンにめまぐるしく移り変わっていくからだ。結末も解決にはほど遠く、ヒロインが死んでしまった後も、どうやら映画の物語のなかに自分がいることがわかって、映画のセットから出ていくといった終わり方をする。結論とか解決というのはリンチにとって重要な関心事ではなく、であるからこそまた、その映画が様々な批評的解釈を招く理由ともなっているのだろう。

リンチ映画の語りはきわめて錯綜しているので、彼がわざわざそれを好んでしているのかどうか、批評家を混乱させてきた。たとえば『インランド・エンパイア』と『マルホランド・ドライブ』のあいだに作られた『ストレイト・ストーリー』がその例で、何人かの批評家が言うように、この映画がまさに題名の示す通り、わかりやすい真っ直ぐな物語(記録にも残っている現実の出来事に基づき、アメリカの年金生活者が、モーターの付いた芝生刈り機に乗って、病気の兄を訪ねようとする話)であって、隠されたサブテクストはないという印象を与える。もしそうならば、これはリンチにとってそうした初めての作品ということになるのだが、その一方で、そこには普通よりももっと巧妙に隠された何かがあるのかもしれない。リンチの他の作品群を見るかぎり、彼のやることはどれもそのまま受け取ることはできないと警戒せざるを得ないからだ。そして現実の出来事も、隠喩的な見方をせざるを得ないほど、それ自体が奇妙なものではなかろうか。

リンチの主要作品

Lynch, David (dir.), *Eraserhead*, David Lynch, in association with the American Film Institute Center for Advanced Film Studies, 1976.（『イレイザーヘッド』）

――― (dir.), *Dune*, Dino De Laurentiis/Universal, 1984.（『デューン／砂の惑星』）

――― (dir.), *Blue Velvet*, De Laurentiis Entertainment Group, 1986.（『ブルーベルベット』）

――― (dir.), *Twin Peaks*, ABC TV Network, 1990.（『ツイン・ピークス』）

――― (dir.), *Wild at Heart*, Propaganda Films for Polygon, 1990.（『ワイルド・アット・ハート』）

――― (dir.), *Twin Peaks: Fire Walk With Me*, Twin Peaks Productions, 1992.（『ツイン・ピークス　ローラ・パーマー最期の7日間』）

――― (dir.), *Lost Highway*, CIBY-2000, Asymmetrical Productions, 1997.（『ロスト・ハイウェイ』）

――― (dir.), *Straight Story*, Asymmetrical Productions, Canal+, et al., 1999.（『ストレイト・ストーリー』）

――― (dir.), *Mulholland Drive*, Canal, 2001.（『マルホランド・ドライブ』）

――― (dir.), *Inland Empire*, Studio Canal, Camerimage, Asymmetrical Productions, 2007.（『インランド・エンパイア』）

参照文献

Rodley, Chris (ed.), *Lynch on Lynch*, 2nd edition, London: Faber and Faber, 2005.（クリス・ロドリー、廣木明子・菊池淳子訳『デイヴィッド・リンチ』フィルムアート社）

Tyler, Kieron, ‘CD: David Lynch-Crazy Clown Time’, *The Arts Desk*, http://www.theartsdesk.com/new-music/cd/david-lynch-crazy-clowm-time, 2011 (accessed 11 July 2012).

ジャン＝フランソワ・リオタール

Jean-François Lyotard
1924-98

一般的にリオタールはポストモダン思想の主要人物のひとりと目されているが、彼はむしろ自身をポストモダン思想に対する注釈者に過ぎず、結局この思想はかなり表層的で、必要だと思われるようなやり方で政治につねに充分に関わっているわけではないと考えるなど、非常に批判的になることも時にある。リオタールは哲学者だけでなく、学問としての哲学自体に批判的になることもあったが、自身は徹頭徹尾政治的で、これを哲学者であるために絶対に必要な条件と考えていた。哲学者はある特定のイデオロギー体制（リオタールが生きていた時代においては、共産主義やリベラル・デモクラシーといったもの）の擁護者になってしまうきらいがあったのだが、リオタールにとっての哲学者とは、支配階級と一体感を持つことを避け、支配的なイデオロギーにつねに懐疑的な視線を保つべきものであった。虐げられているグループがより権力を持つ人びとの意思を押し付けられるのではなく、自らの声を見いだして政治プロセスに意味のあるかたちで参加できるようにする「哲学的政治」（Lyotard 1988a: xiii）こそ、彼らが目指すべきものである。政治体制によって周縁に追いやられた人びとを援助することにリオタールは終始関心を持ち（この特徴はミシェル・フーコーと共通している）、その著作ではつねに反体制のスタンスを取り続けた。

リオタールがポストモダニズムにもっとも好意的な姿勢を見せた作品が『ポストモダンの条件』であり、政治に対して「小さな物語」を通じてアプローチすることを推奨し、知識よりもパラドックスを生み出す独自の「ポストモダンの科学」（Lyotard 1984: 60, 53）の到来を告げるという論旨で、二〇世紀後半に文化理論を扱った本としてはもっとも影響力を及ぼしたもののひとつとなった。

ポストモダンの条件とは、大きな物語（メタナラティヴとしても知られているもの）が支持を得られなくなり、自身の権威――リオタールの表現を借りるならば、「自らを正当化する」権力――が次第に無くなっている状態である。「私たちは大きな物語にもはや頼ってはいない――私たちはポストモダンの科学的言説が正しいと主張するために精神の弁証法にも人類の解放にも頼ることはできないのだ」（Lyotard 1984: 60）。その代わりに、彼は私たちが「メタナラティヴに対する懐疑」（Lyotard 1984: xxiv）という姿勢を養うこと、権力者による虐待に抵抗する反体制志向をもつ「小さな物語」群に参加することを促すのである。小さな物語群は、権力が強まるにつれて体制側に転じる危険がありうる永続的な政治権力に発展しようという野心を持たない一時的な集団だ。これは自身がまたひとつの模範になるではなく、大きな物語の行き過ぎを正すために作り出されたものである。

リオタールの「ポストモダン科学」という概念は大変な議論を巻き起こした。カタストロフ理論やカオス理論といった物理学の発展を踏まえ、科学はもはや知識ではなく、既存の科学理論に疑問を呈する一連のパラドックスを生みだすとリオタールは結論づけている。しかし、パラドックスは理論をさらに洗練させるための暫定的な段階であると考えている以上、自分たちの専門をめぐるこうした見解を受け入れる科学者はほとんどいないだろう。パラドックスは科学者にとっては研究の終着点ではなく、新たな説明を求める動機なのである。リオタールの科学理論の使い方については、アラン・ソーカルとジャン・ブリクモンが『「知」の欺瞞』においてとくに攻撃しており、取り上げられている様々な理論に対するとんでもない誤解を象徴しているとされた。「リオタールが引用した理論は、もちろん新たな知識を生み出したのだが、その際に科学用語の意味を変えてはいなかった」（Sokal and Bricmont 1998: 128）。

リオタール思想のもっとも重要な側面のひとつが、非常に多くのポスト構造主義やポストモダン思想に内在する相対主義の余波のなかで、とくに倫理的な価値判断をめぐる理論的根拠を見つけようとしたことである。リオタールはこの問題に正面から対峙したポストモダン一派では数少ない思想家のひとりであり、それについては『正当なゲーム』（ジャン＝ルー・テボーとの共著）や『ハイデガーと「ユダヤ人」』といった著作がある。前者はアリストテレスの倫理学から着想を得たものだが、後者ではアウシュヴィッツのような歴史的な出来事を相対主義の観点から判断するという厄介な問題を扱っている。リオタールによるアリストテレス解釈は、あらゆる問題を過去の判断とは関係なく長所に基づいて判断するよう私たちを誘う、第一級の現実主義者としてのものだった。私たちは普遍的な規則や原理に依存するのではなく、できるだけ現実的であるべきなのだ。これこそ、リオタールが「異教」として言及した状況であり、彼にとっては政治組織の理想を象徴するものだった。異教を土台とした法体系を構築することができるかどうかは非常に疑わしいものの、あらゆる判断を予めほぼ決めてしまい、物語の権威を強化してしまう大きな物語の影響から確実に逃れることに、リオタールは主に関心を抱いているのである。

この点でアウシュヴィッツは、啓蒙主義由来の人権規範の概念が侵害されたという観点から大部分の注釈者たちによって分析されており、より扱いにくい問題を提示している。しかしリオタールは、これによって自らの体制に従おうとしない明らかに規範とは異なる人びとを周縁化しようとする大きな物語の傾向を象徴するものにユダヤ人がなったという、より広い歴史的次元の方に関心をもっている。自分たちとは異なる人びとを「他者」とすることで、大衆に与えられた権利や特権から排除することは、大きな物語の特徴と考えられているのである。

リオタールは、「ユダヤ人」が社会において「他者」と考えられるようになったあらゆる人びとを包含するカテゴリーとして見なされていると示唆している。モダニティが人間の経験の均質化を助長していると考える一般的なポスト構造主義者やポストモダニストと同様に、リオタールが終生関心を抱いていたもうひとつのものが差異の擁護であった。

リオタールがとくに批判しているのは、本当に多くのドイツ人がナチ体制下のユダヤ人の処遇に見て見ぬふりをし、彼らがほとんど存在しないかのようにしてしまう企みに共謀したやり口についてである——これは事実上彼らがまるで存在しなかったかのように歴史から抹殺してしまうことであり、差異という概念そのものを抹殺しようとする企みだったからだ。高名なドイツ人哲学者マルティン・ハイデガーがこの「忘却」という集団行為の顕著な例として取り上げられているのだが、これはリオタールにとって、人が他者に対して犯す究極の罪であった。差異はこうしたかたちで絶対に否定されてはならないのだから。ハイデガーは実存主義以降の戦後のフランス哲学に決定的な影響を与えた人物であり、彼がナチに共鳴していたという問題は、一九八〇年代にフランスのポスト構造主義やポストモダニズムの思想家の間で非常に物議を醸した話題で、公の場で賛否両論入り乱れた激しい論争が展開される、いわゆる「ハイデガー問題」となった。ジャック・デリダはハイデガーの哲学を慎重に擁護したが、リオタールはとくにハイデガーの哲学概念に潜む全体主義的な側面と考えられるものについて激しく批判した。

差異によって提起される問題は、リオタールのもうひとつの主要作品『文の抗争』に顕著に現れている。抗争とは、ひとつの集団が自らの意志を他の集団に力づくで押し付けることで「解決」してしまうことも少なくない、ふたつの集団の間にある両立しえない差異のことである。私たちがすべきことは、双方が自身の領域の外部では通用しない一連の規定された動きをする、リオタールにとっては異なる「言語ゲーム」の産物であるそうした差異を尊重することであり、これがきわめて重要なのだ。リオタールは言語ゲームを群島のような性質を持つものと想定しており、個々の島は離れているものの、旅人がそれぞれの場合に適用される規則や規制を尊重し、自身の政体の規則を移入しようとしない限り移動しうるものなのである。誰かがそれぞれの政体の完全性を尊重せずにゲームをすれば、抗争が生まれてしまうことになる。

リオタールは、社会や政治および哲学の理論が未来がどのようなものになるか決められないことだけでなく、歴史が開かれていて、予測できないものであることを象徴する「出来事」という概念を重んじている。ここでも、私たちの行動を指図する普遍的な規則や、私たちが従う義務のある命令を下す大きな物語は存在しないという意識が見られる。出来事には私たちには制御できない内なる論理が存在し、リオタールはこれを「システムが抑え込んだり、方向を変えたりすることが出来ないほどの大量のエネルギーがシステムに与える衝撃」(Lyotard 1993b: 64) とみごとに表現している。

リオタールは人間をめぐる様々な事柄における崇高なものの重要性も強調しており、その存在は私たちが出来事を制御することが出来ないさらなる証拠であると考えられている。「崇高なものがもつ激しさは稲妻のようなものだ。その思想は雷電のようにひらめく。……崇高なものは突然のきらめきであり、未来のないものだ。それゆえに、それが未来を獲得するというのならば、カント的な意味で予期をもちえない私たち、この私たちこそが呼びかけられているのだ」(Lyotard 1994: 54-5)。崇高なものは、自分たちこそが自らの運命を支配しているという啓蒙主義に由来する私たちの考え方を傷つけ、人間の存在がもつまったくの偶然性を認識するよう迫る——これはポストモダン的な見解の主要な特徴が見られるもうひとつの例である。リオタールは私たちに制御できない力を表わすために様々な言葉を用いているが、最近『言説、形象』として英訳されたばかりの博士論文に登場する「形象」も、その重要なひとつである。

ポストモダン思想における反決定論的傾向はこうした場面で非常に強力なかたちで出てくるが、一九六八年にパリで起きた五月革命は、実際に生じた出来事のとくに説得力がある例である。政府を支持するというフランス共産党が演じた恥ずべき役割は、彼が忌み嫌う大きな物語の絶好の例として、リオタールがマルクス主義に対してさらに敵対的態度をとることに拍車をかけた。これこそが『リビドー経済』で頂点に達することとなる敵意であり、人間をめぐる様々な事柄に欲望という要素を内包することができないとして、マルクス主義に対する異常なまでにヒステリックな攻撃を特徴とするのが同書だ。

ポストモダンという名の下に包括される他のほとんどの思想家と同様に、リオタールは政治とかかわる際には流動性を支持しており、彼はこれを「しなやか」な状態と定義した。

スタンダールは一九世紀初めの段階で、古代とは異なり、理想とするのは身体能力では最早ないとすでに述べていた。理想とするのは順応性、スピード、変化する能力である（夕方には舞踏会に行き、翌日の夜明けに戦争を行なうようなものである）。さらに、しなやかさ、覚醒状態、禅、イタリア語のことば。(Lyotard 1993b: 28)

しなやかであるということは、役割や政治的立場を変える――しかも環境が要求するならば素早く変える――能力を備えているということであり、リオタールはこの言葉がもつ「すっきりした」というファッション業界で用いられている意味を利用している。人間の思考がすっきりしていくほどよりよいというわけだ（この概念はドゥルーズとガタリによる「ノマディズム」に非常に近いものがある）。何としても避けるべきは独断的態度への逆行である。リオタールにとって、思想というものは概してこうした流動性を備えているものであり、一連の予測できない出来事が未来に向けて展開していることから、個人では本当に制御できない雲の動きのようなものと表現している（『遍歴』参照）。しなやかであることと流動性は、一定の立場を守ることで身動きがとれなくなることを拒否する彼の哲学概念の中心であり続けている。そしてこれこそが、ポストモダン思想の特質と考えられているのだ。

したがって彼自身はポストモダン思想に懐疑的ではあるものの、リオタールをいわゆるポストモダニズムの主要な創始者のひとりと見なさねばならないだろう。彼は差異の一貫した擁護者であるだけでなく、絶対主義と全体主義の傾向をもつ理論の批判者でもあり、これらはポストモダン精神の特徴でもあるのだから。

リオタールの主要著作

Lyotard, Jean-François, *The Postmodern Condition: A Report on Knowledge* [1979], trans. Geoff Bennington and Brian Massumi, Manchester: Manchester University Press, 1984.（小林康夫訳『ポストモダンの条件』水声社）

——, *The Differend: Phrases in Dispute* [1983], trans. Georges Van Den Abbeele, Manchester: Manchester University Press, 1988a.（陸井四郎他訳『文の抗争』法政大学出版局）

——, *Peregrinations: Law, Form, Event*, New York: Columbia University Press, 1988b.（小野康男訳『遍歴』法政大学出版局）

——, *Heidegger and 'the Jews'* [1988], trans. Andreas Michel and Mark Roberts, Minneapolis, MN: University of Minnesota Press, 1990.（本間邦雄訳『ハイデガーと「ユダヤ人」』藤原書店）

——, *The Inhuman: Reflections on Time* [1988], trans. Geoffrey Bennington and Rachel Bowlby, Oxford: Blackwell, 1991.（篠原資明他訳『非人間的なもの』法政大学出版局）

——, *Libidinal Economy* [1974], trans. Iain Hamilton Grant, London: Athlone Press, 1993a.（杉山吉弘・吉谷啓次訳『リビドー経済』法政大学出版局）

——, *Political Writings*, trans. Bill Readings and Kevin Paul Geiman, London: UCL Press, 1993b.

——, *Lessons on the Analytic of the Sublime* [1991], trans. Elizabeth Rottenberg, Stanford, CA: Stanford University Press, 1994.

——, *Discourse, Figure* [1971], trans. Anthony Hudek, Minneapolis, MN: University of Minnesota Press, 2011.（合田正人監修、三浦直希訳『言説、形象』法政大学出版局）

Lyotard, Jean-François and Jean-Loup Thébaud, *Just Gaming* [1979], trans. Wlad Godzich, Manchester: Manchester University Press, 1985.

参照文献

Sokal, Alan and Jean Bricmont, *Intellectual Impostures: Postmodern Philosophers' Abuse of Science*, London: Profile Books, 1998.（アラン・ソーカル＆ジャン・ブリクモン、田崎晴明他訳『「知」の欺瞞』岩波現代文庫）

ブライアン・マクヘイル

Brian McHale

1954-

マクヘイルは批評家および理論家として、ポストモダン小説をモダニズムの正典から区別する分類体系をまとめたことで、ポストモダニズムに貢献してきた。マクヘイルの分類によれば、ポストモダン小説を特徴づけているのは、認識論から存在論への移行であって、この移行は世界把握の方法が明らかに変わったことを意味している。しかし彼は、同じ作家がその経歴において、この両方の側に身を置いて仕事をすることも十分にありうると強調し、その例も挙げている。ディック・ヒギンズの著作『世紀の弁証法』で示されたアイデアを使いながら、マクヘイルは、モダニズムとポストモダニズム小説に関する概括を次のように提示している。

モダニズム小説を支配しているのは、認識論である。すなわちモダニズム小説が用いる戦略は、ディック・ヒギンズが述べたような問いに取り組み、それを重視することだ。それはエピグラフにも掲げた次の問いである——「私は自分がその一部であるようなこの世界をどのように解釈できるか？　そしてそのなかにいる私とは何者か？」……他方で、ポストモダニズム小説を支配しているのは、存在論である。すなわちポストモダニズム小説が用いる戦略は、ディック・ヒギンズが「ポスト認識論」と呼ぶ、次のような問いに取り組み、それを重視することだ——「これはどの世界なのか？　そのなかでは何がなされるべきか？　複数の私のうち、どの私がそれをなすべきか？」(McHale 1987: 9, 10)

したがって『ポストモダニズム小説』におけるマクヘイルの目的は、小説のポストモダン詩学を考案することで、そのために彼は、その創作においてモダニズムからポストモダニズム詩学への移行を成しとげたと彼が判断する、一群の作家たちの語りを分析する——すなわち、サミュエル・ベケット、アラン・ロブ゠グリエ、カルロス・フエンテス、ウラジーミル・ナボコフ、ロバート・クーヴァー、トマス・ピンチョンといった作家がそれである。マクヘイルは、ポストモダン小説に見受けられる共通の特徴を同定しようとする——「本書の目的は、特定のテクスト群が共通して示している、モチーフや仕掛けの一覧、関係や差異の体系といったものを構築することである」(McHale 1987: xi)。そうしたモチーフや仕掛け、関係や差異を同定できれば、その時代の支配的な創作基準を見出して、テクストの分類や分析方法が確立するだろうというわけである。

一方『ポストモダニズムの構築』におけるマクヘイルの目標は、「多数の重なり合い組み合わさった作品群の目録を提供することで、ポストモダニズムのひとつの構築ではなく、ポストモダニズムの複数の構築を問うこと。そうした複数の構築は必ずしも互いに矛盾するものではなくても、完全には統合されておらず、あるいはおそらく統合可能でもない」(McHale 1992: 3)。ここでの彼の要点は、ポストモダニズムには決まった境界などなく、それが何を含むのかに関して、さらには理論として何を含むべきかに関しても一般的な合意がないことだが、それにもかかわらずポストモダニズムが「言説として存在しており、私たちがそれに関して生産し、それを使う言説のなかに存在している」ということだ(McHale 1992: 1)。この著作はポストモダニズムのテクストについて、『ポストモダニズム小説』よりも柔軟な態度を取って、それゆえ非常に広い範囲の物語を分析し、ジェイムズ・ジョイスの『ユリシーズ』にいたるまで文学史を遡ってもいる。(このことは歴史的視野としてはそれほど驚くべきことではなく、ローレンス・スターンのように以前の作家をポストモダンであると主張する批評家もいるぐらいだ(たとえば、ピアースとデ・ヴーグドの『モダニズムとポストモダニズムにおけるローレンス・スターン』を見よ。))このような試みの理由のひとつとして、『ポストモダニズム小説』にたいする批判、すなわちそこで提示されているポストモダン文学の美学モデルを確かめるための、実際のテクスト読解がないという批判に応えるということがあり、マクヘイルは『ポストモダニズムの構築』では実際にテクスト読解を行なうことで、それを修正しようとしたのである。

マクヘイルにとって、ポストモダンのテクストを定義づけているのは、チャールズ・ジェンクスの広く認知されたダブル・コーディング理論などではなく、存在論的な関心であり、事実マクヘイルはこうした思考の潮流から距離を置こうとしている――「ジェンクスが唯一のポストモダニズムではなく、また私が賛成するものでもない。私としては、存在論的な関心からポストモダニズムを構築したいと考えており、つまり存在を優先させた詩学を考えたいのである」(McHale 1992: 206)。存在を重視するということは、マクヘイルがいまだに分類の枠組で思考しているということであり、彼の枠組に適合しない最近のテクスト、たとえばジョゼフ・マケルロイの『女たちと男たち』のような作品は、「後期モダニズム」と見なされる(McHale 1992: 206)。こうした判断を支える理由を理解はできても、どのリストがより優れているかといったゲームになってしまうという どの分類にもある欠点を示すことにもなるだろう。しかしダブル・コーディングだけが、あるテクストをポストモダンとすると考えるのは明らかに十分ではなく、ダブル・コーディング的な特徴はポストモダン時代に独自のものとはけっして言えない。そこからローレンス・スターンのような過去の作家を、ポストモダン作品に含めるといった考え方も生まれてくるのだが。結局のところ、これはダブル・コーディングをどのように定義するかに依るのであって、それもまたどの批評用語がより役に立つかのゲームに堕する危険があるのだ。

マクヘイルに対する批判として容易なのは、彼がポストモダニズムとモダニズムという二項対立的な解釈を行なっていて、テクストがどちらかに分類されるという点があるだろう。多くのテクストがそのどちらかにはっきりと分けられるものではないので、分類においてなるべく柔軟であろうとしても、結局はそういう結果を招いてしまうからだ。皮肉にも、二項対立こそはまさにポストモダン思想が、ジャック・デリダをはじめとして敢然と挑戦してきたものである(たとえばデリダの『エクリチュールと差異』参照)。マクヘイルの目標はポストモダニズムの詩学を提供することにあるとされているが、彼のポストモダニズム理解はあまりに形式的で、文学以外の世界にほとんど関心が向けられておらず、その世界に現れているのは、ジャン゠フランソワ・リオタールがポストモダンの世界観構築にきわめて重要と考えた社会と政治の変化を無視している。マクヘイルは一九八〇年代に著作を書いていたわけだが、事実としてはその後の社会と政治の変動がポストモダン思想に影響を与えてきた。マクヘイルがそうした変動を予測できなかったのは仕方がないかもしれないが、パット・ウォーが示唆するように、マクヘイルのフォルマリズム的アプローチは、ポストモダニズムが「雰囲気」、あるいは精神傾向でもあったという可能性を排除してしまい（Waugh 1992: 1)、芸術についても、それを形式上の産物の問題としてのみ考えてしまっているという問題があろう。そのような「雰囲気」に自覚的に対応しようとした作家は、だれでもポストモダンと呼ばれるにふさわしいからである。

しかしながら、考察に値する何かが文学の世界に起き、スタイルとテーマにおいて方向の変化があったことは確かであって、一九八〇年代の小説、とくにアメリカ風のそれについては、マクヘイルの意見が参考になる。明らかにアメリカの文学状況においては、その後のポストモダン作家たちを特徴づけるものとしてあり続けたとは必ずしも言えないかもしれないが、「存在論的転回」があったからだ。ヨーロッパにおけるポストモダニズム作家の多くは、過去との対話を重視し、自らのテクストにダブル・コーディングの手法を持ちこんだと言える。ウンベルト・エーコの『薔薇の名前』やその他のフィクションがその優れた例であり、また『魔の聖堂』のような小説におけるピーター・アクロイドもそうだ。これらの作家に比べれば、マクヘイルが『ポストモダニズム』で取り上げている作家たちの多くは、マンネリズムの傾向があるように見受けられ、読者にも歓迎されなかったというのが事実である。これは一方の作家が他方よりも正当にポストモダンであるといったことではなく、ポストモダニズム小説というものがマクヘイルの考えるよりも、はるかに幅が広いということだろう。マクヘイルの議論にはまた、ジョン・バースが勧めるような具体的な提言、たとえば小説家の営みにプロットや物語の順序、わかりやすい人物造形などを再導入するといった試みも一切ない。

マクヘイルはSFを「ポストモダニズムの正典とされていない、『下層アート』のダブル」と見なし、そこには明らかな存在論的基調があるとする。SFの登場人物はいつも自分のものではない世界に置かれており、そこで生き延びるためにそのような見知らぬ世界を解釈することを余儀なくされている。他方、探偵小説には認識論的基調があるので、モダニズム的「ダブル」の典型と見なすことができる。この分類にも疑義を呈することはできるのは、過去三〇年ほどの探偵小説にポストモダニズムの名前を冠する十分な理由もあるからだ。ジェイムズ・エルロイのような作家は、社会の倫理的姿勢を俎上に載せ、表面下に隠された腐敗のひどさからして、社会の権力者が人びとの支援に値しないことを暴く（たとえばエルロイの『LAコンフィデンシャル』参照)。二〇世紀末と二一世紀初めの探偵小説の多くが、リオタールがポストモダン時代の特徴と考えた「メタナラティヴに対する信用の失墜」(Lyotard 1984: xxvi) を描くことに成功している。このジャンルの小説においては、体制側に対する人びとの信用はすでに長きにわたって地に落ちており、その代わり個人が法を自らの手に収めて、何らかの正義を達成しようとするというのが定石となっている。エルロイのようなポストモダンの探偵小説は、過去の作品が必ずといっていいほど提供してくれた、倫理的ジレンマに対する解決(悪が善の力によって滅ぼされ、大団円が訪れる)を示すことはなく、その意味では、SFと同様、「『下層アート』のダブル」とあらゆる点で見なすことができるのではないだろうか。

　マクヘイルはまた、『困難な全体性にたいする義務』で、ポストモダニズムの詩についても考察する。ジェームズ・メリル、ジョン・アシュベリー、スーザン・ハウといった詩人を検討しながら、マクヘイルはそれらの作品とモダニズムの詩作品とを区別する、共通のテーマや戦略を同定しようとするが、この場合には存在論的基調への移行という考え方はあまり適用できないと認める。それでも彼の感覚によれば、「一方である種の統一を願いながら、同時に統一への抵抗ないしは懐疑を表明している詩」について語ることができるし、それらをポストモダンの括りの下にまとめられると言うのである。

　結局のところ、ポストモダニズムを何らかの美学的分類として特定するよりは、ポストモダン時代に活躍した作家や芸術家について語り、先に示唆したようにポストモダンの「雰囲気」に自覚的に反応した人たちを考えたほうがいいのではなかろうか。自分の周りで起きた社会と政治の変動について、直接に対応しようとする作家とそうでない作家がいるのは事実だが、彼らの作品はどれもマクヘイルが探究している「モチーフと仕掛け」を共有している。よって、マクヘイルが文学作品において定義しようとしてきた特徴を明示していなくても、そういった作家たちをポストモダンという名前のもとに議論することはできるのである。

マクヘイルの主要著作

McHale, Brian, *Postmodernist Fiction*, New York and London: Methuen, 1987.

———, *Constructing Postmodernism*, London and New York: Routledge, 1992.
———, *The Obligation Toward the Difficult Whole: Postmodernist Long Poems*, Tuscaloosa, AL: University of Alabama Press, 2004.
———, 'On the Obligation toward the Difficult Whole: Interview with Brian McHale', *Hortus Semioticus*, 3 (2008), http://www.ut.cc/hortussemioticus/1_2008/mchale.html (accessed June 5, 2012).
McHale, Brian and Randall Stevenson (eds), *The Edinburgh Companion to Twentieth-Century Literatures in English*, Edinburgh: Edinburgh University Press, 2006.

参照文献

Ackroyd, Peter, *Hawksmoor*, London: Hamish Hamilton, 1985.（ピーター・アクロイド、矢野浩三郎訳『魔の聖堂』新潮社）
Barth, John, 'The Literature of Replenishment' [1980], in *The Friday Book: Essays and Other Non-Fiction* [1984], Baltimore, MD and London: Johns Hopkins University Press, 1997, pp.193-206.（ジョン・バース、志村正雄訳『金曜日の本』筑摩書房）
Derrida, Jacques, *Writing and Difference* [1967], trans. Alan Bass, Chicago: University of Chicago Press, 1978.（ジャック・デリダ、合田正人・谷口博史訳『エクリチュールと差異』法政大学出版局）
Eco, Umberto, *The Name of the Rose* [1980], trans. William Weaver, London: Secker and Warburg, 1983.（ウンベルト・エーコ、河島英昭訳『薔薇の名前』全2巻、東京創元社）
Ellroy, James, *LA Confidential*, New York: Grand Central Publishing, 1990.（ジェイムズ・エルロイ、小林宏明訳『LAコンフィデンシャル』全2巻、文春文庫）
Higgins, Dick, *A Dialectic of Centuries: Notes Towards a Theory of the New Arts*, New York: Printed Editions, 1978.
Lyotard, Jean-François, *The Postmodern Condition: A Report on Knowledge* [1979], trans. Geoff Bennington and Brian Massumi, Manchester. Manchester University Press, 1984.（ジャン＝フランソワ・リオタール、小林康夫訳『ポストモダンの条件』水声社）
Joyce, James, *Ulysses* [1922], Harmondsworth: Penguin, 1969.（ジェイムズ・ジョイス、丸谷才一他訳『ユリシーズ』全4巻、集英社文庫）

McElroy, Joseph, *Women and Men*, New York: Alfred A. Knopf, 1987.
Pierce, David and Peter de Voogd (eds), *Laurence Stern in Modernism and Postmodernism*, Amsterdam and Atlanta, GA: Editions Rodopi, 1996.
Waugh, Patricia (ed.), 'Introduction', *Postmodernism: A Reader*, London: Edward Arnold, 1992, pp.1-10.

ブノワ・B・マンデルブロ

Benoit B. Mandelbrot
1924-2010

マンデルブロは数学者として、企業で働く（IBMでの経歴が長い）だけでなく、大学でも研究し、カオス理論、とくにフラクタル現象に関する彼の研究は科学の諸分野だけでなく、芸術の世界でも大きな影響を与えてきた。二〇世紀後半には、フラクタルのイメージを含んだポスターが大流行となり、今日でも売られている。マンデルブロ自身、コンピュータによって描きだされるフラクタル画像が持つ芸術的可能性に言及して、自らの画期的な著書『フラクタル幾何学』のなかの挿画を「半抽象『芸術』の見本」（Mandelbrot 1977: 25）と呼んでいる。ポストモダニズム美学の主要理論家のひとり、景観建築家のチャールズ・ジェンクスも、自らの最近の仕事についてフラクタル幾何学の応用と述べている（Jencks, http://www.charlesjencks.com?#!projects〔二〇一二年七月二七日にアクセス〕参照）ジャン＝フランソワ・リオタールも名高い『ポストモダンの条件』のなかで、マンデルブロの仕事から社会と政治に関わる結論を引き出し、「ポストモダン科学」が私たちの知の枠組に挑戦するという自分の考えを補強するものだと言っている。

フラクタル幾何学は、古典的なユークリッド幾何学では捉えきれない自然界の現象をすべてカバーすべく考案された。マンデルブロの言うように、「ユークリッド幾何学における表面理解では、雲の境界とか波だった航跡とかは十分に捉えられず」（Mandelbrot 1977: 1）、自然界はそのような事象に満ちているのだ。こうした観察が、非線形システムの作用を検討するカオス理論の構築を導いたのである。マンデルブロは、軌道のどの地点にも埋め込まれているフラクタル造形のゆえに、海岸線の長さを正確に計測することは不可能だという主張で有名だ。よって彼は『フラクタル幾何学』の第二章に「英国の海岸線の長さはどれだけか？」という挑発的なタイトルをつけた（Mandelbrot 1977: 27）。どんな海岸線も、ユークリッド幾何学を使って容易に計測できるようななめらかで連続した曲線ではない。その代わりに、海岸線は多かれ少なかれギザギザで不規則であり、そこからマンデルブロは「最終的な推定距離はきわめて長大であるばかりか、あまりの大きさに無限と考えるのが最適という結論」を導きだす（Mandelbrot 1977: 27）。ある海岸線のフラクタル形成は、現在の顕微鏡で見られるほどに小さくなり、「同形の」パターンを繰りかえすようになるので、それは未来の世代が進化したテクノロジーで探索するほかないほど、極小なものとなり続けるというのである。

科学ライターのジェイムズ・グリックは次のように言っている――「人間の頭脳は、複雑な自己埋込みが無限に展開する全貌を視覚的に理解することはできない。しかし、形式に関する幾何学者の思考方法をもった人には、この種のますます精密微細になっていく縮小率に従った構造の反復は、まったく新しい世界を開く可能性がある」（Gleick 1988: 100）。マンデルブロを始めとするこの分野の実験者たちが言うことに従えば、縮小の度合を強めれば強めるほどわかるのは、「尺度がそれぞれ異なってもあらゆる尺度が同形のパターンを持っている」ということだ（Gleick 1988: 231）――言ってみれば、捻じれを孕んだ自己同形性ということか。マンデルブロ集合と呼ばれるようになったパターンは、芸術家たちの大きな関心を呼び、縮少のプロセスから現れてくるパターンが、きわめて鮮烈なイメージを形成することがわかったのである。

海岸線や、ユークリッド幾何学に適合しない他のあらゆる現象（それは数が多く様々だ）の観察から得られる結論は、私たちが見慣れたものでさえもそれを完璧に表す図形はけっして得られず、私たちの日常経験の一部である一見謎のようには思われないものであってもそうなる、ということである。科学の探究も人間の知識も、元々の限界を内包しており、ポストモダニズムの理論家たちはこの発見を使って人間の能力に関する自らの主張を強化する。知られていることの内部に知らないことが潜んでおり、私たちはそれを明らかにする術を持っていない――ポストモダニズムの思想家たちにとって、こうした結論はきわめて歓迎すべきもので、崇高という概念にたいする関心の再興に合致する。崇高こそは、私たちの知性が永久に届かない領域をまとめて指す用語なのである（とくに『崇高なるものの分析論』のようなリオタールの著作参照）。

カオス理論はまた「バタフライ効果」をも扱う。これは、天候のような動的で非線形システムにおいては、たとえ小さくほとんど無視してかまわないような行動が、システムの展開のなかでその行動が増幅していくにつれ、時間がたつと巨大な結果をもたらすといった効果を指す――「北京での今日の蝶のはばたきが、翌月ニューヨークに嵐を引き起こすといった考え」がそれだ（Gleick 1988: 8)。カオス理論には他にも、非専門家には理解しづらい考え方があり、たとえば非線形システムのパターンが収束する点である「ストレンジ・アトラクター」がそのひとつだろう――「自然は抑制されていた。無秩序が、基盤を成すなにがしか共通の主題に従ったパターンへと方向づけられているように見えたのだ」(Gleick 1988: 152)。しかし、その主題がなんであるかは私たちの知性を超えており、またこうしたシステムが予測できないと同時に決定されているという考えもまたそうだ。ここでもポストモダニストたちはこうしたパラドックスを好んで利用し、これらの直観に反する特質が、人間の理性と統御の限界を示すさらなる証拠となると、彼らには考えられているのである。

マンデルブロの『金融におけるフラクタルとスケーリング』は、二〇〇七年から〇八年の金融危機以来、ふたたび重要性を増してきた著作と言える（この本のいくつかの章は一九六〇年代にすでに論文として出版されていたものだ）。この金融危機の原因のひとつは、金融機関が取引にともなうリスクを最小限にできるとされる様々な金融「商品」を新たに売り出したことにある。さらに、株式に投資する者が購入する株を選ぶさい合理的であればあるほど、市場は安定するだろうという信仰があった。はたして投資者が合理的に行動するかは疑わしく、多くの心理学研究がその反対のことを示唆しており、株価の急騰《ブーム》にも急落《バスト》にも、むしろ集団心理が働いて、理性よりも感情のほうがより支配的な要因であることが指摘されている。しかし、マンデルブロのフラクタル研究は、ときには「市場における合理的な行動でさえも『ワイルドな』投資バブルを引き起こすことがある」とも警告するのである（Mandelbrot 1997: 471)。

蓋然性と偶然が市場では大きな役割を果たすので、リスクはつねにある程度つきまとう、すなわち不連続の危険がつねに存在する――このことにマンデルブロは私たちの留意を促す。こうした主張に異議は出ないだろう、と人は考えるかもしれないが、金融機関としては「デリヴァティヴ」とか「クレジット・スワップ」といった商品によって、取引過程からリスクを大方除去することに成功したと感じていたのである（金融を仕事とする人びと、とくに管理職レベルでは、こうした商品がいったいどのようなものなのかよくわかっていない者が多くいた、という事情にもかかわらず）。それゆえ、二一世紀の初頭には「ブームとバスト」経済の時代はいまや終わりを告げたという政治的反応も広がった。皮肉なことに、この信念のおかげで、ますます大きなリスクが冒されることになり、金融危機以来私たちが目撃しているような、悲惨な結果がグローバル経済にもたらされている。マンデルブロが一九六三年に発していた警告、「経済の時系列においては、まったく意味をなさない瞬間や期間があることを予期すべきである」(Mandelbrot 1997: 396) は、今から振り返ればますます予知的であったことがわかる。市場関係者や投資家たちが、最近の「意味をなさない瞬間」から教訓を引き出したかどうかは、ますます疑わしいと言わざるを得ない。

『フラクタルとスケーリング』に一九九七年につけられた序文で、マンデルブロが次のように述懐しているのは、さらに皮肉なことだろう――「株式市場を『チャート化する者たち』は……未来を予測し、勝利の戦略を編みだすのに必要なすべてをそうしたチャートが提供してくれると信じている」ようだが、市場というものは「不連続に近いもの」の影響を残念ながら受けやすいことが証明されているので、私たちは市場分析がより緻密にできるような「新たな統計的手段」を必要としている (Mandelbrot 1997: 1, 9)。その後一〇年たって、私たちは実際の「ワイルドな」不連続がどんなものかを知ることになったのだが。たしかに株式市場は、非線形システムとして見なされる特質を備えているように見え、この種の不連続は、何か未知のものの機能――「株式市場をチャート化する者たち」がどんなに厳密たろうとしても、彼らにはおそらく永久に未知であり続けるであろうもの――における「バタフライ効果」の一例であって、ここでも「ストレンジ・アトラクター」の機能が、考察を深めるように誘うのである。

マンデルブロの仕事がポストモダニストたちにとってきわめて興味深いのは、物理的現実の内部に不確定性と非決定性がはらまれているという点にある――自然界の現象において「偶然の力が軽視されすぎている」と彼は強調する (Mandelbrot 1977: 84)。カオスは、量子物理学における謎めいた微細なレベルで起きるだけでなく、私たちが実際に経験することのできるレベルでも（たとえば天気がそうだ）広く見られる現象なのである。ポストモダニストにとって、これは人間の知識と理性の限界を示すさらなる証拠であって、マンデルブロが提供してくれるような科学的知見は、こうした考え方を補強するものとして歓迎されている。しかし一方で、アラン・ソーカルとジャン・ブリクモンは『「知」の欺瞞』で、リオタール（マンデルブロ思想のファンだ）やジャン・ボードリヤール、ジル・ドゥルーズとフェリックス・ガタリの名を挙げて、科学的知見を摂取する彼らのいい加減さを指摘する。リオタールによるフラクタル幾何学の利用は、海岸線や雲といった特定の事例から科学自体の進化にまで議論を一般化していることで、批判されている。ソーカルとブリクモンは、リオタールが『ポストモダンの条件』で言う「ポストモダン科学」（Lyotard 1984: 53）という主張にも批判の矛先を向け、それが未知のものを時期をかぎって発見しようとするのではなく、未知のものの探究のための探究になっていると言う。通常の科学的実践に従えば、研究によって何か未知のものが生み出されたときは、科学者は全力を挙げ、より精緻な研究と理論の修正によって、それを当該学問の領域に位置づけようとするものだからである。

　リオタールはまた、予測不能なものと知りえないものとを混同しているとして批判されている。ソーカルとブリクモンは、非線形現象に関する予測不可能性は、あらゆる系が潜在的に予測不可能であるということを意味するわけではないと主張しており、この点は首肯できる。しかし予測不可能であることと知りえないこととの違いに関しては、多くの重箱の隅をつつくような議論があり、またマンデルブロの関心にかぎれば、物理学におけるランダムであることと偶然性とのあいだにも細かい議論が存在する（Mandelbrot 1977: 84参照）。同時にまた、日常において有限の形態と私たちには思えるもののなかに、無限を示唆する自然現象があるという発想に、哲学者たちが惹かれるのも当然だろう。マンデルブロとカオス理論の提唱者たちの仕事は、この点においても、きわめて広範な領域で示唆的であることは間違いない。

マンデルブロの主要著作

Mandelbrot, Benoit B., *Fractals: Form, Chance and Dimension*, San Francisco: W. H. Freeman, 1977.

——, *The Fractal Geometry of Nature*, New York: W. H. Freeman, 1982.（広中平祐監訳『フラクタル幾何学』全2巻、ちくま学芸文庫）

———, *Fractals and Scaling in Finance: Discontinuity, Concentration, Risk,* New York: Springer, 1997.

参照文献

Gleick, James, *Chaos: Making a New Science,* London: Cardinal, 1988.（ジェイムズ・グリック、大貫昌子訳『カオス』新潮文庫）

Jencks, Charles, http://www.charlesjencks.com?#!projects (accessed 27 July 2012).

Lyotard, Jean-François, *The Postmodern Condition: A Report on Knowledge* [1974], trans. Geoff Bennington and Brian Massumi, Manchester. Manchester University Press, 1984.（ジャン＝フランソワ・リオタール、小林康夫訳『ポストモダンの条件』水声社）

———, *Lessons on the Analytic of the Sublime* [1991], trans. Elizabeth Rottenberg, Stanford, CA: Stanford University Press, 1994.

Sokal, Alan and Jean Bricmont, *Intellectual Impostures: Postmodern Philosophers' Abuse of Science,* London: Profile Books, 1998.（アラン・ソーカル&ジャン・ブリクモン、田崎晴明他訳『「知」の欺瞞』岩波現代文庫）

スティーヴ・ライヒ

Steve Reich
1936-

ライヒがその展開における重要人物に数えられるミニマリズムは、ポストモダン時代に出現した、クラシック音楽という規範に対するもっとも明確な貢献のひとつである。ただしミニマリストたちはまたクラシック音楽とポピュラー音楽を隔てる表現の障壁を、時代遅れの社会の産物として打ち壊そうとする観点をとくに打ち出していた。ライヒは同時代有数の強い影響力をもつ作曲家と広く見なされている。その初期の経歴において、ミニマリズムの作曲家のなかでも純粋性が高かったライヒは、音楽をおおよそリズムの要素へと還元するのであり、それがとりわけよく示されている『手拍子の音楽』や『ドラミング』のような作品は、一定の時間の幅で展開するまさにそのような要素によって成立している。前者の作品は、ふたりの奏者がそれぞれのリズムで位相をずらしつつ手拍子を打ちつづけることで成立する。後者は九つのパーカッションに加えて歌手たちと口笛で構成され、ここでもまた位相ずらしの技法が用いられているが（この構成数は望むならば増やすことができる）、打楽器の強烈なビートが楽譜を支配しているため、それが聴き手にもっとも強い余韻を残すことになろう。『ドラミング』でもまたかなり長時間にわたりリズムが変化していくのは、それぞれのセクションでの位相の反復をどれだけ維持するのかが奏者に委ねられているからである。よく理解できるように、批評家の意見を完全に二分することになる傾向をもっていたこのような楽譜だが、メロディとハーモニーとリズムがそこにすべて包含されてテーマとなる観念の展開過程に合わせて操作される西洋クラシック音楽のメタナラティヴへの拒絶を確かに意味しているのである。その楽譜がモダニズム作曲家のように厳密に記されることがないのは、セリー音楽（十二音音楽）のようなモダニズムのレパートリーの主体を、高い知性に裏打ちされた複雑な作曲法を用いて一掃するからである。

上記の両作において音楽をその剥き出しの要素にまで切り詰めていたように見えるライヒだが、その音楽の関心の大半は「位相ずらし」という技法の適用にあった。そうしたことからメロディ(ただし『ドラミング』と『手拍子の音楽』の場合は周期的な変化をピッチにわずかにつけてゆくリズムのパターンに尽きる)が、まるで中世のカノンや輪唱のように反復されるのだが、楽曲のなかに再度入る際には以前の繰り返しから位相をずらしてということになり、それと同じことが結末までつづく。ライヒの説明によれば、「無限カノン」の音型といった古い形式に比べれば、この自分の場合では「この位相ずらしの過程で、メロディは通常かなり短い反復パターンとなり、模倣は固定されるのではなく、可変的となる」(Mertens 1983: 48 に引用)。その結果生じる移行のずれが微妙に重なるこの音の織物は、元となる素材が簡素であるにもかかわらず、きわめて魅惑的となりうる。これが作曲においてライヒが一貫して用いる方法であるが、キャリアを重ねるにしたがい、初期作品よりもかなり大きなアンサンブルに目を向けるようになり、自身のバンドから、ウィリアム・カルロス・ウィリアムズによる詩を野心的に基軸とした『砂漠の音楽』で聴かれるようなフル・シンフォニー・オーケストラと合唱団へと向かった。この点でライヒの作品に、K・ロバート・シュワルツはミニマリズムから「マクシマリズム」(Schwarz 1996: 78) への移行を認めている(この違いを彼はまたフィリップ・グラスの作曲歴に関してもつけている)。

その初期において当時の作曲スタイルを強調する音楽教育を疑いなく反映していたライヒは、短期間セリー音楽をかじったのだが、最終的には、若いアメリカ人作曲家の一般的な反応に呼応するかたちでこのスタイルに反発した。その世代による拒絶の対象となったのは、二〇世紀のクラシック音楽界における「モダニズムのパラダイム」と称されるものであり、そこではいまだにピエール・ブーレーズのような作曲家が、その種の音楽を喜んで聴く聴衆が不在であるにもかかわらず、セリー音楽の技法の開発に余念がなかった。このパラダイムがとりわけ疑問視されたのは、ラ・モンテ・ヤングとテリー・ライリーのような作曲家たちによってである。

そこで生じた実験の本質、つまりいかにして作曲家たちが、クラシック音楽はそうあるべしと考えられていた伝統的な規範に背を向けたのかについて推測できる作品として、ライリーの『インC』という、ミニマリズムのスタイルとなるものの基調をほとんど定めることになった音楽がある。『インC』は以下のような曲である。この作品において一団の音楽家（作曲家が何人と特定していないため、これは演奏者にゆだねられる）が、一連のハ長調のフレーズを演奏する一方で、ピアノは曲を通して一定したハ音の連続を繰り出す。伝統的な調性音楽と抽象的なセリー音楽の双方（ただしこの各々の構成法はかなり異なっている）に認められるような手にとるような観念の展開はない。ライリーのような実験は、一九六〇年代と一九七〇年代のニューヨークの芸術界（「ダウンタウン」シーンが知られるようになっていた）の一部であり、この時代にポスト構造主義とポストモダニズムの思想がとくに芸術家のあいだに浸透しはじめていたことは、ピーター・ハリーの『論文集成』が記録している通りである（Halley 2000）。そのような思想が誰か特定の個人に及ぼした影響を特定するのは困難であるけれども、少なくとも様々な芸術分野を通じて機能している諸々の既成の様式を全般的に問い直すことが、この時代の雰囲気として濃厚だったのであり、モダニズムの遺産が重圧と見なされるようになりはじめていた。ライヒのミニマリズムがこうした反抗的な、対抗モダニズムの環境から現れたのは、フィリップ・グラスの場合と同じである。このふたりの音楽家は経歴の初期において、自身のバンドを結成して（前者の場合はスティーヴ・ライヒ＆ミュージシャンズ）、ミニマリズムが既成の音楽界の関心をほとんど惹きつけない段階で自作のコンサートが開けるようにしており、これまで折に触れて彼らとの演奏をつづけてきている。

『手拍子の音楽』と『ドラミング』といった初期作品は、聴衆に対して催眠効果をもたらしうるが、そのすべての作品が、音楽をその基礎に還元しようとする作品にある多様性の欠如の方に引き寄せられてしまうのではない。とくに初期の時代においては、ライリーの『インC』が明瞭に示すように、展開がミニマリズムの作曲におけるかなり基礎的な考えとしてあったが、かなり長い時間に及ぶことも多いリズムとピッチのわずかなずれに限定されることになっており、このスタイルの第一人者としてライヒがいた。ライヒの音楽では、位相のずれが展開の代わりを効果的に果たしている。彼が若い時分にジャズ・ドラマーとしての訓練を受けたという事実によって、ライヒのリズムに対する現在もつづくのめり込みへの説明がいくぶんかなされるのかもしれないし、彼はまたガーナでアフリカの打楽器の研究を行ない、これが『ドラミング』のひとつの発想源になった。ライヒがそのアンサンブルを拡大した『一八人の音楽家のための音楽』が、『手拍子の音楽』と『ドラミング』より音調と音質において多様性に富んでいるのは周期的にクライマックスがあるという点でだが、それらもいまだ位相ずらしのパターンから発している。『一八人の音楽家のための音楽』は強烈なリズムの催眠効果に大きく依拠しているのではあるけれども、ジャズやロックといった他の音楽分野の信奉者に訴えかけるものがある。実際ライヒやグラスのような音楽家がそのような他ジャンルの音楽スタイルに顕著な影響を与え、ミニマリズムは、反復されるリズム・パターンの使用について長い歴史をもっているジャズ業界で一時の流行になりさえもした。ライヒの作品のひとつ『エレクトリック・カウンターパート』はとくにジャズ・ギタリストであるパット・メセニーのために書かれたものだ。ライヒ自身は音楽を通して催眠効果を産み出す望みがあることを否定して、自分が望んでいるのは、聴き手が「目を見開いてそれまで聴いたことがなかった音の細部を聴いてくれることである」と述べている（『砂漠の音楽』の録音に関してのライナー・ノーツのインタビュー）。

弦楽四重奏団とテープループ（後者はミニマリズムの作曲家たちによって頻繁に用いられた技法である）のために作曲された『ディファレント・トレインズ』では、楽譜を通して録音されたインタビューの断片が活用され、音楽のフレーズと同じく反復される。このような直接の言葉の使用は、ジョン・アダムズのような他のミニマリズム作曲家の作品においても見出される。このインタビューは、第二次世界大戦前のアメリカ、戦時中のヨーロッパ、そして戦後に関わるものであり、これらはこの作品の三つのセクションを構成する。中間のセクションにはホロコーストの生存者とのインタビューから採られた音声が含まれており、強制収容所へと向かう列車について語られる。他の音声提供者としてライヒの元家庭教師とアメリカ横断鉄道の元プルマン・ポーターがいる。この作品の録音に関してのノートでライヒが喚起するのは、戦時中ニューヨークからロサンジェルスまで定期的に鉄道旅行をしたことであり、このことが彼に呼び起こす事実は、ユダヤ人として彼が当時ヨーロッパ大陸にいたならば、強制収容所行きの列車上にいただろうということだった。この作品はまた一九三〇年代と一九四〇年代の列車の録音を用いている。読み上げられるテクストは、今回は哲学者ルートウィヒ・ウィトゲンシュタインの言葉「一生涯を満たす思考は何と小さなものだろうか」であり、これはまた後年の作品『プロヴァーブ』でも用いられる。『砂漠の音楽』が音楽に取り込むのはアメリカの詩人ウィリアム・カルロス・ウィリアムズによる三つの詩篇からのテクストであり、この曲は大オーケストラと二七人の歌手からなる合唱団のために作曲された。この録音についてのライナー・ノーツのインタビューでライヒが述べているのは、この曲を作っているときに思い浮かべていた砂漠としては、ユダヤ人がそのエジプトからの脱出の後に横断したシナイ砂漠や、また彼自身が横断した思い出があるアメリカ南西部のモジャヴァ砂漠である。ウィリアムズからの抜粋には以下のような言葉がある。「音楽の原理は／主題を繰り返すこと、繰り返し／また繰り返す／速度が高まるように」とあるが、これは、ライヒが指摘するように、自身の作曲スタイルに合致する。

ライヒのようなミニマリストに関して当を得ていることとして、彼らの音楽が時間の経過とともにより伝統的なものになる傾向にあったという点がある。かなり一貫して調性を保ち、観念の展開する道筋にしたがった構成をもち、ハーモニーの音域を拡張するようになったのである。誰もこのような作品を伝統的なクラシックの作品と取り違えはしないだろうが、セリー音楽が普通に行なっていたほど聴衆を疎外しているようには見えないし、ジョン・ケージのような体制に対する他の抵抗者の作品、たとえば指定されたピアノと独奏者はそのままでその特定の時間何も演奏されないというその楽曲『四分三三秒』のごとくひねくれているものでもない。ケージは音楽界の多くの人びとから尊敬されており、『四分三三秒』のような実験作は思考を触発し、初期のミニマリズムの作曲家に影響を与えたのだが、より広い層の大衆にはほとんどまったく力を及ぼすことがなく、せいぜいが『四分三三秒』のゆえに悪名高い人物でしかない。ミニマリズムはその初期作品においてはかなり非妥協的であることもあったけれども、最終的にはその種の態度への反動を示すようになり、クラシック音楽の聴衆の幅を広げることに明らかに成功した。ライヒは聴衆との接触へのこの回帰において最重要の人物のひとりと考えなければならないのであり、他のミニマリストを触発したことに加えて、その作品はロック音楽界全体のミュージシャンたちにきわめて大きな影響力を及ぼして、そのスタイルのもつ要素がロックおよびその他のジャンルに採り入れられることで、ミニマリズムはより大きな一般大衆とのつながりを得ることになったのである。

ライヒの主要作品

Reich, Steve, *Drumming*, 1970.（『ドラミング』）
——, *Clapping Music*, 1972.（『手拍子の音楽』）
——, *Music for Pieces of Wood*, 1973.（『木片の音楽』）
——, *Six Pianos*, 1973 (later recast as *Six Marimbas*, 1986).（『6台のピアノ』、のちに『6台のマリンバ』にリアレンジ）
——, *Music for Eighteen Musicians*, 1974-6.（『18人の音楽家のための音楽』）
——, *The Desert Music*, 1983.（『砂漠の音楽』）
——, *New York Counterpoint*, 1985.（『ニューヨーク・カウンターポイント』）
——, *Electric Counterpoint*, 1987.（『エレクトリック・カウンターポイント』）
——, *Different Trains*, 1988.（『ディファレント・トレインズ』）
——, *Proverb*, 1995.（『プロヴァーブ』）

参照文献

Halley, Peter, *Collected Essays 1971-1987* [1988], Zurich and New York: Bruno Bischofberger Gallery and Sonnabend Gallery, 2000.

Mertens, Wim, *American Minimal Music* [1980], trans. J. Hautekeit, London: Kahn and Averill, 1983.（ウィム・メルテン、細川周平訳『アメリカン・ミニマル・ミュージック』冬樹社）

Riley, Terry, *In C*, 1964.

Schwarz, K. Robert, *Minimalists*, London and New York: Phaidon Press, 1996.

リチャード・ローティ

Richard Rorty
1931-2007

ローティの哲学がプラグマティズムの傾向を強く帯びていることから、超プラグマティズム哲学の流派とも言われるポスト構造主義とポストモダニズムへの彼の親近感は説明がつくのであり、固定された位置と絶対的な真実という観念を避けるという点では同じである。ジョナサン・リーはローティのことを「誰もが理解することのできる唯一のポストモダニスト、または貧乏人のデリダ」(Ree 1990: 37) とまで評しているのだが、確かにローティは、数多あるモダンとポスモダンの哲学書の標準に照らして、明晰なスタイルをもっている。ローティは、プラグマティズムの哲学になされることが多い相対主義という非難に反論して、「あるひとつの話題について、またおそらくはどんな話題についても、どの意見も他のどの意見に比べてもよりよいものか」(Rorty 1982: 166) 誰も本当のところは考えていないと述べている。

この問題が生じるのは、真理という観念が何らかの普遍的な理論に根ざしていなければならないとの主張が、非プラグマティズムの哲学者がするようになされるときである。プラグマティストの考えによれば、その主張が正しくないのであれば、私たちがなすべきなのは、どの意見についても、「それがもっている様々な具体的利点と欠点の観点から」(Rorty 1982: 168) 詮議することであり、真理を構成するものに関しての何かしらの普遍的な理論が不在であってもそうしたことを私たちはつねに究めることができる。ローティがまた示すのは、英米の哲学界の同業者の大半に関するかぎりきわめて挑発的になるが、哲学という学問がこの点で文学研究から学ぶべきものが沢山あるのは、それが永続する真理の確立作業であるよりも、世界の様々な解釈の問題だからである。ローティにしてみれば、これは一般大衆にとって、哲学論議以上に魅力的なものであって、彼自身の好みはポスト哲学文化に向いている（いずれせよ哲学は現在実践されてはいる）。

『哲学と自然の鏡』で、ローティが反駁する哲学界で広く行なわれている考え方とは「知への要求の集積が文化であり、そのような要求を哲学が調整するのだから、哲学は、文化の残りの部分との関係で基礎の役割を果たす」（Rorty 1980: 3）というものだ。しかしルートウィヒ・ウィトゲンシュタイン、マルティン・ハイデガー、ジョン・デューイの著作が示すのは、そのような信念がもはや無効であるということで、それを踏まえてローティは、近代哲学の大半に疑問を投げかける。これは彼の著作につねに回帰するモチーフとなる。ローティがそれに代えて探究するのは、「ポストカント文化の可能性、つまり他のものに正統性や基礎を与える包括的学問が存在しない文化の可能性」（Rorty 1980: 6）である。このような探究を行なっていたローティとただちに同一の波長を示すことになったのは、ジャック・デリダやジャン＝フランソワ・リオタールといったポスト構造主義とポストモダンの哲学者たちで、この両者ともにその著作において基礎づけという立場に決然と反対する意見を表明していた。ローティの追究していたラディカルな課題は、「人が『哲学的見解』を持つべきものとされていた『精神』への読者の信を突き崩すこと」（Rorty 1980: 7）であった。ポストモダンの流儀にしたがい、それに続く批判は、基礎づけ哲学の瑕疵を暴き出すことに照準が合わせられるが、それに代わる新たな理論を自分が提示しないことに悪びれることはローティにはないのであって、彼が同書を通じて論じるのは、西洋哲学の「永久」と想定されていた問題と主題のどれにも関わることなのである。プラグマティストにとっては妥協であったのであり、ローティのこうした永久の問題に関する議論に加わることさえが、ローティのこうした問題への態度は、宗教に対する無神論者の態度にきわめて近い。

ローティの自らの実践についての見解は、「何かを打ち立てるというよりも治療効果を及ぼす」（Rorty 1980: 7）というものであり、精妙に、彼に対して厳しい人びとによれば、巧妙に、自らの批判が依拠しているものが何であるのかという問題については回避する。批判者たちにとっては、これもまた、ポスト構造主義とポストモダンの哲学において広く認められるけれども容認しがたい相対主義の一事例にすぎない。自分の著作の基礎づけとなる概念は何もなく、それをもつ必要も感じていないとローティはあっさりと認める。しかしこれが哲学史の主流に反することはもちろんである。しかしながら、そうだといって、ローティ、デリダ、リオタールといった人たちが述べていることを無効にしているわけではなく、ただ単に、主張を述べるための説得の技術としての修辞学に彼らが立ち返っていることを示しているだけである――「治療効果」という言葉を用いることによって読者に対して可能なかぎり親しみやすく見えるようにローティは努めてはいる。この語の背後にある含意としては、扱う必要のある問題というものは存在せず、だから私たちは無理に解答を見つけようとしなくてもよいのではないかというものだ。私たちにできることはただ、問題が存在しているように見える状況に私たちが達したのはどのようにしてなのかを探ることであり、そこで、将来にいかに回避するのかを考えることができる。これは「他の誰にもわからない難題があると言ってこの学問分野に悪名を与えつづけてきた」(Rorty 1989: 12) すべての哲学者への対抗策であるだろう。ローティの見解にしたがえば、哲学者たちは解答不可能な問いを提起するという悪癖をもっているのであるから、今後はただ彼らを無視すればよいのだ。しかしポストモダニズムに対する批判者は、そのような偶像破壊的な運動よりももっと「建設的な」ことを求めつづけることになる。

ローティが問題視するのは、精神は自然の鏡であり、精神と身体の各々の領域は明確に区分されるという考え方だが、後者が認められてきたのは、近代、つまり大まかにはルネ・デカルトの心身二元論以降である。このような境界線への関心は、ポストモダン思想のひとつの際立った特徴であり、その一般的な推進力は、私たちが思い込まされているよりもっと自由度の高いものとして境界線を考えることである。精神と身体は、脱構築を招き寄せるまたひとつの二元論なのである。心身問題が求めてくるのは、私たちが「精神」という言葉で何を意味するのかを明確に把握することであると論じるローティは、「精神」という言葉を使っても意味されるのは、特異な「哲学言語のゲーム」、すなわち「哲学書の外部」へは何らの連関ももたず「日常生活の問題には何もつながらない」(Rorty 1980: 22) ゲームを行なう能力にすぎないと結論づける。

『哲学の脱構築』でローティは、哲学のスタイルとしてのプラグマティズムを再生させる試みにおいてわかりやすく挑発的な形式を採っており、これは主流の哲学の過ちを克服するための唯一のやり方だと論じている。たとえばプラグマティズムと真理という主題に関して、「真理とは、それについて哲学的に興味深い物語を期待できるようなものではない」と彼は軽やかに論じている。

「プラグマティストにとって『真理』とは、あらゆる真なる陳述が共有するひとつの性質の名前にすぎない」(Rorty 1982: xiii)。そのような陳述すべてに共通し、それらを「真なる」ものにしている何らかの一般的性質を見つけようとする場合にのみ、問題が生じる。ローティにとって残念なことにそれが哲学史の大半がかかずらってきたと思われることである――彼の判断するかぎり、そのいっさいが無駄であった。一方でプラグマティストが考えるのは、プラトンのイデア論にまで遡る「真理」、あるいはその種の大文字の用語について定説を探し求めることが誤りだということである。「プラグマティストは、哲学の最高の望みは、哲学を実践しないことであると言いつづける」(Rorty 1982: xv)。ローティにとって、プラグマティズムは、偽りの問題を特定する手段であり、「哲学」は、まさにそれで満ち満ちている。しかし「ポスト哲学文化」は「人間が超越的なものとのつながりをもたず、有限で、自分たちだけで満ち足りている文化となるだろう」(Rorty 1982: xlii-xliii)。哲学は幻想の上に立っているのであり、私たちはそこから脱却しなければならないとローティは考える。

『偶然性、アイロニー、連帯』は、当てにすることができる普遍理論を私たちがもたないと認めるアイロニーの効いた世界観を提起している。私たちの文化史の大半が、宗教的なものであれ哲学的なものであれ、人間の行動が判断される普遍理論のようなものがあるという信念の上に立って記述されてきたというのはまさにアイロニーである。このような認識に私たちは絶望感をもって反応するのかもしれないが、ローティはアイロニーをもった態度をより適切なものとして、彼がとくに「リベラル・アイロニズム」と述べるものとして推奨するのである。形而上学であれ神学であれ、行為を正当化しようとするときに頼りになる普遍理論などはなく、「時間と偶然の範囲を越えたものに立ち戻る中心的な信仰や欲望」(Rorty 1989: xv) などもないとリベラル・アイロニストは認識する。ローティが代わって私たちに向かうように求める文化は、ポスト形而上学であると同時にポスト宗教の性格を帯び、そこで私たちは人間の連帯の感覚を産み出すように最大限努めるとともに、「異質な人びとを共に苦しむ人びとと捉える想像力」(Rorty 1989: xvi) を高めることになる。これを達成できるのは、旧式の哲学論議ではなく、「理論に抗して物語へと向かう方針変更」(Rorty 1989: xvi) なのである。とりわけ文学が、ローティの求める文化の変化の主要な源泉となるのであり、結末近くで、チャールズ・ディケンズ、ウラジーミル・ナボコフ、ジョージ・オーウェルなど様々な作家を推奨する。もちろん文学の利点は、それが真偽にはかかわらず、想像力を刺激し、私たちに世界を異なったように見せる力があるという点に求められる。

『偶然性、アイロニー、連帯』を通じて、独自の基盤の上に立つ伝統哲学に関わることを一貫して拒むローティは、相対主義という批判をかわすように「リベラルな社会でその理想が達せられるのは、力ではなく説得によって、革命ではなく改革によって、現在の言語学などの実践が新たなる実践への示唆と開かれた自由なかたちで出会うことによってである」(Rorty 1989: 60) と主張する。彼は自分の見解がユートピア的であることは認めているが、ここで生じているのと同じ問題が多くのポストモダン思想にあることに私たちは気づく。普遍理論が放棄され誰もが「説得」へと開かれている望ましい社会と政治の状態に私たちが到達するのは、どのような媒介を通じてなのかという問題である。シャンタル・ムフの「闘技」の政治学という理論(『民主主義という逆説』参照)もまた同じ根拠で批判されうるだろう。

ポスト構造主義とポストモダニズムの一派という「大陸」哲学のある側面については批判的ではあるローティだが、その目的に対しては、英米の哲学界において主流であった分析哲学の目的よりも強く同調している。権威と普遍理論への絶えざる疑義を大陸の哲学者と共有し、同様に基礎づけの探究を骨折り損程度にしか考えていない。しかしながら支持を表明することは、哲学が関わる事柄に関しての誤解を定着することにしかならない。「私たちが架橋や協力などについての熱意ある語りを脇に置けば、分析哲学と大陸哲学の分離が、何の害も及ぼさずに永続するものだということがわかる。この分離を、哲学を引き裂くものとして考えるべきではない。かつては全体であり現在は分断されている『哲学』などという単一の実体は存在しないのである」(Rorty 1982: 226)。どちらの陣営も罪を問われるべきなのは、彼らの議論が他方の議論を封殺することを肯うことにあり、ローティにいわせれば、これは人類の向上に貢献することのない無意味なゲームにこだわりつづけることである。プラグマティストとしての彼は、「重要なのは、物事を正しくするという希望ではなく、闇に対してともに身を寄せ合っている他の人間への誠実さである」(Rorty 1982: 166) と考える。これにはやや情緒的な響きがあるが、メタナラティヴとしての大義に身を委ねることにもはや全く意味を認めない点でポストモダンの精神と大いに共通しているのである。

ローティの主要著作

Rorty, Richard, *Philosophy and the Minor of Nature*, Oxford: Blackwell, 1980.（野家啓一監訳『哲学と自然の鏡』産業図書）

———, *Consequences of Pragmatism*, Brighton: Harvester, 1982.（室井尚他訳『哲学の脱構築』ちくま学芸文庫）

———, *'Habermas and Lyotard on Postmodernity'*, in Richard J. Bernstein (ed.), Habermas and Modernity, Cambridge: Polity Press, 1985, pp.161-75.

———, *Contingency, Irony, and Solidarity*, Cambridge and New York: Cambridge University Press, 1989.（齋藤純一他訳『偶然性・アイロニー・連帯』岩波書店）

———, *Objectivity, Relativism and Truth: Philosophical Papers*, Vol.1, Cambridge and New York: Cambridge University Press, 1991a.

———, *Essays on Heidegger and Others: Philosophical Papers*, Vol.2, Cambridge and New York: Cambridge University Press, 1991b.

Rorty, Richard, J. B. Schneewind and Quentin Skinner (eds), *Philosophy in History*, Cambridge: Cambridge University Press, 1984.

参照文献

Mouffe, Chantal, *The Democratic Paradox*, London and New York: Verso, 2000.（シャンタル・ムフ、葛西弘隆訳『民主主義の逆説』以文社）

Ree, Jonathan, 'Timely Meditations', *Radical philosophy*, 55 (1990), pp.31-9.

エドワード・W・サイード

Edward W. Said
1935-2003

サイードの『オリエンタリズム』は、ポストコロニアリズム関連文献へ有力な貢献を果たしたという点で屈指の著作であり、当該領域の近来の議論で言及される用語を導入する役割を果たしてきた。西洋が、中東のイメージを、西洋社会の対立項である「オリエント」として、つまり感情を基盤とする非合理的な異国である他者として構築してきたというのが、彼の所説である。近代の西洋社会が、社会と政治の面で進歩したのに対して、「オリエント」は、後進的にして反動的、幼稚な性格を有し、私たちが長い間西洋文化に結びつけてきたダイナミズムと技術の洗練を欠いているとされたのである。これは、一八世紀から一九世紀にかけて、西洋とアラブ／イスラム世界の間の接触が増すなかで発展した考えであり、何世紀にもわたり沈滞してきた前近代の文化に対して、秩序と近代文明をもたらすと称したヨーロッパ列強がこの地域に対して大々的に推し進めた植民地化の口実として用いられた。結局、オリエントは、地図上にある特定の地域だけでなく、いわゆる「第三世界」（現在は「発展途上」と称される）一般を指し示すのである。

オリエンタリズムとは、西洋文化本来の優越性をまさに主張するとともに、近代化を、他のすべての地域にとって必要なもの、そうした地域が能動的に追い求めるようにしてやらねばならない理想として捉える思考の傾向であった。知が、この場合の力、すなわちその地域の習慣と生活様式をくつがえすために用いられた力——むろん西洋諸国はこれを義務と考えていた——に拮抗していた。その過程に巻き込まれた国の多くが植民地主義からの解放を果たし、自らの運命を引き受けるようになったのは、二〇世紀半ばになってからであるが、それでも、西洋に劣っているという意識と、西洋が提示する経済と技術の力の「大きな物語」が現在にいたるまでそうした国々を捉えつづけている。もちろんそうした国々の多くは、西洋に対して新しい植民地関係としかいえないものに身を置いているのであり、さらにそこに、第二次世界大戦後の中東に建国されたイスラエルという西洋の強国を同盟国とする西洋化された国家があるという複雑さが加わっている。この建国によって生じた緊張は解消されず数十年の後のいまだに波乱を起こし、全世界の安全保障への絶えざる脅威となっている。

彼自身が大きな物語を欠いているともいいうる学者であるサイードは、キリスト教徒のパレスチナ人として生まれたがゆえに、イスラエル建国以後という人生の大半を「母国」といえるような国家をもたず、その研究者生涯のほとんどをニューヨークのコロンビア大学で過ごした。『文化と帝国主義』に記しているように、「西洋流の教育を受けたアラブ人として成長した。記憶にあるかぎりずっと、両方の世界に属すると感じており、どちらか一方に完全にということはなかった」(Said 1994a: xxx)。そのような要因の自分の生活と仕事への影響を、サイードは『遠い場所の記憶――自伝』で詳細に検討している。何よりもそのパレスチナの大義への一貫した支援(『収奪のポリティックス――アラブ・パレスチナ論集成 1969-1994』と『イスラム報道――ニュースはいかにつくられるか』に示されている）によって、彼がアメリカ人にとって迷惑な人物になったのは、アメリカではイスラエルへの支援が政治的にきわめて強く、それはとりわけ大きなユダヤ人人口を抱えるニューヨークにおいて顕著だったからである。それに拮抗する、彼の生まれ故郷の人びとが支援をあてにすることができるような「パレスチナのロビー」(Said 1994a: xix) は、彼が寂しそうに記しているように、存在しなかった。

『オリエンタリズム』以外にも、サイードはまた、初期には『ジョウゼフ・コンラッドと自伝というフィクション』『始まりの現象――意図と方法』、それに次ぐ時期には『世界・テクスト・批評』といった、文学批評の規格にかなりしたがった著作をいくつか書いている。『始まりの現象』で彼は、批評と創作のいずれの著作でも差異が重要であることを強調し、「始まりは差異を作り出す、または産み出すのだが、しかし――ここにこの主題における大きな魅惑があるのだが――すでに慣れ親しんでいるものと言語における人間の仕事の豊かな新しさを結びつけた結果が、差異なのである」(Said 1975: 283)。これがポスト構造主義の方向へと目配せを送っているように見えるとしても――そしてサイードは確かにこの著作で彼が扱っている「始まり」の問題を、この思想動向に固有のもの、私たちの時代の知の「中心問題」と見なしているのだが——彼は一方で、この書物が終わる前に構造主義とポスト構造主義の両方にかなり強い留保を表明することになる。たとえば、「存在論的な断絶という逃れがたい事実に憑かれた」(Said 1975: 285) 思想家であるフーコーは、この条件を大いに問題含みであることも多かった歴史の一般化を行なうために過去に投影しているのであり、フーコーに関しては、私たちはつねにこれが「通常みられるような哲学や歴史の著述を行なったのではない」(Said 1975: 288) 著者であることを想起するように求められる。ただしサイードは明らかに、控え目に言っても社会史と思想史の新しい見方を示したとして、フーコーの「考古学」(たとえば『性の歴史』)の迫力と独創性に対しては甚大な敬意を払ってはいる。

構造主義は、全体としてサイードの批評にはあまりよく映らず、それで彼はジャック・デリダが『エクリチュールと差異』において行なっていることに少なくとも共感を示しているのだが、デリダが構造主義の企図に対する脱構築をいささかやりすぎていると批判している。結局のところ、デリダの著作のもつ「ニヒリズムの漂うラディカルさ」(Said 1975: 343) は、サイードにとっては行き詰まりめいたものを招いてしまうと思われたのであり、そこでフーコーが、この文化の解釈者にとって探究の線をより多く開示することに成功しているように映ったのである。『オリエンタリズム』を支えているのはフーコーの「言説」という考えであり、そこでサイードはオリエンタリズムを「芸術、思想、経済、社会、歴史、言語に関わるテクストへの地理的認識の配分」(Said 1995: 12) と定義しており、この基礎の上で分析を施している。

『世界・テクスト・批評』が提示するのは、二〇世紀後半に実践されているものとしての批評についての概観で、批評が大学において、専門知識の崇拝といえる間違った方向をとってきているのは、社会と政治への日常的な関心から逸れてきているからだとサイードは論じる。

学生たちに、支えてくれる一般の方々に語るのは、たとえこうしたあらゆることが生起する歴史と社会の世界に関して私たちもまた(おそらくはなすすべなく)沈黙するという態度をとるのだとしても、私たちは古典を、教養教育の美徳を、文学という貴重な楽しみを擁護するのだということである。(Said 1983: 2)

『オリエンタリズム』の背後にある歴史意識は、まさにここに躍動している。テクストを論じる際に社会と政治の文脈をつねに考慮し、文学理論がこの点において読者への義務を果たしそこなう度合が増していると感じている批評家がここにはいる。一九八〇年代に大学の人文系の学部で生じていたことを厳しく評価するサイードは「現状維持を承認したり、独善的な形而上学者やカトリックの待祭の列に加わったりすることが、批評の実践なのではない」(Said 1983: 5) と断言する。

間違いなく『オリエンタリズム』がサイードの名を高めた著作ではあるが、同時に強烈な感情を喚起する書物であることが明らかになってきている。ヴィナイ・ラルが最近のサイード論で述べているように、彼のテクストは「激賞と酷評を等分に引き出しつづけている」(Lal 2012: 247)。「オリエントはヨーロッパ人が創造したものといってよい。それはヨーロッパにとって、もっとも深く喰い入りもっとも頻繁に回帰する他者のイメージのひとつである」(Said 1995: 1) とサイードはこの本の冒頭パラグラフにおいて述べる。それゆえにオリエントは、ヨーロッパにおいて、とりわけ植民地化が加速しはじめた啓蒙時代以降、社会と政治の重要な目的に寄与してきたのである。オリエンタリズムがあまりにも強力であったがゆえに、オリエントはこの時代にいたるまで「思考や行動の自由な主体」(Said 1995: 3) とは考えられなかったのであり、こうした状況を促進した言説がいかにして生じたのかの記述へとサイードは進む。中東という点では、そうした言説の創造の主要な担い手は、第一に帝国主義の装いをまとっていたイギリスとフランスであり、第二次世界大戦の終結以降、次第に強い影響を及ぼすようになったのはアメリカである(イスラエル国家へのその惜しみない支持に見られるように)。サイードにとって、これは、様々な著作家・知識人とオリエンタリズムによってもたらされた社会と政治の秩序との間に生じた「ダイナミックな交流」(Said 1995: 14)、すなわち後者の威信を維持するのに枢要な役割を果たした交流を精査することを意味する。オリエンタリズムはいまだ私たちとともにあり、西洋の精神態度と政治決定をいまだ支えているという事実こそが、サイードが何よりも注視を集めたいことなのである。彼にとってこれは、故郷に暮らすアラブ人が、あたかもイスラエルという国の「壊乱者」(Said 1995: 286)、つまり単なる邪魔者であるかのようにされるその扱いにおいてきわめて明瞭なのである。

『文化と帝国主義』においては、関心を西洋文化へと向けたサイードは、西洋文化の理解に資する「近現代の宗主国たる西洋とその海外植民地の関係のより一般的なパターン」（Said 1994a: xi）を記述することを通して、『オリエンタリズム』の成果をさらに展開する試みに着手した。この作業の中心に小説を据えたサイードは、ジェーン・オースティン以降の小説を手広く扱っているのだが、彼の関心は、植民地化された国々における帝国主義に対してその地域の抵抗がどのように展開したのかよりも、西洋の作家たちがその作品中で帝国主義の精神をいかにして表象したのかにある。サイードの怒りが向けられる西洋の世界秩序は、一九世紀と二〇世紀のヨーロッパの小説にたっぷりと描き出されており、「それを典型的に示す作者は、精神的に行き詰っている第三世界に関して、自由気ままに幻想を紡ぎ出し慈愛を降り注いでいると思われるのであり」（Said 1994a: xxi）、その時「第三世界」は自身の守るべき文化を持たない存在であるかのようにされている。

『収奪のポリティックス』と『イスラム報道』では、サイードは自らの失われた故郷に関してあからさまに論争をあおる態度をとっており、多年にわたる西洋諸国の政策と西洋のメディアがイスラム世界一般に関して示すイメージをともども攻撃している。サイードによれば、大問題なのは、「『イスラム』が今日西洋において一般に言われているようなものではない」（Said 1997: 172）のだが、そこで誤った表象が拡がるほどに、この歪んだ像への激しい絶望から、西洋のメディアと一般人が何となく思っているような反動と暴力の集団へとそれが変わってしまう」ということである。そのようなことが生じるのだとすれば、責めは、オリエンタリズムの言説にまっすぐ向けられるといえよう。

サイードの主要著作

Said, Edward, *Joseph Conrad and the Fiction of Autobiography*, Cambridge, MA: Harvard University Press, 1966.

——, *Beginnings: Intention and Method*, Baltimore, MD and London: Johns Hopkins University Press, 1975.（山形和美・小林昌夫訳『始まりの現象』法政大学出版局）

——, *The World, the Text, and the Critic*, London and Boston, MA: Faber and Faber, 1983.（山形和美訳『世界・テクスト・批評』法政大学出版局）

——, *Culture and Imperialism*, London: Vintage, 1994a.（大橋洋一訳『文化と帝国主義』全2巻、みすず書房）

——, *The Politics of Dispossession: The Struggle for Palestinian Self-Determination, 1969-1994*, London: Chatto and Windus, 1994b.（川田潤他訳『収奪のポリティックス』NTT出版）

——, *Orientalism: Western Conceptions of the Orient* [1978], 2nd edition, Harmondsworth: Penguin, 1995.（今沢紀子訳『オリエンタリズム』全2巻、平凡社ライブラリー）

——, *Covering Islam: How the Media and the Experts Determine How We See the Rest of the World* [1981], 2nd edition, London: Vintage, 1997.（浅井信雄・佐藤成文訳『イスラム報道』みすず書房）

——, *Out of Place: A Memoir*, Cambridge, MA: Harvard University Press, 2000.（中野真紀子『遠い場所の記憶』みすず書房）

——, *Reflections on Exile and Other Literary and Cultural Essays*, London: Granta, 2001.（大橋洋一他訳『故郷喪失についての省察』全2巻、みすず書房）

——, *Humanism and Democratic Criticism*, New York and Chichester: Columbia University Press, 2004.（村山敏勝・三宅敦子訳『人文学と批評の使命』岩波現代文庫）

参照文献

Derrida, Jacques, *Writing and Difference* [1967], trans. Alan Bass, Chicago: University of Chicago Press, 1978.（ジャック・デリダ、合田正人・谷口博史訳『エクリチュールと差異』法政大学出版局）

Foucault, Michel, *The History of Sexuality:* Volume 1. An Introduction (1976), trans. Robert Hurley, Harmondsworth: Penguin, 1981.（ミシェル・フーコー、渡辺守章訳『知への意志　性の歴史I』新潮社）

Lal, Vinay, 'Assessment: Edward Said', *Critical Muslim*, 2 (2012), pp.247-60.

シンディ・シャーマン

Cindy Sherman

1954-

シャーマンは主要な表現媒体が写真である芸術家だが、また映画監督でもあり（『オフィス・キラー』）、映画出演も経験し、広告素材も作成している。様々な自分の像を示す一連の様々なポーズにおいて自身を芸術の中核に据える彼女が依拠したり反映したりすることが多いのは、映画の場面であり、とくに一九四〇年代のハリウッドのフィルム・ノワールとイタリアのネオリアリズモであることは、一九八〇年代にさかのぼって彼女が名声を確立したその名作シリーズ『アンタイトルド・フィルム・スティル』において見てとれる。過去との対話の感覚が顕著であるシャーマンの作品は、それゆえに、役割を、そして問題含みだが、アイデンティティを意志次第で変えられる力を信じるポストモダンの思考を指し示し、これはジャン＝フランソワ・リオタールの「しなやかさ」（Lyotard 1993）という概念やジル・ドゥルーズ＆フェリックス・ガタリの「ノマディズム」（Deleuze and Guattari 1988）にも認められる。スティル写真以降のシャーマンの写真作品の大方がポーズをとって撮影されていることが示されているのは、シリーズ『フェアリー・テイル』『ディザスター』『センターフォールド』『ファッションと肖像画』であり、その大半では彼女自身が被写体になっている。一方で『セックス』シリーズでは、フェミニズムの含意を帯びたイメージを創り出すためにポルノグラフィーのような状況に置かれた医学用人体模型を用い、『ディスガスト』シリーズでは、物体のショットに集中している。

シャーマンの自らを被写体とする写真は、ノワールとネオリアリズモといった映画ジャンルを喚起するもので、シミュラークルという考えの好例となっているのも（Baudrillard 1983 参照）、その背後に正しい「オリジナル」

をもたないからだ（わずかな例外として、『アイ・ラヴ・ルーシー』で有名なテレビ女優ルシル・ボールのようなメイキャップでの初期の証明写真機撮影のようなものはある）。彼女の写真はフィルム・ノワールのスタイルで撮影されているとしても、この映画ジャンルをきっちり指し示すというより、それを受けた雰囲気を漂わせているのみであり、このジャンルそれ自体がもちろん虚構であるのだから、そのコピーは何であれいずれ単に実人生を（さらに事態を複雑にするようだが、同じジャンルの他の作品を）模倣しているだけのもののコピーとなるだろう。一九七〇年代と一九八〇年代のニューヨークの芸術界でのポストモダン的転回について幅広く執筆して影響力のあった芸術批評家ダグラス・クリンプが語るのは、当時若い芸術家たちによって制作されていた作品には「オリジナルから、オリジナルの可能性からさえ遠く開いた距離」（Crimp 2006: 28）があるという点で、この評価はとりわけシャーマンの写真に合致する。

シャーマンは自らの初期の仕事について「すべて同じ女優の作品として想像された一群のスティル写真を撮影していた」（Sherman 2003: 5）と述べているが、やがてこの作業はその段階から離れていくことになる。クリンプの見解では、スティル写真がとりわけ明るみに出すのが「自己という虚構」であり、これは「表象、複製、偽物からなる非連続の系列でしかない」（Crimp 2006: 34）。シャーマンは映画監督ジョン・ウォーターズとのインタビューで、自らの芸術の背後にある主要な動機のひとつとして、「自分を変えたいという欲望をもっていた」（Respini 2012: 69に引用）ことを挙げているが、彼女は多様なシリーズを通して全仕事にわたりそれを華々しく行なっている。興味深いことに、ウォーターズは彼女について「女装する女性」（Respini 2012: 69）と述べており、この観察は彼女の作品がアイデンティティの問題に投げかける複雑さの一端を捉えている。

『コンプリート・アンタイトルド・フィルム・スティル』は、一九七七年から八〇年までにいたる様々なポーズのシャーマンの像を収録している。七〇枚のスティル写真があるが、すべて恣意的に数が振られているために、この作品集には実際にはナンバー八四まである。他のシリーズの多くと同様に、フェミニズムの次元があるこの作品で前景化されている問題に、男性の視線があり、それによって女性は観察者の対象となることから逃れる力をもたない単なるイメージという地位に貶められている。彼女の写真において女性に対象としての性格が強いのは、ある種のフェミニズムの課題を示している。そこにはまたスティル写真を通して伝わる孤独と孤立の感覚があり、シャーマンは多くの場合、独りで無人の撮影場所で撮影しているのである。たとえば無題四八でヒッチハイカーとして登場する彼女は道路の先に視線をやり、その傍らにはスーツケースが並んでいる。また無題四四では、アリゾナ州フラッグスタッフの無人の鉄道駅でただひとり線路の向こう側にいる姿が捉えられている。別の写真では彼女は過度な感情をあらわにしたり（無題三〇）、よく言及される写真（無題二一でカメラは、都市の高層ビルを背景として彼女の頭部と肩を見上げており、これは典型的なノワール風だ）では何か劇的なことが起こるのを待っているかのように神経を研ぎすませたりしている。その写真すべてが背後に物語を暗示しているのだが、そこに含まれる時代を伝える風俗の細部――白黒の写真でこの女優が着ているのは一九四〇年代と一九五〇年代の服――から視る者が自分で補わなければならない物語なのである。シャーマンがすべての自身のシリーズにおいて「アンタイトルド」という標識を用いるという事実があるが、それはほとんど何も伝えずに、見る側の熟考を誘発するのである。

男性の視線に関して、もっと直接的なまた別の探究である『センターフォールド』で、シャーマンはソフト・ポルノ雑誌で見られるようなエロティックなポーズで撮影されている。男性の視線を惹きつけるこれらの写真が、同時にその背後にある態度を検証するような挑発を行なっているといえるのも、シャーマンは単に見開き写真ページ（センターフォールド）のモデルであることを演じているだけだからだ。このイメージに複雑な重層があるのは、実際のセンターフォールドには当の雑誌が求める役割を演じるモデルがいて、その性的な魅力をふりまく女性は入念に男性の関心を誘っているのだが、一方でその背後には「女装する女性」としての役割を演じるシャーマンがいる。女性がいっそう深く物体に還元されているこの種の写真がもつ性質によって、このような場合に自分が視線で探っているものが何なのかを視る男性に問わせることになっているのである。このシリーズは雑誌『アートフォーラム』の発注を受けたものだが、読者の反応を顧慮して掲載拒否となった。このシリーズはセンターフォールドというジャンルへの、さらに重要なことに、それを産み出すジェンダー関係の歴史全体への批判となっている。『ファッション』はフランス版『ヴォーグ』からの依頼ではじまり、シャーマンはバレンシアーガの服を着た自分の写真を撮影するように求められたのだが、そこから立ち上げたシリーズは、実際にはファッション業界の退屈さに対する批判になっている。

『ディスガスト』においてシャーマンがカメラを向けるのは、嫌悪を催させる物体のある場面、ゴミ、腐敗した食品、嘔吐物の忌まわしい写真であり、無題一七五ともある。無題一七九のように捨てられた物が散乱しているという写真さえある（無題一七三）。横たわった身体の周りを這い回る虫という写真さえある（無題一七三）。彼女は自身について、いくぶん謎めいた調子で述べている。自分には「嫌悪感を催させるものへ幼児めいたのめり込みがある。それは私をなぜ嫌悪させるのかという問いで刺激する。なぜ何かが私を嫌悪させるのかを考えることで、私はそれに対する興味をいよいよ高めていく。私はそれを探り出さなければならないと感じる」（Lichtenstein 2012 に引用）。キャリアを重ねるにしたがい、グロテスクなものへの志向が次第に目につくようになり、シャーマンは奇異な、時に道化の衣裳を身にまとうのである（たとえば、無題四一一および四一四）。初期作品が批評家の喝采を浴びた後、さらなる挑戦を視る人びとに対して行なう必要を感じたと述べるシャーマンは、ジョン・ウォーターズに対して、自分の突然の人気によって自分は「神経質」（Respini 2012: 69）になったために、自分の関心を嫌悪と混乱を呼び起こすイメージへと逸らして「幼児めいたのめり込み」を解き放つようにしたのだと語っている。

シャーマンの作品の幅は広く、おとぎ話からだけでなく、無題二一六と無題二二三における『聖母子像』の写真に見られるように、名画からのイメージをも含んでいる。このような作品がまた伝えるのが、過去との対話という強い感覚であるといえるのは、彼女がしつらえる名画の場面の多くが参照しているのは中世とルネサンスの芸術であるが、その参照対象自体も宗教画に見られるように、さらに昔の時代を参照しているのだ。キャリアを重ねていくとともに次第にシャーマンが探るようになってきた老年という主題は、若さに価値を置き、とくに女性が外観で判断される社会において感情に訴えかける主題である。たとえば彼女が『フィルム・スティル』シリーズで捉えているような種類の俳優は三〇代、四〇代に入るとすぐに仕事が干上がってしまい、若さの魅力を失っていく。無題四六五と無題四六八の厚化粧の顔が示すのは、ニューヨークのような都市の社交界に出入りする高齢の婦人で、老化を何とか食い止めようとしているのである。

セクシュアリティ、ポルノグラフィー、検閲についてのさらなる探究である『セックス』は、生身のモデルの代わりにマネキンから採った人工のボディ・パーツを用い、それらをきわめて煽情的な一連のポーズで並べている。シャーマンのコメントは、「私が願ったのは、こうしたイメージによって、性、ポルノグラフィー、エロティックなイメージ、そして自らの身体についての自分自身の感覚に人が向き合うことなのです」（Lichtenstein 2012に引用）というものであった。このシリーズに伴う衝撃という価値が確かにあり、そのために最初の展示の際に、あたかもそれがラテックスのマネキンではなく生身のモデルの写真を視ているかのように多くの人びとに「非常な居心地悪さ」（Lichtenstein 2012に引用）を与えたとシャーマンが認めている。リヒテンシュタインが記しているように、写真中の身体は「明らかにシミュラークル」だけれども、「その効果は人工物としてのものであるとともに人間としてのものでもあり」（Lichtenstein 2012に引用）、それゆえにこの作品の全面的混乱を招く性質を増幅させることになったのだ。その混乱を招く性質の少なくとも一部は、この作品が出現したのが、エイズという病が広く知られるようになった時期であった事実に由来する。

シャーマンが産み出してきた印象的な作品の総体は、理論的考察を触発する。「フェミニズム、ポストモダニズム、ポスト構造主義など多種多様な理論の言説が交錯する十字路にある」（Respini 2012: 13）とイヴ・レスピーニはシャーマン回顧展のカタログの序論において述べている。理論に対してやや両義的な態度を示すシャーマンがそのノートブックに記しているのは「性的な、『政治的な』、『重大な』意味合いをすべてのものにもたせてしまうのを嫌がっているように見せられないのだけれど、それは望んでいることではまったくない」と（Cruz and Smith 1998: 184に引用）いう言葉だが、一連の役割のなかで自らを提示することによって、女性のアイデンティティの本質に関して、いかにして私たちの文化がそれを構築し認識しているのかという気まずい問いを提起している。男性の視線についての問いもまた逸することはできない。彼女が『センターフォールド』シリーズについて述べているように、それを視る「人びとを居心地悪くすることを望んでいる」（Respini 2012: 13）のだ。いくつかのシリーズにおいてシャーマンが少年または男性の格好をしているという事実は、その作品の複雑性に意味の層をさらに付け加えることになっているが、性のアイデンティティもまたシミュラークルにすぎないということをたぶん示している。

シャーマンの主要作品

Sherman, Cindy, *Murder Mystery People*, 1976.

———, *Centerfolds*, 1981.

———, *Fashion*, 1983.

———, *Fairy Tales*, 1985.

———, *Disgust*, 1986-7.

———, *Disasters*, 1986-9.

———, *History Portraits*, 1988-90.

———, *Sex*, 1992.

——— (dir.), *Office Killer*, Good Machine, Good Fear and Kardana-Swinsky Films, 1997.（監督作品『オフィス・キラー』）

———, *The Complete Untitled Film Stills* [1977-80], 2nd edition, New York: Museum of Modern Art, 2003.

参照文献

Baudrillard, Jean, *Simulations*, trans. Paul Foss, Paul Patton and Philip Beitchman, New York: Semiotext (e), 1983.

Crimp, Douglas, 'The Photographic Activity of Postmodernism', in Joanna Burton (ed.), *October Files: Cindy Sherman*, Cambridge, MA and London: MIT Press, 2006, pp.25-38.

Cruz, Amanda and Elizabeth A. T. Smith (eds), *Cindy Sherman: Retrospective*, Museum of Modem Art, Chicago and Museum of Modem Art, Los Angeles: Chicago and Los Angeles, 1998.

Deleuze, Gilles and Félix Guattari, *A Thousand Plateaus: Capitalism and Schizophrenia* [1980], trans. Brian Massumi, London: Athlone Press, 1988.（宇野邦一他訳『千のプラトー』全3巻、河出文庫）

Lichtenstein, Therese, Interview with Cindy Sherman', *Journal of Contemporary Art*, http://www.jca-online.coin/sherman.htnd (accessed 30 September 2012).

Lyotard, Jean-François, 'A Svelte Appendix to the Postmodern Question', in *Political Writings*, trans. Bill Readings and Kevin Paul Geiman, London: UCL Press, 1993, pp.25-9.

Respini, Eva (ed.), *Cindy Sherman*, New York: Museum of Modern Art, 2012.

ガヤトリ・チャクラヴォルティ・スピヴァク

Gayatri Chakravorty Spivak

1941-

スピヴァクは文化理論家であるだけでなく思想書や小説の翻訳家でもあり、ポストコロニアリズムやフェミニズムの両分野で反響を呼んだ「サバルタン」という概念をめぐる著作を通じて、ポスト構造主義とポストモダン思想に重要な貢献を果たしている（しかし注目すべきは、本書が行なうような、ポスト構造主義とポストモダニズムの融合という考えについて、彼女は満足していないことなのだが）。彼女はジャック・デリダの『グラマトロジーについて』の翻訳者であり、脱構築理論に相当な影響を受けている。こうしたことから、彼女は差異や多元性といった問題に対して変わることのない関心を抱いており、こうした問題をポストコロニアル理論に読みこんできたのであり、結果他の論者たちによって示された意見に疑義を呈することも多かった。脱構築理論が自身の著作に与えたインパクトにもかかわらず、彼女は「私にはこうした細心の注意が払われてはいるものの戯れにあふれていたり（文学批評）、学術的だが奔放であったり（哲学）する読みができない以上、私は実際には脱構築論者ではない」（Spivak 1990: 155）と主張している。さらに自身が「本当の」マルクス主義者やフェミニストであるという考えを否認した上で、自身はそうした言説の外部にいるからこそ、戦略的にそれらに介入しうると考えている。

サバルタンという概念は、支配するエリートが自らの価値観の体系を押し付ける、彼らのヘゲモニーの下で暮らしている集団に言及するために、イタリア人マルクス主義理論家アントニオ・グラムシによってもともと考え出されたものなのだが、ランジット・グハによって創設されたサバルタン研究グループ内で、ポストコロニアリズムの用語として発展したものであった（Guha and Spivak 1988 を参照せよ）。「サバルタンは語ることができるか」

という論文でスピヴァクが概説しているように、植民地統治下で支配階級に対して「他者」となってしまう先住民の被支配者に見られるように、強力な支配権力に対して従属的な地位に置かれているのがサバルタンである。サバルタン文化をめぐるすべては植民地権力によって周縁化され、入植者によって持ち込まれた思想、組織、政治体制と比較して本質的価値が少ないものと想定されるのである。文化帝国主義のようなやり方で、既存の先住民の物語がいくら由緒あるものであったとしても、入植者の大きな物語はより優先するものと考えられることになる。そして、コロニアニズムは社会の進歩と技術の進歩を同一視し、国家が近代以前の過去から近代化するための手段とされるのだ。スピヴァクが指摘するように、ジャン＝フランソワ・リオタールによって「抗争」と定義された状況と類似した状況（Lyotard 1988 を参照せよ）で、サバルタンは勝利をおさめた権力側の言説によって沈黙させられる。これは植民地権力だけでなく父権的権力によっても沈黙を迫られる女性のサバルタンにとくに見られるもので、スピヴァクも「植民地における生産活動というコンテクストにおいて、仮にサバルタンに歴史がなくて語ることもできないとすれば、女性のサバルタンはさらに深い闇のなかに存在することになるだろう」と述べている（Spivak 1993a: 82-3）。これは植民地権力が去った後でさえ、当地の父権的権力がその隙間に入り込んでしまうため変わることがない。

スピヴァクが論考で用いている主要な例が「サティ」であり、これは夫の葬儀で妻が焼死するというインドの習慣で、最終的にイギリス植民地政府によって非合法とされたものだ。スピヴァクはサティの歴史を掘り下げ、イギリス統治時代までには消え去りつつあった風習であっただけでなく、古代の文献の解釈という点で異論が生じていた風習であったと論証している。とくにベンガルで起きた事例では、残された男性の親戚を差し置いて未亡人が財産を相続することを法律が認めていたために、伝統を引き合いに出す動機をもっていた彼らによる圧力から起こったものも少なくなかった。イギリスの統治者がサティはヒンズー法ではほぼ義務となっていると判断し、西洋精神にとって忌まわしいものとして禁止する義務があると感じたことで、事態はさらにややこしくなった。スピヴァクの分析が明らかにしているのは誤解の連鎖であり、植民地で見られる帝国主義が喩えようがないほどの失敗であると強調する。

この論考がさらに注目に値するのは、ポストコロニアル言説にネガティヴな影響を与えたとスピヴァクが考えるジル・ドゥルーズとミシェル・フーコーに対する激しい攻撃があるためである。両者は共に自身の著作を通じて差異や多元主義を強調しているが、スピヴァクは彼らの中心概念の一部に本質主義が機能しており、それが以降の多くのポストコロニアル理論家の分析に紛れ込んでいると指摘する。たとえば「欲望」は普遍的に適用できると想定されているものの、同時にあらゆるイデオロギーに基づく考察から距離を置いていることがスピヴァクには看過できないのだ。「欲望という名の下に、彼らは権力についての言説に未分割の主体を再導入する」(Spivak 1993a: 69)。これが起こったら、差異は消されてしまう。ふたりの理論家は、「他者」という概念に見られるように、西洋の視点から一般化を行なっている点で非難されるべきなのである。ポストコロニアルの観点からすると、国や歴史、そしてスピヴァクのこの分析では重要な――たとえばジェンダーや階級に現れるような――文化間の差異といったものの間には差異が存在しないとされることで、他者が非西洋世界すべてを象徴するものにされてしまう。そうした理論家たちが一見したところ他者の大義と同化してみせる行為を、彼女は根深い文化帝国主義の単にもうひとつの例と見なして納得しない。「現代フランスの知識人が、ヨーロッパの他者の名もなき主体にどんな権力や欲望が潜んでいるか想像することは不可能である」(Spivak 1993a: 75)。

こうした見解を矯正しうるとされるのが、言語に関する著作（たとえばスピヴァクも長い序論を執筆した『グラマトロジーについて』など）を通じて、私たちがそうした罠にいかに陥るかを示し、私たちがこれをつねに認識するべきだと勧めるデリダである。デリダの著作にはつねに非本質主義のメッセージがあり、スピヴァクはつねに全体主義的な想定に対して抵抗しようとする人物に相応しく、文化分析を始める上ではるかに生産的な土台を見いだしている。「私はここで、『性の歴史』や『千のプラトー』の著者にはもはや見つけられないように思える、長もちする有用性をジャック・デリダに認めなければならない」(Spivak 1993a: 104)。スピヴァクは全体主義的傾向につねに目を光らせていて、カテゴリーとしての「女性」に適用される場合にも繰り返し批判する。

スピヴァクは多くのインタビューを受けており、『ポストコロニアル批評家』は彼女を理論一般、とくにポストコロニアル理論の言説のなかに位置づける助けとなるように、それらを集めたものである。彼女は一貫して、理論家や教師としての著作には政治的な含意があると強調する。たとえば、テクスト性と政治との関係についての見解を尋ねられ、彼女は政治から距離を置く独立した行為としてのテクスト研究には反対すると明言している。これはテクスト研究が行なわれている社会的コンテクストやそれが制度として確立していること、そしてそれが自身の文化のなかで果たしている役割を見落とすことであり、スピヴァクのような理論家にとって、これらは政治とは切り離せないものであった。制度内で政治と理論の性格を本来併せ持つポストコロニアル理論だけが、そのような主張をすることができるのだ。しかもスピヴァクはつねに「精神を脱植民地化しようと努力する、ポストコロニアルでディアスポラのインド人」(Spivak 1990: 87) であることに伴う政治性や、西洋の教育制度内部における自身のかなり曖昧な立場を認識している。

『ティーチング・マシーンの外側で』は「周縁性」という概念を綿密に検討したもので、二〇世紀後半の人文学で「アメリカの大学教育における周縁研究の激増」(Spivak 1993b: ix) が起こったほど、ちょっとした流行語となったと指摘する。これは差異を前景化するのではなく消してしまうもうひとつの例であり、皮相な分析法になりつつあると彼女は警鐘を鳴らしているのだ。「中心がそれと確認できる周縁を求めるがゆえに文化的なアイデンティティを押し付けられてしまうとき、周縁に行けという要求は中心からの認可を保証する」(Spivak 1993b: 55)。こうして中心がその結果生じる言説を統御するのであり、それが周縁性という概念が頻繁に用いられるポストコロニアル理論のような場でもつ含意は明らかである。すなわち、中心たる西洋が新植民地主義と見ることができるようなやり方で非西洋世界に自らの価値観を押し付け続けることになるのだ。そしてスピヴァクが「人文科学において、普遍的な主張などあり得ない」(Spivak 1993b: 53) とする一方で、周縁性は普遍的に適用される用語となったのである。彼女がしっかり指摘しているように、フェミニズムもこうした特徴を持つきらいがある。「フランスのフェミニズムの風潮では第三世界は他者として定義される。逆説的ではあるが、その土地に根ざすと同時にグローバルなフェミニズムが脱植民地化の動きのなかで変化を遂げた帝国主義の痛ましい遺産をまだ考慮しなければならないことを理解するために、そのような風潮はいらないのだ」(Spivak 1993b: 141)。

彼女のような――ポストコロニアル的で、周縁に位置する――背景をもつ学者が、西洋の教育制度自体の内部(スピヴァクが主に教えているアメリカ)から出てくる普遍化しようとする傾向に抵抗するために貫かねばならない戦いにもかかわらず、彼女はポストコロニアリズムの政治を扱うつもりなら、西洋の理論の言説と関わることが必要だとなおも主張する。「脱植民地化固有の場では、西洋のいわゆる男性的理論を完全にボイコットすることは階級の利害が絡み危険だと私は長いこと考えてきた。私の方針は、理論の限界を明確に主張したうえで、理論を建設的に利用することでありつづけてきた」(Spivak 1993b: x)。一見すると対抗文化的に思える理論に死角があったり、自らの文化が優れていると考えてしまう伝統をこうした理論が振り払うことができなかったりすることがいかに起こり得るかを提示するプロセスにおいて、理論の内側から抵抗するために理論を摂取するという行為が、彼女の作品で一貫して繰り返される。このテクニックは、アプローチの仕方と意図の双方において、間違いなく脱構築主義者のものである。

　脱構築理論から影響を受けているということは、スピヴァクは差異と多元主義の熱心な支持者であり続けているということであり、彼女はポストコロニアル思想がそれらに相応しい扱いを与えることができたかどうか探究してきた。『他なる複数のアジア』では、私たちが「大陸で自分たちがいる一角を基準と」考えることはできないことから、「ポストコロニアル理論の拡張した様々なヴァージョンにおいては、アジアを『複数化』しなければならないだろう」(Spivak 2008: 8)とスピヴァクが考えているのに対し、理論家たちのなかには、ポストコロニアル体験を世界中で似たようなものと考える傾向があると示唆している。ホミ・K・バーバによって理論化された異種混交性(『文化の場所』参照)は差異を周縁化しているように見えかねないが、そうなってしまえば「サバルタンは再び私たちに対して沈黙してしまう」(Spivak 1993b: 255)。スピヴァクによる理論への介入は、そうした否定的な結果をどうすれば避けられるかを示すように企図されたものなのである。

スピヴァクの主要著作

Spivak, Gayatri Chakravorty, *In Other Worlds: Essays in Cultural Politics*, New York and London: Routledge, 1988.(鈴木聡他訳『文化としての他者』紀伊國屋書店)

——, *The Post-Colonial Critic Interviews, Strategies, Dialogues*, ed. Sarah Harasym, New York and London: Routledge, 1990.(清水和子・崎谷若菜訳『ポスト植民地主義の思想』彩流社)

——, 'Can the Subaltern Speak?', in Patrick Williams and Laura Chrisman (eds), *Colonial Discourse and Post-*

Colonial Theory: A Reader, Hemel Hempstead: Harvester Wheatsheaf, 1993a, pp.66-111.（上村忠男訳『サバルタンは語ることができるか』みすず書房）
———, *Outside in the Teaching Machine*, New York and London: Routledge, 1993b.
———, *A Critique of Postcolonial Reason: Towards a History of the Vanishing Present*, Cambridge, MA: Harvard University Press, 1999.（上村忠男・本橋哲也訳『ポストコロニアル理性批判』月曜社）
———, *Death of a Discipline*, New York and Chichester. Columbia University Press, 2003.（上村忠男・鈴木聡訳『ある学問の死』みすず書房）
———, *Other Asias*, Oxford and Malden, MA: Blackwell, 2008.
———, *Nationalism and the Imagination*, Chicago and London: University of Chicago Press, 2010.（鈴木英明訳『ナショナリズムと想像力』青土社）
———, *An Aesthetic Education in the Era of Globalization*, Cambridge, MA: Harvard University Press, 2012.
Guha, Ranajit and Gayatri Chakravorty Spivak (eds), *Selected Subaltern Studies*, New York: Oxford University Press, 1988.（竹中千春訳『サバルタンの歴史』岩波書店）

参照文献

Bhabha, Homi K., *The Location of Culture* [1994], 2nd edition, London and New York: Routledge, 2004.（本橋哲也他訳『文化の場所』法政大学出版局）
Deleuze, Gilles and Félix Guattari, *A Thousand Plateaus: Capitalism and Schizophrenia* [1980], trans. Brian Massumi, London: Athlone Press, 1988.（宇野邦一他訳『千のプラトー』全3巻、河出文庫）
Derrida, Jacques, *Of Grammatology* (1967), trans. Gayatri Chakravorty Spivak, Baltimore, MD and London: Johns Hopkins University Press, 1976.（ジャック・デリダ、足立和浩訳『グラマトロジーについて』全2巻、現代思潮社／ガヤトリ・C・スピヴァク、田尻芳樹訳『デリダ論』平凡社ライブラリー）
Foucault, Michel, *The History of Sexuality*: Volume I. An Introduction [1976], trans. Robert Hurley, Harmondsworth: Penguin, 1981.（ミシェル・フーコー、渡辺守章訳『知への意志　性の歴史I』新潮社）
Lyotard, Jean-François, *The Differend: Phrases in Dispute* [1983], trans. Georges Van Den Abbeele, Manchester: Manchester University Press, 1988.（ジャン＝フランソワ・リオタール、陸井四郎他訳『文の抗争』法政大学出版会）

クエンティン・タランティーノ

Quentin Tarantino
1963-

タランティーノは同世代の映画作家のなかでもっとも多く話題を提供しているひとりであり、その作品には、過去との自意識的な対話や、高級芸術とポピュラー・アートとの境界を曖昧にすること、パスティーシュの大幅な使用などといった、ポストモダン美学の特徴が示されている。タランティーノは、ハリウッドの大スタジオから見下されてきた（言うまでもなく）B級映画やエクスプロイテーション映画の文化、たとえばタランティーノが初期に短期間協力関係にあったロジャー・コーマンのような映画作家の影響を強く受けている。しかしそれだけでなく、タランティーノはハリウッドから前衛映画にいたる映画の伝統、それにニコラス・レイやジャン＝リュック・ゴダールといった他の多くの監督の影響も認めている。彼が挙げる好きな映画のリストには、マーティン・スコセッシの『タクシー・ドライバー』やチャールズ・バートンの『凸凹フランケンシュタインの巻』まで、様々な作品が含まれている。タランティーノにはこのように多岐にわたる好みがあるので、その作品にも映画に詳しい観客の感性に訴える間テクスト性《インターテクスチュアリティ》があり、また同時に、そのジャンルの使い方は一般の観客にも受けがいい。この強力なコンビネーションは、たしかにダブル・コーディングの特質を有してはいるが、タランティーノはどんなジャンルの伝統とも折り合いをつけるのが好きで、自らのアプローチを「パンのかけらを落として出来た道をめちゃくちゃにするようなもの」と評している（Peary 1998. 110）。タランティーノの映画における会話も、ポピュラー文化への言及に満ちているだけでなく、きわめて誇張されたスタイルを誇示することで、間テクスト性の増大に貢献しており、これが彼の映画のもっとも目立った特徴のひとつとなっている。

自らの映画の脚本を書き監督もするタランティーノは、アメリカの映画産業における先輩・同僚たちの多くよりも、映画作家《オトゥール》と呼ばれる資格がありそうだ。彼は明らかに映画製作のプロセス全体に魅せられており、そのすべての側面に関わることに熱心である。『デス・プルーフinグラインドハウス』で彼は監督だけでなく、カメラマンの役もやっており、それはフィルム製作のプロセスに完全にのめりこんでいることの表れだろう。タランティーノは他の監督のために脚本を書いたりプロデューサーを務めたりするだけでなく、役者として舞台や映画に出演しているが、こちらの評判の方は今ひとつで、だいたいにおいて批評家からはおざなりの評価しか得られていないようである。

タランティーノの最初の長編映画は『レザボア・ドッグス』という、はげしい暴力的なシーンのある「強盗もの」映画であり、タランティーノは、どの作品でも暴力を克明に描くことにとても惹かれているようだ。映画批評家のカミーユ・ネヴェールが、フランスの映画雑誌『カイエ・ド・シネマ』でのタランティーノへのインタビューで言うように、「彼の映画は暴力的と言われる。たしかにその通りで、濃密な暴力が暴力自体を目的とするかのように表現され、そこには自意識のかけらもない」(Peary 1998: 6)。タランティーノ自身はこの点について次のように言っている――「もし暴力が材料として使えるのなら、気の赴くままに自由に振る舞うべきだ」(Peary 1998: 29)。彼はまたこのインタビューで次のような言葉も洩らす――「僕としてはあんまり暴力を真剣に考えられないんだ。暴力は滑稽だから」(Peary 1998: 59)。このように、人を驚かせたいという欲望は、彼の性格の重要な一部をなしているようである。インタビュアーたちは彼の暴力へのこだわりについて何度も問う傾向があり、たしかに暴力はその映画の大きな特徴ではある。だがスクリーン上の暴力描写の背後にある意味にこだわる監督に対して、タランティーノの関心は何よりもまず暴力の視覚的なインパクトとそれが放つ色彩にあるように思われる。タランティーノの見るところ、暴力は日常生活の一部に過ぎず、彼はそれをそのようなものとして描くことに躊躇しない。暴力はヨーロッパよりもアメリカにおいて、日常生活の一部である度合が強いので、タランティーノがくりかえし描く暴力にはリアリズムの要素があるという議論も可能だろう。

『パルプ・フィクション』はタランティーノの最高傑作と見なされることが多く、そこでは技術的にも成熟した仕方で(通常はタランティーノに厳しい批評家たちもこの点では同意する)、たがいに連関した一連の物語が時間を行ったり来たりして描かれていく。映画のなかには、タランティーノ映画のなかでもっともよく知られた会話のいくつかが含まれており、とくにサミュエル・L・ジャクソンとジョン・トラヴォルタがそれぞれ演じた、ジュールズとヴィンセントというふたりのギャングの会話が有名だ。ジュールズはしきりにポピュラー文化について語り、それは極端に暴力的な場面でもくりかえされる——たとえば「俺が誰かを殺す前には、いつもこの台詞」といった具合に。俗なものと暴力的なものとの並置、インタビュアーのひとりJ・ホバーマンによれば「しゃべり続けてバンバンと撃つ」スタイルが、タランティーノの特徴で、語りと暴力との位相の違いが、暴力がついに発動された瞬間、暴力にさらなる衝撃をもたらすのである。

エルモア・レナードの小説『ラム・パンチ』から脚色された映画『ジャッキー・ブラウン』は、すでにキャリアの下り坂にある前世代の映画俳優を使うことで、ダブル・コーディング的手法を使っていると定義できそうな作品であり、その点でもタランティーノのもうひとつの特徴をよく表わしている。この場合の俳優とは、パム・グリアという、一九七〇年代の紋切り型黒人映画《ブラックスプロイテーション》の有名作品に出ていた女優で、タランティーノは彼女の映画出演歴を熟知しており、このジャンルがかつて大衆に人気があり、そのことに敬意を表していることは明らかだ。しかしこの映画ではもうひとりの忘れられた俳優であるロバート・フォースターにも重要な役割が与えられている。そう言えば、ジョン・トラヴォルタでさえも、『パルプ・フィクション』でギャングの殺し屋を演じて甦る前は、低迷期にあった。『ジャッキー・ブラウン』はまた、主要な登場人物のひとりであるオーデル・ロビー(サミュエル・L・ジャクソンが演じる)が何度も使う「ニガー」という差別語で悪名高い映画でもある。最近はアメリカの黒人共同体のなかでも、この単語は使用されて新しい意味を獲得しつつあるけれども、映画のなかではいまだに衝撃をもたらす単語である——とくに白人の脚本家監督によって使われる場合には。彼の映画ではしばしば、嗜好の限界をどこまで押し進められるかをタランティーノが試そうとする趣きがあり、ハリウッドの悪童監督というイメージを彼が自覚して育てているようにも思える。

『キル・ビル Vol.1』と『キル・ビル Vol.2』は、香港や日本で人気を得た武術映画に多くを依存し、日本のアニメのスタイルを使ったシーンまで含んだ映画で、タランティーノ監督がマーシャル・アーツものというジャンルに敬意を払う作品というに留まらず、ジャンルの混交が目立つ映画でもある。ロバート・ロドリゲスと共同で監督した『グラインドハウス』二部作は、批評家たちの評価は芳しくなく、彼らはこの作品での過去のジャンルへの言及にあまり感心しなかったようで、この完成作品が、元々の作品（「スラッシャー」映画などのエクスプロイテーション・ジャンル）のやっつけ仕事にあまりに似た印象を与えると批判された。全体はふたつの映画作品からできており、ひとつがロドリゲスによる『プラネット・テラー』、もうひとつがタランティーノによる『デス・プルーフ』で、「公開予定」作品の偽の予告編がついている。のちにこれらはそれぞれの監督の名前で、いくつかの場面を付け加えた別々の映画として発表された。タランティーノはまた、ロドリゲスとフランク・ミラーの映画『シン・シティ』では、あるシーンの「特別ゲスト監督」としてクレジットされてもいる。

タランティーノが戦争映画ジャンルに手を染めた『イングロリアス・バスターズ』は、歴史事実を改変したことで批判を受けた作品で、アメリカの秘密諜報部隊がドイツ軍の背後で活動し、ナチス政権によるユダヤ人迫害の復讐を行なうという筋書きである。ここでも暴力は枚挙にいとまがなく、それはもちろん戦争映画では普通のことだろう。最新作『ジャンゴ 繋がれざる者』でタランティーノは、今度は西部劇に焦点を合わせ、強固に守られた神話とジョン・ウェインのような映画の英雄たちの名前が支えてきた、このきわめて様式化されたジャンルに自らのスタイルと関心を重ねあわせようとする。ギャヴィン・スミスが、タランティーノの最初のふたつの映画『レザボア・ドッグス』と『パルプ・フィクション』について、タランティーノは観客の関心を引きつけながら、「ジャンルの決まりごとにどれだけ不協和を持ち込むか」を試しているようだと言っている（Peary 1998: 98）が、タランティーノは『ジャンゴ 繋がれざる者』でも西部劇というジャンルに同じことを行なっている。ここでの主要な影響ジャンルは、セルジオ・レオーネのような監督によるマカロニウエスタンで、ということはすでに特定のジャンルに敬意を払おうと意図されたジャンルにふたたび敬意を払おうとする、いわば二重のダブル・コーディングとも言える。マカロニウエスタンの最大の特徴のひとつは、極端な暴力（ほとんど漫画の域に達するまでの）だったが、それをタランティーノは最初から意識し、くりかえし強調して使っている。

タランティーノの映画にたいするよく聞かれる批判は、それがあからさまにポストモダンにすぎ、現実の生活とはほとんど関係がなく、その代わりに過去の映画との対話を好んで行なっている、というものだ。フランスの雑誌『ポジティフ』のインタビュアーも、タランティーノに「現実とは関わりのないポストモダンで自己言及的、他からの引用にあふれたアートを作っており、一種のフォルマリズム的ゲームをしているだけなのでは」という質問をぶつけている（Peary 1998: 87）。この問いに対するタランティーノの応答は、たとえ彼が意識的に他の映画に言及するとしても、関心はつねに「ドラマとして魅力的な物語を語る」ことにある、というものだ（Peary 1998: 87）。「ある次元ではフィクション、しかし別のレベルではゴダールの映画のように映画批評なのではないか」というギャヴィン・スミスの示唆（Peary 1998: 109）のほうが、タランティーノには好ましく思われるだろうけれども、彼は自らの映画を知的営みとは考えておらず、映画制作のカギは物語を語ることにあると指摘することも忘れていない。間テクスト性という名高い彼の方法も、今日私たちのまわりに遍在するメディア文化に対する価値判断抜きでの反応に過ぎず、たとえば今日ではだれでもテレビやDVDを通して、望めばいくらでも過去の映画作品にアクセスできるのである。メディアやポピュラー文化にこのように深く浸されてしまった私たち観客は、前の世代よりも間テクスト性を自然に受け取ることができ、タランティーノにとっては、そのような現在では当たり前となった感覚を相手にしているだけなのである。こうした感覚を彼自身きわめて居心地よく感じている——タランティーノは大の映画ファンで、その好みはB級映画から前衛映画まで幅広い。このことは彼が、ポストモダン美学のまた別の基準を満たしていること、つまりポピュラー・アートと高級芸術との境界をぼかすことに自信をもって臨んでいることを示すものでもあろう。

タランティーノの主要作品

Tarantino, Quentin (dir.), *Reservoir Dogs*, Momentum, 1992.（『レザボア・ドッグス』）

—— (dir.), *Pulp Fiction*, Jersey Films, A Band Apart, Miramax Films, 1994.（『パルプ・フィクション』）

—— (dir.), *Jackie Brown*, A Band Apart, Miramax Films, 1997.（『ジャッキー・ブラウン』）

—— (dir.), *Kill Bill, I*, A Band Apart, Miramax Films, Super Cool Manchu, 2003.（『キル・ビル　Vol.1』）

—— (dir.), *Kill Bill, II*, A Band Apart, Miramax Films, Super Cool Manchu, 2004.（『キル・ビル　Vol.2』）

——— (dir.), *Grindhouse* (double-bill, Planet Terror and Death Proof, with Robert Rodriguez), Dimension Films, Troublemaker Studios, et al., 2007.（『デス・プルーフ in グラインドハウス』）

——— (dir.), *Death Proof* (extended version of Grindhouse version), Troublemaker Studios, 2007.

——— (dir.), *Inglourious Basterds*, Universal Pictures, A Band Apart, et al., 2009.（『イングロリアス・バスターズ』）

——— (dir.), *Django Unchained*, Columbia Pictures, et al., 2012.（『ジャンゴ　繋がれざる者』）

参照文献

Barton, Charles (dir.), *Bud Abbott and Lott Costello Meet Frankenstein*, Universal Studios, 1948.（チャールズ・バートン監督『凸凹フランケンシュタインの巻』）

Leonard, Elmore, *Rum Punch*, New York: Delacorte, 1992.（エルモア・レナード、高見浩訳『ラム・パンチ』角川文庫）

Peary, Gerald (ed.), *Quentin Tarantino: Interviews*, Jackson, MS: University Press of Mississippi, 1998.

Rodriguez, Roberto and Frank Millar (dirs), *Sin City*, Dimension Films and Troublemaker Studios, 2005.（ロバート・ロドリゲス&フランク・ミラー監督『シン・シティ』）

Scorsese, Martin (dir.), *Taxi Driver*, Bill/Phillips, Italo/Judaeo Productions, 1976.（マーティン・スコセッシ監督『タクシードライバー』）

ルネ・トム

René Thom
1923-2002

ルネ・トムは数学者で、トポロジー（システムの形状についての研究）とモルフォジェネシス（形態の研究）によってカタストロフ理論を生みだし、複雑系の働きに関する新たな知見、とくにそれが展開のある段階で危機的局面に達する傾向があるという発見をもたらした。トポロジーのモデルは、そのような不連続点がどこで起きやすいかを図示する。カタストロフ理論は、それを引き継いだカオス理論と複雑系理論とともに、ポストモダンの思考に大きな影響を与えてきたが、それはそれぞれの理論が、物理的世界には人間の力では有効な統制ができない出来事があるという感覚をはらむからだ。ポストモダニストはこの世界観を強化する証拠をつねに追い求めており、たとえばジャン＝フランソワ・リオタールが『ポストモダンの条件』でこうした理論に依拠しながら、トムの仕事に何度か言及し、どんなシステムにも私たちの力を完全に及ぼすことはできないと考えられると示唆している。リオタールの意見によれば、「精確さが増すにつれて、不確定性（統制の不在）が減っていくというのは誤りである。同時にそれは増大もするのだ」(Lyotard 1984: 56)。言いかえれば、あるシステムが複雑になればなるほど、それはまた同時に故障しやすくもなるということだ。皮肉にも、私たちのテクノロジーはあらゆる製品の精確性を高めようとしており、それが文化の要石となっている。

カタストロフ理論の主張によれば、時間がたてばシステム内で起きる不連続や断裂を予測して図示することは可能であり、どんな複雑系もある時点でそうした故障に見舞われる。アレクサンダー・ウッドコックとモンテ・デイヴィスが言うように、私たちの宇宙では「不連続は例外であると同じくらい規則なのである」(Woodcock and Davis 1978: 14)。トムを惹きつけるのは、この安定と不安定との関係であり、それは「形態の継承」という問いを提起する――

人類が解明しようとしてきた主要問題のひとつに、形態の継承という問題がある。現実の極限的な性質が何であれ（この表現が何らかの意味をもつとすれば）、私たちの宇宙がカオスではないことは疑問の余地がない。私たちはヒト、モノ、コトを感知し、それらに名前を与える。これらの存在や物には形態や構造として、なんらかの安定性が与えられている。それが空間のある部分を占めて、幾ばくかの間、持続するのである。（Thom 1975: 1）

私たちが経験する宇宙には通常こうした安定性がある。しかし私たちは同時に、変化にも気がつく、よって「自分たちの見ている宇宙とは形態のたえまない生成、進化、破壊であり、科学の目的とはこの形態の変化を予見し、可能ならば説明することにある、ということを認めなくてはならない」（Thom 1975: 1）。そういった変化はしかし、「単一のきれいに定まったパターン」に収まるわけではなく（Thom 1975: 1）、そのことが意味するのは、決定論と非決定論とがともに作用している、ということだ。ここがポストモダンの哲学者たちにとって大いに興味をそそられるところで、それは、パラドックスが機能して思考の体系が掘り崩されるからである。「同じ局所状態が、認識不可能な、または観察不可能な因子の影響によって、明らかに異なる結果を招いてしまうように見える」（Thom 1975: 2）といった言明が示唆するのは、出来事に意思を押し付けようとする私たちの能力には限界があるということで、それがポストモダニストにとっては自らの理論を支える証拠となるのだ。トムがそうした状況で非決定論が生まれてくるのは皮肉な事態と見なすのは、科学はそのような事態を否定し、予測のために確固とした基盤を提供することを主要目的としているからである。

トムはさらに「現象の進化がうまく決定されていないように見える曖昧な、あるいは破局的《カタストロフィック》な状況」（Thom 1975: 2）について語るのだが、そこに私たちは、彼の理論を他の目的に応用する際の問題がいくつか現れてくるのを見る。「曖昧さ」は「カタストロフ」よりもずいぶん柔らかい表現だが、一般に通用するようになったのはもちろん後者の表現だ。様々なプロセスがどのように進展するかを予測する能力が、科学や日常の出来事では大きな役割を果たすので、不確定性をできるだけ除去し予測を可能にするために、「局所的なモデル」(Thom 1975: 2)が使われる傾向がある、とトムは指摘する。そうすることで私たちは、トムの言う「形態化可能な」プロセスを得ることができるが、それは「必ずしも決定論的ではない」ので、科学者たちは「完全に満足すべき」見解とは考えない(Thom 1975: 2, 3)。かくして、リオタールのようなポストモダンの哲学者がメタナラティヴの予測能力にたいする疑いを表明するのに十分な空隙が開くというわけである。

トムは「システムの局所状態をパラメーターで表す」ことのできるモデルを提唱し、それを「カタストロフ集合」と呼ぶが(Thom 1975: 7)、彼がそれを説明する言語はかなり大人しいものだ——「観察可能変数Mの空間がカタストロフ集合といわれる閉部分集合Kを含む場合、このシステムの代表点mがKを横断しないかぎり、このシステムの局所的性質は変化しない」(Thom 1975: 7)。mがKを横断するとき、不連続が生じ、形態の以前の状態が変化する。しかしトムが注意深く指摘するのは、Kの局所的性質を詳細に分析すれば、不連続をある程度は予測することが可能となるという。トムはこれを「初等カタストロフ」(Thom 1975: 8)と名付け、それらが局所レベルで一連の現象として生じないかぎり、全体の形態に目立った変化はない、という。ポストモダニズムの理論家たちには、トムがここで言っているよりも予測不可能性を強調しすぎる傾向があるという批判は当たっているだろう。トムはしかし、彼の理論が日常の明らかに形態化できない経験に適用できないかと考える——「たとえば、古くなった壁の亀裂や、雲の形、落ち葉が落ちてくる軌跡、ビールの泡のような」(Thom 1975: 9)。まさにそうした現象が、のちにカオス理論によって追究されていくのであるが。

モルフォジェネシスに関するトムの研究は、急速に数学的になっていくが、彼はときに哲学にも示唆を与えそうなアイデアを随所に記す。たとえば彼は、箱(B)のなかで自然現象を隔離して、ある一定期間(時間軸となるT)観察して、すべての時点で観測することを想定するように求める。そこでもし私たちが、ある時点(x)とその近辺のどの時点とのあいだで何の差異も見出せないとすれば、それは「カタストロフ点」ではなく「正則点」ということになる(Thom 1975: 38)。しかし彼は、その区別が「観察の精密さに依存するので、何がしか恣意的である」ことを認める。「十分に精妙な観察の技法を用いれば、どの点もカタストロフ点になるという異議には一理ある。だからこの区別は理念であって、数学的モデルによってのみ精密さを期することができるのである」(Thom 1975: 38)。たとえかりにこれがひとつの可能性に過ぎないとしても、哲学的想像力をたくましくすれば、私たちがつねに不連続の裡に囚われていると考えることは可能であり、それこそ多くのポストモダニストたちが採用する世界観である。しかしながら、そうした解釈が一般に見られる安定性を無視して、ことさらに不連続を強調しているという批判も当然生じるだろう。

アラン・ソーカルとジャン・ブリクモンによれば、カタストロフ理論はポストモダニズムの哲学者たちによって、ひどく誤解され、誤用されてきた科学理論のひとつである。彼らのリオタールに対する反論は考察に値する。それが、科学と哲学の関係に関わる問題、とくに哲学者が社会と政治の理論を編みだすのに科学的な知見を利用するさいの問題を提起するからだ。ソーカルとブリクモンによれば、リオタールはフラクタル幾何学とカタストロフ理論を「ポストモダン科学」の例と考えているが、たしかにこうした数学的理論は興味深く、物理学のような領域では適用可能であることが証明されているけれども、リオタールの主張とは異なり、「それらは伝統的な科学の認識論には全く何の疑義も唱えていない」のである(Sokal and Bricmont 1998: 127)。さらに彼らは、リオタールがカタストロフ理論の概念を使って科学そのものの発展を描こうとすることを批判する。「ポストモダン科学は……自らの進化を不連続でカタストロフィックで修正不可能なものとして理論化している」(Lyotard 1984: 60)というリオタールの主張がそれだ。リオタールによれば、数学と哲学の文脈ではそれぞれこうした言葉の意味合いが異なるとしても、それにもかかわらずふたつの学問領域である程度の照応関係が存在する。ここでリオタールが言っていることは、トマス・クーンの言うパラダイム・シフトに近い(『科学革命の構造』参照)。ポストモダン科学が「既知のものでなく、不可知のものを創りだしている」(Lyotard 1984: 60)というリオタールの結論には、ソーカルとブリクモンが言っているように、問題がある。それでもリオタールの言うことにある程度の説得力があるのは、科学が自らの限界に気づき始めており、宇宙には私たちの知りえないものがつねにあるのだという認識のゆえである。リオタールが正しいのは、(トムのような)最新科学が私たちの世界観を変え、それが社会と政治に関する意味を持っているという点である。

もし科学の専門家だけが科学理論について論評できるとすればそれは大いに残念なことで、それは科学と一般大衆との距離を広げるだけだろう。トムが『構造安定性と形態形成』の「序文」の冒頭で、次のように言うとき、彼は他の領域にも手を伸ばしているように見える——「数学者によって書かれたこの本は、これまで自分たちの扱う対象が数学によって扱われることに抗ってきた生物学者や他の領域の専門家にもできれば読んでもらいたいと思う」(Thom 1975: xxiii)。彼はまた数学者でない人には本の複雑で技術的なところは飛ばして読んでかまわないとも言い、数学者にはあまり専門的で自閉的になり過ぎて一般の人びととの理解からかけ離れてはならないと警告する——「あらゆる事象が一貫していても完璧に抽象的な数学的プロセスによって支配されているような宇宙には、人の精神は満足できないだろう」(Thom 1975: 5)。彼自身の著書は確かに抽象的だが、その理論を広く適用することは阻まれていないのである。

カタストロフ理論は、人間や動物の営みを含め、多くの物理的領域に適用されてきたが、その知見は多くの議論を呼んでもきた。トム自身は、すでに言及したように、この理論が生物学に関係があると考えており、その領域における誤った概念の修正に役立つと示唆していた。たとえば、生物学者が「情報」という用語をあまりに単純に使う傾向があり、多くの場合はかわりに「形態」を使った方がいいとトムは言う。全般的にカタストロフ理論はカオス理論と複雑系理論によって乗り越えられたとされており、これらは複雑系の内部作用についてますます精妙なモデルを提示している。トムの仕事がこうした理論の基盤となったことは疑いなく、彼は少なくとも哲学的思考に多くの科学の食材をもたらしてきたと言えるだろう。

トムの主要著作

Thom, René, *Structural Stability and Morphogenesis: An Outline of a General Theory of Models* [1972], trans. D. H. Fowler, Reading, MA: W. A. Benjamin, 1975.（彌永昌吉・宇敷重広訳『構造安定性と形態形成』岩波書店）

———, *Mathematical Models of Morphogenesis* [1980], trans. W. M. Brookes and D. Rand, Chichester: Ellis Horwood, 1983.

———, *Semio Physics: A Sketch, Reading,* MA: Addison-Wesley, 1990.

参照文献

Kuhn, Thomas, *The Structure of Scientific Revolutions* [1962], 2nd edition, Chicago and London: University of Chicago Press, 1970.（トマス・クーン、中山茂訳『科学革命の構造』みすず書房）

Lyotard, Jean-François, *The Postmodern Condition: A Report on Knowledge* [1979], trans. Geoff Bennington and Brian Massumi, Manchester: Manchester University Press, 1984.（ジャン＝フランソワ・リオタール、小林康夫訳『ポストモダンの条件』水声社）

Sokal, Alan and Jean Bricmont, *Intellectual Impostures: Postmodern Philosophers' Abuse of Science*, London: Profile Books, 1998.（アラン・ソーカル＆ジャン・ブリクモン、田崎晴明他訳『「知」の欺瞞』岩波現代文庫）

Woodcock, Alexander and Monte Davis, *Catastrophe Theory*, Harmondsworth: Penguin, 1978.（アレクサンダー・ウッドコック＆モンテ・デイビス、野口広訳『やさしいカタストロフィ』東京図書）

ロバート・ヴェンチューリ

Robert Venturi
1925-

卓越した建築家であり建築理論家でもあるヴェンチューリがその名を高めたのは、共著者となった挑発的な研究書『ラスベガス』だが、この都市にすぐ結びつく遊び心あるヴァナキュラー建築（批判者は大概「キッチュ」として貶めてきたのではあるが）の価値を、社会工学重視のモダニズムのプロジェクトの生真面目さと対置して熱心に擁護するのが同書であった。ポストモダニティについて論じるマルクス主義者デヴィッド・ハーヴェイが的確にまとめているように、これは建築のポストモダニズムの勃興に「強烈な刺激」（Harvey 1990: 40）を与える書物でもあった。モダニズムの建築家は大半の建物のもつ機能性の感覚を欠いてきており、代わりに美学的表明を行なうことを好んでいると捉えるヴェンチューリとその同志たちにとって、モダニズムの根本にある美学なるものはまるで問題にならない。建築家と大衆の間の距離が開いたのは「建築家が環境を予断なしに見る習慣を失っているからである。……建築家は、そこにあるものを高めるよりもそこに存在する環境を変化させることの方を好んできている」（Venturi 1977a: 3）。この「進歩的な」態度、すでにそこにあるものを変化させるだけでなく必要と見るや破壊する衝動、これこそがヴェンチューリが立ち向かう相手としてとりわけ意識するものであり、「建築家としての私は習慣ではなく、過去に対する意識的な感覚によって、つまり慎重な把握の対象としての先行者によって導かれようと努めるものである」（Venturi 1977b: 13参照）との言葉がある。ヴェンチューリの場合そこから導き出されるのが、建築における「多様性と対立性」（Venturi 1977b参照）の擁護であり、これはモダニズム運動のなかで意味をもった純粋な形式と簡素な外観へのフェティシズムに代わるものである。

ヴェンチューリとその共著者たちがラスベガスに見出したのは、モダニズムのまさに対極にある建築の様式であり、ユーモアと派手な色彩と、さらにモダニズムがきっぱり拒絶するやり方で大胆に注視を集める一連の装飾的要素を用いて大衆の無意識に直接訴えかけるように計算された様式である。ラスベガスのような都市に見られる美学は、明らかに混沌としたもので、建築の純粋性と社会工学という高い理想を備えたモダニズムがそうであった以上に通行人の意識を奪うことに集中している。あられもなく商業一辺倒であるラスベガスは、その建物も現状を積極的に享楽していて、通行する一般大衆の注視を捉えるためにキッチュを選び、競合相手を押しのけてその当の建物が提供するサービスや商品などの誘惑に客をおびき寄せることを狙っている。「ここで立ち止まりなさい」というのが、その種の建物が伝える見まがうことのないメッセージである。美学の問題はまったく考慮対象にならず、ヴェンチューリとその同志たちにしてみれば、これは賞賛に値することであって、同業の建築家が専門的には失敗とする批判を行なってきたが、それは不当なのである。

モダニズムの建築家がその純粋性重視のアプローチに固執し、「精巧な芸術と未熟な芸術の混合」(Venturi 1977a: 6)を排したのに対して、この前進の方法を復活させるヴェンチューリは、それがイタリア・ルネサンスと対抗宗教改革の建築に決まって見出される方法であると指摘するのだが、確かにイタリアの古い都市を訪れる誰もが気づくこととして、そこでは大邸宅と日々の商いの舞台となることも多かった慎ましやかな住居とが寄り添っているのだ。モダニズムの建築家が追求する統一が間違いなく欠落しているそのような実例をモデルとしてヴェンチューリは発想を引き出しているのであって、かつてパリ中心部を取り壊し、あらためて統一感を実現する作業に着手するように提言したことで名高いル・コルビュジエのようなモダニズムの象徴的人物からではない。秩序がラスベガスの建築において指し示されうるのだとすれば、それはこの都市特有の仕事日の機能の産物でなければならない。

そのような特徴を帯びるラスベガスに足を踏み入れたヴェンチューリの目的は、アメリカの既成のアーバニズムの研究を「社会的に望ましい活動」とすることであって、それを通じて都市部の再生が現在よりも「押しつけの色が薄いもの」(Venturi 1977a: 6)になることが期待されるのである。ラスベガスとローマの興味深いいくつかの並行関係を建築家仲間への何らか貴重な教示と考える彼が伝えるべく奮闘するのは、「ローマにとって広場にあたるのがラスベガスの大通りだ」ということ、「両都市ともに使用量と空間規模の荒っぽい重なり」(Venturi 1977a: 18) があって、それを綿密に観察すれば敷居の低い環境の構築について両都市が教えてくれるものは大きいということになる。建築家は建物を、美学的メタナラティヴのようなものに則って再設計することを目指すのではなく、都市が現在そして過去にどのように用いられてきたのかに合わせて調和させるべきであるというのが主たる教えである。ラスベガスでは、これはあるカジノから別のカジノへ車で移動することが容易である計画を中心とすることである。その条件がこの都市のギャンブル産業の成長と並行した大通りの開発に作用したのである。

大通りにおいてまた注目すべきであるのは、機能の統一性であり、ホテル＝カジノが道路にきわめて近接していて通行する自動車から見えるのだが、建物の前面と両脇には十分な広さの駐車場もある(自動車運搬が基準として想定されている)。また目を惹くのが、全関心が「営業面」としての建物の前面に集中していて、裏側がふつう「様式不在」(Venturi 1977a: 35) であるのは、そこに営業上の重要性がないからである。同じ原理が適用できるそれぞれのカジノの看板は、新たな客が姿を現すことになる「ハイウェイに向けてきわめて注意深く調節されている」(Venturi 1977a: 51)。内部でも同じパターンを踏襲するカジノでは、薄暗いギャンブル室に窓はなく、そのため客は時間の感覚を失うのだが、もちろんそれがすべてカジノのオーナーに好都合であるのは、関心を逸らすものがなければ客はギャンブルにのめり込むだけになるからだ。しかしながら、自分の関心は、ラスベガスの道徳にはなく、ただ都市現象としてそれがどう機能するのかだけにあるとヴェンチューリは述べる。

ヴェンチューリがラスベガスの次に「新しいけれども古い建築の方向性」(Venturi 1977a: 87) をいかにして促すのかという一般性のより高い問題を考察するのは、すぐれてポストモダン的な態度のように見える。同書の反モダニズムの方針を崩さないヴェンチューリとその同志たちは、美学的な考察から出発するのではないことを明らかにし、代わりに「私たちは建築における醜悪で平凡なものの象徴性に、そこに象徴が付帯する小屋としての建築に賛成する」(Venturi 1977a: 90) と大胆に宣言する。このようにして私たちが導かれる「装飾された小屋」という概念は、ヴェンチューリらにとって建築が今後その主要モデルとして何を選ぶのかの答えとなっている。これが実際にどのように機能するのかを示す例として、自作の建築であるギルド・ハウスというフィラデルフィアにあるアパートメントの建物を彼らは掲げ、建築家ポール・ラドルフによって造られたニュー・ヘイヴンのクロフォード・マナーという一九六〇年代の別のアパートメントの建物と対置する。両者の建物の象徴性はそれぞれ「醜悪・平凡」と「荘重・斬新」（Venturi 1977a: 93）である。後者のアプローチは、比較的簡素な様式で（たとえば装飾不在）盛期モダニズムの「改革前進」（Venturi 1977a: 103）の綱領を想起させるが、社会が今日発展する仕方と無縁と一蹴される。著者たちがきっぱり宣言するように、「これは時代にそぐわず、純粋な建築を通して荘重な関係が可能であるような環境は私たちにはない」（Venturi 1977a: 163）。ギルド・ハウスの方が人びとの日常生活に、そして居住する建物に実際に人びとが望むことに適合していると（ギルド・ハウスが高齢者用住居であることを念頭に置けば）考えられるのである。

ヴェンチューリは『ラスベガス』を結ぶにあたり、自分たちの建築理論が、ヴェンチューリとローチの設計活動が多年にわたり受けてきた注文から発生したのだと指摘している。小規模、低予算が主体だったのだ。批判者たちはその結果の建物を「醜悪」で「平凡」だと述べたが、この建築設計事務所がこうした考えを受け容れて、そこに示されている「建築家の慎ましい役割」に満足しようと決めたのは、これがモダニズムの提供するものよりも「芸術的にはよほど将来性のある役割」（Venturi 1977a: 129）であったからだ。

ヴェンチューリのヴァナキュラーで大衆的な趣味への加担が、彼の建築家としての経歴を通して際立っていることは『建築のイコノグラフィーとエレクトロニクス』の自身による紹介の文句「表現空間と産業構造として定義される普遍建築の死を公認する穏やかなマニフェスト」（Venturi 1996: 3）にも見られる通りである。ヴェンチューリは、二〇世紀後半、モダニズムとそれがやむことなく推奨していた「国際様式」の死の後で、建築が何をするべきなのかに関してまるで異なる見解を有している。「建築は、正しい思想、重々しい修辞、仰々しい理論、退屈な観念、古くさい技術とは今や無縁であることを認めようではないか。建築の本質が、小屋と象徴であること、居住のための場としても重要な、建てやすく使いやすい小屋であることを認めようではないか」（Venturi 1996: 3）。まさにこの実際的な性質が、じつに多くのモダニズム建築から失われてしまっているのであり、ここには、居住者にとって建物は第一に、家庭生活であっても仕事であっても毎日の暮らしを営む住処なのだという認識がある。

　ポストモダンという括りのもとにモダニズムをすげ替えるあらゆるものにヴェンチューリが賛意を示しているのではないことは、「ポストモダニズムのぎらついた歴史主義、いまや多様性と対立性が行き過ぎた挙げ句の脱構築主義のサド・マゾ的な表現主義風の適用」（Venturi 1996: 8）に対する彼の一刀両断を見れば明らかである。標的となっているのが、たぶんレム・コールハースと脱構築主義の一派であるのは、作品がそうした理論の影響下にあるからだ。ポストモダニズムもまたイデオロギーに関わる正しさを帯びうるのであり、これはつねに避けなければならないという観点が打ち出されている。専門家集団のなかで偶像破壊者でありつづけるヴェンチューリは、つねに無難な共通了解に物申す態度をとろうとしているのだ。

　建築がどうあるべきかに関してのヴェンチューリの見解と、ポストモダンの建築理論の主唱者としてより一般に知られているチャールズ・ジェンクスの見解の間にはいくつかの注目すべき類似点がある。過去を考慮しようという考えにしても、設計にあたり一般大衆を念頭に置こうという考えにしても、ジェンクスが『ポストモダニズムの建築言語』において「ダブル・コーディング」として理論化したことと確かに一致している（Jencks 1991: 12）。ジェンクスはヴェンチューリほどにヴァナキュラーなものを強調することはないかもしれないが、両者は多くの点で、モダニズムの厳格さと押しつけがましさに対するほとんど同一の戦いに身を挺しており、建築に対するさらに実践的、もちろんさらに人間的なアプローチを求めている。ヴェンチューリによる大衆の趣味の擁護もまた、次段階に進んだポストモダン美学の成り行きとよく符合している。おそらくもっとも重要であるのは、ヴェンチューリもジェンクスも建築家に大衆との関係を再考するように促している点であり、それを行なう必要性こそが、様々な芸術分野を通してポストモダニズムの基礎でありつづけているのである。

ヴェンチューリの主要著作

Venturi, Robert (with Denise Scott Brown and Steven Izenour), *Learning from Las Vegas: The Forgotten Symbolism of Architectural Form*, 2nd edition, Cambridge, MA and London: MIT Press, 1977a.（石井和紘・伊藤公文訳

『ラスベガス』鹿島出版会)
———, *Contradiction and Complexity in Architecture*, 2nd edition, London: Butterworth Architecture, 1977b.（伊藤公文訳『建築の多様性と対立性』鹿島出版会）
———, *The Architecture of Robert Venturi*, Albuquerque, NM: University of New Mexico Press, 1989.
———, *Iconography and Electronics Upon a Generic Architecture*, Cambridge, MA and London: MIT Press, 1996.
——— (with Denise Scott Brown), *Architecture as Signs and Systems: For a Mannerist Tune*, Cambridge, MA: Belknap Press, 2004.

参照文献

Harvey, David, *The Condition of Postmodernity: An Enquiry into the Origins of Cultural Change*, Cambridge, MA and London: Blackwell, 1990.（デヴィッド・ハーヴェイ、吉原直樹訳『ポストモダニティの条件』青木書店）
Jencks, Charles, *The Language of Post-Modern Architecture* [1975], 6th edition, London: Academy Editions, 1991.（チャールズ・ジェンクス、竹山実訳『ポストモダニズムの建築言語』エー・アンド・ユー）

グラハム・ワード

Graham Ward
1955-

　ワードは、宗教研究における急進派正統《ラディカル・オーソドクシー》運動を率いたひとりで、この運動は、ポストモダニズムを世俗主義における危機の兆候ととらえ、それを利用することで西洋文化に神学的次元を再導入しようとした人たちによって担われた。『ラディカル・オーソドクシー――新たなる神学』と題された論文集で、編者たちは（ワードもそのひとり）、世俗主義を「魂を欠き、攻撃的で無関心、斜に構えた」ものとして描き、彼らが提唱する新しい神学的試みに「最高の機会」を提供する精神的空虚を、世俗主義が社会のなかに作り出した、と主張する（Milbank *et al.* 1999: 1）。この運動は「キリスト教の信条と教父の教えという模範」に忠実でありながら、同時に、それが受け継いできたキリスト教の「伝統を再考する」必要に自覚的であるとも公言する（Milbank *et al.* 1999: 2）。それが意味するのは、たんに古いドグマにしがみついて批判に耳を傾けないというのではなく、モダンやポストモダンの様々な知的潮流と交渉することだというのである。

　この本に収められたワード自身の論文「イエス・キリストの置き換えられた身体」は、キリストの本質ないしは身体への理解が、ユダヤ人男性という人間的側面から可能となるという考え方を退ける。ワードにとって、

> 「男性である救世主が女性を救うことができるのか」といった問いや、イエスのセクシュアリティに関する昨今の探究は、歴史上の人物としてのイエスを合理的に探ろうとする一九世紀の研究を引き継ぐものに過ぎず、キリストの身体の本質をとらえ損ねている。なぜならこうしたアプローチは、人間的なものをキリストにたいする判断基準としているからだ。（Milbank *et al.* 1999: 163）

ワードによれば、このような探究の背後にあるのは、理性が神性をふくめた世界の神秘を解明しうるという啓蒙主義の世界観である。啓蒙思想は、理性に反するものを受け入れようとはせず、よって奇跡や秘跡を重んじる宗教思想の多くを拒む。脱構築の思考のある側面と共通するワードの考え方は、イエスの身体が「一連の置き換え」にさらされているので、「救世主の身体の繰り延べられたアイデンティティ」を考えることができるというものだ（Milbank *et al.* 1999: 163）。ワードはキリストの身体性を分析するのに、その昇天に議論を絞り、それが「救世主の身体の不安定となったアイデンティティの最終段階」であると解釈する（Milbank *et al.* 1999: 163）。そしてこの不安定なアイデンティティは、たんに男性なのではなく「複数のジェンダーをはらんでいる」と考えられるのであるが、この結論はいかなる合理的な分析とも相反するものだろう。脱構築主義者がこのことをキリストの神性の証拠と見なす必要はないが、このようにワードが持ちこむ概念は、脱構築主義者にとっても無関係ではなかろう。少なくともここには、アイデンティティを流動的で柔軟なものと見なす脱構築の思考と似たものがあるからだ。

ワードは『バルト、デリダ、神学の言語』で、宗教的言語への新たなアプローチを試み、ドイツの神学者カール・バルトとジャック・デリダの脱構築との架橋を、リトアニア生まれのフランスの哲学者エマニュエル・レヴィナスの思想を介して行なう。ワードにとって、デリダのロゴス中心主義批判はとりわけ有効で、それによって、キリスト教信仰を合理化する啓蒙主義以来の傾向に対する批判が、キリスト教信仰を哲学の領域へと移し替えることによって可能になると考える。こうした傾向に従えば、ワードの見るところ、「歴史上の人物としてのイエスに対する関心はその倫理性にしか焦点を合わせず、形而上学の問題を軽視してしまうことになる」（Ward 1995: 6）。ワードが甦らせたいのは、まさにこの、形而上学的側面とそれに必然的に伴う神秘であって、それによって私たちは「受肉とはまったく異なるキリストの神性」に直面することができるのである（Ward 1995: 6）。こうしたことを人間の言語、すなわち人に理解可能な言語で語ろうとすることは難しい。ワードにとって、デリダの差延という概念は神学的にきわめて重要で、「神の言葉をめぐる新たな神学」を構築する手段を提供してくれるのである（Ward 1995: 10）。

ワードはデリダの著作における（とくにデリダがレヴィナスについて論じているときの）「交渉」という要素の重要性

を強調する——「交渉は（自分自身の、そして他者の）意図にたいする疑義を示唆する」（Ward 1995: 174)。ワードによれば、テクスト性の内部ではつねに何らかの交渉が行なわれており、デリダのレヴィナスとの交渉の内実を検証することによって、そこで得られた教えをバルトの著作に適用し、「ポストモダンのキリスト教学へと」移行することができる（Ward 1995: 175)。形而上学をデリダのように根本的に問題とし、意味が差延の働きによってつねに繰り延べられると考えることは、ワードにとって、「語りえないものを語ることの必要」のような、神学の基礎にくりかえし現れてくる問題を問うことにつながる。事実、ワードは「差延とは神学の内部でのみ明確に機能する」とまで言うのである（Ward 1995: 233)。

ポストモダニズムとはインターネットやサイバースペースの世界であって、ポストモダンの神の本質を考えるためにはそうした空間を探索しなくてはならない、とワードは論文集『ポストモダンの神』の序文で言う。ポストモダニズムと後期資本主義の密接な関係を論じるフレドリック・ジェイムスン（『ポストモダニズム——後期資本主義の文化論理』）とデヴィッド・ハーヴェイ（『ポストモダニティの条件』）の理論を参照しながら、ワードは、「サイバースペースをポストモダニズムの文化的メタファー」として扱うことによって、「モダニズムが時空間と存在に関する特定の把握と結びついており、ポストモダニズムはそうした把握を構成している神話やイデオロギーを破砕する」ことが理解できるようになる、と述べる（Ward 1997: xvii)。モダニズムは宗教から世俗への移行を主張するが、ワードによる最近の文化史理解は、「ポストモダニズムの出現が、別様にありうる他の世界を思考するポスト世俗主義を育んできた」というものだ（Ward 1997: xxii)。それゆえに神学の世界がふたたび前面に現れ、ことに「サイバースペースの発達、つまりそのなかでは（モダニティの企図によって考えられていた）時間と物質が消滅し、仮想現実でしかない空間性」がそこでは重要となる（Ward 1997: xxii)。このような文脈こそが神学にはふさわしいものだが、ここで注意しなくてはならないのは、ポストモダニズムがメタナラティヴへの帰還を促すものとして、複数主義を必ずしも考えていなかったという点であろう。ポストモダニズムが複数主義と差異にともに掉さしながら、同時にメタナラティヴをも容認していたと考えるには、相当な無理が伴うからだ。メタナラティヴとしての宗教の地位を、ワードはほとんど取り扱っていない。

ワードはさらに次のような驚くべき発言も行なう

――「神学だけがポストモダンのプロジェクトを完成することができる」(Ward 1997: xxxiv)。なぜなら、もしポストモダニズムが「主体の死」を喧伝するなら、まったく「自律的な主体を……考えることができない」神学が最良のモデルを提供するだろうからだ(Ward 1997: xliii)。彼はまた、神学の基礎に何の問題もないのは、「それが自らの起源を考えることができず、つねに思考不可能なものがもたらされるそのなかで探し、また求める」からだ、と言う(Ward 1997: xliii)。しかしこの主張に対しては、それが神の神秘性という旧来のキリスト教が示すいつもの手に救いを求めることだという批判が可能だろう――神の存在が問えないのであれば、神は神秘的であろうがなかろうが、メタナラティヴの根拠として機能してしまうことになるだろうからだ。ワードは結局のところ、神学によるポストモダニズムの乗っ取りを主張しており、「ポストモダニズムのサイバースペースを組み込んで、そのなかでそれを超えて書くことで、自らの秩序を打ち立てること」(Ward 1997: xlii)を神学に促すのだが、これはポストモダン理論家たちが考えているポストモダン的なものを消去してしまうことになるのではないだろうか。

どうやらまるでワードは、ポストモダン思想が開いた「別様にありうる他の世界」をキリスト教神学という単一の正しい道に還元しようとするかのようで、とくにその印象は、彼がその論文を、私たちは「道の分岐点へと」(Ward 1997: xliii)到達したのであり、どちらの道を取るのかを選択しなくてはならないのだ、と言って閉じるときに強まる。『天路歴程』への言及が、この点で疑いようのないメッセージを伝えている。一方にニヒリズムが、他方に信仰があるという世界観は、どう見ても、複数的でも差異を支持するものでもないだろう。

『神の都市』は、どのようにして神学を二〇世紀終わりの西洋で発達した都市文化、すなわち「未曾有の社会的孤立と仮想現実の浸透」する世界と調和させるかを探る著作である(Ward 2000: ix)。ワードの感覚では、この世界は人びとが生きる目的を回復するために神学的な応答を待っており、ポストモダニズムはそうした応答を与えることができずに、代わりに後期資本主義の到来によって、「幻想にあふれ、恍惚におぼれ、約束された快楽の魅惑にぎらついた」「際限なき欲望の都市」が創りだされている(Ward 2000: 52, 53)。ここでもワードは、インターネットとサイバースペースに言及し、欲望をかきたてるのではなく、共同体意識を生むためにそういったテクノロジーを使うべきだと主張する。ただし彼の言い方は、あまりに判断に急で、誇張が過ぎるようにも映る。現代の都市生活者でキリスト教信者でない者が、すべて幻想や恍惚や快楽におぼれているわけではないし、そうしたいと思っているわけでもないからだ。

ジョン・カプートの著作（たとえば『イエスは何を脱構築するか？』参照）と同様、キリスト教神学の問題領域の分析に脱構築とポストモダニズムの道具立てを使うのは巧妙なやり方であると認めざるを得ない一方で、そのような理論の巧妙さを、神学を信用できるものにして批判を食い止めるために用いる信仰の体系には疑問が生じる。ワードやカプートのこうした議論においては、私たちの関心がつねに自分たちでは知りえず、語ることもできないものに引き付けられるとされるので、なかなか議論にはなりにくい――神学は無論のこと、他の分野でも。リチャード・ローティのようなプラグマティズムの哲学者は、ことにこういった言説には批判的で、それが言語ゲームと同じで、「時間も偶然も超えるような何か」につねに回帰するだけだ、と言う。そのような観点から見れば、そもそも解決すべき問題など存在しないのであり、プラグマティストにとっては、何であれ「思考不可能なもの」に私たちが付き合う必要などないのである。

ワードの主要著作

Ward, Graham, *Barth, Derrida and the Language of Theology*, Cambridge: Cambridge University Press, 1995.

———, *Theology and Contemporary Critical Theory*, Basingstoke and London: Macmillan, 1996.

———, 'Introduction, or, A Guide to Theological Thinking in Cyberspace', in Graham Ward (ed.), *The Postmodern God: A Theological Reader*, Oxford and Malden, MA: Blackwell, 1997.

———, *Cities of God*, London and New York: Routledge, 2000.

——— (ed.), *The Blackwell Companion to Postmodern Theology*, Oxford: Blackwell, 2001.

———, *True Religion*, Oxford: Blackwell, 2002.

———, *Christ and Culture*, Oxford: Blackwell, 2005a.

———, *Cultural Transformation and Religious Practice*, Cambridge: Cambridge University Press, 2005b.

———, *The Politics of Discipleship: Becoming Postmaterial Citizens*, Ada, MI: Baker Academic, 2009.

Milbank, John, Catherine Pickstock and Graham Ward (eds), *Radical Orthodoxy: A New Theology*, London and New

York: Routledge, 1999.

参照文献

Bunyan, John, *The Pilgrim's Progress* [1678], ed. James Blanton Wharey, rev. Roger Sharrock, Oxford: Clarendon Press, 1960.（ジョン・バニヤン、竹友藻風訳『天路歴程』岩波文庫）

Caputo, John, *What Would Jesus Deconstruct?: The Good News of Postmodernity for the Church*, Grand Rapids, MI: Baker Academic, 2007.

Harvey, David, *The Condition of Postmodernity: An Enquiry into the Origins of Cultural Change*, Cambridge, MA and Oxford: Blackwell, 1990.（デヴィッド・ハーヴェイ、吉原直樹訳『ポストモダニティの条件』青木書店）

Jameson, Fredric, *Postmodernism, or the Cultural Logic of Late Capitalism*, London: Verso, 1991.

Rorty, Richard, *Contingency, Irony, and Solidarity*, Cambridge and New York: Cambridge University Press, 1989.（齋藤純一他訳『偶然性・アイロニー・連帯』岩波書店）

ヘイドン・ホワイト

Hayden White
1928-

ポストモダンの線に沿って歴史学の展開を推し進めた最重要人物のひとりであるホワイトは、歴史はつねに特定のイデオロギーの観点の結果と見なさなければならず、本質として客観的ではありえないという点を強調した。彼によれば、歴史は一連の物語を構成し、そのいずれもが真実としての価値（これは各々に特有のイデオロギーに染まった見方に依拠している）という点では他のものに対して優越を主張できず、同時にそのすべてが歴史家の関心に対して何らかの訴えかけを有する。「私は歴史書をそれがもっともあからさまに示しているものとして扱う。つまり散文の物語の形式をとった言語的構築物として」(White 1973: ix) と述べられた言葉が伝えるのは、歴史書が特定の観点から特定の方法で、ひそかに特定の目的を抱えつつ形成されているということである。あらゆる歴史記述の判断基準となる歴史の大きな物語が想定されることはいっさいありえないが、歴史はもちろん西洋の学界で長い伝統をもっており、西洋文化には世界史の展開過程で中心的役割が与えられてきた（この傾向を帯びた近年の目立った例として挙げられるニーアル・ファーガソン『文明――西洋が覇権をとれた6つの真因』は恬然と西洋が最高であるという前提から出発している）。ホワイトは以下の点についてはかなり明瞭である。「歴史意識とは、予め想定されている近代産業社会の優越性がそれによって遡及して補強されるような西洋に特有の偏見と見なすことができよう」(White 1973: 2)。結局、植民地主義はまさにそのような思い込みに基づいて行なわれたものであるために、その背後にある態度はなかなか消えないのである。

ホワイトが代表作『メタヒストリー』で着手したのは、どんな個別の事例も同領域の競合相手と比較して評価できる方法を定めることが可能な「歴史書の形式理論」

(White 1973: ix) を提示する試みである。歴史家がその説明作業を行なうに際して採る戦略をホワイトは三つ挙げる。「形式的論証、プロット化、イデオロギー的含意」である。以上の戦略は次いでさらに四つの区分に分類される。「個体論的、有機体論的、機械論的、コンテクスト的」(White 1973: x) である。それに加えてホワイトは、歴史記述の背後にある歴史意識の主要な様態を四つ挙げる。「隠喩、提喩、換喩、イロニー」(White 1973: xi) である。強調されるのは、彼にとって歴史とは、深層の水準では、本質的に詩学の実践であり、その「科学的」側面は、近年の歴史家たちによって過度に強調される傾向にあるという点である(傑出した科学が同時代文化のなかで受けている承認を考えれば、その専門家としての地位が考慮されているのは疑いない)。その立場から導き出されるのは、どのような様態も、他よりも現実を再現しているとは主張できず、私たちが複数の様態の間で行なう選択は「認識論的というよりもむしろ美的ないしは道徳的」(White 1973: xii) と考えるべきであるということである。私たちがまた進んで認めるのは、創作が歴史記述において果たす重要な役割であり、その当の歴史家が創作に割り当てる役割に応じて、いかに「同じ出来事が多様な歴史小説の多様な要素として寄与しているのか」(White 1973: 7) についてホワイトは指摘する。歴史家は小説家とほとんど変わらず「物語の戦術」(White 1973: 7) を駆使する存在であり、まさに同じように解釈の余地をたっぷり提供している。

プロット化は「ロマンス、悲劇、喜劇、風刺」のいずれかの構造を用いることで機能するのであり、そのなかから歴史家によって採用されたものが、各々の型ごとに予め定まった慣習に則って物語を形成する。いかにして形式的論証を通して説明が機能するのかの実例として、ホワイトはカール・マルクスを引き合いに出す。形式的論証は、三段論法に即して作用する。大きな前提が「因果関係という普遍的法則」といったものを描出する。小さな前提が「その法則が適用される境界条件」を細述する。そして結論において「そのような前提から実際に起こった出来事が論理的必然性にしたがって演繹される」(White 1973: 11)。マルクスにあってはこの普遍的法則に含まれるのが、下部構造と上部構造の関係であり、そこでは前者において存在する経済状況が、後者における制度と社会関係の性質を決定するのであり、その逆ではない。下部構造は普遍的法則に等しく、上部構造は境界条件に等しいのであり、そこからマルクスは、その同時代の経済不況のような出来事を演繹するのである。資本主義がある種の社会制度およびその社会の階級の間の関係を決定するのだが、その理論としての矛盾によって、周期的な経済の下降を引き起こす。これが『資本論』においてマルクスが紙幅を費やして説明することである。

同様にマルクスは、その目的に到達するために革命を志向する歴史の「ラディカルな」見方を採用している点で、イデオロギー的含意による議論の実例と見なすことができる（他の主要なイデオロギー的立場としてホワイトが掲げるのは「アナーキズム、保守主義、リベラリズム」である）。『共産主義者宣言』でマルクスがこれを提起するのは、歴史が発展するのは、新しい社会秩序を産み出すための革命を完全に実現可能にするようなやり方によってであるという根拠に基づいてである。一八四八年のマルクスにとっては、革命の時代がやって来たと感じられていた。マルクスの物語の戦術はこの両方の例で相当程度明らかであり、ホワイトが示唆しているように、このような論証が説得的とみるかどうかは読者各々の側での道徳的ないしは美的決断によるのである。

マルクスを実例とすることでとくに明瞭に浮き彫りになるホワイトの論点は「歴史場を予め形象化する行為と、ある特定の作品において歴史家によって用いられた説明の戦略との間には親和性」（White 1973: 427）があるというもので、これは『メタヒストリー』において取り上げられる多種多様な学派に属する歴史記述と歴史意識のすべてにおいて認められるひとつの条件である。ホワイトの多様な事例研究によって論じることが可能になったのは、標準的な歴史記述と哲学の違いを設定するのはやや観念的なことであり、それぞれが互いの要素を含んでいると見なさなければならないということである。たとえばマルクス主義の歴史家は、マルクスの歴史哲学のアプローチを、その素材の配合と提示に組み込まざるをえない。完成した作品は、結局、マルクス主義の世界観とその普遍的主張の卓越性を実証する意図を抱えたものになる。究極的には、ホワイトの議論は、私たちにできることは、対象に判断を下せるような何らかのメタレヴェルの存在を想定することなく、既存のいかなる歴史書にも作用している解釈の戦略を特定することに尽きるというものになる。彼が要約するように、「歴史的見地にのみ立てば、歴史の『科学』によるひとつの把握を別の把握より優先する根拠はない。そのような判断は、単に何かが論理の上で優先されることを反映するだけである」（White 1973: 432-3）。

物語に対するホワイトの強調は、多くのポストモダンの思想家たちも共有している。たとえば『ポストモダンの条件』におけるジャン＝フランソワ・リオタールにとって、語るという行為は、社会的存在の基礎をなすがゆえに、それを正当化するメタナラティヴは必要としない。「語ることは、慣れ親しんだ知識が真髄としてとる形式」なのであって、物語には「そこでは自然に事が運んでいるという単純な事実によって正統性が与えられる」(Lyotard 1984: 19, 23)。構造主義もまた、人間が関わる事象において物語が果たす批評的役割に繰り返し言及してきた。ロラン・バルトが「物語の構造分析」で記しているように、自分たちの文化のなかで目をやればどこででも私たちは物語に出会う。「世界に物語は数知れずある。物語とは何よりもまずじつに多様なジャンルに広がり、様々な器に分散している……物語はどの時代にも、どの場所にも、どの社会にも存在する」(Barthes 1977: 79)。

　ホワイトが言説の性質をより幅広く検証するのは『言説の喩法』においてである。修辞法が彼にとって言説の核心にあり、修辞が示すのは、言説がつねに特定の立場から発せられること、それが出来事を観察したり報告したりする唯一可能な方法ではありえないということである。

> 　修辞法は、物事の関係づけについてのひとつの考えから別の考えへと向かう運動であるとともにまた物事の間の関係でもあり、そこで物事は言語によって表現されるために、別様に表現される可能性が考慮されている。言説とは、物事が別様に表現される可能性が十分保証されつつも、この表現の権利を獲得する営みが浮上する分野である。

　歴史はホワイトにとってまさに言説に他ならず、特定の歴史家の物語は、それがどのようなものであれ、つねに別のやり方で表現できるのである。議論の力を正しく評価するためには、植民者と彼らが植民地化した土地の人びとによって書かれた各々の歴史の違いを考慮しなければならない。ゆえに歴史的な出来事に関しては、マルクス主義のような理論が好んで自前のものについて主張するような決定的な解釈はいっさい存在しない。マルクス主義は多くのなかのひとつの言説にすぎず、ホワイトはこの理論に発する歴史観の多くが基づく虚偽意識という考え方を退けて以下のように述べている。「客観的記述か歪曲かの選択ではなくて、様々な角度から現実を扱うために、思考のなかで『現実』を構成する際の様々な戦略の間の選択の問題なのである」。マルクス主義が科学というよりも一連の戦略であるという発想は、もちろんその信奉者にとっては忌々しいものである。

『形式の内容』において歴史という物語の本質への探究をつづけるホワイトは、その本質を歴史記述のとりわけ現代的な形式と重ねている。「出来事の報告にあたり歴史家がいかに客観的であろうとも、物語の形式を現実に与えることに失敗しているならば、その記述は正しい歴史に劣るものにとどまるというのが歴史業界の知恵である」。現在の傾向では物語に劣ると見なされる年代記や編年史といった旧式の歴史記述だが、ホワイトによれば、私たちが抱いているのとは異なる現実の把握を表す形式という方が当を得ている。幅広い解釈を可能にしてくれる物語は、様々なイデオロギーが支配力を求めて争っている文化にとっては、魅力的なものになろうとしている。

ポストモダニズムに関してよくなされる批判に、不安定な相対主義に至り着き、ある議論と別の議論、ある立場と別の立場を選ぶ判断基準がないというものがある。メタヒストリーの可能性そのものを排するホワイトは、そのような反対意見を受け容れるようにも見えるが、その一方であらゆる歴史記述が等しく説得的であるとは誰も思わないとも明確に述べている。私たちはいまでも美学もしくは道徳を拠り所としてそれぞれの歴史という物語の間の区別をつけており、それらがどれほどしっかり護持されているとしても、つねに議論に対して開かれている。結局、私たちはイデオロギーに連れ戻される。メタヒストリーという概念はイデオロギーによって動機づけられ、権力を及ぼすために用いられるのであって、これもまたホワイトが私たちにそれに対する警戒を促したいと考えている重要事項である。彼の理論は、歴史という物語が、解釈に対する他のアプローチを締め出すことでいつ私たちを惑わそうとするのかを認識させるように仕向けるもので、そのような言説に対する抵抗を作り上げるためのモデルとなっている。

ホワイトの主要著作

White, Hayden, *Metahistory: The Historical Imagination in Nineteenth-Century Europe*, Baltimore, MD and London: Johns Hopkins University Press, 1973.

——, *Tropics of Discourse: Essays in Cultural Criticism*, Baltimore, MD and London: Johns Hopkins University

Press, 1978.
———, *Content of the Form: Narrative Discourse and Historical Representation,* Baltimore, MD and London: Johns Hopkins University Press. 1987.
———, *Figural Realism: Studies in the Mimesis Effect,* Baltimore, MD: Johns Hopkins University Press, 1999.
———, *The Fiction of Narrative: Essays on History,* Literature and Theory, 1957-2007, ed. Robert Doran, Baltimore, MD: Johns Hopkins University Press, 2010.

参照文献

Barthes, Roland, *Image-Music-Text,* ed. and trans. Stephen Heath, Fontana: London, 1977.（ロラン・バルト、花輪光訳『物語の構造分析』みすず書房）

Ferguson, Niall, *Civilization: The West and the Rest,* London: Allen Lane, 2011.（ニーアル・ファーガソン、仙名紀訳『文明』勁草書房）

Lyotard, Jean-François, *The Postmodern Condition: A Report on Knowledge* [1979], trans. Geoff Bennington and Brian Massumi, Manchester: Manchester University Press, 1984.（ジャン＝フランソワ・リオタール『ポストモダンの条件』水声社）

Marx, Karl, *Capital,* I-III, trans. Ben Fowkes, Harmondsworth: Penguin, 1976, 1978, 1981.（カール・マルクス、岡崎次郎訳『資本論』全9巻、国民文庫）

Marx, Karl and Frederick Engels, *The Communist Manifesto* [1848], ed. Frederick L. Bender, New York and London: W. W. Norton, 1988.（カール・マルクス、金塚貞文訳『共産主義者宣言』平凡社ライブラリー）

スラヴォイ・ジジェク

Slavoj Žižek
1949-

哲学と文化理論の分野での一匹狼として広く知られるジジェクの作品は、彼の政治意識の観点から位置づけることがつねに容易であるのではない。彼が学界においてもっとも商品価値がある有名人のひとりであるのは、自身が著作において述べていることと真っ向から食い違うこともままある挑発的で極端な言辞を弄することに多くを負っている。彼はマルクス主義を擁護することも時にあるのだが、初期の著作においてはポストマルクス主義への傾きが顕著であり、『イデオロギーの崇高な対象』では虚偽意識という概念に反対するきわめて鋭い議論を行ない、正統マルクス主義とそのヘゲモニー理論を脅かした。ジジェクはポストフロイトの精神分析学者ジャック・ラカンの仕事からとりわけ発想を得ており、ラカン理論を駆使して映画監督アルフレッド・ヒッチコックなどの解釈に重要な貢献を果たしている。

『イデオロギーの崇高な対象』は、なぜ共産主義のような体制が、その欠陥が共産圏の国民には痛烈なほど明瞭であったにもかかわらず、あれだけ長く生き延びえたのかについて魅力的な理論を提出している。当時まだ生地スロヴェニアを含んでいた旧ユーゴスラヴィア国民として、ジジェクはこの柔軟性についての生々しい知識をもっていた。ラカンおよび同時代のドイツの哲学者ペーター・スローターダイクの仕事（『シニカル理性批判』参照）に依拠するジジェクによれば、私たちは「知り抜かれた虚偽意識」（Žižek 1989: 29）と称される状態を進展させてしまう個人になりがちで、それによって私たちは特定の理論でも事柄の状態でも、信じることと信じないことを同時にできるようになるのである。このことが意味するのは、私たちにとって心理的にもイデオロギー的にも関係を結ぶことが難しく、向き合うだけですら辛い限定的な盲点を作ってしまうということである。ジジェクがその一例として挙げる男の場合は、乳癌による妻の突然死という事実をしばらく受け止められずに、妻との生きたつながりを思い出させる妻のペットのハムスターが死んだときにはじめて精神を失調させ、痛切な抑鬱状態に陥ったのである。

ジジェクにとって、知り抜かれた虚偽意識が、自らの運命を個人が統御することが難しくなった状況への反応として完全に理解できるものであるのは、共産主義国家一般における事例が示している。そのような状況の下で、住民は、その内面の深い部分では何かなさねばならぬともやもやしたものを相当抱えてはいても、日常の基盤の上に立って諸事をつづけることを可能にする「フェティッシュ」を亢進させる。経済が約束を果たしていないそのような国家において隠し事はなく、食糧を含む基本的な消費材の欠乏は常態として明白この上ない。しかしながら、これに関して何か対処することは、全体主義国家の権力によっては不可能とされ、それゆえにこの状況に対する完全に現実に即した反応としてフェティッシュがあるとジジェクは考えるのである。

この理論の衝撃力の由来は、虚偽意識が共産主義国家にも適用できると知らしめた点にあるが、従来これは正統マルクス主義が非共産主義世界にのみ当てはめていた事実があり、真正意識が積極的にその実現のための闘争に加わるとされるプロレタリート独裁が、いかなる共産主義支配の国家でも勝利を収めたと捉えられていたのだ。虚偽意識はヘゲモニーに関するマルクス主義理論を支えるもので、だからこそこのような読解は、ポストマルクス主義をひとつの理論的立場として発足させたエルネスト・ラクラウとシャンタル・ムフの『民主主義の革命——ヘゲモニーとポストマルクス主義』における批判と遜色ない強い力で虚偽意識に問いを投げかけたのである。この状況を「知り抜かれた」と記述したこともまた、ある特定の意味合いを伝えている。人は自分が置かれている状況とつき合うより他に選択肢がなく、虚偽意識は自分のより望ましい利益に反して抱かれるという認識がここにはある。これが古典的なマルクス主義理論に合致していると言えそうもない結論であるのは、マルクス主義もまた現実についての偽りの像を押しつけて、この像が資本主義社会におけるのと同様に権力の座にある人びとの利益に奉仕する方向づけがあるということが示されているからである。ここでまた支配者と被支配者の間の乖離が明るみに出されているのだが、これが多分に共産主義世界の不名誉となっているのは、そのような体制下で日常生活をやり過ごすために自分自身の特定のフェティッシュを亢進させるより他に選択肢がない状況に個人を置くことの罪を負っているとされているからである。ジジェクの映画についての著作もまた同様に精神分析の傾向をもつことは、ラカンの概念がチャーリー・チャップリン作品以降のハリウッド映画に幅広く適用されている『汝の症候を楽しめ』のような著作に明らかである。精神分析が私たちに認識させるのは、私たちが抱えるイデオロギーの体系、そして映画といったその体系の産物の背後にある、ジジェクの言葉によれば「フェティシズムの輪郭」(Žižek 2008: x) である。「なぜ手紙はつねに宛先に届くのか」「なぜ女性はつねに男性の症候なのか」「なぜ現実はつねに複数なのか」(Žižek 2008: 1, 35, 221) といったラカン派精神分析から生じる一連の問いを示す手段にハリウッド映画がなっている。最初の例であるチャップリンの『街の灯』がそういった問いに答えるものになっているのは、これが「『目的論』に厳密に従うように構造化された映画であり、そのすべての要素が最後の瞬間、長らく待ち望まれた到達の方を指し示している」(Žižek 2008: 3) からである。感動的な、そしてきわめて感傷的ではある最後の場面、かつて盲目だった花売り娘が、小銭を手渡すときにこの薄汚い浮浪者が自分の恩人であると悟るという場面がなければ、この映画はほとんど意味をなさなかっただろう。この場面は、物語における時間と芸術形式の慣習の観点から捉えるならば、届かなければならない手紙なのである。次の例として答えを与えてくれるのは、アルフレッド・ヒッチコックである。自身が編集を手がけたこの主題についての論文集で論じるように、ヒッチコックの映画は、この監督の長い経歴を通じてリアリズム、モダニズム、ポストモダニズムの要素を含んでいるため、それぞれのスタイルが要請する解釈の相違を理解するのに役立つ。ジジェクにとってモダニズムとポストモダニズムの主要な違いとして、前者において私たちは「理解しえない」(Žižek 1992: 1) ものから意味を引き出そうとするのに対して、後者は、見たところ一面的なものから複雑な意味を読み取るように私たちを仕向けるのである。

彼の独歩をもっとも示しているともいえる著作『大義を忘れるな』では、世界における被抑圧者の側に立ち、現在の新自由主義的な政治秩序を打ち壊すために、革命的テロリズムへの回帰という大義を主張している。左翼が主導した革命がかくも多く過去において失敗し、抑圧体制へと堕落したという事実をもって、これからのすべての試みが決まって同じ道をたどることの証拠にはならないとジジェクは言うのだが、左翼主導であるがゆえに実績がよろしくないのではという反論があってしかるべきだろう。どこまでジジェクがこのような革命がありうると考えているか、好意的にとっても不分明である。

ラカンとともにヘーゲルがつねに彼の思想に主要な影響を与えつづけてきたのであり、『レス・ザン・ナッシング』において、彼はこの本について、『馬鹿でもわかるヘーゲル入門』とでも思ってほしいと言ったが、その後で「馬鹿」が「阿呆」や「間抜け」とどう違うのかといった典型的に些末な議論を招くことになった。

このような著作が示すのは、ジジェクの初期の著作にあったポストマルクス主義的傾向とは食い違うように見える共産主義へのノスタルジアであり、確かに伝えるのは、彼の著作において次第に色濃くなる、画定することが困難であり、また確かに実際通りに信念の中核をもたないであろう思想家としての像である。ポストモダンの共産主義者としてその肖像を描こうものならば、ジジェクはそれに合わせて下書きを作成してくれるように見える。近年はとりわけ失われた大義の擁護者としての姿を現しているが、そうすることで彼は同時代の社会と政治に関わる喫緊の議論の大半から距離をとっている。ジジェクはあまりにも極端に振れすぎているともいえようが、彼がそうするのは、そのような見解は現状維持を何ら脅かすことがないからである。金融危機後の時代においてさえ共産主義擁護の議論に関して、もはや多くの支持者は存在しない。

ジジェクの孤高のペルソナと怒りを招くように計算された断言が露呈しているのが、ポストモダン思想に関して深刻な問題に結びつくものであって、すなわち何らかの実体を伴う影響を現実政治に与えることはその踏み外しとなるということだ。彼があるインタビューで述べているのは「私のような人間の仕事は、解答を与えることではなく、正しい問いを立てることなのだと考えている」(Aitkenhead 2012: 9)という言葉であり、これはそれ自体では十分に通用する意見だが、それであれば結局、政治的動機に促された文化評論家や哲学者の誰もがなしている失敗を容認しているだけだとの反論もありうるだろう。ポストモダン思想は、正しい問いを立てる点ではきわめて有効であり、これまでずっとそのようにしてきたのではあるが、フレドリック・ジェイムスンのような批判者がつとに指摘しているように(Jameson 1991)、それ以上に踏み込んだものが提供されることはなく、後期資本主義と新自由主義によって決定される基本位置に私たちの文化を押しとどめてしまっている。誰もがジェイムスンのように先回りして、ポストモダニズムは後期資本主義の「文化論理」として性格づけられていてこの体制の主柱と見なしうると言いたいわけではないだろうが、それでも彼の評価には首肯せざるをえない点がある。ジャン＝フランソワ・リオタール（「小さな物語」（Lyotard 1984: 60）および「異教」（Lyotard and Thébaud 1985: 19））やエルネスト・ラクラウとシャンタル・ムフ（「ラディカル・デモクラシー」）の仕事に見られるように、いくつかの解答は見られるとしても、そこには決まって「制度上の欠陥」が伴っている。どうしたら私たちは、地方限定の水準を超えた大きな領域でそうした思想を機能させられるような段階に到達するのか。ジジェクによる革命的テロリズムの擁護も、ソヴィエト帝国とその始まりの時期からそれに伴っていた抑圧の歴史が過去のものとなってみれば、ロマンティックな考え以上のものではないと思える。そうだとしても、ヘゲモニーに関するマルクス主義理論（Laclau and Mouffe 1985 参照）批判者としての評価とともにジジェクから離れていく私たちにあって、勝利を収める資本主義が屈折した反対に遭った成り行きに関して思いを深めることになれば、革命状況が果たしてどうしたら生じうるのかについて考えることになるのかもしれない。

ジジェクの主要著作

Žižek, Slavoj, *The Sublime Object of Ideology*, London and New York: Verso, 1989.（鈴木晶訳『イデオロギーの崇高な対象』河出書房新社）

——(ed.), *Everything You Always Wanted to Know about Lacan* (But Were Afraid to Ask Hitchcock), London and New York: Verso, 1992.（鈴木晶・内田樹訳『ヒッチコック×ジジェク』河出書房新社）

——, *Welcome to the Desert of the Real*, London and New York: Verso, 2002.（長原豊訳『「テロル」と戦争』青土社）

——, *How to Read Lacan*, London: Granta, 2006.（鈴木晶訳『ラカンはこう読め！』紀伊國屋書店）

——, *Enjoy Your Symptom!: Jacques Lacan in Hollywood and Out* (1992, 20011, London and New York: Routledge, 2008.（鈴木晶訳『汝の症候を楽しめ』筑摩書房）

——, *In Defence of Lost Causes*, London and New York: Verso, 2009a.（中山徹・鈴木英明訳『大義を忘れるな』青土社）

———, *Violence: Six Sideways Reflections*, London: Profile, 2009b.（中山徹訳『暴力』青土社）

———, *First as Tragedy, Then as Farce*, London and New York: Verso, 2009c.（栗原百代訳『ポストモダンの共産主義』ちくま新書）

———, *Living in the End Times*, London and New York: Verso, 2010.（山本耕一訳『終焉の時代に生きる』国文社）

———, *Less than Nothing: Hegel and the Shadow of Dialectical Materialism*, London and New York: Verso, 2012.

参照文献

Aitkenhead, Decca, 'Humanity is OK, but 99% of People Are Boring Idiots', *Guardian*, G2 Section, 11 July 2012, pp.6-9.

Jameson, Fredric, *Postmodernism, or the Cultural Logic of Late Capitalism*, London: Verso, 1991.

Laclau, Ernesto and Chantal Mouffe, *Hegemony and Socialist Strategy: Towards a Radical Democratic Politics*, London and New York: Verso, 1985.（エルネスト・ラクラウ&シャンタル・ムフ、西永亮・千葉眞訳『民主主義の革命』ちくま学芸文庫）

Lyotard, Jean-François, *The Postmodern Condition: A Report on Knowledge* [1979], trans. Geoff Bennington and Brian Massumi, Manchester Manchester University Press, 1984.（ジャン＝フランソワ・リオタール、小林康夫訳『ポストモダンの条件』水声社）

Lyotard, Jean-François and Jean-Loup Thébaud, *Just Gaming* [1979], trans. Wlad Godzich, Manchester: Manchester University Press, 1985.

Sloterdijk, Peter, *Critique of Cynical Realism* [1983], trans. Michael Eldred, London: Verso, 1988.（ペーター・スローターダイク、高田珠樹訳『シニカル理性批判』ミネルヴァ書房）

謝辞

終始この企画に援助と督励を惜しまなかったラウトレッジの編集チームに感謝申し上げる。ブレット・ウィルソンは科学関係の項目に関して有益なコメントを与えてくれ、ドクター・ヘレン・ブランドンは全作業を通して完璧な支援を行なってくれた。

とくに感謝したいのはアリステア・ジェンキンズで、その見事なメス捌きのおかげで、この本の終りの方の執筆がはじめの方よりもはるかに楽な作業になった。

訳者あとがき

本書はStuart Sim, *Fifty Key Postmodern Thinkers* (Routledge, 2013) の全訳である。

原著がその一冊であるFifty Key Thinkers叢書は、現在も続刊が刊行中のラウトレッジ社の人気シリーズで、日本でも、ジョン・レヒテ、山口泰司・大崎博監訳『現代思想の五〇人――構造主義からポストモダンまで』、ディアーネ・コリンソン、山口泰司・阿部文彦・北村晋訳『哲学思想の五〇人』、リオラ・ブレスラー／デイヴィッド・E・クーパー／ジョイ・パーマー、広岡義之・塩見剛一訳『教育思想の五〇人』の三冊が本書と同じ青土社より刊行されている。

本書の著者スチュアート・シムは、英国ノーサンブリア大学教授（「批評理論」および「長い一八世紀の英文学」担当）で、本書でもその通暁ぶりがいかんなく発揮されているように、ポストモダン思想・芸術解釈の第一人者である。日本では『ポストモダン事典』（杉野健太郎・下楠昌哉訳、松柏社）、『ポストモダニズムとは何か』（杉野健太郎他訳、松柏社）、『現代文学・文化理論家事典』（杉野健太郎・丸山修監訳、松柏社）の編者として知られている。また単著としては『リオタールと非人間的なもの』（加藤匠訳、岩波書店）と『デリダと歴史の終わり』（小泉朝子訳、岩波書店）の二著が、「ポストモダン・ブックス」と銘打たれたシリーズで刊行されている。未邦訳の近著としては、*The End of Modernity: What the Financial and Environmental Crisis is Really Telling Us* (Edinburgh University Press, 2010) や *Addicted to Profit: Reclaiming Our Lives from the*

Free Market (Edinburgh University Press, 2012) などがあり、上記のタイトルが伝えるように、近年はポストモダン的認識という視角からの現代グローバル社会批判に重心を移しているといってよいだろう。本書『ポストモダンの五〇人』は、ポストモダン思想・芸術を代表する五〇人の主要人物の仕事を紹介することで、その全貌を文学・音楽・映画・建築から哲学・科学・歴史学・人類学までを幅広く視野に入れて提示するというのが第一の意図であろうが、ただし単なるポストモダン解説本にとどまるものではない。著者が「はじめに」において述べるように、彼が本書でもポストモダンの政治的含意を重視するのは、思想の意匠としては流行現象ではなくなったポストモダンを現在考える意義がそこにあるからである。

日本において一九八〇年代初頭大きくクローズアップされた「ポストモダン」という言葉が思想的影響を弱めていった成り行きにおいて、「批評とポスト・モダン」（一九八四年）など柄谷行人の著作が果たした役割は無視できない。柄谷はこう述べている。「ポスト・モダンの思想家や文学者は、実はありもしない標的を撃とうとしているのであり、彼らの脱構築は、その意図がどうであろうと、日本の反構築的な構築に吸収され奇妙に癒着してしまうほかない」。西洋においてはモダンという構築に対するその脱構築として思想的意味をもったポストモダンであるが、構築性をそもそももたない日本の精神風土において、ポストモダンは「批評」を欠いた保守的な戯れにしかならない。このような一定の影響力をもった論旨によって日本の現代思想においてポストモダンに否定性が染みついた一方で、柄谷自身は、『闘争のエチカ』（一九八八年）で明確に述べている。「ある者たちに対しては、僕は、自分はポスト・モダンだと宣言するでしょう。しかし、それは、ポスト・モダンがモダンのあとにくる『状態』や『段階』なのではなくて、モダンなものに対してその自明性をくつがえすという〝超越論的〟な『姿勢』であるかぎりにおいてです。だから、それは『状態』としてのポスト・モダンに対しても向けられねばならない」。「状態」としてのポストモダンが、日本の精神風土に心地よくなじむ知の意匠としてのポストモダンだとするならば、柄谷はここでそれに対する「批評」について、「姿勢」としての「ポストモダン」である明確に述べている。本書におけるスチュアート・シムのポストモダン観もこれに近いのではないか。

目次を一瞥するならば、リオタール、ボードリヤール、ジェンクスといったポストモダンを代表する論客が含まれるのは想定内である。しかし今でも日本でさかんに新訳や研究書が刊行されるバルト、フーコー、デリダ、ドゥルーズが登場するだけでなく、アドルノやクーン、サイードやジジェクといった活動領域も世代も異なる思想家がポストモダンの括りのもとに扱われている。それも一にかかって、彼らが、モダンに対する「批評」である、「姿勢」としてのポストモダンに関わったというだけでなく、その同じ「批評」を、柄谷と同様に「状態」としてのポストモダンにも向ける契機を抱えているからであるといえよう。ただここで事態がやや複雑になるのは、柄谷が前提としていたのが「状態」としてのポストモダンが発現しやすい日本の精神風土であったのに対して、シムが前提にしているのは「状態」としてのモダンが「姿勢」としてのモダンというイデオロギーに容易に転化して強力になりうる西洋社会なのである。シムのポストモダンが、最終的にイデオロギーとしてのモダニティ／モダニズムに対する「批評」という「姿勢」に帰着するゆえんである。そしてここにこそ、日本の思想環境では望みえない「姿勢」と「姿勢」の激突から生じる華々しい火花が散る。日本と西洋のモダンとポストモダンをめぐる上記のようなねじれを頭に置くことで、二〇世紀の思想と芸術をめぐる最大のアポリアというべきモダンとポストモダンの政治的関係を考えるためのテクストとして本書を生産的に読むことができるだろう。

本書の硬い側面に多く筆を費やしてしまったが、もちろん別の読み方も可能である。本書が通読して楽しめる読み物になっており、また対象となっている思想家や芸術家たちの作品へのこのうえなく有益なガイドにもなっていることは間違いない。項目間の関連のネットワーク設定の妙味も含めて、類似のテーマで何冊も本を執筆したり編纂したりしているこの著者ならではの持ち味の発揮である。

本書の共訳の経緯についても記しておきたい。田中が翻訳の依頼を受けて単独で訳しはじめたのだが、諸般の事情で翻訳作業が遅れたため、編集部のご高配により英文学の大先輩である本橋哲也氏に共訳者として格別のご尽力を賜ることとなり、以下の一八項目の翻訳をお引き受けいただいた。ポール・オースター、ジョン・バース、ジグムント・バウマン、ダニエル・ベル、ニコラ・ブリオー、ジョン・D・カプート、ギー・ドゥボール、ポール・K・フェイアーベント、ケネス・J・ガーゲン、フィリップ・グラス、ピーター・ハリー、デヴィッド・ハーヴェイ、デヴィッド・リンチ、ブライアン・マクヘイル、ブノワ・B・マンデルブロ、クエンティン・タランティーノ、ルネ・トム、グラハム・ワード。

また同じシム著『リオタールと非人間的なもの』の訳者でもある加藤匠氏に六項目の翻訳をお願いした。加藤氏の担当項目は、ホミ・K・バーバ、ウィリアム・ギブスン、エルネスト・ラクラウ／シャンタル・ムフ、ジャン＝フランソワ・リオタール、ガヤトリ・チャクラヴォルティ・スピヴァク。

さらに石川千暁氏（ジュディス・バトラー）、松浦恵美氏（エレーヌ・シクスー、リュス・イリガライ）にも訳稿を作成いただいた。高橋さきの氏にも翻訳作業へのご協力をお願いした。込山宏太氏には校正段階でのチェック作業にご助力いただいた。上記以外のすべての項目の翻訳と、最後の書物全体を通しての統一作業は田中が行なった。ご多忙のところ、本書の翻訳にご尽力いただいた上記の各氏には厚くお礼申し上げたい。

この煩雑な編集作業を一手に引き受けて、連絡と調整の役割のみならず、綿密な訳稿の点検作業を担ってくださったのが青土社の水木康文氏である。本書が刊行までにいたったのも、水木氏のエディターシップのおかげということに尽きる。本当にどうもありがとうございました。

最後に、本書における引用箇所の訳出について。基本的にはすべて著者シムが本文において記した英語の文章から直接訳した。その上で、英語の引用先となる刊本（加えて原文がフランス語やドイツ語であればその原著）および日本語訳の刊本を必要に応じて参照した。よって刊行されている日本語訳の対応箇所と異なる解釈や訳語が採用されている場合があるが、項目ごとの末尾に書目を掲げたのみで引用箇所に対応するページ数を挙げなかったことも含めて、ご了解いただきたい。多くの訳者の方々にはお詫びとともにお礼を申し上げる。

二〇一五年二月

田中裕介

索引

あ行

アーロノヴィッツ，スタンレー　229, 234
アイゼンマン，ピーター　213
アインシュタイン，アルベルト　126, 221
アウシュヴィッツ　21, 244-45
アクロイド，ピーター　253, 255
アシュトン，E・B　23
アシュベリー，ジョン　254
アダムズ，ジョン　156, 266
アデア，ギルバート　208, 212
アドルノ，テオドール・W　8-9, 16, 19-25
アナーキズム　126, 319
アフターモダン　68, 72
アリストテレス　34, 119, 121-22, 244-45
アルチュセール，ルイ　40, 44, 228
イーノ，ブライアン　157
イェール学派　117
イ・ガセット，オルテガ　169
イシグロ，カズオ　177-78
イリガライ，リュス　50-51, 78, 82, 90, 92, 95, 193-99
イングリス，フレッド　139
印象主義　108
ヴァン・ゴッホ，ヴィンセント　116
ウィトゲンシュタイン，ルートウィヒ　266, 270
ウィリアムズ，ウィリアム・カルロス　264, 267
ウェイン，ジョン　296
ヴェーベルン，アントン　22
ヴェンチューリ，ロバート　217, 305-10
ウォーターズ，ジョン　282, 284
ウォーホール，アンディ　168
ウォー，パット　252
ウォルジー枢機卿　163
ウッドコック，アレクサンダー　299, 304
エーコ，ウンベルト　39, 119-24, 253, 255
エクリチュール・フェミニン　90-93
エコゾフィー　109
エミン，トレーシー　70
エルロイ，ジェイムズ　253-55
エンヴェゾー，オクウィ　68, 72
オーウェル，ジョージ　54, 273
OMA　213-16
大きな物語　14, 20, 48-49, 83, 97, 139, 143-44, 147, 181-82, 184, 194, 202, 245-47, 276, 288, 317 →メタナラティヴも見よ
オースター，ポール　26-31
オースティン，ジェーン　279
オーリック，ジョルジュ　159
オリエンタリズム　275-80
オルターモダン　36, 68, 71-74, 171, 210, 217

か行

ガーゲン，ケネス・J　143-48
ガーゲン，メアリー　144
懐疑主義　8, 14, 84

カオス理論　244, 257, 259, 261, 299, 301, 303
書くためのテクスト　41-43, 70, 121
カタストロフ理論　244, 299-300, 302-3
ガタリ，フェリックス　8, 46, 51, 54-55, 57, 60, 73, 102-12, 120, 145, 148, 247, 261, 281
カフカ，フランツ　105-6, 110
カプート，ジョン・D　83-88, 315
ガンジー，マハトマ　158
カント，イマニュエル　9-10, 106, 246
ギアツ，クリフォード　137-42
記号論　39, 107, 119-20, 123-24
ギデンズ，アンソニー　230, 233, 235
ギブスン，ウィリアム　149-54
ギャラガー，キャサリン　161
共産主義　20, 52, 62, 97, 110, 169, 204, 232, 234, 243, 323-324, 326
ギルバート，サンドラ・M　90
キング，マーティン・ルーサー　158
近代　→モダニティを見よ
金融危機（2007−08年）　7, 14, 52-53, 58, 68, 183, 233, 239, 260, 326
クィア理論　80
クーヴァー，ロバート　251
クーンズ，ジェフ　48, 167
クーン，トマス・S　125, 130, 220-25, 302, 304
グハ，ランジト　287
クラインズ，マンフレッド・E　173
クライン，ナオミ　56-57
グラス，ギュンター　188, 191
グラス，フィリップ　22, 155-60, 264-66
グラムシ，アントニオ　228, 287
グリア，パム　295
クリンプ，ダグラス　282
グリーンバーグ，クレメント　167-69, 172
グリーンブラット，スティーヴン　139, 142, 161-66
クレマン，カトリーヌ　91-92
グローバリゼーション　54-56, 59, 68, 98
ケイジ，ニコラス　240
ケージ，ジョン　267
形態形成　303
啓蒙　7, 9, 14, 20-21, 86, 106, 182, 245, 278, 312
ケインズ，ジョン・メイナード　182
構造主義　39-41, 73, 106, 113, 114-15, 120, 131, 137-38, 140, 147, 165, 277, 320
ゴーディマー，ナディン　66
コーマン，ロジャー　293
コールハース，レム　213-19, 309
コクトー，ジャン　159
コスモポリタニズム　68, 230
ゴダール，ジャン＝リュック　293, 297
コペルニクス，ニコラウス　220-21
コルネイユ，ピエール　114

さ行

サイード，エドワード・W　131, 134, 136, 275-80
差異のフェミニズム　89, 193, 198
サイバースペース　150-51, 313-14
サイバーパンク　150, 152
サイボーグ　173-75
サイモン，ポール　157
差異　50, 64-65, 67-68, 72, 86, 89, 92, 94, 106, 113-14, 137, 139, 141, 165, 181, 193, 196-98, 232, 245-46, 248, 251, 276-77, 287, 289-91, 301, 313-14

差延　113, 312-13
作者の死　26, 41-42, 136
サバルタン　287-88, 291-92
シーゲル，ジーン　168
シェイクスピア，ウィリアム　161, 164-66
ジェイムスン，フレドリック　67, 181, 189, 200-6, 313, 326
ジェイ，マーティン　19, 22, 24
シェーンベルク，アルノルト　21-22
ジェラス，ノーマン　228
ジェンクス，チャールズ　10, 12-13, 16, 35, 38, 72-73, 75, 171-72, 187, 192, 207-12, 217-18, 251-52, 257, 309-10
シオニズム　80
シクスー，エレーヌ　89-95
ジジェク，スラヴォイ　8, 235, 323-28
シチュアシオニスト　96, 98-99
実存主義　27, 114
シティ（ロンドン）　58
しなやか（リオタール）　29, 145, 247, 281
資本主義　27, 52, 56, 61-62, 67, 86, 103, 105, 109, 134, 176-77, 180-85, 189-90, 200-3, 227-28, 234, 313-14, 324, 326-27
シミュラークル／シミュレーション　47-48, 97, 168, 170, 190, 203, 281, 285
シャーマン，シンディ　190, 281-86
社会構築主義　147
社会主義　22, 62, 122, 173-74, 187, 230, 232
ジャクソン，サミュエル・L　295
宗教原理主義　60-61
シュワルツ，K・ロバート　158, 264
ジョイス，ジェイムズ　35, 38, 42, 44, 251, 255
新自由主義　14, 35, 59-61, 68, 98, 105, 144, 180, 182-84, 200, 233, 325-26
深層構造　40, 114, 137, 140
新歴史主義　139, 141, 161-64
崇高　84, 203, 214, 246, 258
スーパーモダニティ　72
スコセッシ，マーティン　293, 298
スコット，デレク・B　156
スターリング，ブルース　149-50, 152, 154
スターリン，ヨシフ　20
スターン，ローレンス　187, 192, 251-52
スタンダール　247
スチームパンク　150, 153
ストラヴィンスキー，イーゴリ　21-22, 25
スピヴァク，ガヤトリ・チャクラヴォルティ　84, 115, 287-92
スピルバーグ，スティーヴン　203, 206
スミス，ギャビン　296-97
スローターダイク，ペーター　323, 328
セザンヌ，ポール　115
セリエリズム　155-56
セルバンテス，ミゲル・デ　33, 187, 191
相対主義　129, 169, 182, 197, 244, 269-70, 274, 321
ソーカル，アラン　197, 199, 244, 249, 261-62, 302, 304
ソーンハム，スー　175
ソクラテス　122
ソシュール，フェルディナン・ド　39, 45, 115, 118, 119, 124

た行

ダーウィン，チャールズ　127

ダーン，ローラ　240
大恐慌　182-83, 228
第二次世界大戦　11, 19-20, 52, 108, 210, 232, 266, 276, 278
大陸哲学　273
タオス研究所　144, 147
多元主義　68, 129, 289, 291
タゴール，ラビーンドラナート　158
脱構築　9, 43, 64, 67, 78, 83, 85-87, 89, 106, 113, 115-17, 147, 161, 165, 182, 193, 195-96, 213, 215-17, 271, 277, 287, 291, 309, 312, 315
ダブル・コーディング　12-13, 35, 48, 73-74, 119, 121, 123, 153, 171, 207-8, 211 217, 252-53, 293, 295-96, 309
タランティーノ，クエンティン　293-98
小さな物語　14, 102, 139, 184, 228-29, 243-44, 327
チャップリン，チャーリー　325
チュミ，ベルナール　213
デイヴィス，モンテ　299
デイヴィドソン，ジェイムズ　133
ディケンズ，チャールズ　272
ディズニーランド　46-47, 49, 150
デカルト，ルネ　271
テボー，ジャン＝ルー　244
デューイ，ジョン　270
デリダ，ジャック　7, 19, 39, 41-44, 49, 64, 73, 75, 78, 83-84, 88, 93, 95, 106, 109, 113-18, 140, 142, 143-44, 147, 194, 213, 216, 218, 246, 252, 255, 269-71, 277, 280, 287, 289, 292, 312-13
トインビー，アーノルド　11, 17
ドゥボール，ギー　48, 96-101, 167
ドゥルーズ，ジル　8, 33, 38, 46, 51, 54-55, 57, 60, 73, 102-12, 120, 145, 148, 247, 261
トクヴィル，アレクシ・ド　49, 51
ド・マン，ポール　117
トム，ルネ　299-304
トラヴォルタ，ジョン　295
トルストイ，レフ　158
トロツキー，レオン　109

な行

ナイマン，マイケル　156
ナボコフ，ウラジーミル　251
ニーチェ，フリードリヒ　9, 106-7
ニュークリティシズム　120, 161, 165, 201
ニュートン，アイザック　221
ネヴェール，カミーユ　294
ネオ・ジオ　48, 167
ネオリベラリズム　→新自由主義を見よ
ネグリ，アントニオ　110-11
ネス，アルネ　109
ノマディズム　103, 109, 145, 281

は行

ハーヴェイ，デヴィッド　180-85, 305, 310, 313, 316
バーガー，ピーター・L　144
バース，ジョン　32-38, 51, 186, 253, 255
パース，チャールズ　107
ハートマン，ジェフリー・H　113, 117
ハートマン，ハイジ　228
バーバ，ホミ・K　64-69, 291
バーン，デヴィッド　157
ハイエク，フリードリヒ　182
ハイデガー，マルティン　21, 24, 114, 117, 244-46, 248, 270
ハイパーテクスト　70, 105
ハイパーリアリティ　46-49
ハイブリッド　173

バウハウス　12
バウマン，ジクムント　52-57
ハウ，スーザン　254
ハクスリー，オルダス　54
ハザリー，オーウェン　209
パスティーシュ　12-13, 74, 204, 208, 293
ハッチオン，マイケル　186
ハッチオン，リンダ　156, 186-92
ハドナット，ジョセフ　11
バトラー，ジュディス　76-82, 90, 95, 134, 136, 196, 199, 235
バニヤン，ジョン　43-44, 316
バベッジ，チャールズ　152
ハラウェイ，ダナ　128, 173-79
パリ騒乱（五月革命）　96-100, 102, 181, 247
ハリー，ピーター　48, 167-72, 263
バルザック，オノレ・ド　39
バルト，カール　312-13
バルト，ロラン　31, 39-45, 70, 120-21, 124, 136, 320, 322
ハワース，デヴィッド　233
反基礎づけ主義　49, 78
ヒギンズ，ディック　230
ヒッチコック，アルフレッド　323, 325, 327
ヒトラー，アドルフ　20
ピンチョン，トマス　251
ファーガソン，ニーアル　317, 322
ファシズム　20, 169, 231, 234
フィッツジェラルド，スコット　152
フーコー，ミシェル　48, 60, 76-77, 79, 82, 87-88, 106, 111, 131-36, 161-63, 166, 167-68, 170-72, 243, 277, 280, 289, 292
ブーレーズ，ピエール　264
フェイアーベント，ポール・K　125-30
フェミニズム　8, 50, 65, 77-78, 89, 91, 173-75, 176, 189-90, 193, 196-98, 281-82, 285, 287, 290
フエンテス，カルロス　251
フォースター，ロバート　295
複雑系　299, 303
フクヤマ，フランシス　52, 57, 59, 62-63
フッサール，エドムント　114
フラクタル　211, 257, 302
プラグマティズム　269, 271-72, 315
プラトン　119, 122, 124, 272
フランクフルト社会学研究所　19
フランス共産党　46, 96, 247
フリードマン，ミルトン　182, 185
ブリオー，ニコラ　36, 42, 68, 70-75, 171, 210
ブリクモン，ジャン　197, 199, 244, 249, 261-62, 302, 304
ブルーム，ハロルド　117
ブレックナー，ロス　167
プレノヴィッツ，エリック　93
フロイト，ジクムント　92, 131, 195
文化唯物論　161
『文の抗争』　66, 69, 75, 246, 248, 292
ベインナム，ジェイムズ　163
ヘーゲル，G・W・F　22-23, 326
ベーコン，ロジャー　122
ベートーベン，ルートヴィヒ・ヴァン　156
ベケット，サミュエル　27, 32-33, 35, 37, 85, 88, 90, 251
ベック，ウルリッヒ　230, 235
ベル，ダニエル　58-63
ベル，バーナード・イディングズ　11
ベルク，アルバン　22
弁証法　9, 21-23, 168, 244

ボウイ，デヴィッド　157
ボーヴォワール，シモーヌ・ド　89, 197
ボードリヤール，ジャン　7, 46-51, 97, 167-68, 170-72, 190 202, 205, 261
ボードレール，シャルル　97, 101
ボール，ルシル　282
ポスト構造主義　9, 19-20, 23, 39, 42-43, 64, 66, 78, 89, 96, 99, 114, 131-32, 135, 147, 167-70, 197, 215, 244-46, 265, 269-70, 273, 276-77, 285, 287
ポストコロニアリズム　66, 68, 71, 74, 90, 275, 287, 290
ポスト産業社会　58-59, 170
ポスト哲学　107, 270, 272
ポスト・ポストモダニズム　74
ポストマルクス主義　9-10, 19, 104, 117, 226, 229, 232, 234, 323-24, 326
ホッパー，デニス　239
ポパー，カール　125, 129, 222-23, 225
ホバーマン，J　295
ホルクハイマー，マックス　9, 16, 19-20, 24
ボルドー，スーザン　174
ボルヘス，ホルヘ・ルイス　33, 37
ホロコースト　21 266
ホワイト，ヘイドン　317-22

ま行

マーロウ，クリストファー　163-64
マイヤー，リチャード　216
マウ，ブルース　214
マクヘイル，ブライアン　13, 119, 123, 250-56
マクラクラン，カイル　239
マケルロイ，ジョゼフ　252
マルクーゼ，ヘルベルト　19, 25
マルクス，カール　9, 23, 117, 144, 197, 318-19, 322
マルクス主義　9-10, 19, 22-23, 40, 46-47, 59-62, 96, 102, 104, 106, 117, 131, 133-35, 180-81, 183-84, 187, 189, 197, 200-4, 226-34, 247, 287, 305, 319-20, 323-24, 326-327
マルケス，ガブリエル・ガルシア　188, 192
マレヴィッチ，カシミール　32
マンデルブロ，ブノワ・B　257-62
ミニマリズム　35, 155-59, 168, 170, 263-67
ミラー，J・ヒリス　117
ミラー，フランク　296, 298
ムーア，チャールズ　216
ムフ，シャンタル　8, 110, 112, 183, 185, 226-36, 273-74, 324, 327-28
メセニー，パット　266
メタナラティヴ　14-15, 35, 61, 65, 68, 78, 81, 93-94, 107, 129, 144, 146, 176, 189, 215, 244, 254, 263, 273, 301, 307, 313-14, 320
→大きな物語も見よ
メタフィクション　186-87
メリル，ジェームズ　254
メルテン，ウィム　156, 160, 268
モア，トマス　163-64
モーツァルト，ヴォルフガング・アマデウス　156
モダニズム　8, 11-14, 16, 22, 32-33, 35-36, 41, 61, 68, 71-72, 74, 116, 146-47, 155, 167-69, 171, 180-81, 186, 200, 207-11, 213-17, 247, 250-54, 263-65, 305-10, 313, 325
モダニティ（近代）　7-8, 10-11, 14-15, 47, 54-55, 65, 67-68, 71-72, 74, 106, 169, 176, 181, 200, 207, 233, 245, 313

モリスン，トニ　66

や行

ヤング，ラ・モンテ　264
ユークリッド　257-58
読むためのテキスト　41-43, 121
ヨルン，アスガー　96

ら行

ライヒ，スティーヴ　22, 155, 263-68
ライプニッツ，ゴットフリート　106
ライリー，テリー　264-65
ライル，ギルバート　140
ラカン，ジャック　195, 323, 325-27
ラクラウ，エルネスト　8, 110, 112, 183, 185, 226-36, 324, 327-28
ラディカル・デモクラシー　110, 184, 227, 230-33, 327
ラル，ヴィナイ　278
ランド，アイン　216, 218
リー，ジョナサン　269
リーヴィス，F・R　120
リオタール，ジャン゠フランソワ　7, 12-15, 17, 21, 24, 29, 46, 48, 51, 60-61, 63, 66-69, 71, 75, 83-84, 97, 101-2, 105-6, 109, 112, 117, 125, 130, 139, 142, 143, 145, 147-48, 175-76, 179, 181-82, 185, 200-2, 205-6, 228, 236, 243-49, 252, 254-55, 257, 259, 261-62, 270-71, 281, 288, 292, 299, 301-2, 304, 320, 322, 327-28
リスペクトール，クラリッセ　89
リンチ，デヴィッド　108, 112, 237-42
ルーカス，ジョージ　203, 205
ルーセ，ジャン　114
ル・コルビュジェ　209-10, 214, 306
ルックマン，トマス　144
ルネサンス　161, 163, 176, 284, 306
ルボヴィッチ，ジェラール　98-99
レイ，ニコラス　293
冷戦　36, 52, 61-62, 233
レヴァイン，シェリー　167
レヴィ゠ストロース，クロード　40, 45, 120, 137, 139-40, 142
レヴィナス，エマニュエル　312-13
レーニン，V・I　126
レオーネ，セルジオ　296
レスピーニ，イヴ　285
レナード，エルモア　295, 298
ローティ，リチャード　269-74, 315
ロシア革命　232
ロドリゲス，ロバート　296, 298
ロドリー，クリス　238, 242
ロブ゠グリエ，アラン　251

わ行

ワード，グラハム　311-16
湾岸戦争　46

生年順一覧

テオドール・W・アドルノ（1903–69）　19
ロラン・バルト（1915–80）　39
ダニエル・ベル（1919–2011）　58
トマス・S・クーン（1922–96）　220
ルネ・トム（1923–2002）　299
ポール・K・フェイアーベント（1924–94）　125
ジャン＝フランソワ・リオタール（1924–98）　243
ブノワ・B・マンデルブロ（1924–2010）　257
ジグムント・バウマン（1925–）　52
ロバート・ヴェンチューリ（1925–）　305
ジル・ドゥルーズ（1925–95）　102
ミシェル・フーコー（1926–84）　131
クリフォード・ギアツ（1926–2006）　137
ヘイドン・ホワイト（1928–）　317
ジャン・ボードリヤール（1929–2007）　46
ジョン・バース（1930–）　32
リュス・イリガライ（1930–）　193
フェリックス・ガタリ（1930–92）　102
ジャック・デリダ（1930–2004）　113
ギー・ドゥボール（1931–94）　96
リチャード・ローティ（1931–2007）　269
ウンベルト・エーコ（1932–）　119
フレドリック・ジェイムスン（1934–）　200
ケネス・J・ガーゲン（1935–）　143

デヴィッド・ハーヴェイ（1935-）　180
エルネスト・ラクラウ（1935-）　226
エドワード・W・サイード（1935-2003）　275
スティーヴ・ライヒ（1936-）　263
エレーヌ・シクスー（1937-）　89
フィリップ・グラス（1937-）　155
スティーヴン・グリーンブラット（1937-）　161
チャールズ・ジェンクス（1939-）　207
ジョン・D・カプート（1940-）　83
ガヤトリ・チャクラヴォルティ・スピヴァク（1941-）　187
シャンタル・ムフ（1943-）　226
ダナ・ハラウェイ（1944-）　173
レム・コールハース（1944-）　213
デヴィッド・リンチ（1946-）　237
ポール・オースター（1947-）　26
リンダ・ハッチオン（1947-）　186
ウィリアム・ギブスン（1948-）　149
ホミ・K・バーバ（1949-）　64
スラヴォイ・ジジェク（1949-）　323
ピーター・ハリー（1953-）　167
ブライアン・マクヘイル（1954-）　250
シンディ・シャーマン（1954-）　281
グラハム・ワード（1955-）　311
ジュディス・バトラー（1956-）　76
クエンティン・タランティーノ（1963-）　293
ニコラ・ブリオー（1965-）　70

著者紹介

スチュアート・シム　Stuart Sim

ノーサンブリア大学教授（批評理論および「長い 18 世紀の英文学」）。著書、『リオタールと非人間的なもの』『デリタと歴史の終わり』（以上、岩波書店）。編書、『ポストモダニズムとは何か』『ポストモダン事典』『現代文学・文化理論家事典』（以上、松柏社）。

未邦訳の著書、*The End of Modernity: What the Financial & Environmental Crisis Is Really Telling Us* (2010), *The Lyotard Dictionary* (2011), *Addicted to Profit: Reclaiming Our Lives from the Free Market* (2012) ほか。

訳者紹介

田中裕介（たなか　ゆうすけ）

青山学院大学文学部英米文学科准教授。専門はイギリス文学、文化史。訳書、P・ゲイ『シュニッツラーの世紀』（岩波書店）、D・バチェラー『クロモフォビア』（青土社）。共訳書、P・ゲイ『快楽戦争：ブルジョワジーの経験』（青土社）、R・ウィリアムズ『共通文化にむけて』（みすず書房）ほか。

本橋哲也（もとはし　てつや）

東京経済大学コミュニケーション学部教授。専門はイギリス文学、カルチュラル・スタディーズ。著書、『ポストコロニアリズム』（岩波新書）、『深読みミュージカル』（青土社）ほか。訳書、D・ハーヴェイ『ネオリベラリズムとは何か』、S・モートン『ガヤトリ・チャクラヴォルティ・スピヴァク』（以上、青土社）ほか。

ポストモダンの50人
思想家からアーティスト、建築家まで

2015年2月25日　第1刷印刷
2015年3月10日　第1刷発行

著者――スチュアート・シム
訳者――田中裕介＋本橋哲也

発行者――清水一人
発行所――青土社
東京都千代田区神田神保町1-29市瀬ビル　〒101-0051
［電話］03-3291-9831（編集）　03-3294-7829（営業）
［振替］00190-7-192955
印刷所――双文社印刷（本文）
方英社（カバー・扉・表紙）
製本所――小泉製本

装幀――戸田ツトム＋原卓郎

ISBN978-4-7917-6850-9　　Printed in Japan